高中历史怎样教

罗明　周靖——主编

下

上海人民出版社

序：
核心素养视域下提升教师专业能力的一套好书

由教育部统一编写的普通高中历史必修课程教科书《中外历史纲要》上、下两册，已经开始在一些省市使用。这套教科书的编写以培养高中学生的历史学科核心素养为根本宗旨，遵循高中学生的心理特征和认知发展规律，从学生学习历史和认识历史的角度出发，力求做到内容线索清晰、层次分明、重点突出，具体性与概括性有机结合，既具有科学性和系统性，又具有可读性和适用性。同时，具体的教学内容既重视在义务教育的基础上有所提高，也注意给学生中外历史发展大趋势的直观认识，使历史教育做到循序渐进。

同时，21世纪基础教育的理念，也对历史教师在专业的自身发展方面提出了更高的要求。教师作为培养学生历史学科核心素养的主力军，作为提高教学质量的主力军，需要满足以下一些基本要求，如：教师自身需要具备历史学科核心素养，需要具有整体化、结构化的必备知识结构，需要具有设计情境化的教学策略的能力，需要能够聚焦开拓必备知识的深度教学，需要实施提倡批判性思维的学生实践与探究活动，等等。因此，从国家的层面来看，对从事基础教育教师进行培训已成常态。然而，集中培训毕竟总是相对短期的行为，而教师核心素养的承载物——必备的基本知识，包括基本史事与基本观点；以及基本技能，包括课程设计的方方面面，都是要不断自我提升的。在这些方面，为教师提供自我提高历史修养和教学技能的可资学习与借鉴的材料，以补充必备的知识、完善基本的技能、丰富课程的设计，是非常必要的，也是广大教师所期盼的。

从这样的需求出发，这套名为《高中历史怎样教》和《历史读本》的教学参考书的编写者作为身处教学一线的教师，深知目前基础教育历史教师的急切需要，及时设计、编写了这套参考书，确实是做了一件急教学之所急的好事。

这套教学参考书分为两部分，第一部分是由华东师范大学历史学系历史教育比较研究中心主编的对接《中外历史纲要》上、下两册的《历史读本》；第二部分是由罗明、周靖主编的对接《中外历史纲要》上、下两册的教学设计《高中历史怎样教》。

就《历史读本》来说，中国史部分的编写者按照教科书的单元和单课选择内容，世界史部分的编写者按照教科书涉及的更长的时间段选择内容，两册读本共选择了421（267+154）个历史事件、历史人物和历史现象，基本涵盖了教科书所涉及的重要方面。其中有些内容不仅包括对基本史事的叙述，更包括必要的资料来源，例如《历史读本（中国史）》中第三部分的内容，以及《历史读本（世界史）》所提供的每一部分的参考书目，这就为教师自我拓展必备的知识，提供了进一步学习的指南。

就《高中历史怎样教》来说，《普通高中历史课程标准（2017年版2020年修订）》基于对学生历史学科核心素养的养成，对教学设计提出了总体要求和一些具体要求。总体要求是："基于培养学生学科核心素养的教学设计，不仅要考虑到教学内容的逻辑、教学过程的环节以及学生的认知特点等，更重要的是在教学理念上要以学生的学习与发展为教学的本位、重点，以调动和发挥学生历史学习的积极性、主动性和创造性为核心，以学生的学习活动为实质性线路，以学生的自主探究活动为中心展开。"具体要求包括：创设历史情境；以问题为引领；开展基于史料研习的教学活动；充分运用现代信息技术，提高教学手段的多样化和信息化水平（《普通高中历史课程标准（2017年版2020年修订）》，第50—53页）。以这些要求来审视，本书已经较好地达到了课标的要求。

课程教育专家杨向东先生指出，"核心素养的形成和发展，也离不开个体对具体领域知识、技能、思维方式或价值观念的学习和掌握。个体只有具备结构化的领域知识和技能、思想方法和探究模式，才能深刻理解特定情境，明确问题，形成假设和解释，建立清晰的情境、活动和结果之间的内在联系与依存关系，孕育核心素养的萌芽和成长"（杨向东：《如何基于核心素养设计教学案例》，《中国教育报》2018年5月30日）。要达到这些要求，就需要在教学设计中整合教材内容，找出看似碎片化的历史知识之间的内在联系，通过单元教学或大概念教学，使之形成结构化的知识体系，从而形成对中国历史和世界历史发展大趋势的宏观认识。

那么，如何来选择单元教学呢？根据教科书编写体例和内容呈现，可以看到，教科书的内容编排，有三个层次：第一层次是"目"，可视为"小单元"；第二层次是"课"，可视为"中单元"；第三层次是"单元"，就是"大单元"。就高中生的基础来看，由于他们在初中已经学习过中国历史和世界历史，已经具备了一定的知识和技能基础，因此，以"中单元"作为教学设计的内容，是符合高中学生的实际情况的。而且这也是在课时少、任务重的情况下，完成教学任务的有效方法之一。本套书的教学设计，正是以"中单元"，即"课"来进行设计的。同时，这些"中单元"的教学设计，又不是简单地以学科的知识体系为依据的，而是有所扬弃，将核心素养的培养渗透其中。

当然，教学设计应该是仁者见仁、智者见智的。每位教师都会有自己的理解和设计。本书所展示的教学设计，还是很初步的，但是仍然能够给广大教师，特别是青年教师，提供学习、效仿、突破、创新的基础。

总之，这套丛书是编写者基于对课程标准、教材、教法的实实在在的解读和研究，为解决教师"用教材教"和"教好教材"的一系列现实教学问题而精心编写的。相信对广大教师来说，会起到开卷有益、举一反三的效果。

是为序。

徐 蓝

2020 年 5 月 8 日

目录

第 1 课　文明的产生与早期发展　/1

第 2 课　古代世界的帝国与文明的交流　/14

第 3 课　中古时期的欧洲　/34

第 4 课　中古时期的亚洲　/55

第 5 课　古代非洲与美洲　/67

第 6 课　全球航路的开辟　/84

第 7 课　全球联系的初步建立与世界格局的演变　/99

第 8 课　西欧的思想解放运动　/112

第 9 课　资产阶级革命与资本主义制度的确立　/133

第 10 课　影响世界的工业革命　/147

第 11 课　马克思主义的诞生与传播　/166

第 12 课　资本主义世界殖民体系的形成　/179

第 13 课　亚非拉民族独立运动　/193

第 14 课　第一次世界大战与战后国际秩序　/209

第 15 课　十月革命的胜利与苏联的社会主义实践　/227

第 16 课　亚非拉民族民主运动的高涨　/248

目录

第 17 课　第二次世界大战与战后国际秩序的形成　　/263

第 18 课　冷战与国际格局的演变　　/284

第 19 课　资本主义国家的新变化　　/307

第 20 课　社会主义国家的发展与变化　　/327

第 21 课　世界殖民体系的瓦解与新兴国家的发展　　/345

第 22 课　世界多极化与经济全球化　　/359

第 23 课　和平发展合作共赢的时代潮流　　/373

后记　　/386

第1课
文明的产生与早期发展

教学立意

从采集渔猎发展到农耕定居，是人类文明产生的重要前提。伴随着生产力的发展，社会分工、剩余产品、私有制等现象的出现，直至阶级分化、城市形成、国家产生和文字发明，社会结构日趋复杂，人类文明由此诞生。在不同时空环境条件下产生和发展的古代人类文明呈现多元化特征，也体现了人类在适应环境的过程中求生存、求发展的智慧与创造力。

教学目标

综合考古、口述等多种类型史料的信息以及文化人类学研究成果，推理古代人类文明产生的逻辑过程；通过阅读提取信息，运用表格整理、归纳信息，习得确立比较点分析历史现象、历史事件特质的方法，提升历史思维和叙史能力；认识历史与地理等时空环境对古代人类文明多元化特征的重要影响，感受人类在适应环境的过程中求生存、求发展的智慧与创造力。

重点难点

重点：古代人类文明的多元化特征及其成因。

难点：人类文明产生的逻辑推理。

教学过程

环节1：导入

提问：人类有文字记载的历史大致可追溯至公元前3000多年前，人们如何了解及认识文字产生之前的社会状态以及文字史料相对稀缺的古代早期文明？指导学生阅读课文导语，结合相关中国史知识，得出结论：基于考古发掘的实物史料、基于神话传说的口述史料以及文化人类学的研究成果，是我们了解古史的主要途径和方式。基于学生对实物史料及口述史料的了解，着重介绍文化人类学对历史研究的作用：文化人类学是从文化的角度研究人类种种行为的学科，即研究人类文化的起源与发展变迁的过程以及世界上各民族各地区文化的差异，探索人类文化的演变规律。出示文字史料（资料附录 1），了解以文化人类学为推想，建构原始人类的社会状态与特征，为后人提供了些许穿越时空的古老信息，体会钱穆所言"历史中所有是既往的社会，社会上所有则是先前的历史""从活的现实社会中去获取生动的实像"和马克思所说"人体解剖对于猴体解剖是一把钥匙"的深刻含义，由此导入新课。

> **设计意图：** 从研究早期人类历史的方法切入，了解考古发掘、神话传说以及文化人类学的研究对于发现和认识距今久远的人类文明的重要意义。

环节 2：农业与人类文明的产生

提问：何谓文明？文明与文化有何区别？综合学生所答，解释"文明"一词源自近代欧洲，最初用来形容人具有教养和礼貌的行为方式。"文明"一词的英文"civilization"来自拉丁文"civitas"（城邦），有"公民的""市民的"含义。英文词义与资产阶级的兴起相关。启蒙学者使用"文明"来界定知识进步、技术进步、道德进步和社会进步，其含义由形容个人行为转向社会意义，指向社会进步的过程、进化的状态和发展的趋向。出示文字史料（资料附录 2），简释关于"文明"的定义不尽相同，一般来说包含人类所创造的伟大成果，既有物质的，也有精神的；既有政治的，也有经济或文化的；等等。"文化"则较多指向人类的精神财富，诸如文学、艺术、宗教和风习等。了解这是学界的共识。

提问：人类文明是如何产生的？依据学生所答，勾勒原始社会的自然状态特征，指出早期人类没有私有财产，也没有阶级。再问：早期人类是如何摆脱蒙昧时代进入文明时代的？出示文字史料（资料附录 3），根据文化人类学的研究信息分析狩猎、采集时代人类的物质生活，解释早期人类完全依靠大自然的赐予，直接利用自然物作为生活资料，采集和渔猎是最主要的非生产性经济活动。指出早期人类对自然的开发和支配能力极其有限。出示文字资料（资料附录 4），基于信息了解自然环境的险恶与人口增长的压力是促使人类从"食物采集者"向"食物生产者"转变的原因。指导学生阅读课文，基于世界地图标识各种农作物的起源地及家畜的驯养地，了解农业和畜牧业起源、传播的概况以及多元化特征，了解生产性的经济活动改变了人类的谋生方式，开始了由单纯依赖、适应自然到利用、改造自然的历史性转折，重塑了人类生存的自然环境。续问：农业的起源如何影响了人类文明进程？观察课文所示"古代主要文明示意图"（或呈现相关地图），标识两河流域以及两河流域南部的地理位置，指导学生根据图例颜色进行时间（了解历史时间概念"千纪"的含义）与空间的定位。阅读"历史纵横"栏目，提炼古代西亚在"公元前 9000 年左右""约公元前 4500年""从公元前 3500 年至前 2900 年"时间节点上的典型现象，聚焦两河流域南部的"苏美尔人"，知道古代西亚文明起源与产生是一个漫长的历史过程，了解考古是这段历史叙事的证据基础。解释位于两河流域下游与波斯湾接壤的冲积平原苏美尔地区，具有可供文明萌生的生态基础。两河流域尤其是苏美尔地区虽然地处亚非大干旱地区，但底格里斯河与幼发拉底河的经常性泛滥带来充沛的水源并因淤积而肥沃了土地，成为古代西亚地区少有的适于农业发展的地区。为了适应河水泛滥期易涝、非泛滥期易旱的自然条件，苏美尔人通过修渠筑堤，进行人工灌溉，形成规模不等的灌溉系统。这种规模的工程需要集体协作的生产形式，由此，加强了居民的交往与联系，提高了生产的组织化程度，促进了生产力的发展，加速了私有制产生、阶级分化和国家形成的过程，最终人类文明的第一缕曙光出现在古代西亚的两河流域。

出示文字史料（资料附录 5），了解农业为文明的出现奠定了基础。提供关键词：农业和畜牧业、农耕定居与村落、社会分工（农业与手工业的分工、交换与贸易的产生、专门从事管理与文化的人）、剩余产品、私有制、贫富差距、阶级分化、城市出现（简介最初的城市只具有军事防御功能）、国家产生、文字发明等，引导学生阅读课文、绘制结构图，推理并建构从农业、畜牧业起源到文明产生的逻辑关系。参考"板书设计"中的结构图。

基于考古知识和文化人类学的解释，启发学生理解：农业产生改变了人与自然的关系，人类从食物的采集者变为食物的生产者，从依赖和适应自然走上了利用和改造自然的道路；农业生产改变了人类的居住方式，人类从旧石器时代居无定所的迁徙生活逐渐改变为较为稳定的定居生活；农业推进了人类文明的产生，使人类能够获得比较丰富和稳定的食物来源，以此为基础，出现了社会分工，产生了阶级分化，进而国家形成。归纳国家的形成、文字的出现与金属工具的发明是文明诞生的主要标志，指出人类文明的产生并非需要同时具备上述三项条件，不同区域古代文明产生的标志不一，时间亦有先后。

> **设计意图：** 从文化人类学的角度了解"文明"的含义；基于考古资料的信息以及文化人类学的研究了解农业和畜牧业的起源；以人类文明最早诞生的古代两河流域为例，以叙事建构历史情境并辅以结构图，推理人类文明产生的逻辑过程，体会厘清历史逻辑对于提升历史思维和历史叙事能力的重要性；认识原始农业和畜牧业的出现是人类文明产生的重要前提。

环节 3：多元的古代文明

观察课文所示"古代主要文明示意图"（或呈现相关地图），指导学生运用所学，标识古代两河流域、古代埃及、古代印度、古代中国以及古代希腊等古代文明的地理分布概况。归纳古代文明产生的地域特征：多数古代文明发源于大河流域，古代希腊文明则孕育于海洋岛屿。阅读课文"学习聚焦"栏目，了解古代文明多元并存发展的原因与特征。

指导学生运用所学，在阅读课文的基础上归纳古代文明的多元特征（运用表格进行整理，表中数字指向提问点，对应后续相关问题）。

表 1-1　古代文明的多元特征

古代文明（时空特征）	环境生态	生产生活	国家形态	政治制度	文化成就
古代两河流域文明（幼发拉底河和底格里斯河；公元前3500年左右）	洪水不定期泛滥形成冲积平原；干旱少雨；三角洲地带缺少森林和石块	灌溉农业，修建灌溉系统；金属工具与青铜文明；谷物耕作；用泥砖建造房屋、宫殿和神庙	从城市国家发展为王国、帝国；经过王国征战更替（结合课文图片"苏美尔人的战车"说明）发展到两河流域的统一	根据神谕举行仪式作出决策；君主专制制度；《汉谟拉比法典》（1）	楔形文字和泥版文书记录信息（2）；《吉尔伽美什》汇集神话传说反映早期苏美尔文明的社会与历史；60进位制的意义

续表

古代文明（时空特征）	环境生态	生产生活	国家形态	政治制度	文化成就
古代埃及文明（尼罗河；公元前3500年左右）	尼罗河三角洲：沼泽、池塘和湖泊；洪水定期泛滥形成狭长的河谷地带，成为亚非干旱地区中的沙漠绿洲，河谷两侧是沙漠（3）	灌溉农业、灌溉系统完善；青铜文明	早期国家由农村公社联合而成；公元前3500年，形成两大王国，埃及文明兴起；公元前3100年，形成统一王朝（3）	高度集权、王权神授（结合课文"学思之窗"栏目进行解释）的法老专制统治	象形文字和莎草纸记录信息；金字塔体现古代埃及人建筑与数学水平，反映来世信仰；太阳历与农业生产的关系（4）
古代印度文明（土著达罗毗荼人创造了古代印度河流域文明；雅利安人先后征服印度河中上游、整个恒河流域，恒河得到开发并成为古代印度文明的中心；公元前3千纪）	印度河广阔的冲积平原、河道变动频繁（比尼罗河更有威力）；洪水每年泛滥两次（春季融雪和夏季雨水）；恒河流域雨水丰沛、植被茂盛	农业在经济生产生活中发挥主导作用；公元前1000年，雅利安人开始使用铁器，铁器时代到来	古代印度河流域城市文明（哈拉巴文明）是古代印度文明的先驱；雅利安人征服直至公元前6世纪是古代印度的吠陀时代	种姓制度（雅利安人征服过程中形成）；婆罗门教是种姓制度的理论与宗教基础（结合课文"学思之窗"栏目解释两者的关系）（5）	佛教产生并发展成为世界性宗教；梵文史诗《摩诃婆罗多》《罗摩衍那》是世界文化瑰宝；古代科学各领域取得重要成就，尤其数字的创造与发明具有重要意义
古代希腊文明（地中海巴尔干半岛南部、爱琴海诸岛、小亚细亚西部沿海；公元前2千纪）	多山多岛屿少平原；海岸线曲折绵长；陆路交通不便，但适合航海	耕地少不利于农业发展，但适合种植葡萄、橄榄和发展园艺业等小农经济；主要发展航海业和工商业；爱琴文明是青铜文明，希腊城邦已进入铁器时代	城邦：独立自主、小国寡民（公元前5至公元前4世纪上半叶是古代希腊城邦制度的全盛时期，称为"古典时代"）	结合课文"史料阅读"栏目，解释贵族寡头政治（斯巴达）和民主政治（雅典）（6）；君主政体（少数）	文学：神话与戏剧；史学：希罗多德与《历史》、修昔底德与《伯罗奔尼撒战争史》；哲学：苏格拉底、柏拉图和亚里士多德（7）

基于知识归纳，就表中数字标注的知识点设计相关问题，师生互动进行解析：

（1）提问：《汉谟拉比法典》与古代两河流域君主专制有何关联？出示文字史料（资料附录6），简要分析史料信息，说明法典虽然声明树立正义，实则意在通过强调君权神授，使国王无需事必躬亲但政令又可强制性贯彻执行，以此巩固和维护统治。

（2）提问：由"泥版""釉面砖"（书写材料）和"泥砖"（建筑材料）看，地理环境是如何影响古代两河流域文明的？指导学生对照表中"环境生态"栏目的内容，出示文字史料（资料附录7），解释"泥版文书"的制作过程和历史文化意义。介绍"泥砖"被赋予的政治意义：古代两河流域的人们认为众神用泥土创造了人类，把泥土制成泥砖或釉面砖，再将其垒成城市，是人类在效仿神的创造行为来建造自身居住和活动的空间。因此，随着王权的兴起和发展，建造神庙尤其是各级主神的神庙日益成为国王在神灵特许之下的举动。

（3）提问：尼罗河流域和两河流域的自然环境有何异同？引导学生归纳相同点：都地处亚非大干旱区。出示文字史料（资料附录8），分析其不同点：其一，幼发拉底河和底格里斯河不定期泛滥，洪水在冲积出哺育农作物的土壤时，也会带来反复无常的威胁，以至于有这样的俗语："新的种子能够成长吗？我们不知道。旧的种子能够成长吗？我们不知道。"相较于两河流域，尼罗河定期泛滥，河水泛滥带来的淤泥不断补充着农作物所需的养料。据史料推断，每年更新表层土壤的尼罗河河谷是古代世界最为密集的小麦生长地，成为沙漠的绿洲，当时的颂词尤为赞美尼罗河三角洲地区得天独厚的自然环境。由此理解"埃及是尼罗河馈赠的厚礼"以及洪水是"喜神"的说法。其二，结合相关地图讲解尼罗河流域相对封闭的地理环境。再问：地理自然环境对古代埃及和古代两河流域的国家形态产生了怎样的影响？出示文字史料（资料附录9），提炼信息得出结论：古代埃及文明与古代两河流域文明虽然皆为大河孕育的古代文明，但其国家形态受地理环境的影响而各具特色。

（4）提问："埃及是尼罗河馈赠的厚礼"在文化方面有何意义？出示文字史料（资料附录10），了解古代埃及的书写材料由生长于尼罗河三角洲的植物——莎草的茎制成，联系古代两河流域特有的"泥版文书"，进一步理解地理环境对文化的影响。指出古代埃及历法的制定也与尼罗河的规律性泛滥相关。

（5）提问：古代印度、古代两河流域、古代埃及在国家管理方面有何异同？引导学生归纳相同点：是生产力发展和社会分化加剧的产物；奴隶主贵族占有生产资料，掌握国家权力，强调君权神授或利用宗教神权巩固其统治。不同点：古代两河流域、古代埃及国家的管理公共事务（比如水利灌溉系统的建设和维修）的职能相对突出；古代印度雅利安人则以种姓等级制度加强对国家的管理和统治。

（6）提问：雅典民主政治形成的原因有哪些？出示文字史料（资料附录11），结合课文所示"史料阅读"栏目，基于阅读，了解雅典民主政治的基本特征。出示文字史料（资料附录12），结合史料信息，启发学生从地理环境、经济特征及社会阶层等角度进行解释：一是雅典城邦海岸线曲折多良港，航海业和工商业发达，加之农业专门化，农产品主要用于出口，经济逐渐得到发展并日益繁荣，为民主政治奠定了物质基础；二是通过制度改革和建设，基本解决了不同阶级阶层之间的矛盾，由此推动雅典城邦走上古代民主政治的道路。以此为基础简要分析雅典民主政治的特征、影响以及奴隶制的阶级属性。

（7）提问：古代希腊文化泽被后世，享有"古典"盛誉，西方有"言必称希腊"之说，希腊古典文化繁荣的原因是什么？引导学生立足古代希腊城邦制度的意义进行解释：一是在城邦制度下，人们参政意识普遍较强，思想活跃，个性发展，从而营造了有利于精神文化自由发展的社会氛围；二是城邦时代生产力的发展和社会财富的积累也为文化的发展提供了物质保障；三是脑力劳动与体力劳动的分工为文化艺术的发展提供了专业人员基础。由此认识希腊古典文化的高度繁荣、成果辈出是古代希腊城邦制度充分发展的产物，进而了解古代希腊文明是欧洲文明的发祥地，是世界古代文明的中心之一。

在梳理逻辑、解析问题的基础上，提问：大河哺育的古代文明与海洋孕育的古代文明有何不同？组织学生运用所学展开讨论并交流，形成基本认识：大河流域滋育了以定居为特征的农耕文明，是人类最早的文明形式。由于自给自足的小农经济无力组织修筑农田水利等大型工程，弱小分散的村社组织也无力抵御外族的进攻，中央集权君主专制的国家便应运而生。而地中海地区多山环海、耕地相对缺乏的自然地理条件促使民众发展航海、商贸等经济活动，同时通过对外殖民扩张，逐渐在古代希腊范围内形成众多小国寡民、独立自主的城邦。说明雅典民主政治是当时先进的政治制度。了解海洋也孕育了古代希腊开放、开拓的精神和多元的文化。由此，进一步认识不同的历史及地理环境滋育不同特质文明的社会历史现象，体会古代人类文明"多元化"的含义。

　　观察地图，指出早期人类文明的地理分布具有分散性、相对独立性的特征，但同一文明区域（如地中海周边）或相邻文明区域（欧亚北非的结合部）彼此也存在着一定的交流与互动。结合课文"历史纵横"栏目，以苏美尔人和古代希腊关于洪水的神话传说为引子，了解不同区域古代文明的相互接触与影响，提示后续将学习古代人类文明的早期联系。

　　设计意图： 阅读课文、提取信息、归纳知识，结合思考点和比较点，解析历史现象、历史事件的特质，认识时空环境对古代人类文明多元化特征的重要影响，感受人类在适应环境的过程中求生存、求发展的智慧与创造力。

　　环节4：小结

　　强调基于考古的实物史料、基于神话传说的口述史料以及文化人类学的研究成果是研究人类早期文明的多源史证。以结构板书总结古代人类文明产生的历史逻辑，明确原始农业和畜牧业的出现是人类文明产生的重要前提。呈现知识表格，启发学生从宏观层面理解不同时空环境孕育了多元的古代人类文明。

　　设计意图： 呼应教学立意，从方法上体会历史与逻辑一致的重要性，感悟人类在适应环境的过程中求生存、求发展的智慧与创造力。

【板书设计】

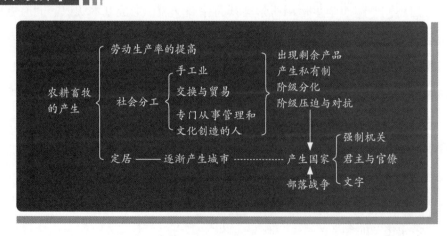

【资料附录】 ▮▮▮

1. 耶稣会传教士保罗·列·居内（Paul le Jeune）在 1633 至 1634 年的整个冬天，都和居住在加拿大东部拉布拉多半岛的蒙塔格奈—纳斯卡皮印第安人（Montagnais-Naskapi Indian）的一个部落待在一起。"女性在这里享有极大的权力"……另一个耶稣会传教士报告说："从决定计划、决断事情、确定旅程，到储备冬季物资，几乎每件事情都由家庭主妇决定。"

　　——（美）斯塔夫里阿诺斯著，吴象婴、梁赤民等译，《全球通史》编辑小组校译 . 全球通史：从史前到 21 世纪（第 7 版新校本）（上）[M]. 北京：北京大学出版社，2020：43.

　　只要我们不想欺骗自己，愿意看看我们身上是不是也还保持着某些"原始"的东西，就足以解决问题。……假设我们从今天的报纸上得到一张自己心爱的冠军的照片，我们愿意拿一根针戳去他的眼睛吗？我们能像在报纸上别的地方戳个窟窿一样无动于衷吗？我看不会的。……有一次，一位欧洲艺术家在非洲的一个乡村画了一些牛的素描，当地居民很难过地说："如果你把它们随身带走，我们靠什么过日子呢？"

　　——（英）贡布里希著，范景中译 . 艺术的故事 [M]. 广西：广西美术出版社，2008：40.

2. 事实上，"civilisation"至少是一个双义词。它既表示精神价值又表示物质价值。

　　——（法）布罗代尔著，常绍民等译 . 文明史 [M]. 北京：中信出版社，2014：37.

　　文明是人类最高的文化归类，人类文化认同的最广范围，人类以此与其他物种相区别。

　　——（美）塞缪尔·亨廷顿著，周琪等译 . 文明的冲突与世界秩序的重建 [M]. 北京：新华出版社，1998：26.

3. 1964 年夏天，研究亢人的人类学家们发现，当时的一场大旱饿坏了附近的班图族农民：他们的庄稼遭灾了，他们的家人都在挨饿。于是班图族的妇女也跟从亢人妇女去找寻植物块根、青菜、浆果、坚果、鸟类、蛋类，等等。而这数百种不同类型的食物则是永远都不会同时匮乏的，所以除了亢人家庭外，班图人家庭也顺利地度过了这场大旱。（注：亢族是狩猎民族，班图族是农耕民族）

——（美）斯塔夫里阿诺斯著，吴象婴、梁赤民等译，《全球通史》编辑小组校译.全球通史：从史前到21世纪（第7版新校本）（上）[M].北京：北京大学出版社，2020：45.

4. 采集食物的群体，在很大程度上依赖自然的恩赐，因而常常面临严重的危机。干旱、饥荒、疾病、洪水、高温以及其他自然灾害足以毁灭整个群体。就算在自然条件比较好的时候，狩猎采集的族群也不得不限制自身的人口，防止超出领地所能承受的人口极限。很可能为了控制成员的数量而定期杀婴。

——（美）杰里·本特利、赫伯特·齐格勒著，魏凤莲等译.新全球史（第三版）（上）[M].北京：北京大学出版社，2007：19—20.

在距今1万年前到距今2000年前这段人类发展史上相对短暂的时间里，全世界大部分的人类都转向农业。……迫使人们发生转变的是人口压力。……就每平方英里所能养活的人口而言，农业远远超过了食物采集。

——（美）斯塔夫里阿诺斯著，吴象婴、梁赤民等译，《全球通史》编辑小组校译.全球通史：从史前到21世纪（第7版新校本）（上）[M].北京：北京大学出版社，2020：61—62.

5. 人类历史的第一个重要里程碑是食物生产的发展。这使得人口数量能够大量增加，从而为文明的出现奠定基础。

——（美）威廉·麦克尼尔著，施诚、赵婧译.世界简史[M].北京：中信出版社，2019：2.

6. 其有诉讼的受害的自由民，务来我的肖像亦即公正之王的肖像之前，诵读我所刻的石柱，倾听我的金玉良言，使我的石柱为彼阐释案件。

——（美）菲利普·费尔南德兹—阿迈斯托著，钱乘旦审读.世界：一部历史（上）[M].北京：北京大学出版社，2010：96.

7. 在苏美尔文明伊始，文字便产生了。这可能是在蒸汽时代之前唯一一个比得上农业发明的发明。大部分的文字用黏土制造而成，人类将近一半的历史中所掌握的

就是这种书写技术。……最早的文字是以象形图画或简单图画的形式刻在黏土制
成的石板上的（这是通向抽象表达中的一步），在黏土板上用芦苇秆刻画好，然后
烧制而成。最早的文字出现在苏美尔，可以看出它们是以备忘录形式出现的，上
面记录着货物、收条；其记录的重点是经济，不能作为连续的文章来阅读。这些
早期备忘录和账目的文字渐渐地变成了楔形文字，这是以一种削尖的芦苇秆印在
黏土上的印记排列形成的。通过这种方式完成了对象形文字的突破。……它以符
号作为一种沟通方式，比迄今为止使用的任何沟通方式都更灵活，苏美尔在公元
前 3000 年以后不久便达到了这一程度。

　　——（英）J. M. 罗伯茨、O. A. 维斯塔德著，陈恒等译．企鹅全球史 I：古典时代［M］．上海：
　　东方出版中心，2020：64．

8. 苏美尔人的文学作品中，常可以见到这样的词句：

　　　猖獗的洪水啊，没人能和它对抗，

　　　它使苍天动摇，使大地颤抖……

　　　庄稼成熟了，猖獗的洪水来将它淹没。

　　——（美）斯塔夫里阿诺斯著，吴象婴、梁赤民等译，《全球通史》编辑小组校译．全球通史：
　　从史前到 21 世纪（第 7 版新校本）（上）［M］．北京：北京大学出版社，2020：99．

　　埃及人却把他们的洪水之神看作"它的到来会给每个人带来欢乐"的喜神。

　　——（美）斯塔夫里阿诺斯著，吴象婴、梁赤民等译，《全球通史》编辑小组校译．全球通史：
　　从史前到 21 世纪（第 7 版新校本）（上）［M］．北京：北京大学出版社，2020：103．

9. 埃及文明的类型与美索不达米亚文明的类型形成对照，是一种帝国文明而非城市
文明。这一文明之所以颇为稳固且延续很长时间，主要得益于其地理环境。埃及
是一个长时间处于同一王朝统治下的统一的大河流域国家。尼罗河流域与美索不
达米亚不同，它的西面是利比亚沙漠，东面是阿拉伯沙漠，南面是努比亚沙漠和
尼罗河大瀑布，北面是三角洲地区的没有港湾的海岸，这些自然屏障使它受到特
别好的保护，不易遭到外族的侵犯。埃及人生活在这块安全的流域地区，可以自
由自在地安排自己的命运，不受外界的干涉。埃及与美索不达米亚不同，没有因

不时的外族入侵而引起的万花筒似的帝国更换。

———（美）斯塔夫里阿诺斯著，吴象婴、梁赤民等译，《全球通史》编辑小组校译．全球通史：

从史前到21世纪（第7版新校本）（上）[M]．北京：北京大学出版社，2020：102．

10. 除了纪念碑上的铭文，圣书体象形文字也被书写在纸草上面，这是用一种纸莎草
芦苇制作的纸，尼罗河沿岸生长着丰富的纸莎草；炎热干燥的气候不仅将埃及的
木乃伊保存下来，用于行政和商业记录以及宗教文献的大量纸草文献也得以保存
下来。

———（美）杰里·本特利、赫伯特·齐格勒著，魏凤莲等译．新全球史（第三版）（上）[M]．北
京：北京大学出版社，2007：81．

11. 正是在那时，希腊人发明了政治：通过在公共场合的讨论，合理地选择定义现
实中集体关注的概念。他们语言中大篇幅使用的内容我们现在仍然在用，"政
治"和"政治的"都是来源于希腊语中描述城邦的术语。这就是希腊生活的框
架。……尽管有严重的分歧，城邦——或者为了方便可以被称为城市国家——可
能通常是指一个团体——一个分享利益和共同目标的人类意识的整体。

……

……这就使得希腊人不可能超越城邦：一些希望不大的组织和联合是没有指望
了。城市里市民对城市生活的参与是紧密的……由于城邦的规模小，就算没有官
僚机构也能够运作；市民团体总是比总人数少得多，因而可以总在一个会议地点
集合。所以，一个城邦哪怕渴望对各项事物进行一分钟的官僚制管理，也是不可
能的；类似于此的事情会超出它的政府机构的能力。

———（英）J．M．罗伯茨、O．A．维斯塔德著，陈恒等译．企鹅全球史Ⅰ：古典时代 [M]．上海：
东方出版中心，2020：209—210．

12. 雅典是一个突出例子。很长一段时间里，阿提卡看起来虽然很穷，但却拥有足够
的土地帮助雅典避免社会压力，而这种社会压力在其他城邦导致了殖民运动。在
其他方面也是如此，其早期经济表现出特别的活力；甚至在公元前8世纪有陶器
表明雅典是一些商业和艺术方面的领先者。虽然在公元前6世纪，雅典也因为贫

富之间的冲突而饱受折磨。不久，一个传奇的法律制定者，梭伦，禁止富有的债权人奴役债务人（这会让上层阶级变得更加依赖动产，而且债务奴役也没法保证劳动力）。梭伦还鼓励农民专门化。橄榄油和葡萄酒（及其容器）成为雅典主要的出口项目，而粮食则保留在本土。同时，一系列改革（也得益于梭伦）给予旧的地主阶级和新贵之间平等的地位，并且提供了一个新的民众会议去准备所有市民的大会——公民大会（ecclesia）的事情。……其矛盾的产物是希腊最民主政府的体制终于在那里运作，虽然它是一个比其他城邦拥有更多奴隶的地方。

所有政治决定都是采取多票表决的公民大会形式（也选出了重要的法官和军事指挥官）。独创性的布置为公民组织形成一个团体做好了必要的安排，这种公民组织会防止城市居民代表反对农民或者商人的派系斗争。这是一个伟大时代的开始，这是一个繁荣的时代，雅典有意识地在城市以外促进节日和宗教的发展，并且给所有希腊人提供一些东西。这就是可以竞选领导阶层。

——（英）J. M. 罗伯茨、O. A. 维斯塔德著，陈恒等译. 企鹅全球史 I：古典时代［M］. 上海：东方出版中心，2020：210—212.

第 2 课
古代世界的帝国与文明的交流

教学立意

文明发展是一个动态演进的过程。伴随时空的扩展，古代区域文明的国家形态与政治体制也发生相应的变化。古代世界帝国的武力扩张、国家治理、兴衰更替以及经济文化交流，客观上促进了各区域文明的横向联系、相互影响和交流融合，推动了人类文明的传承与发展。

教学目标

基于时空维度，了解公元前 2 千纪古代区域文明的扩展以及在扩展中体制变化和多元文明交流的概况，了解公元前 1 千纪古代帝国的武力扩张及其治理模式，习得围绕核心问题"古代区域文明交流"梳理史事、建构逻辑的方法，培育基于历史时空的叙事能力和宏观格局意识；习得辩证、客观地看待古代战争及古代帝国治理模式对于古代文明交流的作用的方法，体会历史的复杂性和多面相，培养历史解释能力；感悟文明在交流中传承、在交流中进步的历史意义。

重点难点

重点：古代区域文明的扩展、古代世界帝国的兴衰。

难点：辩证理解古代帝国武力扩张和治理模式对于文明交流的作用。

教学过程

环节 1：导入

出示第 1 课中"古代主要文明示意图"，指导学生标识地理方位，了解古代两河流域、古代埃及、古代印度、古代中国以及古代希腊等古代文明的地理分布概况，列举古代区域文明的标志性或典型成果，体会古代文明多元并存发展的特征以及地理环境对古代文明的重要影响。承接第 1 课的相关问题，以苏美尔人和古代希腊皆有关于洪水的神话传说为例，指出不同区域、相对独立的古代文明，早在青铜时代尤其是公元前 2 千纪，彼此之间就存在一定的联系。由此导入新课。

> **设计意图：** 了解古代区域文明的分布概况以及与地理环境的关系，了解分散的古代区域文明之间亦存在一定的联系。由此，从课题所示"交流"切入，导入新课。

环节 2：古代文明的扩展（公元前 2 千纪）

出示相关历史地图，标识公元前 20 至前 11 世纪，古代埃及新王国、两河流域北部的亚述和两河流域南部的古巴比伦、小亚细亚东部赫梯王国的地理位置及大致范围，概述古代区域文明的早期联系。

立足空间叙述北非古代埃及文明的扩展。公元前 16 至前 15 世纪的新王国时期，受地理条件的限制，其扩展方向一是向东北出西奈半岛抵叙利亚和巴勒斯坦地区，以尚武著称的埃及法老图特摩斯三世在 20 年内发动对叙利亚和巴勒斯坦地区的 17 次远征，势力直达两河流域北部，与该地区的强国米丹尼争锋并获胜。埃及在西亚的影响达到顶峰。二是向南征服努比亚地区，图特摩斯三世时期将势力推进至尼罗河第 4 瀑布。图特摩斯三世的舰队威震四方，基本控制了东地中海地区，爱琴海诸岛屿、克里特岛和塞浦路斯岛完全在其掌控之中，并可能与克里特–迈锡尼文明发生联系。图特摩斯三世被视为"古代世界的拿破仑"。了解至公元前 15 世纪中期，埃及从地域性王国转变为洲际帝国，北达小亚细亚南部，东北至幼发拉底河，西接利比亚，南抵尼罗河第 4 瀑布，成为西亚北非地区最强大的国家。

聚焦西亚的古代两河流域文明，了解古代两河流域存在多元文明的特征，比如两河流域北部的亚述和米丹尼、两河流域南部的巴比伦尼亚就代表了两种不同的文明。讲述公元前 18 世纪，古巴比伦王国第六代国王汉穆拉比通过一系列军事征伐，先后灭亡了拉尔萨、马瑞、埃什奴那，击败了埃兰和亚述，建立起从波斯湾至地中海东岸的中央集权王国，并自称"万能的国王，巴比伦国王，苏美尔阿卡德国王，四方之王"。而两河流域北部的亚述城在公元前 1900 年前后曾是商业据点，公元前 19 世纪末至前 18 世纪初，亚述曾一度建立起东至扎格罗斯山，西至陶鲁斯山区的强大国家。了解公元前 14 世纪，小亚细亚的赫梯十分强大，米丹尼盛极一时，埃及新王国盘踞叙利亚与巴勒斯坦，西亚处于列强争霸的乱世。此时的亚述进入中亚述时期，在相继打败四周的对手后于公元前 13 世纪末至前 12 世纪初，势力臻于极盛，而此时的古代埃及新王国已处于末期。简介小亚细亚东部的赫梯文明：公元前 2 千纪前期，赫梯的扩张方向主要是两河流域和叙利亚，与同时期的亚述、古巴比伦与古埃及都发生过争战，公元前 15 至前 13 世纪赫梯臻于极盛。出示文字史料（资料附录 1），加深对古代两河流域早期文明交融概况的认识，即因两河流域的美索不达米亚地处平原缺少天然屏障，数千年来多个民族和多元文明在此经历了接触、战争及融合的过程。

指导学生识读地图，标识西亚与北非埃及文明的交汇点、位于西亚地区地中海东岸的腓尼基，了解腓尼基的历史特征：地理位置重要，交通便利，以发展工商业为主；城邦林立，从未形成统一国家；殖民地遍布地中海西岸，形成众多贸易据点，如古代的迦太基和现代城市马赛都曾是腓尼基的殖民地。了解腓尼基于公元前 3 千纪至前 2 千纪末曾长期受埃及控制，在埃及与西亚强国的夹缝中周旋。直至公元前 2 千纪末，埃及和克里特衰弱，腓尼基城市国家进入长期和平发展时期。公元前 8 世纪，腓尼基开始衰败，商业优势逐渐颓废。而此时希腊城邦发展起来，开始夺取腓尼基人的殖民地和市场。介绍"腓尼基"是希腊语对该地区称呼的音译，由此启发学生认识腓尼基文明对希腊文明的深远影响。出示图像史料（资料附录 2），重点介绍腓尼基字母文字的来历和发展：商业民族腓尼基在贸易中熟悉了埃及象形文字和西亚楔形文字，以此为基础，亦为方便记账，腓尼基人创造出更简捷易学、既表音又表意的字母文字。简述进入城邦时代的希腊人在腓尼基字母基础上增加了数个元音，完善了字母文字，罗马人又借用希腊字母创造出拉丁字母。了解希腊字母和拉丁字母成为后来欧洲各类字母的源头。简介腓尼基字母向东传播和演化的过程，比如希伯来字母、阿拉马字母、印度文字等皆由其生发而来。引导学生认识腓尼基字母文字堪称东西方大多数字母文字的始祖，了解腓尼基人为人类文明进步作出的重大贡献（视学情介绍新观点，见资料附录 3：有研究认为，最早成系统的字母文字是闪语系的"迦南文字"，后发展为腓尼基文字。为此，字母文字是否始于腓尼基依然存疑。以此培养多元思维能力）。

对照课文"学思之窗"栏目，依据史料信息简述公元前8至前6世纪的200年内，殖民活动是希腊城邦解决土地、资源、人口、饥荒等生存和发展问题的重要手段。出示文字史料（资料附录4）启发学生思考，古希腊的殖民运动是多种因素合力促成的。具体而言：一是由于当时生产力不够发达，地形多山、耕地有限的希腊半岛无法养活过多的人口，未分到土地的人或失去土地的农民便借助便利的航海条件到海外谋生。二是自然灾害也迫使部分公民通过移民以求渡过难关，如公元前630年，锡拉岛连续7年大旱，锡拉人被迫决定以抽签的办法，从每两个公民中挑出一人外出殖民，在利比亚的昔兰尼加建立了新的殖民城邦。三是城邦内部政治斗争激烈，在斗争中失败的政治集团在本邦难以立足，被迫出走海外，建立新城邦以谋发展（抑或城邦为了平息公民内部矛盾，向外输出斗争中的失败者。如公元前8世纪末，斯巴达城邦的"处女之子"因没有公民权，无法分得土地而密谋起义，由于消息泄露，便被送往意大利南部的塔林顿去殖民）。四是一些工商业者为扩大经营范围，到海外开拓新的商品市场、原料产地和奴隶来源，建立了一批商业据点，这些商业据点逐渐形成城邦。了解广泛的海外殖民运动，使古希腊人的活动范围由巴尔干半岛南部、小亚细亚西部扩展至整个地中海区域、黑海东岸乃至西班牙的广大地区。殖民地与母邦之间、殖民地与殖民地之间、殖民地与土著部落之间的经济交流迅速发展。西西里、埃及和黑海地区的谷物、爱琴海北岸的木材、中欧的金属，都流向希腊本土；希腊本土的陶器、葡萄酒和橄榄油等物资也大量输往埃及、西西里等地。古希腊的文化亦深受周边文明的影响，比如古希腊的雕刻艺术在许多方面汲取了埃及的元素。由此认识大殖民活动使古希腊人与更广大地区的人们建立了直接联系，开阔了彼此的眼界，推动了希腊经济文化的繁荣以及希腊以外地区文明的进步。

提问：综观北非古代埃及文明、西亚古代两河流域文明和欧洲古代希腊文明，思考古代文明扩展或相互联系的方式有哪些？引导学生归纳军事征服、移民或殖民是古代文明扩展或交往的主要方式。再问：如何看待古代区域文明扩展与交流的历史影响？通过解释，启发学生认识：其一，古代农耕文明的范围和影响不断扩大。提问：出现这一历史现象的原因是什么？阅读课文，基于地图解析，启发学生理解：

（1）古代农耕区域的生产力水平相对较高，创造的社会财富相对较多，由此促进了社会分工，尤其是商业的兴起使不同区域文明互通有无成为可能；（2）古代农耕区域相对丰富的物质产出促进人口的快速增长，人口压力致使向周边扩张、掠夺土地的行为时有发生；（3）古代农耕区域较早出现国家，具有较强的管理系统，能组织一定规模的征伐活动；（4）古代农耕文明分布于新石器时代和青铜时代的亚欧大陆温带偏南的地区，而以北更广大的地区则是游牧部族的天下，从东往西大致以兴安岭、燕山、阴山、祁连山、昆仑山、兴都库什山、扎格罗斯山、高加索山、喀尔巴阡山为分界线。解释农耕区域与游牧区域由于经济的互补性，两者的经济和文化交往逐渐变得频繁。由于农耕经济具有自给自足的性质，较少需要游牧部族的产品；而游牧部族对农耕区域的需求相对较多，渴望得到农耕社会的纺织品、粮食等，当愿望得不到满足时，就会袭击骚扰农耕区域。了解农耕文明在与游牧部族的军事斗争中虽遭遇失败，但由于农耕文明具有相对发达的生产力，因此，经过冲突与融合，那些进入农耕区域的游牧部族反而几乎都接受了农耕文明。举例简述古代农耕文明范围和影响不断扩大的表现。出示文字史料（资料附录5），了解马的驯化是游牧的印欧民族的贡献，但马车等发明却反映了农耕文明对游牧文明的影响。说明公元前1千纪，农耕世界的范围非但未缩小，反而扩大了，从东到西连成一片，农耕文明区域不再是最初受游牧世界包围的相对孤立的若干区域。了解农耕世界的扩大与发展为古典文明的发展创造了物质条件。其二，古代游牧文明的范围和影响也在不断扩大。了解在世界古代史上游牧世界向农耕世界发动过两次大规模的冲击，每一次都给农耕世界乃至世界历史的发展带来巨大影响。出示文字史料（资料附录6），结合史料信息简述公元前2千纪至前1千纪游牧世界对农耕世界的冲击，涉及亚欧大陆主要的农耕区域，几乎改变了亚欧大陆的政治格局。比如，印欧人进入西亚、南亚和欧洲。在西亚，古印欧人的一支赫梯人进入小亚细亚；同属印欧人分支的波斯人和米底人进入伊朗高原。这些部落先后在西亚建立国家，逐渐成为西亚的主宰。而原来的部落和国家如巴比伦、亚述则先后被同化或消灭，古代西亚的国家、民族以及政治格局由此发生根本性变化。在南亚，印欧人的一支雅利安人进入南亚，于公元前2千纪中期至前1千纪中期，击败原生印度河文明，成为南亚次大陆的主人。在欧洲，公元前2千纪以后，原活动于东欧草原一代的印欧人沿多瑙河西迁，越过阿尔卑斯山进入意大利，其中一支就是后来征服意大利半岛、统一地中海区域的拉丁人，迁入西欧和北欧的印欧人后来发展为欧洲历史上的凯尔特人和日耳曼人。进而说明：游牧民族冲击了各地旧制度，使新制度的建立成为可能。由此了解印欧人迁徙带来文明的冲击、冲突、碰撞，致使有些文明消失了，有些文明被同化了，但却使欧亚大陆逐渐走出蒙昧状态，产生了更为先进的文明，如安纳托利亚文明、吠陀文明、古波斯文明、古希腊文明、古意大利文明等。由此，启发学生认识文明只有在交流与融合中才能不断进步，不断推进人类社会发展。

再次，出示时间轴，整理公元前2千纪至前1千纪西亚北非强国兴替的过程。

● 公元前19世纪

亚述强大（两河北部）、赫梯国家形成（西亚小亚细亚、游牧部族）

● 公元前18世纪

古巴比伦王国强盛（两河流域南部并据亚述南部）

● 公元前16至前15世纪

埃及新王国（洲际帝国，西亚北非最强大的国家）

古巴比伦王国为赫梯所灭，米丹尼王国出现（游牧部族、两河流域北部至幼发拉底河以北）

赫梯王国的兴盛

● 公元前14世纪

埃及新王国依然强势

米丹尼王国强盛（后为赫梯所灭）

赫梯王国盛极一时

● 公元前13世纪

赫梯王国走向分裂、衰落

● 公元前12至前11世纪

埃及新王国衰落、中亚述极盛

基于时间轴说明文明是一个动态的演进过程，古代区域文明在纵向发展过程中，其国家形态随着地域的扩展而发生相应的变化。后人通常将统治或支配广阔地域、内部文化和民族多元、在国际上或某一地区强盛一时、以强大的政治和军事力量影响他国的国家称为帝国。简介"帝国"的英文单词"empire"来自古罗马语"imperium"，意为司法行政管辖权。了解在古罗马国家之前就已达到帝国标准一点或几点的国家通常并非以帝国而是以王国自称，比如赫梯王国、埃及新王国等。对照时间轴，简述公元前1千纪之际，埃及新王国在与赫梯王国长期争霸中走向衰落和分裂，赫梯王国受到来自海上民族的入侵也陷入瓦解状态，中亚述受到游牧部族阿拉美亚人的侵扰而没落。但总体而言，西亚顶住了游牧世界的压力，逐渐同化迁入该地区的游牧部族，此后西亚先后出现了亚述、新巴比伦和波斯等大帝国，其政治体制的帝国特征更为凸显。

设计意图： 时间上以公元前2千纪为时间轴，空间上以北非和西亚为横截面，建构经纬交织的古代区域文明交流图谱，了解古埃及文明的扩张、古代两河流域多元文明的融合、北非西亚文明的交汇以及古代希腊文明的空间扩展，习得围绕关键词"交流"，结合历史地图梳理史事、勾勒历史格局的方法，体会历史的时空逻辑特征；归纳古代区域文明的交流方式，分析古代区域文明扩展、交流对促进人类社会与历史进步的作用，在解释历史问题和现象的过程中提升历史思维能力。

环节3：古代世界的帝国与文明交流（公元前1千纪）

1. 波斯帝国与文明交流

参照相关地图，简述公元前10世纪亚述充分利用当时西亚有利的国际环境，经过约300年四方扩张而再度崛起，于公元前8世纪末建立起包括两河流域、叙利亚、伊朗高原西部和小亚细亚南部在内（一度包括埃及）的西亚历史上空前辽阔的帝国。出示文字史料（资料附录7），简析亚述的国家体制：一是亚述王是整个政治体系的核心，拥有不容挑战的权威，实行绝对的专制统治。二是亚述为了治理辽阔的疆域，在地方上实行行省制。了解行省的职责：利用军队维持地方秩序；养护道路及征收捐税；向中央提供军队及给养；迁徙被征服地区原住民，使其丧失原族群特性以加强控制。三是亚述实行军事改革，推行募兵制和组建常备军，改进武器、完善兵种以增强战斗力。简要分析征服者与被征服者（埃及、米底及巴比伦）之间的深刻矛盾、统治阶层内部矛盾以及受交通、通信等历史条件的限制难以有效控制庞大国家等原因，导致极盛的亚述帝国百年之后即公元前 7 世纪末被米底王国和新巴比伦王国所灭，亚述帝国的遗产被新巴比伦王国及米底王国瓜分。

对照地图简介米底人是印欧人的一支，居住于伊朗高原西北部，亚述人的入侵促使米底各部落走向联合，约于公元前 8 世纪末建立米底王国。叙述米底王国国祚短暂，公元前 6 世纪初，米底末代国王即第五代国王阿斯提阿格斯继位，其女儿下嫁米底附庸地区波斯（位于伊朗高原西南、印欧人的一支）贵族阿契美尼德家族的冈比西斯一世，其子为居鲁士。了解居鲁士起兵反叛米底，于公元前 550 年灭米底王国，建立了阿契美尼德王朝，古波斯帝国时代（公元前 550—前 330 年）开始。盛极一时的新巴比伦王国不足百年，于公元前 539 年为居鲁士所灭。说明新巴比伦王国的灭亡标志着两河流域独立发展历史的终结。

结合课文所示"波斯浮雕"图像，出示相关历史地图，概述从公元前 6 至前 5 世纪，居鲁士及其后继者冈比西斯二世、大流士、薛西斯的持续扩张态势，重点讲述发现与释读"贝希斯敦铭文"的过程、内容与意义。基于"波斯帝国疆域图"，了解波斯帝国是古代世界第一个地跨欧亚非三大洲的帝国，囊括了西亚和北非两大古代文明区域，进而理解波斯帝国崛起的历史意义在于其改变了古代世界的政治格局，确立了印欧人在西亚北非地区的统治。出示文字史料（资料附录 8），简介大流士的征服扩张史事，引入观点"大流士不是历史上第一位所向无敌的征服者，但他是第一位具有世界眼光的统治者"，提问：如何看待这一观点？解释波斯帝国是人类历史上第一个具有世界意义的大帝国，为有效治理国家，以大流士为代表的波斯国王在亚述及埃及旧制的基础上建立了中央集权的政治体制。其一，政治体制：结合课文"史料阅读"栏目，解读大流士所言以了解波斯帝国加强君主专制是其体制的核心。其二，地方行政：广泛推行行省制，各省分设主管民事的总督、主管军队的军事长官以及收税官，由国王直接任命，通常由波斯贵族担任。三个部门相互制约、互不统属，国王还派遣"王之耳目"监督军政官员的活动。在大权集中于中央的原则下，实行类似怀柔的"大统一，小自治"政策，地方采取一定程度的自治以巩固对社会发展程度参差和风俗习惯迥异的广大地区的统治，制定法律时尽可能参考各地原有法律。非波斯贵族可在行省中担任一般职务，以调整波斯与被征服地区原统治者之间的关系。其三，宗教风俗：对各地宗教和风俗采取宽容态度。出示文字史料（资料附录9），指出在两河流域，大流士一世帮助重建了巴比伦神庙，在宣传王权神授时，认可自己的权力来自当地神的授予；在埃及，大流士一世接受埃及传统的法老头衔，争取埃及祭司的支持。其四，基础设施：为加强统治，修建通衢六道，沿途为政府的信使准备可供换骑的驿马。其五，财政：明确规定各地应缴纳的税额，统一币制；规定中央发行金币，地方发行银币或铜币。基于上述史事，总结波斯帝国建立了比较完整的中央集权的行政官僚体系和财政体系，形成波斯帝国的基本制度，沿用至公元前4世纪末。

提问：波斯帝国的政治制度对世界历史及文化的发展产生了怎样的影响？出示世界文化遗产古波斯帝国阿契美尼德王朝的王宫——波斯波利斯遗址遗存图片，描述图片信息如百柱厅、浮雕和壁画等，启发学生认识波斯帝国作为第一个地跨欧亚非的大帝国，极大促进了各地区的文化融合。讲解帝国内部水陆交通发展、货币统一，为经济文化的交流提供了便利条件。加之波斯帝国对被征服地区采取一定的宽容政策，不砸神庙不屠城，起到了保护古代文明的作用，同时也使波斯文化呈现多样性和兼容性的特征。了解波斯帝国的治国方式也为后来的一些大帝国所继承和效仿。再问：维系波斯文化多样性和兼容性特征的基础是什么？这个基础是否永固？强盛的波斯帝国潜伏着怎样的社会矛盾？希波战争对帝国的存续产生了怎样的影响？启发学生认识军事征服是帝国的基础，波斯帝国并非以波斯人为主体，而是由多个民族组成的拼盘帝国。民族众多、各地区社会发展不平衡，以致始终缺乏统一的经济基础和文化认同。一旦军事基础削弱，因统治者个人因素而表现开明的统治方式及效果就会随之弱化。叙述"全部大陆的君主"大流士一世及其后继者为夺取海洋霸权，将海上贸易置于帝国掌控之下，于公元前5世纪上半叶发动了长达半个世纪的远征希腊城邦的战争，即希波战争。结合地图帮助学生了解古代希腊的地理范围，简述希波战争的失败使波斯帝国西向欧洲的扩张受阻，由此诱发了境内各民族的反抗运动，帝国变成一盘散沙，一蹶不振。帝国内部也因陷入宫廷斗争和内战而分崩离析，诸多原因叠加加速了波斯帝国的衰落。续问：希波战争对人类文明、对古代希腊社会及历史的发展有何影响？启发学生认识；对人类文明而言，希波战争是人类历史文化一次前所未有的大融合，其影响远超波斯、希腊的范围，推动了东西方文化交流，促进了东西方文化、艺术及科学的发展。对希腊社会而言，希腊赢得希波战争的胜利，确保了希腊城邦的独立与安全，尤其是雅典民主政治空前繁荣，雅典成为爱琴海地区的霸主。同时，充分汲取埃及和西亚文化成果的希腊文明得以保存，并在哲学、文学、科学、史学、建筑及艺术等方面焕发巨大的创造力，呈现出令人景仰的繁荣景象，取得了令人叹为观止的成就。了解发扬光大的希腊文明成为西方文明的源头和基础。

2. 亚历山大帝国与文明交流

指导学生观察课文导入中"亚历山大在伊苏斯"的图像史料，介绍该壁画的来源及证史价值，引出关于亚历山大帝国的史事。结合地图简介马其顿王国建立的时间（公元前7世纪）和地理位置，了解其虽僻处一隅且马其顿人与古代希腊人族源相近但习性粗犷勇武的特点，故希腊人称之为异族蛮人。概述马其顿王国与波斯帝国、希腊两大城邦之间的关系：早期马其顿王国利用波斯与希腊城邦之间、雅典与斯巴达之间的矛盾从中渔利而逐渐发展，文化上因其与希腊毗邻，深受希腊文化的影响而日益进步。比如，马其顿王国国王腓力二世曾在希腊城邦底比斯接受希腊文化教育，其子亚历山大是哲学家亚里士多德的弟子并珍爱《荷马史诗》。与此同时，即公元前5世纪末至前4世纪，古代希腊进入城邦争霸时代，雅典与斯巴达之间的伯罗奔尼撒战争耗尽了各城邦的力量，不仅结束了雅典的霸权，而且使整个希腊奴隶制城邦制度逐渐退出历史舞台。以此为背景，对照课文所示"亚历山大帝国形势图"中的进军路线，概述马其顿王国国王腓力二世与亚历山大父子两人整军经武，历时10年征服希腊城邦、消灭波斯帝国的经过，突出亚历山大继续东向扩张直抵印度河流域的史事。对照地图了解公元前4世纪末地跨欧亚非三大洲的亚历山大帝国的四至，指出如何统治空前辽阔的疆域是亚历山大大帝面临的艰巨任务。

简要介绍亚历山大大帝的统治措施：尊重被征服地区的宗教与文化习惯；改造马其顿传统君主制，剔除其中的民主残余，神话王权，加强君主专制；采用波斯的行政制度，推行行省制度和官僚体系；鼓励希腊人与被征服地区居民通婚，促进东西方民族的融合；在帝国边境等战略要地建立殖民城市并以此为据点巩固统治，招募希腊人为其核心居民，控制交通要道、关隘出口、水源草场以及可以开垦的绿洲地区，比如埃及的亚历山大里亚发展为著名的政治、经济和文化中心。进而指出，依靠军事征服而建立的亚历山大帝国面临着与波斯帝国同样的问题：一个由不同地区、不同族群集中一起的松散联合体，其能否存续很大程度上取决于统治阶级的力量和团结程度。了解亚历山大帝国因亚历山大大帝的突然病亡（公元前 323 年）而迅速分裂成数个各具特色的希腊化国家，一个空前强大的帝国仅仅维持了 13 年便走向瓦解。公元前 1 世纪，原帝国西部的希腊化地区大多被罗马共和国吞并，而东部的希腊化地区则因安息帝国的扩张和大夏王国（也称吐火罗）的脱离，其希腊化因素明显减弱。

出示文字史料（资料附录 10），了解亚历山大帝国建立的历史意义。提问：如何看待文字史料所示观点？出示 "Hellenistic Age" 一词，说明"希腊化时代"是一个近代史学概念，最早在 19 世纪由德意志史学家提出，又被译为"希腊主义"或"希腊主义时代"，通常是指从公元前 323 年亚历山大大帝去世到公元前 30 年罗马征服托勒密王国这一时期地中海东部及西亚诸国的历史，与希腊古典时代及后来的罗马帝国相区别。再问："希腊化时代"是如何影响世界历史与文明的发展的？基于前述，帮助学生了解由于亚历山大大帝大力兴建以马其顿人与希腊人为核心居民的新兴殖民或移民城市，希腊人将其在爱琴海城邦地区的生活方式、语言文化、哲学思想、军事和各类技术等迁移到了亚洲内陆。又由于不同地区间经济往来规模的扩大和人员交流的频繁，不同文化的相互融合和渗透随之加深，从而在希腊人统治西亚北非的 300 年间，催生了一种新型文化，即希腊化文化：希腊语成为希腊化世界的官方语言，古希腊文明中崇尚理性的传统及科学成就得以发扬光大，自然科学和建筑艺术成就尤其突出，比如欧几里得的几何学、阿基米德的物理学、阿里斯塔克的天文学等；新兴城市亚历山大里亚及其博物馆、法洛斯灯塔等集中代表了"希腊化时代"建筑艺术的最高水平，等等。了解亚历山大里亚在东西方文化的交流与融合中起到了桥梁的作用。续问：有观点认为希腊化是希腊文化不断向东方传播的过程，即东方在希腊人统治下不断希腊化的过程，如何看待这种观点？启发学生认识这种观点的片面性，说明希腊化既包含了希腊文化传统自身在时间上的延续以及在空间上对非希腊世界的扩展，同时又是希腊文化广泛汲取外来文化养分以改造希腊文化并促进东西方文明深入交流的历史过程。了解东方的城市出现了希腊式雕塑和建筑，东方的天文学和数学知识也传入希腊，丰富了西方的知识。比如，印度河流域北部犍陀罗艺术是由亚历山大大帝东征中亚、南亚次大陆西北部地区时带来的古典希腊文化与东方（中亚和印度次大陆）文化融合的结果，其佛教艺术兼有印度和希腊风格，故又有"希腊式佛教艺术"之称。又如，几何学最初兴起于公元前 7 世纪的古埃及，后传到古希腊雅典，雅典柏拉图学园木牌上写着："不懂几何者，不得入内！"欧几里得曾在此学习，为构建几何学理论，欧几里得从爱琴海边的雅典来到尼罗河流域的埃及新城——文化蕴藏丰富的亚历山大里亚。亚历山大里亚建有领先的学术机构——博学园和图书馆，亚历山大大学是希腊化世界中最好的大学，成为当时地中海地区的文化圣殿，吸引了大批优秀学者前来进行学术研究。欧几里得在此收集古埃及的数学专著和手稿，著书立说，终于在公元前 300 年写出传世之作《几何原本》。据此了解实现了系统化、条理化的欧氏几何至今仍是世界各国学校的必修课。

基于讲述，引导学生认识亚历山大帝国的统治，对古代地中海区域、小亚细亚和印度河流域的文明发展产生了重大影响，使希腊文化不再局限于希腊城邦，而成为地中海地区共享的文化，并渗透至西亚、南亚及北非各地，从而进一步丰富了古代文明的内涵。

3. 罗马帝国与文明交流

对照地图，简介在马其顿王国发展为地跨欧亚非三大洲帝国的过程中，其西面意大利半岛上的罗马（罗马人即拉丁人，印欧人的一支）城邦发展起来的史事。出示文字史料（资料附录 11），了解罗马国家扩张的原因。简述罗马国家通过持续征战，于公元前 3 世纪中期统一了意大利半岛，此后又打败北非的迦太基、巴尔干的马其顿王国和西亚的塞琉古王国（说明这两个国家是亚历山大帝国解体后的"希腊化国家"），确立了其在地中海地区的霸权，地中海变成了罗马的内海。解释随着统治版图的扩大，罗马国家在多个方面发生了变化：一是奴隶制度得以进一步发展；二是国家体制逐渐从城邦共和制度演变为帝制，直至公元前 1 世纪末，罗马进入帝国时代。观察课文所示"2 世纪初的罗马帝国"地图，了解罗马帝国地跨欧亚非三洲、环地中海的疆域特征。阅读课文"史料阅读"栏目中的文字史料，了解公元 1—2 世纪罗马帝国和平发展时期经济贸易的繁荣景象。呈现观点：希腊人在文化上颇有建树，而罗马人以武力见长，统治地中海长达 600 年之久，但文化创造却稍逊一筹。提问：如何认识这种观点？出示文字史料（资料附录 12），了解希腊世界虽然被罗马征服，但古希腊文明并未消失。罗马文化既在吸纳、借鉴希腊文化的基础上呈现希腊化特点，又表现出自身的罗马特色。解释罗马文明传播的方式和路径，在征服埃及、西亚和希腊城邦的过程中，罗马城发展为罗马帝国的政治、经济和文化中心，并通过创设同盟体系、行省制度和庇护制度广泛输出罗马文化。再结合课后"学习拓展"栏目以及谚语"All Roads Lead to Rome"，即"条条大道通罗马"，说明为了加强统治，罗马帝国修建了以罗马为中心、四通八达的大道。据史料记载，罗马人修筑高质量的硬面公路共计 8 万公里，这些大道促进了帝国内部和对外的贸易和文化交流。了解在综合多个区域文明以及罗马文明充分希腊化的基础上，罗马帝国在戏剧、诗歌、政治学、法学、史学、哲学、农学、艺术以及建筑工程等方面皆取得了较高成就。由此了解同根同源而又存异比肩的罗马文明和希腊文明是古代欧洲两大文明，给近代西方文化以巨大影响。

对照课文所示"汉朝与罗马帝国交往的主要路线示意图"，联系课后"问题探究"栏目，说明公元前后的数个世纪堪称世界古代史上的帝国时代。引导学生标识公元前后在欧亚大陆崛起并立的四大帝国，从东往西依次是汉朝、中亚和南亚北部的贵霜帝国、西亚伊朗高原的帕提亚（安息）帝国以及罗马帝国。简述汉朝通过"凿空西域"，与贵霜甚至安息建立了直接联系，贯通了东西方的陆上通道，即后人习称的陆上"丝绸之路"。在此基础上分析：一方面由于受阻于当时的交通条件，汉朝与罗马帝国之间没有正式遣使，因而未建立直接的政治联系，东汉的班超曾派甘英出使大秦（即罗马），但最终"临海而返"未抵罗马。由此，启发学生体会古代文明的交流充满了坎坷与挫折。另一方面，中国的丝绸等商品通过贵霜、安息运到罗马帝国，据文献记载，罗马商人也的确于东汉时期到达过中国。了解汉朝与罗马帝国通过经贸交流，逐渐形成多种文化交汇融合、互相影响的局面。对照地图，通过串联路线了解汉朝与东南亚以及印度的海上联系亦开始建立。

简介公元 1 世纪基督教产生、发展及传播与罗马帝国盛衰的关系；简述罗马帝国公元 3 世纪"全面危机"的史事，了解罗马帝国逐渐走向衰落和分裂为东西两部分的经过，以及内忧外患的西罗马帝国于公元 5 世纪后期被来自欧洲北部的游牧民族——日耳曼人所征服的史事，为后续内容的学习提供知识背景。

设计意图：时间上以公元前 1 千纪为时间轴，空间上以亚欧非三大洲连接处为横截面，识读历史地图信息，了解波斯帝国、亚历山大帝国和罗马帝国三个地跨欧亚非三大洲古代帝国的武力扩张过程以及国家治理模式，习得基于空间建构史事逻辑的方法；解释波斯帝国政治体制，评价希波战争、希腊化、罗马文化，习得辩证、客观看待古代战争及古代帝国统治模式对于古代文明交流的作用的方法，体会历史的复杂性，提升历史解释能力；了解中国汉朝与罗马帝国之间的经济文化交流方式，体会文明交流的多样性。

环节 4：古代文明的交流及其主要途径

提问：古代文明交流通常以哪些方式展开？引导学生回顾所学，举例总结武力扩张的形式以及以商业、文化交流为主的和平交往方式。再问：如何看待武力扩张对早期文明交流的影响及其与和平交往之间的关系？组织学生讨论，在各抒己见的基础上总结：历史上，处于强势发展阶段的民族或国家为开疆拓土和掠夺资源，往往会对周边地区进行武力扩张，建立庞大帝国，也必然会因军事力量的削弱而走向衰弱和解体。这些帝国在形成过程中，都会对被征服地区、民族的社会、经济及文化传统造成冲击和破坏，发展程度低的民族对发展程度高的民族和国家的征服，破坏性则更大。与此同时，帝国凭借强势武力冲破原有的疆界、封闭与阻隔，强化中央集权统治，并修筑四通八达的道路交通网，为相对独立的区域文明的横向联系创造了交往的条件，促进了宗教信仰、风俗习惯、发展水平各异的民族之间、国家之间的经济文化交流与交融。总之，古代史上的军事征服对文明交流的影响或大或小，作用积极抑或消极，皆与征服者自身的文明程度密切相关。

设计意图：围绕古代区域文明的交流方式及其影响，展开讨论和评价；基于所学史事、史实提炼史识，培养表达交流能力，发展历史深度思维。

环节 5：小结

人类社会古代区域文明呈现相对独立的发展态势，但是文明之间的交往始终存在，交流的趋势及程度也在不断加强。随着古代世界帝国的更替，有些看似消失的文明，其文明的因子在文明的交融中再生成出新的文明。可见，文明的发展具有因循传承的特征；文明的交流是文明发展演进的动力。

> **设计意图**：立足古代区域文明的交流，总结文明交流对于促进人类社会及文明发展的规律性认识。

【板书设计】

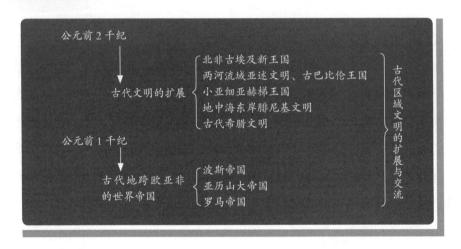

【资料附录】

1. 正是在西亚和地中海东部地区，不同文化彼此之间相互的刺激作用第一次变得明显。而且毫无疑问，这种相互作用正是最早期文明诞生故事中的主要情节。在三四千年里，各个民族不断迁徙所造成的混乱既丰富又分裂了这个地区，我们的历史一定发轫于此。在大部分历史时期里，肥沃新月地带成为各种文化的大熔炉，这里不仅是一个定居地，而且是一个中转站，通过这里谱写出一部各民族及其思想的兴衰史。最终，各种制度、语言和信仰得以进行广泛的交流，甚至到今天，人类的很多观念和习惯都源于这里。

 ——（英）J. M. 罗伯茨、O. A. 维斯塔德著，陈恒等译. 企鹅全球史Ⅰ：古典时代［M］.上海：东方出版中心，2020：58.

2.

北闪米特语			希腊语		伊特鲁里亚语	拉丁语	
早期腓尼基语	早期希伯来语	腓尼基语	早期	古典时期	早期	早期	古典时期
K	K	⫪	⫪	A	A	A	A
9	9	9	8	B	B	B	B
1	1	1	1	Γ	⌐	⌐	C
△	ᑫ	ᑫ	ᑫ	△	ᑯ	ᑯ	D

腓尼基、希腊、希伯来和罗马字母

——（美）杰里·本特利、赫伯特·齐格勒著，魏凤莲等译. 新全球史（上）[M].北京：北京大学出版社，2007：55.

用希伯来语书写的农夫的记录表
（巴勒斯坦 / 约公元前 900 年）

纳巴泰碑文（阿拉伯北部 / 公元 26 年）

——李中扬主编. 文字设计基础 [M].武汉：武汉大学出版社，2015：110.

3. 拼音字母表是西奈半岛的闪米特部落发明的。为了考查这个字母表，我们必须首先研究埃及文字或象形文字。象形文字（hieroglyphics）源自埃及的"圣书文字"（sacred carvings），因为这种文字最初是镌刻在石头上的。稍后，埃及人用笔墨在莎草纸上书写。埃及文字滥觞于公元前 3000 年，比苏美尔文字晚 200 年。埃及象形文字出现时，埃及人和苏美尔人的接触很多，贸易频繁。因此有人说，也许埃及人从苏美尔人那里学到文字的观念，并开发出自己的文字系统。

......

原始迦南字母表演化为腓尼基字母表和原始阿拉伯字母表，然后又产生新的后裔，即原始字母表的后代。大约在公元前 1300 年，原始阿拉伯字母表和原始迦南字母表分道扬镳，添加了一些辅音符号，演化为阿拉伯半岛和埃塞俄比亚的早期文字。

另一方面，腓尼基字母表直接导致两种闪米特字母表的产生：早期希腊字母表和阿拉姆字母表。这两种语言和腓尼基关系密切。

······

阿拉姆文字产生了很多字母表。阿拉姆语成为官方语言，阿拉姆文成为新叙利亚帝国和稍后的波斯帝国的官方文字（在阿拉伯文形成之前）。结果阿拉姆字母表就传播到中亚和印度次大陆。

······

希腊人对腓尼基字母表进行改造，将其用于转写自己的印欧语。希腊字母表遂成为一切欧洲字母表的基础。

———（加拿大）罗伯特·洛根著，何道宽译．字母表效应：拼音文字与西方文明［M］.上海：复旦大学出版社，2012：025、028—029.

4. 从公元前 800 年开始，由于多方面原因，希腊各地大规模地向海外殖民，建立殖民城邦，形成了轰轰烈烈的大殖民运动。经过二三百年的殖民运动，希腊人在整个爱琴海周围地区、黑海沿岸及地中海大部分地区建立了众多的殖民城邦，其范围之广、影响之深远，历史上绝无仅有。

——— 王斯德主编，李海峰、朱明等著．世界通史（第一版）第一编·古代文明与地域性历史———1500 年以前的世界［M］.上海：华东师范大学出版社，2018：140.

5. 由于印欧人可以近距离的观察马，并了解这种动物的习性，大约在公元前 4000 年，印欧人开始驯养马。最初，马可能是人们的食物，但很快，印欧人就学会了骑马。到了公元前 3000 年，苏美尔人有关青铜冶炼的知识以及使用车轮的技术向北传播到印欧人的家乡，印欧人设计出两轮和四轮的马车及马拉战车。早期的印欧语中不仅有牛、绵羊、山羊、马这些词汇，还有轮子、轮轴、柄、挽具、毂和车辖这样的词汇，这是他们从美索不达米亚人那里学到这些技术的例证。

——（美）杰里·本特利、赫伯特·齐格勒著，魏凤莲等译. 新全球史（第三版）（上）[M]. 北京：北京大学出版社，2007：56.

6. 美索不达米亚和埃及为中东有文字记载的历史奠定了基础。在很长一段时间内，这两个伟大文明中心的故事占据着编年史的主体地位，并且或多或少地处于独立发展的状况。……公元前 2000 年后不久，其他民族的运动就已经将这种局面打破，从而形成了新的格局。

……

主宰世事变革最主要的力量仍然是大迁徙。在公元前 2000 年后的一千年里，这种民族迁徙的基本形式以及民族特征没什么太大变化，其基本的动力来自从东到西的印欧民族对肥沃新月地带的压力。这些民族的种类和数量在不断增长，尽管他们中的一些民族可以让我们想到希腊人的遥远起源……。与此同时，闪米特民族与印欧民族在争夺美索不达米亚流域；埃及和神秘的"海上民族"在争夺西奈半岛、巴勒斯坦和黎凡特。另外，北方民族的一支在伊朗定居，并且最终在这里形成了古代世界最伟大的帝国——公元前 6 世纪的波斯帝国；另外，还有一支进入印度。这些移民活动在一定程度上解释了几个世纪以来这些帝国和王国不断变迁的原因。

——（英）J. M. 罗伯茨、O. A. 维斯塔德著，陈恒等译. 企鹅全球史 I：古典时代 [M]. 上海：东方出版中心，2020：107—108.

7. 他将让强大者卑贱，让卑贱者高升，处死那些应处死之人，饶恕那些值得饶恕之人。尔等应听从他所说之言，执行他之命令。尔等不可寻求其他任何人为王，或让任何其他主人反对他。

—— 晏绍祥著. 世界上古史 [M]. 北京：中国人民大学出版社，2020：89.

8. 我——大流士，伟大的王，众王之王，波斯之王，诸省之王，维斯塔斯帕之子，阿尔沙马之孙，阿黑明尼德。

—— 顾銮斋、夏继果主编. 世界通史教程教学参考（古代卷）[M]. 北京：中国人民大学出版社，2001：154.

大流士一世的雕像（出自波斯古都波斯波利斯遗址）

——（美）雅各布·阿伯特著，张桂娟译．居鲁士大帝·争霸战争与波斯开国［M］．北京：华文
出版社，2018：255．

9. 波斯帝王尊重被征服地区原有的宗教和文化习俗，在必要时还把自己当作是当地
神所指定的继承者，为这些神重建神庙，表示自己统治的合法性。如大流士重建
巴比伦神庙，冈比西斯自称为马杜克所派来统治巴比伦的人选。在巴勒斯坦，冈
比西斯重建了耶和华神殿，指派以色列长老负责维持地方秩序。在埃及，他接受
了传统法老的头衔，得到不少埃及祭司的支持。

——马克垚主编．世界文明史（上）［M］．北京：北京大学出版社，2004：40．

10. 远征在客观上使希腊文明与埃及、巴比伦和印度的文明得以接触、交流、融汇，
扩大了各民族已知世界的范围，加快了人类历史由分散走向整体的进程。在一个
世界性的帝国内，世界性的政治、经济和文化的出现是必然的。亚历山大帝国的
建立在世界史上具有划时代的意义。

——吴于廑、齐世荣主编．世界史：古代史编（上卷）［M］．北京：高等教育出版社，1994：
290．

11. 当时的罗马领土只有 800 平方公里，光公民的人口密度就达每平方公里 162 人。在古代，这显然是一个很大的数目。稠密的人口不仅对有限的土地造成了严重的压力……而且还对古代文明形成了严重的威胁。……为了保存自己的文明，摆在罗马国家面前的唯一办法，就是向外扩张。

　　—— 杨共乐著. 罗马史纲要 [M]. 北京：商务印书馆，2007：77.

12. ……希腊语成为管理、商业、教育等领域的国际性语言，受过教育的罗马人都会希腊语。

布匿战争之后，罗马人以近乎崇拜的心情学习希腊老师的所有文化。一些在西西里转战多年的罗马贵族，常常将西西里岛上那些辉煌的希腊城市作为自己的根据地，在那里他们将自己融入到古老优雅的希腊文化之中，感受着文学艺术的熏陶。一位罗马教师花了一年的时间，应邀将一部分希腊戏剧翻译成拉丁文。于是，罗马人的消遣活动不再是疯狂的竞技和血腥的角斗，而是观赏高雅的希腊戏剧。……希腊的宗教与喜剧给了罗马的平民，而希腊的道德哲学及其艺术则给了上层阶级。西塞罗说："自希腊流入我们城市的不是一条小溪，而是文化与学问的一条巨川"。"我感激希腊，因为我所得到的艺术和成就无不来自于它"。

……

若据此认为罗马就是全盘复制希腊文化，那就错了。通常所谓的"罗马的希腊化"并非全盘的希腊化。罗马文化与希腊文化关系的另一个重要方面，则是它不仅充分吸收其积极成果，对其消极面也有所回避。显示出罗马有它自己的优势。罗马希腊化的进程仍在继续，但罗马人最终走上的是一条选择性的希腊化道路，并在其"希腊化"中建构了自己强烈的罗马特性。

如果说，罗马人在初期是怀着一种深厚感情，对希腊文化加以盲目崇拜，那么随着社会环境的变化、罗马人不断与希腊世界的接触，他们对希腊文化采取了审视的态度。

　　—— 陈恒、鲍红信. 希腊化，还是罗马化——罗马对希腊文化的模仿、调适与创新 [J]. 史林，

　　2011（5）：152—153.

第3课
中古时期的欧洲

公元4—5世纪，新兴日耳曼诸王国出现在日渐衰落的西罗马帝国境内，逐渐改变了西欧的政治版图。以"封君封臣制度""庄园与农奴制度"为基本特征的封建制度重建了西欧的社会秩序。以基督教文明为核心、在融合古罗马文化与日耳曼传统的基础上产生的西欧中世纪文明，深刻影响着西欧社会历史的发展。欧洲东南部的拜占庭帝国以及欧洲东部的俄罗斯在国家治理、经济发展、宗教文化等方面各具特色，走上了与西欧不同的发展道路。中古时期的欧洲文明呈现出基于地缘的多元化特征。

聚焦难点，运用分析、归纳、比较的方法解释"罗马因素""日耳曼因素""封君封臣制度""庄园与农奴制度"等核心概念，知晓西欧封建制度的内容、特征和影响，理解欧洲中世纪文明以基督教文化为核心的特质，习得把握关键、认识复杂历史现象及历史事件的方法；综合史料信息并基于叙史，构建西欧城市在特定时空条件下复兴的历史情境，以问题为引领，探究其原因、过程与影响，认识城市发展对于推动西欧由中古走向近世的积极意义；运用比较的方法，着眼宗教与皇权的关系及法律制度了解拜占庭帝国与西欧封建社会的差异，从政治、经济、宗教、文化等方面了解俄罗斯不同于西欧的社会特征；认识中古时期的欧洲文明呈现出基于地缘的多元化特征，体会立足历史时空、运用唯物史观基本原理解释历史的方法，进而从整体上认识中古时期人类文明的分散性和基于地域的独特性。

重点：西欧封建社会产生的原因和基本特征。

难点：王权、城市、教会的相互关系及其对西欧社会历史发展的影响。

教学设计 ▌▌▌

环节 1：导入

解释课文所示历史名词"中古"与"中世纪（Medieval Ages）"在欧洲历史分期上属相同时间概念的不同表述，即指公元 5—15 世纪从西罗马帝国灭亡至文艺复兴之间的时代。"中古时期"作为广义的历史分期概念，可泛指上古与近世之间世界各地区的古代文明（课文第二单元标题即"中古时期的世界"）。"中世纪"一般专用于欧洲历史的时段划分（古典时代、中世纪、近现代），"中世纪"一词据说由 15 世纪后期意大利人文主义者最早提出。出示文字史料（资料附录 1），结合马克思对中世纪西欧社会特征及历史地位的论述，了解近代欧洲学者普遍以"黑暗时代"等同于"中世纪"，认为这是欧洲文明史上的倒退时期，是"无知和迷信的时代"。提问：为何会有这种认知？中古时期西欧社会状况究竟如何？欧洲不同区域的社会及历史又呈现怎样的发展态势？由此导入新课。

> **设计意图：**解释历史时间概念"中古"与"中世纪"的含义，围绕中世纪或中古欧洲的特征形成问题链，激发学习探究的兴趣。

环节 2：西欧封建社会

联系公元 3—6 世纪亚欧大陆游牧民族迁移以及对农耕世界发起的新一轮冲击，从秦汉时期与匈奴的关系、匈奴西迁切入，运用地图简介亚欧"民族大迁徙"（亦称"蛮族入侵"），了解印欧人的一支日耳曼人与罗马帝国的关系。结合课文导语及图像信息，回顾第 2 课所学罗马帝国衰落的原因。简要评述亚欧民族大迁徙的影响：游牧世界的冲击在一定程度上改变了农耕生产关系，加速了历史的变革，扫荡了已经衰落抑或僵化的社会结构。比如欧洲的奴隶制逐渐解体，日耳曼因素和罗马因素相结合，在西部罗马帝国故土上建立的新兴日耳曼诸王国中催生出西欧封建制度；同时重绘了西欧的政治版图，为西欧政治格局的重构提供了新起点。

提问：什么是罗马因素？什么是日耳曼因素？两者如何结合进而催生西欧封建制度？解释罗马因素即罗马帝国末期萌生的隶农制。公元 3 世纪，陷入全面危机的罗马帝国为缓和阶级矛盾，在经济和社会运行方面欲寻求新的突破，罗马奴隶主贵族改变以往集中奴役大批劳动力、从事集体耕作的经营方式，采取比较温和的租佃制，即把土地分成小块，租给隶农耕种，收取地租，由此，新的生产关系——隶农制应运而生。隶农的来源包括被释放的奴隶、外族战俘和移民，还有破产的自耕农。解释隶农虽然拥有相对独立的经济，可以部分支配自己的劳动产品，但在法律上并非属于完全的自由人，与大土地所有者之间存在强烈的人身依附关系，他们只有土地使用权而无所有权，也非生产工具的完全所有者。但隶农的社会政治地位优于奴隶，大地产主已不能像对待奴隶那样生杀予夺，只是以地租（实物和劳役为主）剥削的形式不完全地占有隶农及其劳动成果。说明隶农的境遇接近于农奴，恩格斯称之为"中世纪农奴的先辈"。了解民族大迁徙无意中起到了加速封建生产关系发展的历史作用。

解释日耳曼因素即部族国家军功制因素：在征战兼并过程中，日耳曼诸王国君主以按军功分配战利品的传统习俗，将部分土地赐给自己的亲兵，这些亲兵逐渐发展为新的日耳曼军事贵族。同时，日耳曼统治者为给自己的统治罩上神圣的外衣，采取皈依基督教（法兰克王国建立者克洛维 496 年皈依基督教）、将土地赠给罗马教会等方式以争取教会支持。提示学生：无论是赐予亲兵还是赠给教会的土地，多数是无条件、无偿的。此外，日耳曼人在征服西部罗马帝国的过程中，允许支持日耳曼人的罗马贵族继续保留其财富。由此，日耳曼的军事贵族、罗马教会以及罗马旧贵族合流，共同形成了西欧新型社会形态中的统治阶级。他们将所占有的土地交给隶农和自耕农种植，耕种者必须缴纳地租。由于自耕农在兵役和天灾的打击下日益破产，被迫受制于各种贵族，失去人身自由和土地所有权，自耕农和隶农逐渐演变为中古西欧社会农业生产的主要劳动者即农奴，成为被统治阶级。出示结构图如下：

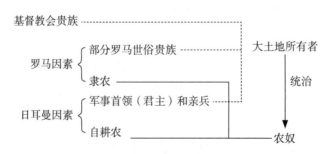

日耳曼因素和罗马因素的结合

依据结构图概括：西欧封建社会是在特定历史条件下，两个不同社会的历史进程相互影响、相互结合的结果。出示文字史料（资料附录2），提取相关信息，针对史料所反映的现象提问：如何解决罗马因素与日耳曼因素结合过程中出现的问题和矛盾？结合课文"学习聚焦"栏目，引出西欧封建社会的基本制度即西欧封建社会的基本特征"封君封臣制度""庄园与农奴制度"。

分析"封君封臣制度"：首先，厘清概念，它是中古西欧国家最重要和最具特点的制度，是古代西欧向中古西欧转型期社会动荡以及自然经济的产物；它最初是以国王为主导的君臣之间政治、军事和经济同盟关系，以后逐渐发展为极具封建色彩的普遍社会关系，并主导着国王以下各级封建主的关系；它构成了西欧封建社会政治生活的基础和纽带，影响和产生了中古西欧社会许多制度与现象，比如骑士制度等。其次，重点解释对西欧封建社会影响最大的法兰克王国于公元8世纪上半叶实行的"采邑改革"，以加强对封君封臣制度的理解。解析法兰克王国长期无条件赏赐土地即"采邑"给臣属，以致王室土地日渐减少，税源枯竭；不断壮大的贵族地主还兼并克洛维时期分配给普通民众的土地，致使自耕农纷纷破产成为依附性农奴以致兵源困窘。而同期的阿拉伯国家正大举北侵欧洲。由此，必须改变土地占有制度，在王室与豪绅显贵、军政官员之间建立密切联系。讲解宫相查理·马特针对上述问题在土地占有关系方面实行了"采邑改革"，即将"采邑"变为封土，变无条件赏赐为有条件分封，臣属以向国王承担军事义务作为获得封土的条件（"采邑"feud即"封土"，feudalism即封建主义）。明解西欧的封建制度以"封土"为基础。出示图像史料（资料附录3），帮助学生了解分封仪式及程序给封君封臣关系蒙上神圣的色彩。在此基础上解释封土是封君封臣制度的关键，也是封君封臣关系的纽带。从理论上来看，授予土地者即封君对土地拥有所有权，而领取土地者即封臣只有使用权，采邑即封土不可世袭，分封者也不得随意收回。最后，分析封君、封臣的义务。出示文字史料（资料附录4），结合课文"学思之窗"栏目，解析封君与封臣的义务。其一，封君的义务：一是维持封臣的生计，封土是履行这一义务的主要载体和手段；二是保护封臣，封臣如果遇到危险，封君必须出面相救；封臣如果陷入官司，封君应该为其在法庭上讨回公道；三是封君不得伤害封臣的荣誉、财产和生命。其二，封臣的义务有消极和积极之分：所谓消极义务就是不必做什么便可以保证的义务（资料附录 4 中提及的 6 件事）；所谓积极义务最主要的是服军役，即封臣需随时应召军事任务，应召期间甲胄自备甚至需向封君提供资金。必须指出：中古西欧社会的封君封臣制度没有统一的模式，其发展有先后，更存在地区差异，法国卢瓦尔河和莱茵河之间的地区被公认为中古西欧社会封君封臣制度的典型地区。在此基础上指导学生从"自由农民农奴化""采邑分封有偿化""权利与义务的关系"三方面理解中古西欧社会封建制度的基本内容。须指出这是狭义的、特指的中古西欧"封建制"，而非广义泛指的世界各地的封建制度。

说明中古西欧社会封君封臣制度从公元 6 世纪下半叶产生到 11 世纪前后基本确立，历经数个世纪，并随着西欧社会的发展而呈现新特点：封君扩散至大封建主阶层。出示图像史料（资料附录 5），结合图像信息讲解原来的封君特指国王，封臣专指封建大领主和贵族，而公元 11 世纪以后的封君更具广泛性，封建主只要能够分封自己的土地便能成为封君，与受封之人结成封君封臣关系，从而巩固自己的势力。大封建主通过分封土地给封臣，封臣亦可分封从大封建主处领得的土地而成为小封建主，小封建主依此方式还可往下分封，与更小的势力结成封臣封君关系。了解多层分封成为中世纪西欧封建社会的主要政治形态，逐渐形成金字塔形的封建等级制度，并衍生出中古西欧社会的骑士制度。由此，启发学生理解封土在封君封臣关系中起了纽带作用，这也是封臣愿意依附封君的重要原因。

提问：封君封臣制度对中古西欧社会历史产生怎样的影响？解释封君通过封臣提供的军事义务和经济赋税能保证势力的稳定扩大，封臣通过封君的保护和封赏能得到相对固定的利益，这种互利关系很大程度上促进了中古初期西欧社会的稳定发展。了解其弊端也逐渐显现。其一，封君封臣关系在现实社会中并非一一对应关系。封建主常常既有自己的封君，也有自己的封臣，因而身份重叠，且封土上的权利和义务层叠复杂。封君只与自己直接的封臣有联系，不能干涉封臣的封臣，封君只有通过自己的封臣，才可以联系到更下一级的封建主，因而在法国有"我的附庸的附庸，不是我的附庸"之说。其二，封臣常常有两个或两个以上的封君。虽然在原则上是不被接受的，但在现实中却是普遍现象，至 11、12 世纪更成为通则。一人多主使封君封臣关系更为复杂混乱，比如可能会出现甲的封臣是乙、而乙的封臣又是甲的封君的关系，抑或出现同一个封臣的两个封君发生战争以致封臣无所适从的现象，由此产生"主君"的称呼,"主君"有优先获取封臣义务的权利。甚至由于继承权的松散,女儿和外戚均有继承权,造成大诸侯跨国领有土地的现象,比如,12 世纪的英国金雀花王朝因其又是法王诸侯而在法国拥有土地。认识此时中古西欧早期社会相对稳定的封君封臣关系已进入跌宕起伏的不稳定状态。其三,从理论上来看,封君对土地拥有所有权,而封臣只有使用权,且在死后土地必须归还封君。但现实与之大相径庭,因为多层分封且土地零散,封君很少能够真正收回土地。所以,封土即采邑实际成为可继承、可转让、可买卖的私人财产和世袭领地。另一方面,封建主逐步掌握了封土范围内的行政和司法权力,成为土地上农奴的实际统治者。说明:各级封建主成为中古西欧社会的中坚力量,在政治、经济、军事和文化领域发挥着重要作用;国王虽然是名义上的全国最高统治者,实际权力却受到一定的限制。了解这是形成中古西欧社会王权有限、各级封建主势力坐大、统治权力相对分散的重要原因。须明确,同期,教会也是制衡王权的重要因素。

分析"庄园与农奴制度":简介庄园是各级封建主以其领地为基础形成的剥削农民的实体。各级封建主,包括国王、世俗贵族以及教会贵族都是庄园领主。出示课文所示"西欧封建庄园示意图"(说明这是近代学者想象的场景),解析中古西欧庄园的功能或特征:其一,庄园是中古西欧社会基本的农业经济组织。指导学生阅读课文、提炼图像信息,了解庄园各类耕地的构成(条田分布)、耕作方式(轮作制)。出示文字史料(资料附录 6),基于阅读建构历史情境,了解中世纪欧洲庄园自给自足的经济属性。解释庄园的生产关系,即以农奴劳作和地租剥削为其基本特征。一方面结合课文所示"耕种的农民"以及课后"问题探究"栏目,解析农奴是中古西欧社会农业生产的主要劳动者,在法律上农奴的人身属于主人,世代相承,不得擅自离开领主。但农奴可以拥有自己的家庭、份地和劳动工具,履行义务后多余的产品可归自己支配。由此理解农奴为人身不自由的独立生产者,但处境较奴隶改善了许多,因而中古社会初期的农奴具有一定的生产积极性,这有利于西欧社会的发展。另一方面突出庄园初期以劳役地租剥削方式最为普遍,农奴自带农具和牲畜每周为领主自营地无偿劳作 3—4 天,即所谓"周工""献工",收获物全部归领主所有,以此换取份地使用权。强调农奴无份地所有权。启发学生认识:劳役地租的形式最能体现非自由人的农奴与领主之间的人身依附关系,这是农奴制生产关系最显著的特征。补充说明农奴还须承担各种实物地租（复活节交鸡蛋、圣诞节交母鸡，为使用磨坊、烤面包炉、榨酒器而交纳实物等）和相关赋税（婚姻税、继承税和人头税等）。出示文字史料（资料附录7），基于阅读体会中古西欧社会农奴的艰难生活。其二，庄园是中古西欧基本的社会组织。出示文字史料（资料附录8），提取关键信息，解释庄园设有法庭，由领主主持，定期召集，主要审理农奴之间、农奴与领主之间的刑事纠纷与民事纠纷。开庭时全体农奴都可以出席，可以通过鼓噪影响法庭的裁决。了解法庭的裁决通常遵循当时的习惯法，对各种违法行为大多处以罚金，罚金最终落入领主之手，因而有"司法获大利"之说。简述自由农民农奴化的过程，了解庄园内自耕农的兵役和赋税负担。基于对封建主掌握封土范围内行政和司法权力的解析，启发学生理解庄园在中古西欧封建社会具有经济和政治两方面的功能与作用。

简述中古西欧社会晚期即公元14世纪以后，随着生产力水平的提高和商品货币关系的发展，农奴可以货币购买自己的劳役地租即缴纳货币地租，说明此时的农奴不再完全受制于领主而有了相对的自由，农奴与领主之间的人身依附关系逐渐松弛，农奴制开始瓦解，庄园由此渐趋衰败。

说明除"封君封臣制度""庄园与农奴制度"之外，基督教会在中古西欧社会中的特殊地位以及王权与教权相互平衡的关系也是中古西欧封建社会的基本特征。指导学生观察课文所示图像史料"中古西欧的'三种人'"，阅读图文说明，解释"三种人"在中古西欧的社会地位：左面的僧侣为教会贵族，是掌握中古西欧社会文化教育、关注人们精神信仰的第一等级；居中的骑士身披盔甲，代表以国王为首的掌握国家权力的世俗贵族，是社会序列中的第二等级；右边手执铁锹的农民是普通劳动者，社会地位低下。由此认识中古西欧的社会构成及等级化特征。提问：教会贵族缘何为第一等级？教权与王权的关系如何？提示学生联系日耳曼诸王国成立之初的举措，阅读课文，从经济、政治、精神形态等角度了解基督教会是西欧封建社会统治体制一部分的史实。基于学生所了解的典型史事，出示文字史料（资料附录9），结合史料信息，引导学生概括中古西欧社会王权与教权的关系：国王掌握世俗权力，教会掌握宗教权力，共同维护西欧封建制度，形成二元体制；王权与教权相互依存、相互争斗，教廷一度处于万流归宗的地位，形成中古西欧的特有的政治格局；教权逐渐衰落而依附于世俗政权是中古西欧社会历史发展的趋势。

指导学生阅读课文"学习聚焦"栏目，以问题"中古西欧封建社会出现了哪些新变化？"作为学习环节的过渡。

设计意图：以概念学习为主轴，补充相关文字及图像史料并整合课文教学资源，运用分析、综合、归纳、比较的方法解释"罗马因素""日耳曼因素""封君封臣制度""庄园与农奴制度"等核心概念，从内容、特征和影响等方面形成对西欧封建社会的整体认识；了解欧洲中世纪文明以基督教文化为核心且融合古罗马文化、日耳曼传统的特质；习得把握关键、认识复杂历史现象的读史研史方法，提高思维深度。

环节 3：城市复兴和王权强化

概括中古初期西欧城市的特征：中古初期的西欧，由于日耳曼人的入侵，罗马时代的城市大多衰弱，与农村几无区别；又由于庄园自然经济占据主导地位，致使城市工商业缺乏活力。指出中古西欧城市直至公元 10—11 世纪出现了生机。提问：原因何在？出示文字史料（资料附录 10），启发学生思考并得出生产力提高是城市复兴原因的结论。进一步解释：农业发展、农产品出现剩余是城市复兴与发展的基础；手工业发展获得了原料，手工业技术亦有了长足进步，手工业与农业实现了分离；社会分工使手工业生产跨越了自给自足阶段，而以交换流通为目的。由此，在海岸、河流等交通便利之处或行政中心，物资丰富、市场复苏、商人聚居、商品经济日渐繁盛的城市再度兴起，手工业者和商人成为最初的城市居民。进而理解西欧中古城市是生产力发展到一定阶段的产物。讲解中古西欧社会凡土地皆有领主，凡领主皆有土地。新兴城市大都位于封建领地之上。再问：各级封建主对待城市的态度如何？解释各级教俗封建主将城市作为新开辟的财源，欲以城市招徕手工业者和商人，或直接经营相关行业，进而从中获利。在经济利益的驱使下，他们在不同程度上、以不同方式参与城市的兴建与复兴活动。理解这也是中古西欧城市得以复兴的重要原因。续问：随着城市经济的发展，城市与各级封建主的关系发生了怎样的变化？其一，解释城市所在地的封建主往往享有经济特权，并通过征收各种赋税获得可观收入，各级封建主都将城市视为取之不竭的聚宝盆。比如，当时巴勒摩一城交给封建主的税收超过英王从整个王国所得到的收入。简介随着中古晚期庄园的衰败，封建主对城市的勒索更为变本加厉。据相关史料统计，莱茵河上的关卡 12 世纪末为 19 座，13 世纪末增至 35 座，14 世纪末达 50 座，15 世纪末更是多达 60 座，大大提高了通过该河流的商品成本。了解封建主的贪婪严重影响了城市的经济利益与发展，这是城市展开反抗封建主斗争的经济原因。其二，说明由于城市建于封建领地之上，封建主掌握了城市的司法权和行政权以利于盘剥和控制城市，建立独立的行政管理体制迫在眉睫，这是城市抗争封建主以夺取上述权力的政治原因。其三，解析城市市民的境遇及市民阶层的崛起。西欧城市的最初居民即手工业者和商人，原先未被纳入社会等级序列。当他们手中积攒了大量钱财，经济力量足以与任何阶层相抗衡时，社会便无法漠视他们的存在。理解此时的城市市民已经完全摆脱了早期那种无保障的低等自由，从个人自由发展到集体自由和区域性的自由，他们被真正称为"城镇自由民"或"中等阶层"，成为不容小觑的新兴政治力量。明确这是城市展开自治权斗争的又一重要因素。

概括金钱赎买和武装斗争是城市自治斗争的两种常用手段，指出斗争的目标是要争取城市自治以获得相应的自由。提问：城市自由的含义是什么？结合课后"学习拓展"栏目的文字史料，组织学生基于信息讨论城市自由的含义，比如，市民在城内有土地买卖的自由；商人不受骑士侵犯意味着市民非农奴而拥有人身自由；货物商品及其他物品不受包括骑士在内等人的侵犯，即市民有经营工商业的自由和财产权受法律保护；"当地司法机关的骚扰"被视为违约，等等。说明上述内容指向摆脱封建主的司法控制而争取城市司法独立。由此，启发学生理解中古西欧谚语"城市的空气使人自由"的含义。基于讨论，解答课文"思考点"栏目的问题：城市自治对中古西欧社会历史的发展产生了哪些影响？引导学生概括：其一，有利于商品经济的发展，城市作为商品经济的实体加速了自然经济主导的庄园实体的瓦解，孕育了资本主义生产关系的萌芽，这一现象逐渐发展为与封建制度决裂的因素。出示文字史料（资料附录 11），基于阅读，加深理解城市自治对西欧经济发展的推动作用。其二，拥有自治权的城市成为自由的乐土，吸引农奴为获得自由身份而进入城市以寻求庇护，加速了农奴制的瓦解。出示文字史料（资料附录 12），基于阅读，加深理解城市自治对于加速瓦解封建制度的作用。其三，出示文字史料（资料附录 13），讲述城市成为世俗文化的摇篮，基督教文化的统治地位开始削弱。大学兴起，世俗教育得以发展，适应了商业和手工业发展的需要。理解世俗文化的发展为文艺复兴和宗教改革准备了条件。出示文字资料（资料附录14），理解城市复兴是中古西欧社会发展的重要标志，城市运动比任何其他中世纪运动都更有力地推动了西欧由中古走向近代，对欧洲文明的发展产生了重大影响。

说明不论采取何种斗争方式，大多数城市都是通过获得特许状而被承认其自治地位的。提问：谁授予城市特许状？指导学生阅读课文"学习拓展"栏目第一则文字史料的标题"英王亨利二世给予林肯城之特许状"，再问：城市在争取自治的斗争中，得到了何种力量的支持？以学生回答为基础续问：国王为何支持城市？出示文字史料（资料附录15），解读信息并联系封君封臣制度造成的王权式微、王国分裂的史事，启发学生立足王权与教俗封建主的矛盾、城市与教俗封建主的矛盾，理解：国王为加强王权、突破封建割据局面而作出支持城市的选择；新兴市民阶层成为改变中古西欧社会结构的重要力量，他们与王权结盟，以金钱和人力支持加强王权以对付封建主。了解在此过程中，王权的统治内涵不断丰富，统治范围超出了原有的领地，国王逐渐成为经济政策、政治权威和法律制度的主导者和体现者。明确城市的复兴有利于王权的强化，这是城市运动的政治影响。又问：王权加强如何影响了中古西欧国家的发展？解释国家之间为了争夺和划定势力范围，国家内部为了维护各自的利益，在11—15世纪发生了一系列冲突战争，比如英国的诺曼征服、"玫瑰战争"、英法百年战争等。指出其结果有二：一是15世纪末英国、法国和西班牙等国形成了强大的王权，由此确立君主专制体制；二是这些国家的疆域范围得以大体固定，国内统一市场逐步形成，语言逐渐统一，伦敦和巴黎分别成为英国和法国的政治、经济和文化中心。说明西欧近代民族国家由此形成。

需要明确中古西欧社会的君主专制体制有其典型特征：在王权逐渐强大的过程中，曾经携手的国王与市民阶层产生了矛盾，比如，实现部分自治的城市大都由国王与城市代表共同管理，国王有市长人选的最后决定权，还有过问与干涉城市重大事务的权力；自治城市内部设有代行封建主权力的派驻机构，城市与各级封建主仍然保持密切联系。通过讲解，帮助学生建构中古西欧社会国王、各级教俗封建主和市民阶级之间的矛盾运动及关系演变的过程。以此为基础指导学生阅读课文"历史纵横"栏目，了解英国议会产生的史事，以问题引导学生分析议会代表的构成，解释英国议会以及法国三级会议又称"等级代表会议"的缘由。指出"等级代表会议"是国王、教俗封建主和市民阶层妥协合作、分享权力的产物与平台，是由国王、贵族和市民组成的政治联盟。简释：王权召集并借助"等级代表会议"实施统治，掌握司法权和军权；教俗封建主与市民阶层共同参政，通过"等级代表会议"掌控国家赋税的批准权和分摊权，后来又拥有了立法权。提问：如何看待等级代表会议的历史影响？出示文字史料（资料附录16），启发学生认识：等级代表会议逐渐发展成为近代英、法国家重要的政治权力机构，尤其在英国形成了制衡王权的议会制的政治传统。为学习后续知识做铺垫，可简释等级代表会议在中古西欧各国向近代社会转型过程中的关键作用：当17、18世纪英法两国资本主义深入发展时，当市民阶层逐渐壮大为资产阶级时，当以王权为代表的教俗封建主势力渐趋没落时，当国王为改善困境要征税时，等级代表会议与王权之间必然会产生深刻矛盾，因为王权不能绕过议会直接征税。指出"征税"问题是引发英法两国资产阶级革命的直接导火线。

> **设计意图：**以"西欧城市复兴的原因何在""城市与各级封建主的关系发生了怎样的变化""城市自由的含义是什么""城市自治对中古西欧社会历史的发展产生了哪些影响""城市争取自治的斗争得到了何种力量的支持""如何看待等级代表会议的历史影响"等问题为引领，充分利用课文栏目呈现的教学资源，通过勾勒历史全息图像，探究西欧城市运动的原因、过程与影响，认识西欧城市运动对于推动西欧历史演进和社会转型的重要意义；认同唯物史观生产力和生产关系的矛盾运动是社会变革的物质根源以及经济基础决定上层建筑的基本原理。

环节4：拜占庭帝国

说明欧洲不同区域的历史有着不同的发展轨迹和典型特征。简述与西部罗马帝国灭亡的国运不同，东部罗马帝国由于成熟的城市文化和强大的经济实力抵御了蛮族入侵，成为罗马文明的继承者。了解其历史延续了千年之久，历经12个朝代93位皇帝，是欧洲历史上最悠久的君主制国家。简介至17世纪，西欧的历史学家为区分古代罗马帝国和中世纪神圣罗马帝国，又因东部罗马帝国的都城君士坦丁堡是在古希腊殖民城邦拜占庭的基础上建立起来的，于是引入了"拜占庭帝国"这一称呼。

有关拜占庭帝国的历史，从三个方面展开教学：

其一，观察课文所示"6—7世纪的拜占庭帝国"形势图，了解君士坦丁堡的名称来由、地理位置以及沟通东西的桥梁作用。结合图例简述该时期拜占庭帝国的对外扩张及收缩，突出公元7世纪来自西南方新崛起的阿拉伯帝国对拜占庭帝国的威胁。

其二，着眼宗教与皇权的关系、法制建设，突出拜占庭帝国的历史特征。宗教与皇权的关系方面：了解拜占庭帝国的宗教信仰虽与西欧同源同宗，但在宣教语言、宗教礼仪等方面存在明显差异，直至11世纪长期对立的东西方教会彻底分裂，给历史带来深远影响，东部基督教发展为东正教即希腊正教。需进一步指出，与罗马教会在西欧封建社会中的地位不同，由于拜占庭帝国严厉的法律和富于效率的中央集权行政管理，拜占庭教会始终受皇权的支配。法制建设方面：一是溯源古代罗马人以军事立国、以法律治国的传统，明确这一传统为拜占庭帝国所继承；二是指出拜占庭帝国与西欧的封建制度存在明显差异，突出其在世界法制史上的贡献。结合课文"史料阅读"栏目，补充相关知识，启发学生依据史料信息理解"市民法"与"万民法"的区别。提问：罗马法缘何从"市民法"发展为"万民法"？启发学生联系罗马的扩张，了解越来越多的非罗马外邦人加入到罗马属民之列，民族众多、语言风俗迥异、宗教信仰各不相同，仅适用于罗马公民的"市民法"已不能适应巩固日益辽阔的罗马国家的统治需要。因而罗马人确定既符合罗马法也符合被征服地区法律和习惯的部分，制定为各方皆能接受的法则，经年累月而形成了"万民法"。概括历代罗马帝国以及拜占庭帝国的统治者皆致力于整理和研究国家法律，了解集大成者是查士丁尼一世（527—565年在位）。介绍后世学者对查士丁尼的评价：他的功绩不在其辉煌的战绩、雄伟的教堂，使其名垂不朽的是他的法典编纂事业。他把法制提高到治国的战略高度，这是对后世不无有益的启迪。出示文字史料（资料附录17），解释查士丁尼的法制思想，了解其有感于西部罗马帝国的灭亡，积极革新内政，成立专门委员会编纂帝国法律大全的史事。简介查士丁尼统治期间，共完成四部法律汇编，即《查士丁尼法典》《法学汇纂》《法理概要》《新法典》，合称《罗马民法大全》。解释《罗马民法大全》的意义：为调节复杂的社会矛盾提供了法律手段，标志着罗马法体系的完善；既传承了罗马法在法学方面的创造性成果，也成为后世现代国家法制建设的蓝本。了解在欧洲由中古向近代社会转型的背景下，《罗马民法大全》超越时空，近代欧洲国家的法律大都深受其影响。

其三，对照地图简述11—13世纪来自西方天主教的数次十字军东征削弱了拜占庭帝国，尤其是13世纪初期的第四次东征曾一度导致拜占庭灭国，为意大利威尼斯共和国深入该地区提供了便利，也给东面小亚细亚半岛上奥斯曼土耳其的崛起提供了机会。后拜占庭虽复国，但日渐衰落之势不可逆转。简介1453年奥斯曼土耳其攻陷君士坦丁堡的史事，拜占庭帝国灭亡，君士坦丁堡被更名为"伊斯坦布尔"。学界将此作为中古欧洲历史基本走到尽头的标志。对照地图讲述拜占庭帝国灭亡后，其文化、宗教的延续方向。一方面，拜占庭学者携带古代珍贵文献西行避难，给西欧带回古代希腊罗马的古典文化，为西欧的文艺复兴运动奠定了文化基础。另一方面，拜占庭的东正教向东传至斯拉夫。拜占庭帝国灭亡后，莫斯科大公伊凡三世迎娶拜占庭帝国末代皇帝的侄女为妻，宣布自己为东正教的保护人，并以罗马帝国和拜占庭帝国的继承人自居。由此过渡至俄罗斯中古历史的学习环节。

> **设计意图**：基于叙事，贯通拜占庭帝国的历史；运用分析和比较的方法了解拜占庭帝国在宗教与皇权的关系、法制建设方面与西欧封建社会的差异，认识不同区域历史发展轨迹和社会特征的差异，习得立足历史时空解释历史的方法。

环节5：俄罗斯的兴起

阅读课文"历史纵横"栏目，了解俄罗斯历史起源于东欧草原的基辅罗斯、13世纪蒙古金帐汗国对基辅罗斯的征服、莫斯科公国在反抗蒙古人统治过程中兴起的史事。以时间串联重要历史事件：16世纪初，实现了以莫斯科公国为中心的俄罗斯国家的统一；16世纪中期，俄罗斯在政治上确立了沙皇制中央集权体制，经济上以农村公社为基础建立了国家农奴制（结合课文对历史人物的注释，说明俄罗斯社会制度与西欧封建制度的差异）；至17世纪末18世纪初，沙皇俄国以罗马帝国和拜占庭帝国继承人自居，通过持续的对外军事扩张，成为横跨欧亚的大帝国（结合课文所示地图"俄国在欧洲和亚洲的领土扩张"进行梳理）；文化上，拜占庭文化和斯拉夫文化的融合，以及蒙古统治时期亚洲文化的影响，形成了基于欧亚结合部地域文明特征的俄罗斯文化。由此引导学生在政治、经济、宗教文化及对外政策方面形成对俄罗斯中古历史特征的基本认识。

> **设计意图**：基于叙事，了解俄罗斯的历史，从政治、经济、宗教文化等方面了解中古俄罗斯不同于西欧的社会特征，进而理解基于区域的历史发展轨迹和社会特征的差异。

环节6：小结

回顾所学，总结和比较中古西欧和东欧社会在经济、政治、宗教以及文化等方面的不同特征，体会中古时期欧洲社会风貌以及历史文化的多元特性。

> **设计意图**：回顾所学，基于时空，整体把握中古时期欧洲的社会特征以及发展趋势。呼应教学立意。

【板书设计】

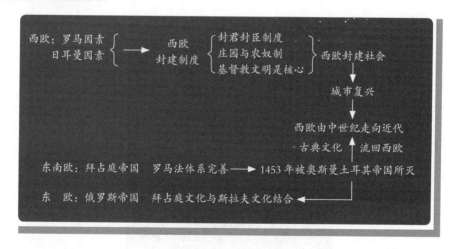

【资料附录】

1. 中世纪是从粗野的原始状态发展而来的，它把古代文明、古代哲学、政治和法律一扫而光，以便一切都从头做起。它从没落了的古代世界承受下来的唯一事物就是基督教和一些残破不全而且失掉文明的城市。

——（德）马克思、恩格斯.马克思恩格斯全集：第7卷［M］.北京：人民出版社，1959：400.

2. ……像其他文明地区的蛮族征服者一样，日耳曼人希望既保留他们习惯的部落组织，又偏好罗马上层阶级富裕、舒适、高雅的生活。由于一个拥有一块地产的小酋长必须起到罗马地主和主人对地方耕种者的作用，还要保持一个成功的军队首领对他的日耳曼人随从和武士伙伴的粗俗作风。这是一个困难的结合，因为罗马人过分的傲慢会疏远日耳曼人士兵，使首领权力的军事基础崩溃。相反地，如果允许军队的传统不加控制，抢劫、懒惰和贪婪的榨取就会驱散或毁灭农民阶层，而只有他们的劳动才使地产有价值。类似的，部落国王的愿望是既维持税收和罗马政权的其他公共权力，又在日耳曼人团体内保留他们传统的部落特权，事实证明这是互相冲突的……

——（美）威廉·麦克尼尔著，孙岳等译.西方的兴起：人类共同体史［M］.北京：中信出版集团，2018：397—398.

3.

封臣接受象征着其与封君紧密关系的宝剑，封君接纳他们为行使权威的伙伴

——（美）杰里·本特利、赫伯特·齐格勒著，魏凤莲等译.新全球史（第三版）（上）［M］.北京：北京大学出版社，2007：467.

4. 那些宣誓效忠于其主人的人，应当时刻牢记6件事情，即无害、安全、尊敬、有用、轻松、可行。……除了上述提到的6件事情之外，他应当忠诚地劝告和帮助主人。……封君也应当对他们忠诚的封臣做同样的事情。……如果人们发觉他回避为封臣做事或与他们达成一致，则被认为是背信弃义和破坏誓言的。

——黄洋、赵立行、金寿福著.世界古代中世纪史［M］.上海：复旦大学出版社，2005：310.

5.

封建等级示意图

——华东师范大学·高中历史：第一分册（试验本）［M］.上海：华东师范大学出版社，2008：54.

小封建主从大封建主那里接受封地，要履行隆重的"敕封式"，他要跪在领主膝下，把握着的双手放在领主手掌中，象征着在封臣和领主之间不仅相互存在着友谊和忠诚，而且建立了和睦的关系。接着，封臣站起来，把双手放在一件圣物上面，向领主宣誓："我的主人啊！臣下乃是我主的仆人，领有采邑的家臣。臣下愿竭忠尽智，不顾生死，一生侍奉我的主人。"然后，领主将一面旗帜，一根木杖，一张契据，或只是一小撮泥土、一小根树枝授给这个封臣。

——朱汉国主编.简明世界史·彩图版（第1册）［M］.北京：北京教育出版社，2004：73.

这些强有力的封建领主再把他们的土地分成更小的封地，分给那些依靠他们而不是依靠国王的追随者。封建领主和封臣之间的封建契约，规定了彼此间的某些义务。其中最重要的是，封建领主除提供封地以外，还应提供保护；而封臣则应根据当地习惯，每年服一次兵役，通常约 40 天。

———（美）斯塔夫里阿诺斯著，吴象婴、梁赤民等译，《全球通史》编辑小组校译.全球通史：从史前到 21 世纪（第 7 版新校本）（上）[M].北京：北京大学出版社，2020：326.

6. 中世纪早期庄园里的生活

每年，管家都应该汇报一次我们的收入，内容包括：耕地的人赶着牛耕种的土地面积，佃户应该耕种的土地面积；有多少猪、多少地租、多少债务；没有我们的允许，森林里有几次打猎行为；……有多少磨坊，有多少森林，有多少土地，有几座桥，有几艘船；有多少自由人；有多少市场、葡萄园，有多少人为我们酿酒；有多少干草、薪材、火炬、厚板和其他木材；有多少废弃的土地；有多少果树、坚果树，大还是小；有多少嫁接的树；有多少花园；有多少芜菁；有多少鱼塘；有多少兽皮、毛皮和牛角；有多少蜂蜜、蜂蜡；有多少猪油、牛脂和肥皂；有多少桑椹酒、煮过的酒、蜂蜜酒、醋、啤酒、新酒和旧酒；有多少新谷和陈谷；有多少母鸡和鸡蛋；有多少只鹅；有多少个渔民、金属匠、刀剑制造者和鞋匠；……有多少熔铁炉和矿石；有多少铅矿；……有多少公马和母马；所有这些，管家们都应该让我们知道，分门别类并按照次序提交给我们，以便我们能了解我们所拥有的财富的数量……

[管家]还必须仔细地提供手工制作或准备的所有东西：猪油、熏肉、腌肉、半腌的肉、葡萄酒、醋、桑椹酒、煮过的酒……芥末、奶酪、黄油、麦芽酒、啤酒、蜂蜜酒、蜂蜜、蜂蜡、面粉，所有这些都应该清楚地提交给我们……

[管家还必须保证]在每一庄园，卧室里一年四季都有床罩、靠垫、枕头、床单、桌布；用铜、铅、铁和木头制成的器皿；柴架、表链、瓶架、手斧、斧子、钻孔器、短剑等各种各样的工具。有了这些东西，就不必到外面寻找或者向别人借用了。还有用来打击敌人的武器，也必须好好照料，使它们永远光亮；当它们被带回来时，应摆放在卧室里。

妇女的工作是在合适的时间里，正如从前吩咐过的，拿出这样一些物品：亚麻、羊毛、染料、朱砂、茜草染料、羊毛梳、起绒草、肥皂、油脂、器皿以及其他一些生活必须品。

除了肉以外，我们的食物还有三分之二，每年都送来供我们自己享用，它们是蔬菜、鱼、奶酪、蜂蜜、芥末、醋、小米、黍（一种与小米相似的谷物）、干的或新鲜的香草、小红萝卜，另外还有蜂蜡、油脂和其他一些小的产品。

每一个管家在他的辖区内都应该有一些擅长各种工作的人，比如，铁匠、金匠、银匠、鞋匠、伐木者、木匠、刀剑制造者、渔民、精细金属匠、肥皂制造者，懂得制作蜂蜜、苹果酒、干果和各种饮料的人，面包师为我们的餐桌烘制糕点，织网者知道如何织网让我们用于狩猎、打鱼和捕获飞禽，以及其他一些因为太多而无法细说的人。

——（美）杰里·本特利、赫伯特·齐格勒著，魏凤莲等译. 新全球史（第三版）（上）[M].北京：北京大学出版社，2007：471.

7. 教师：犁田的人，你的工作怎么样？

耕夫：先生，我的工作很辛苦，我清晨便出去，赶着牛到田里，把它们套上犁；尽管冬天很苦，我也不敢呆在家里，我害怕主人……我一天要耕一亩或者更多。

……

教师：你一天里还要做其他的事情吗？

耕夫：说实在的，还有很多。我必须在牛槽里放满干草，给它们饮水，并把牛粪清理到外面。

教师：哎，工作太辛苦了！

耕夫：是的，太辛苦了，因为我不是自由人。

教师：牧羊人，你得说说，你的工作也很辛苦吗？

牧羊人：……天刚蒙蒙亮，我就得赶着羊到草地里，无论严寒还是酷暑，我都带着狗站在那里看着它们，以免狼把它们叼走了。我把它们带回到羊圈，一天要挤两次奶。我要移动羊圈，要做奶酪和黄油，我要忠实于主人。

——（美）R. C. 凯武等编. 中世纪经济史资料 [M].纽约：布鲁斯出版社，1936：46—47. 转引自黄洋、赵立行、金寿福：世界古代中世纪史 [M].上海：复旦大学出版社，2005：313—314.

8. ……一个领主通常行使对他的农民的裁判权，这种权力以前曾属于国王及其官吏。

……

随着庄园制度的发展，农奴渐渐地受领主的司法权管辖。……有司法权的领主支配着佃户的人身和财产，所有的领主至少有部分这样的权利。在法兰西的大部分地区和日耳曼西部的领主，甚至对他人拥有生杀大权……

——（美）布莱恩·蒂尔尼、西德尼·佩因特著，袁传伟译.西欧中世纪史［M］.北京：北京大学出版社，2011：179—180.

9. 910年，法兰西南部勃艮第的阿奎丹公国的公爵"虔敬者"威廉在法国东部离马肯不愿的克吕尼建立了一所修道院，即克吕尼修道院。威廉在该修道院的成立规章中作了如下规定：

……在修道院长死后，僧侣们可以选举自己喜欢的人当院长或教区长；我们以及其他任何力量都不能妨碍他们进行纯粹的教士选举；从今日起，聚集在那里的那些僧侣，既不受我们的约束，也不受我们的亲戚的约束，也不受任何皇室权力的约束，也不受任何世俗权力的约束；任何世俗君主、伯爵、主教、罗马教皇都不能侵吞他们的财产，转让、减少或交换他们的财产……

克吕尼修道院自成立之初，就提出了摆脱世俗控制的宗旨。……该派僧侣在随后确立教皇权威的进程中发挥了关键作用。

——黄洋、赵立行、金寿福著.世界古代中世纪史［M］.上海：复旦大学出版社，2005：315—316.

格里高利七世教皇敕令

1. 罗马教会为上帝所独创。

2. 唯有罗马主教始能具有世界"主教"称号的权利。

……

8. 惟有他一人享有使用帝王仪仗之权。

9. 一切王侯应仅向教王一人行吻足礼。

……

12. 他被（上帝）赋有废除帝王之权。

……

17. 非经教皇批准，任何书卷、篇章不得尊为经典。

……

22. 罗马教会从未犯过错误，也将永远不犯错误，圣经可为证明。

……

27. 他具有解除人民向不良统治者之效忠誓约的权力。

——世界史资料丛刊初集编辑委员会编，刘启戈、李雅书选译.中世纪中期的西欧［M］.北京：商务印书馆，1962：27—29.

10. 中世纪的城市呈现出一幅非常不同的景象。商业和工业使城市成为当时的样子。城市在商业和工业的影响下不断成长起来。

——（比）亨利·皮雷纳著，陈国樑译.中世纪的城市［M］.北京：商务印书馆，2006：85.

11. 中世纪城镇对于西欧而言，代表着新生事物。除去少数例外的情况，这些城镇独立自主的，真正的商业实体，依靠工商业交易的收益而存在。

——（美）C.沃伦·霍莱斯特著，陶松寿译.欧洲中世纪简史［M］.北京：商务印书馆，1988：147.

12. 任何个人来到这个市镇，只消住满一年零一天，就可免受其先前主人的追捕；而且新来者虽然须经全体市民一致同意才能留住该市，但只要无人对那一年零一天提出非议，就可算是一致同意了。

——（美）M. E. 泰格、M. R. 利维著，纪琨译.法律与资本主义的兴起［M］.上海：学林出版社，1996：83.

13. 城市生活促进人类之间亲密交往，进一步激发欧洲人的文学艺术思想，大教堂与大学府中世纪盛期文化的两大标志，可以说是二者都是城市创造出的奇迹。

——（美）C. 沃伦·霍莱斯特著，陶松寿译.欧洲中世纪简史［M］.北京：商务印书馆，1988：147.

14. 我认为它比任何后来的革命更为重要，甚至也比文艺复兴运动和印刷术的发明和罗盘针的发现，或比十九世纪的革命和由此而产生的所有产业上的革命，更为重

要。因为这些后来的革命，只是十二到十三世纪伟大的经济社会转化的从属的后果而已。

———（美）詹姆斯·威斯特福尔·汤普逊著，耿淡如译. 中世纪经济社会史（下册）[M]. 北京：商务印书馆，1963：407.

15. 这些君主同他们一样有意压制贵族势力。君主单靠自己的力量是无法对付那为数众多的蜷伏在城堡中的贵族们的，贵族们一味掠夺法国的资源为一己谋利。城市自治体若没有君主的支持，也将对之无能为力。因此，君主和城市自治体事实上已结成了联盟，而在很大程度上为民族团结和独立打下了基础。

——— 巫宝三主编. 欧洲中世纪经济思想资料选辑 [M]. 北京：商务印书馆，1998：137.

16. 中世纪城市之新政治形式，乃一种代议政治，至属显然；市参议会乃由大多数之城市教区居民代表所组织。由是可知，在古代世界中所未发达之代议政治，其最初之出现于欧洲……

———（美）埃德蒙德·孟罗·斯密著，姚梅镇译. 欧陆法律发达史 [M]. 北京：中国政法大学出版社，1999：216.

17. 皇帝的威严光荣不但依靠兵器，而且须用法律来巩固，这样，无论在战时或平时，总是可以将国家治理得很好；皇帝不但能在战场上取得胜利，而且能采取法律的手段排除违法分子的非法行径。

———（罗马）查士丁尼著，张企泰译. 法学总论———法学阶梯 [M]. 北京：商务印书馆，1989：1.

第4课
中古时期的亚洲

教学立意

中古时期，亚洲诸文明有了新的发展。受地理位置、历史沿革、域外文明等因素的影响，亚洲各国呈现出各具特色的文明传承与发展路径。中古时期的武力扩张、经济文化交流等历史运动不仅沟通了东西方文明，也促进了多元的亚洲区域文明的交融，影响着区域内地缘格局的发展。

教学目标

运用历史地图识读亚洲各国的地理位置，了解中古时期亚洲各国社会、政治、经济、文化等方面的概况；通过分析阿拉伯帝国商业经济和多元文化的特征、奥斯曼帝国和阿拉伯帝国的异同、中古印度文化的延续性和包容性，习得从区位、经济、文化等角度比较西亚、南亚和东亚各国文明特质的方法；感受中古时期亚洲文明发展的多样性对东西方文化交流、对促进区域文明发展和影响区域地缘格局的重要作用。

重点难点

重点：阿拉伯帝国和奥斯曼帝国在中古时期的崛起及其对东西方文化交流和历史进程的影响。

难点：中古南亚和东亚国家历史发展过程中内外因素的互动关系。

教学过程

环节1：导入

回顾第3课所学，简述中古时期（公元5—15世纪）的世界以自然经济为主，还未联成一体，那时的亚洲与欧洲一样，内部不同区域的社会风貌、典章制度、历史文化等不尽相同，说明学习本课是为了解中古亚洲各文明区域在经济发展、政治体制、宗教信仰以及文化成就等方面的诸多表现，理解中古时期亚洲的发展进程既体现了历史发展的普遍性，也体现了历史发展的特殊性和多样性。由此导入新课。

> **设计意图：**开宗明义，概述中古时期亚洲内部区域文明特质的相异性，引发学生深入学习的兴趣。

环节2：阿拉伯帝国与阿拉伯文化

指导学生对照地图，识读西亚阿拉伯半岛的地理位置，并运用所学简介阿拉伯半岛的地理气候环境、阿拉伯人的生活方式和生产方式、红海沿岸汉志商道以及商道上兴起的麦加和麦地那两座城市。以此为基础，从传统商道的改变、经济衰退、外族入侵、多神信仰、社会分化、各阶层要求建立统一国家以开拓生存空间的诉求等角度，了解公元6世纪阿拉伯处于由氏族部落向国家迈进的前夜。简述公元7世纪初穆罕默德创立并传播伊斯兰教的史事。解释创立并传播伊斯兰教与建立国家、统一阿拉伯半岛的逻辑关联。观察课文所示地图，引导学生回顾阿拉伯国家扩张的史事，比如夺得了拜占庭帝国控制下的叙利亚、埃及，指认8世纪中期阿拉伯帝国的地域范围与疆界四至。提问：如何有效统治疆域辽阔、民族众多的大帝国？指导学生阅读课文，从中枢机构设置和地方行省管理两方面了解阿拉伯国家的基本政治制度，加深对政教合一特征的理解，即国家元首掌握世俗和宗教领域的全部权力。需说明其政治体制亦汲取了拜占庭帝国和波斯帝国的管理方式。

以此为基础，引导学生从经济发展和文化传承两方面了解阿拉伯帝国的发展进程及其文明特征。经济方面：阅读课文"学思之窗"栏目的文字史料，感受巴格达城国际商贸繁盛发达的景象，介绍安条克、开罗、亚历山大、撒马尔罕等城市也都是东西方贸易的重要商埠。文化传统、地理位置、商人的社会地位，使阿拉伯帝国出现了商业繁荣局面，据此了解商业在阿拉伯帝国经济中的重要地位。指导学生识读课文所示"阿拉伯人商业活动示意图"，以唐朝的长安、拜占庭的君士坦丁堡、意大利半岛上的威尼斯共和国等城市串联阿拉伯商人的足迹，说明其活动范围遍布亚非欧三大洲，促进了各文明区域间的经济文化交流。文化方面，指导学生基于所学列举阿拉伯文化的成就，或以表格与图像相结合的形式归类阿拉伯文化的成就。提问：阿拉伯文化具有哪些特点？引导学生总结：一是领域广泛。阿拉伯国家地域辽阔、民族众多，经过长期的交流、探索与积累，在文学、艺术、科学和思想等领域都取得了建树不凡的成果。说明阿拉伯帝国的广阔疆域是催生阿拉伯文化的沃土。出示文字史料（资料附录1），举例阿拉伯文化的具体成就。二是多元包容。简介"百年翻译运动"（750—850年），阿拉伯帝国通过搜寻并翻译希腊、罗马、波斯、印度和叙利亚的古籍，融会贯通各区域文明，创造出独特且多元、内涵丰富的阿拉伯文化。针对课文"思考点"栏目提出的问题，阿拉伯帝国文化繁荣的原因有哪些？出示文字史料（资料附录2），引导学生从阿拉伯帝国统治者重视文教、阿拉伯人善于学习等主观原因方面加以归纳。还需指出阿拉伯人征服的皆是有着数千年文化积淀的文明区域，客观上为成就阿拉伯文化的繁荣奠定了良好的基础。再问：阿拉伯文化有何历史影响？结合阿拉伯商人的活动范围，基于具体事例，了解阿拉伯文化在沟通东西方文明中的历史影响，突出对西欧文化的促进作用。联系"百年翻译运动"，解释阿拉伯文化在承上启下方面的历史影响：阿拉伯文化蕴含了丰富的欧洲古代文化遗产，不少古代希腊著述通过阿拉伯文转译为拉丁文，因蛮族入侵、战乱而处于文化断层期的中古欧洲人借此得以了解自身的上古历史与文化源头，由此促进了欧洲文化的接续和世界文化的发展。

设计意图：基于解释，了解阿拉伯国家建立的历史背景；基于地图信息，了解阿拉伯帝国的空间拓展过程，从经济发展、文化传承等多角度分析阿拉伯帝国对于促进中古时期东西方文明交流的积极作用，认识阿拉伯文化的独特魅力，发展历史解释能力。

环节3：奥斯曼帝国对世界历史的影响

指导学生运用所学简述唐朝与西突厥的关系、奥斯曼人受蒙古西征压力而西迁小亚细亚以及建立奥斯曼国家的史事。以时间轴或大事年表整理课文内容，对照课文所示地图"15—16世纪的奥斯曼帝国"，从时空角度了解奥斯曼帝国的扩张历程，突出其与不同宗教文化的拜占庭帝国之间的冲突。通过与阿拉伯帝国版图疆界的比较，说明两大帝国都控制了亚非欧三洲的交通要道。基于课文内容简释苏丹制，了解奥斯曼帝国继承了阿拉伯帝国政教合一、君主神权国家的政治体制，明确奥斯曼帝国与阿拉伯帝国在体制和宗教上的相关性。提问：奥斯曼帝国和阿拉伯帝国的崛起对世界历史的影响有何异同？在学生分析、比较的基础上，进行总结归纳。其一是相同点：两大帝国以武力冲破原有的疆界，在冲击被征服地区的社会经济与文化（此处可结合课文"史料阅读"栏目加以解释）的同时亦促进了不同区域的横向联系；两大帝国都具有沟通东西方文明的作用，加强了东西方之间的经济文化交流；两大帝国都促进了伊斯兰教在世界范围内的传播。其二是不同点：阿拉伯帝国由于重视商业，因而善于学习先进，开放包容，在文化上建树不凡，发挥了沟通东西、承上启下的重要历史作用。而奥斯曼帝国对巴尔干地区被征服的基督教居民采取区别性政策，导致巴尔干地区的民族、宗教和国际关系趋于复杂化，成为这一地区日后不稳定的历史渊源。奥斯曼帝国占领地中海东岸地区和君士坦丁堡（更名为"伊斯坦布尔"）后，对过往商旅强征苛捐杂税，破坏了地中海区域的商业环境和传统的亚欧商路。与此同时，欧洲的商品经济已有很大发展，亟须开拓市场，奥斯曼帝国的阻挠成为欧洲商人另寻通往东方新航路的一大原因。由此理解史界评价阿拉伯帝国和奥斯曼帝国的世界历史影响的视角差异。

> **设计意图**：基于地图信息，从空间上打通奥斯曼帝国、拜占庭帝国与阿拉伯帝国之间的关联；运用比较、归纳等方法，了解三大帝国在体制与宗教上的相关性及其在沟通东西方文化交流中的积极作用；从纵向的时间维度和横向的空间维度，解释奥斯曼帝国对世界历史发展的影响，培育历史时空观念，发展历史思维，开阔历史视野。

环节4：南亚印度文明的特质

以表格梳理古代印度各历史时期的文明发展及其主要特征：

表 4-1　古代印度各历史时期的文明发展及其主要特征

起讫年代	历史时期	主要文明特征
公元前 2 千纪中后期至前 1 千纪中叶	吠陀时代	种姓制度、婆罗门教（雅利安人奠定了日后印度文明的社会结构基础、宗教基础和梵文文化基础）
公元前 6 世纪至前 4 世纪	列国时代	百家争鸣，佛教产生
公元前 4 世纪末期至前 2 世纪初期	孔雀帝国时代	孔雀帝国基本统一印度；佛教向外传播、向世界性宗教发展
公元前 2 世纪至公元 4 世纪	多国分立时期；大月氏在中亚及印度西北地区建立贵霜帝国（55—425 年）	贵霜帝国统治时期，印度文化出现新元素，即融合希腊、印度传统的犍陀罗艺术，又有"希腊式佛教艺术"之称

注：1. 公元前 6 世纪至前 2 世纪，即列国时代和孔雀帝国时代，又可称为"佛陀时代"，但佛教最终未能取代印度教成为古代印度社会的主导信仰。2. 公元 3 世纪，贵霜帝国分裂为若干小国，成为波斯的附庸。此后笈多帝国兴起，印度历史进入了中古时期。

提问：古代印度文明在历史进程中呈现何种特点？引导学生基于表格总结：社会结构与宗教文化既有延续性，又在发展的过程中不断汲取和融合新因素。指出中古印度笈多帝国的历史亦体现了这种特征。简介笈多王朝（320—540 年）曾统一以恒河流域为中心的北印度地区，其在政治、宗教和文化上具有显著特征。其一，政治特征。解释：笈多王朝既实行中央集权制，也实行层层分封的封建采邑制，形成等级制的附庸臣属关系，因此政令并非完全一统；笈多帝国时代的种姓制度在原有种姓中依据职业的不同，又分出许多世袭的姓阶，如"工之子恒为工，商之子恒为商"，每一姓阶之间不得通婚，从而使种姓制度更为复杂与巩固。出示文字史料（资料附录 3），启发学生认识：种姓制度将印度人封闭在定义明确的所属阶层中，种姓制度下的人们认同的是种姓而非国家与民族，因此种姓制度也是影响政令不能统一的重要原因。其二，宗教特征。出示文字史料（资料附录 4），了解笈多帝国的宗教政策及其影响：佛教式微，影响逐渐下降，由古老的婆罗门教演变而来的印度教成为笈多帝国乃至印度的主要宗教。其三，文化特征。出示文字史料（资料附录 5），了解笈多帝国经济繁荣，文化昌盛，同国外有密切的经济和文化教育交往，是中古印度的鼎盛时期，又由于其突出的文化艺术成就，被后世视为印度的黄金时代。

简述从公元 6 世纪中期笈多王朝瓦解到 1562 年莫卧儿帝国建立之间的千年中，

古代印度文明的特征仍然得以保持和发扬：多种文化传统各自因地制宜发展，源自北方的文化即梵文文化的治国方略、宗教信仰以及哲学等扩展至中南部印度德干地区（此处可说明课文讲述的公元 500 年以前的印度历史主要涉及印度北部）。指导学生阅读课文，了解德里苏丹国借鉴阿拉伯帝国和奥斯曼帝国的体制模式，建立了政教合一的政治体制。指导学生识读课文所示地图"13 世纪初的德里苏丹国疆域"，了解德里苏丹国的建立者来自印度以西地区，进而使印度和西亚、欧亚大陆中部的部分地区得以紧密联系起来，来自西方的文明元素在北印度流动。需指出印度并非完全由穆斯林统治，南方扮演了印度传统文化的自觉守护者。简释德里苏丹国内部出现了突厥贵族和阿富汗贵族争夺权力的激烈斗争，最终导致国家四分五裂。

> **设计意图：** 习得运用表格梳理古代印度历史线索、化繁为简的方法；解释中古印度不同历史阶段的政治制度、种姓制度以及宗教文化的发展与变化，感受不同文明之间的碰撞给印度社会带来的影响，认识古代印度文明延续性、包容性、灵活性、多元化的特点，提升立足核心问题解释史实的能力。

环节 5：东亚日本和朝鲜的文明特质

指导学生依据课文内容梳理中古时期日本和朝鲜的发展脉络。联系公元 7 世纪大唐盛世、国力强大，中华文明辐射东亚地区的景象，了解政治、律令等制度文明，儒学、汉字、宗教、文学辞章等精神文明，天文、历算、医学等科技文明，全面影响东亚的日本和朝鲜的史事，说明当时的日本和朝鲜潜心学习中华文化，由此形成以中华文化为轴心的东亚文化圈。出示文字史料（资料附录 6），重点讲解公元 7 世纪中后期，日本"大化改新"模仿中国唐朝建立了中央集权体制，在吸收与消化唐制的基础上确立了以律令作为国家基本法治体系的律令制，推动了中古时期日本的发展。经济制度方面，效法唐朝实行了班田制和租庸调制。

指出虽然公元 7 世纪的中国唐朝是日本改革遵循的典范，但与中央集权体制成为古代中国两千多年基本政治体制不同，中央集权体制在中古时期的日本没能发展为社会政治制度的基础。引导学生探究其中的原因。基于课文所述，解释由于土地非私有，农民不仅缺乏垦田积极性，而且为躲避繁重的租庸调而四处逃亡，致使班田制逐渐失去效用；人口不断增加，致使国家无田可班；贵族、官吏利用掌管班田之权，大量侵占公田变为私田，大肆垦殖扩大领土。由此，班田制废弛，庄园发展起来，庄园分为自垦地型庄园和寄进型庄园两类。解释寄进型庄园，是指通过接受"寄进"即进献土地形成的庄园。原土地领主为通过权力庇护获得土地保有权，将庄园进献给中央贵族、佛寺和神社，奉之为"领家"，分其庄园年贡，原领主仍留在原地以管理庄园。说明律令制的经济基础发生动摇，中央集权体制也因内讧而难以维持。讲解庄园领主为保护财产豢养武士，逐渐形成武士集团，一些武士成为军事贵族。由于官职及职业的固定化，出身"武勇之家""武门"的军事贵族发展为军事世族，即"武家"，与"公家"（古代日本对天皇、朝廷和公卿贵族的称呼）相对（结合学情补充"武士道精神"的相关内容）。了解这些原本在公家领地和庄园中负责武备警卫、为公家所统治的阶层，逐渐壮大，12世纪末通过建立幕府（本指将领的军帐，后来发展为凌驾于天皇之上的中央政府机构）把持了全国政权，"公家"则被傀儡化，天皇仅具有精神威力，中古时期的日本由中央贵族掌握实际统治权的时代结束。简介幕府政治又称为武家政治。出示文字史料（资料附录7），结合课文内容了解幕府政治的特点：将军与武士之间为主从关系，互担责任与义务，形成了基于军事采邑的、划分相对严格的不同世袭阶层构成的社会，从制度上强调不同阶层专注自身职责而不逾其位，目的在于维护稳定。概述幕府政治延续近700年，至德川幕府时期，幕府政治发展成为将军控制下的藩国分割统治的政治体制。由此理解幕府政治是适应中古时期日本特有国情的政治体制。

出示文字史料（资料附录8），引导学生提炼日本文化的特点：既善于学习、吸纳先进，又注意保持主体的选择性，通过扬弃、内化和创新，以实现本土化。提问：为何又有"对从国外引进的东西都异常敏感和警惕"的说法？联系幕府体制的特点，讲述德川幕府为存续武家政治，面对外来文明尤其是17世纪西方文明的冲击，并非因应施策（例如终结与欧洲的贸易、迫害基督徒等），而是颁行"锁国令"以抵御外来影响的史事。进而解释：日本200年的锁国虽然在一定程度上维护了日本的传统文化，但也制约了日本的发展，最终导致西方文明19世纪中期武力叩关，打开日本锁国大门。由此，日本主动因应，又一次发起学习先进的改革运动即明治维新。明确日本文化的这一特点在社会出现严峻危机、寻求摆脱危机路径时尤为突出。简要介绍幕府时期的日本与文化属性相近的东亚国家中国、朝鲜的关系史事。指出，德川幕府的锁国虽然阻挡了欧洲人，但也使其孤立于亚洲，这也意味着日本将以和清朝截然不同的方式来处理与西方文明的关系。

简介古代朝鲜半岛从"三国时代"到新罗统一的历史脉络，重点介绍高丽王朝和李氏王朝的内政与外交。其一，概述高丽王朝的统一过程。918 年大地主出身的军人王建夺取后高丽政权，自立为王，改国号为高丽。935 年高丽征服新罗，次年又灭后百济，朝鲜半岛再度统一。鉴于新罗晚期的教训，高丽王朝全力加强中央集权。中央机关的核心是三省六部，此外还有九寺、中枢院、御史台、翰林院等机构。简述新罗及高丽王朝在建立中央集权体制的同时，还引入科举制以选拔官员。其二，简释高丽王朝的土地制度。为加强对全国土地的控制，高丽王朝推行田科制。简介政府对全国的耕地和山林登记造册，文武官员和士兵被分成 79 个等级，按等级授予一定的耕地和山林，但仅限于终身，不得世袭。政府还向功臣和归顺土豪授予"功荫田柴"，准其子孙世袭，但受田者仅享有收租权，且租额由国家规定。明确田柴科确立了国家对全国土地的支配权，从而巩固了王权。其三，略述高丽王朝走向衰落的过程。从 10 世纪末起，高丽内有武臣政变，外有契丹、女真、蒙古入侵，国力渐趋衰弱。直至 1392 年，高丽大将李成桂自立为王，次年改国号朝鲜，开始了李氏朝鲜的统治。其四，重点讲解李氏王朝与日本、中国明朝的关系。出示文字史料（资料附录 9），提问：丰臣秀吉为何出兵朝鲜？叙述 1591 年，日本太阁（卸任关白）丰臣秀吉以"假道入唐"之名，致函朝鲜国王表示将于次年春天假道朝鲜进攻明朝，要求请予协助。在久未获答复后，丰臣秀吉于 1592 年（万历二十年）派兵入侵，朝鲜节节败退，并向宗主国明朝求救。明朝先后两次派遣军队进入朝鲜半岛与日军作战。中朝军民英勇抗倭，明朝大将邓子龙、朝鲜大将李舜臣在战斗中牺牲，两员大将被朝鲜民族誉为民族英雄。了解经过 7 年的艰苦战斗，中朝军民取得了抗击日本侵略的胜利，日本占领朝鲜并以之为跳板进攻明朝的企图最终失败。基于叙事，启发学生认识万历朝鲜之役的影响，即对中古东亚的政治军事格局产生深远影响：朝鲜从亡国到复国，付出了数十万军民伤亡的沉重代价；日本元气大伤，丰臣秀吉集团势力彻底垮台，日本从此进入德川幕府时代；明朝的战争支出造成了太仓库的赤字和财政的紊乱。同时，辽镇军事实力的削弱为少数民族提供了扩展势力的良机，蛰伏已久的蒙古插汉部开始骚扰中原和努尔哈赤建立后金便是例证。了解从长远来看，万历朝鲜之役是对东亚宗藩体制的一次挑战，起到了重新整合东亚各国政治军事力量的作用。

设计意图：了解日本和朝鲜模仿唐制建立中央集权体制的史事；理解日本政治特点的成因，认识内部因素是其社会发展的原因；认识日本和朝鲜因与中国地域相邻而在长期的相互交往中深受中国文化影响，与中国共同构成了儒家文明区又称东亚汉字文化圈；理解万历朝鲜之役对重新整合东亚各国政治军事力量的作用；通过联系和比较，解释中古时期东亚、东北亚地区中、日、朝三国在政治、经济和文化等方面的相关性及独特性，丰富历史时空的内涵。

环节6：小结

梳理亚洲五国的政治特色和发展进程，指出：中古时期亚洲国家的发展进程既体现了历史发展的普遍性，也体现了历史发展的特殊性和多样性；区域文明之间的相互联系和相互影响促进了亚洲多国社会历史的发展。

设计意图：通过归纳总结，感受中古时期亚洲各国发展进程的特殊性和多样性，进而理解文明交流对社会历史发展的重要性。

【板书设计】

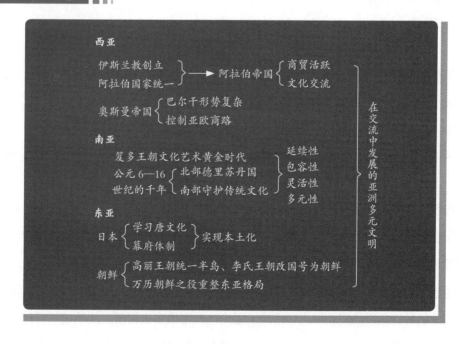

【资料附录】

1. 外科医生已知道消毒，知道用麻醉药使病人安眠，以免痛苦。在好几百年前，他们差不多就能用现代的治疗法治疗伤寒、霍乱、瘟疫、白内障、出血等症候。

　　——马坚.阿拉伯文化在世界文化史上的地位［J］.回族文学，2006（4）：55.

从 12 世纪被译成拉丁文起，《医典》始终被欧洲的医学院校用作医学教科书，仅在 15 世纪的最后 30 年内，这部著作就用拉丁文出版过 15 个版次，它在西方医学史中的影响是空前的。

　　——王凯.《医典》——阿拉伯的医学百科全书［J］.科学与文化，2007（2）：56.

阿拉伯帝国在天文学领域取得的巨大成就，主要包括对天文观测设施的建设和仪器的制作。为了满足天文观测的需要，阿拉伯人发明创造了很多仪器设备，例如星盘、日晷、象限仪、平纬仪、方位仪、天体仪和地球仪等。最初阿拉伯人是仿制希腊的星盘，但是在他们兼容和创新精神的推动下，很快就青出于蓝而胜于蓝，阿拉伯的星盘后来驰名欧洲。

　　——王艳峰.文化桥梁：阿拉伯帝国的兴衰［M］.长春：长春出版社，2010：132.

2. 阿拉伯帝国历代统治者都比较关心发展科学文化事业。到阿拔斯王朝时期，由于大规模的征服运动基本结束，政治趋于稳定……哈里发更加热心提倡教育，发展科学文化。

　　——吴于廑、齐世荣主编.世界史：古代史（下卷）［M］.北京：高等教育出版社，1994：143.

3. 这些观点表现在笈多时代编写而成的《摩奴法典》（Dharma shastras）中。法典从此成为印度教徒生活的基本准则。例如，《摩奴法典》通过详细阐明在许多特定场合不同种姓的行为规范而巩固了种姓制度。它宣称，此生忠实地履行种姓职责，将为灵魂来生投胎高级种姓作准备。……每个人的道义责任是遵守自己的种姓传统，参加与生俱来的种姓集团的宗教仪式和活动，无论这种习惯多么粗陋、简单或不可理解。

　　——（美）威廉·麦克尼尔著，施诚、赵婧译.世界简史［M］.北京：中信出版社，2019：179.

4. 印度教渐渐替代佛教成为印度最受欢迎的宗教。……

   虔诚的印度教也吸引了政治上的支持和保护，尤其是来自笈多王朝的支持。笈多王朝和后世的统治者把大量的土地赏赐给印度教的婆罗门，并建立了教育体系以提高印度教的价值观。……笈多王朝和后世的统治者们也使印度教成为印度最主要的宗教和文化传统。到公元1000年，当佛教在印度急剧衰落之时，印度教发展成为大众性的宗教。

   ——（美）杰里·本特利、赫伯特·齐格勒著，魏凤莲等译.新全球史（第三版）（上）［M］.北京：北京大学出版社，2007：243.

5. ……很多寺院提供基础教育，较大的社团组织还提供先进的指导。其中最出名的是在那烂陀（Nalanda）的佛教寺院，位于华氏城附近的恒河河谷，是笈多王朝时期建立的。在那烂陀寺，不仅可以学习佛教，还可以学习吠陀经典、印度哲学、逻辑学、数学、天文学和医药知识。那烂陀很快成为闻名的教育中心，海内外的香客和学生们纷纷来到此地向最有名的佛教大师学习。到笈多王朝后期，在这里寄宿学习的学生已达几千人。

   ——（美）杰里·本特利、赫伯特·齐格勒著，魏凤莲等译.新全球史（第三版）（上）［M］.北京：北京大学出版社，2007：239.

6. ……646年初，孝德天皇颁布"革新"诏书，仿效中国隋唐的经济政治制度，实行改革，史称大化革新。

   大化革新的内容主要有：第一，实行公地公民制，没收各级贵族的私有领地和部民，全部土地和民众都是天皇和国家的公地和公民。第二，实行班田收授法，口分田供受田者终身使用，死后国家收回，受田男子须缴纳租庸调。第三，确立中央集权的国家制度，官吏皆由国家任命，废除官职世袭制。中央和地方各设一套官职，废除贵族世袭控制军事的特权。

   ——王斯德主编，李海峰、朱明等著.世界通史（第一版）第一编·古代文明与地域性历史——1500年以前的世界［M］.上海：华东师范大学出版社，2018：288.

7. 日本社会从根本上具有崇尚氏族忠诚的传统，其地貌也不利于任何中央权力的形成；山高水远的地理环境为大门阀提供了容身之所。

——（英）J. M. 罗伯茨、O. A. 维斯塔德著，陈恒、黄公夏等译. 企鹅全球史：文明的分化 Ⅱ[M].上海：东方出版中心，2020：171.

8. 事实上，日本人对从国外引进的东西都异常敏感和警惕。尽管日本人被普遍认为是一个长于借鉴的民族，但所处的与世隔绝的位置，令他们较之其他任何人数和发展水平与其大致相当的民族，独立地发展起一个更大部分是属于他们自己的文化。

——（美）斯塔夫里阿诺斯著，吴象婴、梁赤民等译，《全球通史》编辑小组校译. 全球通史：从史前到 21 世纪（第 7 版新校本）（上）[M].北京：北京大学出版社，2020：319.

9. 就主观因素来看，丰臣秀吉的侵略扩张野心一方面来自其不断征战的惯性，丰臣出身低微，尽管成为最高官职的太政大臣，但仍然需要通过更大规模的战争强化自己的权力以及权威；另一方面，明朝对日本贡使的宽容以及打击倭寇不力的局面也使丰臣产生蔑视明朝的心理，《明史·日本传》记载，丰臣曾"召问故时汪直遗党，知唐人畏倭如虎，气益骄；益大治兵甲，缮舟舰"；另外，挑战中国大陆王朝主导国际秩序的传统意识也是原因之一，因为丰臣秀吉不仅计划征服明朝，甚至希望通过印度、菲律宾等地的臣服，构筑以日本为中心的地区国际秩序。就客观因素来看，扩大领地及对外贸易是多数大名特别是西南地区大名的强烈要求，因而通过对外战争获取领土并恢复朝贡贸易是满足其要求的主要途径之一。朝鲜史籍记载日本人言："中国久绝日本，不通朝贡，秀吉以此怀愤耻，欲起兵端。"

——步平、（日）北冈伸一主编. 中日共同历史研究报告·古代史卷[M].北京：社会科学文献出版社，2014：77—78.

第5课
古代非洲与美洲

教学立意 ▌▌▌

　　古代非洲的努比亚、阿克苏姆、加纳、马里、桑海和大津巴布韦文明，以及古代美洲的玛雅、阿兹特克和印加文明，萌兴于不同的、相对分散的地理环境中。北非、东非与欧亚大陆及印度洋贸易圈的联系频密，文明成果丰富；位于撒哈拉沙漠以南的西非和南非较少受到外部世界的影响，但区域内的族群迁徙和贸易往来也促进了文明的发展。新航路开辟、新大陆发现之前，美洲原住民创造了独具特色的区域文明。古代非洲与美洲文明是人类文明史上异彩纷呈的篇章，为人类文明发展作出了重要贡献。

教学目标 ▌▌▌

　　基于叙史，了解古代非洲与美洲的文明成果和文明特征，运用地图信息了解地理环境对古代非洲与美洲文明内生性、独特性和多元性的影响；综合多元史料信息，感受古代非洲与美洲文明的独树一帜；习得基于空间叙述古代及中古非洲各区域文明在不同层级交流（区域内外）中发展的方法；认同交往、交流对于文明进步发展的重要性；认识古代非洲与美洲文明是人类文明发展进程中具有特殊意义的重要部分。

重点难点 ▌▌▌

　　重点：古代非洲与美洲文明的内生性和各具特色的文明成果。

　　难点：地理环境及文明交流对古代非洲和美洲文明的影响。

教学过程 ▌▌▌

环节1：导入

以黑格尔在《历史哲学》中所言非洲（主要指撒哈拉沙漠以南非洲）缺乏文明

的观点为切口，思考黑格尔对古代非洲的看法是否符合史实？了解人类的故事最早始于非洲。简介古代非洲大陆形成了东北非、西非、东非和南部非洲若干区域文明，东北非是人类最早迈入文明门槛的地区之一，而撒哈拉沙漠以南的非洲受制于地理环境，较少受到外界影响，其文明进程相对缓慢。但在距今 1 万多年前，撒哈拉沙漠以南的非洲已进入了石器时代，至少在距今 3000 多年前已经使用铜器。引导学生通过对比认识：古代非洲文明具有不同的地区特征，有些与其他区域文明早有联系，发展程度较高；有些则起步较晚，较少受到外部世界影响，相对独立但缓慢发展。说明本课分区域学习古代非洲的历史。由此导入新课。

> **设计意图：**以质疑历史观点的片面性和主观性为切入点，进而了解非洲文明进程的时空特征，由此引入课题。

环节 2：古代东非文明

1. 努比亚库施王国

比较今阿拉伯埃及共和国和苏丹共和国的国旗、国徽，聚焦两者异同，由此推测尼罗河下游地区的古埃及文明与尼罗河上游地区文明之间的关联。结合地图介绍苏丹是努比亚人的世居地，努比亚人的祖先和古王国时期的埃及人属于同一民族，后来又融入了迁入此地的苏丹尼格罗人（尼格罗人种的支系），了解努比亚文明是尼罗河上游地区古代文明的代表。结合出土的努比亚巨石刻牛的实物史料，启发学生推想距今 7000 多年前，生活于此的古代非洲人可能出现了原始农业、原始畜牧业、原始宗教祭祀或图腾崇拜。介绍 "Nubia"（努比亚）单词中的 "Nub" 在埃及语中意为 "黄金"，了解古代努比亚地区的社会状况与现今苏丹的极度贫穷大相径庭。简介因古代努比亚地区蕴藏丰富的资源以及黄金，古代埃及频繁劫掠努比亚。简述努比亚南部地区于公元前 2000 年左右建立了库施王国，此后数百年间，尼罗河上下游两大王国之间展开长期征战，直至公元前 8 世纪中期，库施征服埃及。结合相关图像史料了解库施国王王冠上的双头蛇分别代表努比亚和被征服的埃及，显示库施王权的强大和库施王国的极盛。

简介努比亚人在埃及复兴后退出埃及并建新都麦罗埃，库施文明进入麦罗埃时期。公元前 3 世纪至公元 2 世纪是麦罗埃国家的鼎盛时期。结合相关图像史料，简介麦罗埃古城遗址规模，分布着王宫、寺庙、水池遗迹以及国王的金字塔和墓葬等众多遗存。出土的多处铁渣堆表明麦罗埃有发达的冶铁业，采金业是其传统产业；国王墓葬金字塔内的石刻牛群和现今苏丹纸币中牛与麦穗的图案印证了库施王国农牧业的兴盛。出示图像史料（资料附录 1），简释浮雕中并立的埃及阿蒙神、荷鲁斯神与库施狮神所折射的深层信息：一方面右边的狮神最接近努比亚统治者，说明库施神的地位高于埃及神；另一方面体现埃及的信仰文化对努比亚的深刻影响。提问：麦罗埃古城遗存中为何同时出现罗马式立柱、埃及的太阳造型、希腊的橄榄叶三种元素？出示文字史料（资料附录 2），结合相关历史地图了解麦罗埃的地理位置，以麦罗埃的进出口货单说明库施王国与非洲内陆、希腊、罗马、埃及、阿拉伯、印度等地区均有贸易往来。了解麦罗埃有"古代非洲的雅典""古代非洲的伯明翰"之称，麦罗埃古城遗存于 2011 年列入世界文化遗产名录。

2. 阿克苏姆王国

依据课文所示地图，简述约公元 4 世纪库施王国东面的阿克苏姆王国（位于现今埃塞俄比亚和厄立特里亚地区）沿阿特巴拉河而下，摧毁麦罗埃城，库施王国灭亡。简介阿克苏姆人大体属于埃塞俄比亚人，是由闪米特人（又称"闪族"或"闪米特语族"，阿拉伯人、以色列人同属闪族）、苏丹语族和阿拉伯人混合而成的族群。结合地图简述阿克苏姆位于非洲之角的重要地理位置，是进出红海的门户通道。了解古代地中海地区同印度之间通过红海进行的贸易渐趋频繁，这一因素促进了阿克苏姆的崛起。了解公元前数个世纪，阿克苏姆是库施王国的一部分，也是东西方贸易集散地。公元前后阿克苏姆地区进入国家状态，阿克苏姆王国兴起。讲述方尖碑的故事和寓意：1937 年，意大利法西斯攻占埃塞俄比亚的阿克苏姆城，掠走巨型方尖碑，矗立罗马半世纪有余，直至 1998 年意大利政府将其归还埃塞俄比亚。由方尖碑的厚重庞大，启发学生推想方尖碑是阿克苏姆国力强盛、王权强大的象征。简述阿克苏姆王国向外扩张，其势力伸向阿拉伯半岛南部并控制亚丁湾、攻灭库施的史事。了解公元 4 世纪阿克苏姆王国进入极盛时期，范围包括红海两岸的大片地区，其国王自称"万王之王"。出示文字史料（资料附录 3），基于史料信息认识：阿杜利斯港凭借优越的地理位置，成为沟通欧、亚、非贸易的中转站，实现了红海、地中海、印度洋贸易的交流。从对岸半岛渡海而来的阿拉伯商人使阿克苏姆地区的经济和文化有了重大发展。结合实物史料"阿克苏姆金币"，简介货币材质，了解阿克苏姆采矿业的发达；描述货币中国王手持宝剑的形象和棕榈叶的图案，了解阿克苏姆王权的威严。说明铸币不仅能反映阿克苏姆王国经济发展的程度，亦能从侧面反映阿克苏姆王国的政治特色。简述阿克苏姆曾在古代国际政治中起重要作用，东部罗马帝国曾与阿克苏姆结好以对抗波斯。了解7世纪阿拉伯国家兴起，控制了地中海途径红海到达印度洋的贸易，阿克苏姆与海外的联系受阻，逐渐走向衰弱。

> **设计意图**：基于历史地图，了解东非古文明努比亚库施王国和阿克苏姆王国的地理位置；基于图像、文字和实物等多元史料，解释库施文明和阿克苏姆文明的特征，习得运用多元史料互证史事、提炼史实的方法；理解古代东非文明的发展进程、成就与外部世界的联系息息相关，认同交往、交流对于文明进步的重要意义。

环节3：班图人的迁徙

介绍尼格罗人以苏丹尼格罗人、班图尼格罗人两大支为主，占撒哈拉沙漠以南非洲人口的大多数。两者在非洲的分布大致以赤道为界，苏丹族系居赤道以北，班图族系居赤道非洲与南部非洲。结合地图，简介关于班图人的发源地最普遍的说法是赤道以北、西部非洲的喀麦隆高原。了解原始班图人为农耕部落，其生产方式包括农业、牧业和金属冶炼业。主要的农作物有高粱，还种植西瓜、南瓜和烟草等。随着手工业和农牧业的分工，班图人掌握了冶炼技术，炼铁成为职业，铁匠享有特殊地位。基于地图，简述公元初，由于受北方民族的压力，班图人开始向赤道及以南地区迁徙。班图人迁徙大体分为三个路向：向东迁徙的班图人中一部分于10—11世纪到达东非沿海地区，与原埃塞俄比亚人以及外来的阿拉伯人、波斯人、印度人等族群融合，其中受阿拉伯文化的影响甚深，形成斯瓦希里文明；向南迁徙的过程持续至19世纪，直抵今非洲南部的南非共和国境内；向西迁徙的一支，除小部分停留于西非并与当地居民融合外，大部分在西赤道非洲定居下来。提问：班图人迁徙对非洲文明的发展有何影响？基于解释启发学生认识：班图人迁徙既是排挤其他民族的过程，亦是民族融合的过程。虽然后来受欧洲殖民统治的影响，撒哈拉沙漠以南形成诸多政治、社会各异的族群，但仍存在明显的共通之处；班图人迁徙促进农作物和生产技术的流动与传播，加快了非洲社会的发展进程，尤其是居住于沿海的班图人与外部接触较多，有利于吸收先进文化，进而形成了一些文明国家。由此，了解班图人迁徙对于中古东非和南非文明进程的影响。

> **设计意图**：设定该环节为过渡环节，为学习东非、西非和南非的文明奠定知识基础；基于解释，认识班图人迁徙对于促进古代非洲区域文明发展的重要作用，习得把握历史发展关键、理顺历史发展逻辑的方法。

环节 4：中古东非和南非文明

1. 中古东非文明

对照地图，简介"斯瓦希里"（Swahili）一词在阿拉伯语中是"海岸"的意思，是来自阿拉伯半岛的阿拉伯商人对其落脚的东非沿海地区的概称。帮助学生了解，斯瓦希里文明为非、亚文明交流的产物，除受阿拉伯文化的影响外，还汲取了印度等亚洲其他国家文化的成分，在多种语言和文字的基础上形成斯瓦希里语与斯瓦希里文，由此理解斯瓦希里文明的复杂性和混合型。出示文字史料（资料附录 4），概述 10—15 世纪斯瓦希里文明由东非沿海地区一系列城邦国家组成，这一时期是东非城邦的繁荣时代。简介宋明两代古籍中的奇怪地名，如木骨都束、麻林、幔八萨、层拔等，解释"木骨都束"即现今索马里的摩加迪沙，"麻林"和"幔八萨"是今肯尼亚的马林迪和蒙巴萨，"层拔"是今坦桑尼亚的桑给巴尔，了解这些都是当时比较繁荣的城邦国家。提问：这些城邦有何特点？简介这些城邦大都位于滨海地区或近海岛屿，面积不大，人口不多，小国寡民；经济方面，农业以园艺业为主，对外贸易尤其发达。分析"史料阅读"中的文字史料，基于信息了解以摩加迪沙为代表的东非城邦国家的生产生活情境与社会风貌。结合课文导语了解发达的贸易是城邦繁荣的主要基础。一方面突出阿拉伯商人对于促进亚、非之间经济文化交流的作用以及对东非海岸城邦国家的文化影响；另一方面阅读课文"历史纵横"栏目以及"中国瓷器"图，了解中国与非洲的交往早已有之，以宋明两代为盛，特别是明代郑和船队多次航抵东非，既给中国带回珍奇异产，也在东非留下了当时中国的钱币、瓷器等。出示图像史料（资料附录 5），介绍坦桑尼亚基尔瓦基斯瓦尼遗址，了解基尔瓦是公元 13—14 世纪印度洋沿岸城市与非洲海岸各地区之间联系的枢纽。基尔瓦基斯瓦尼遗址还发掘出大批中国古瓷器，包括烧制于宋、元、明、清各个朝代的浙江青瓷、江西景德镇的青花瓷、河北的白釉赫花瓷和福建的白瓷等，品种繁多，色彩各异。由此，了解基尔瓦基斯瓦尼遗址是研究斯瓦希里文明与中古东非沿海贸易颇具价值的实物证据，于 1981 年入选世界文化遗产名录。

2. 中古南部非洲文明

依据课文地图标识地理位置，简介南迁的班图人创造了津巴布韦文明，是中古南部非洲文明的代表。结合课文所示"大津巴布韦"图片，介绍"津巴布韦"班图语意为"石头城"。了解在今津巴布韦共和国、南非共和国和莫桑比克境内分布着数百处"石头城"遗迹，其中以"大津巴布韦遗址"的规模最大，保存最完整，今津巴布韦共和国国名源自此处遗迹。结合欧洲人对非洲人是否有能力建造石头城的质疑及外来文明创造南非文明的议论，出示文字史料（资料附录 6），解释考古研究表明"石头城"建筑群由班图人于公元 4 至 16 世纪持续营建所成，启发学生理解非洲文明的内生性与个性，回应导入环节提及的黑格尔对非洲文明的偏见。简述公元 11 世纪前后班图绍纳人开始营建大津巴布韦建族群并进入国家状态，13 世纪以大津巴布韦为都城的莫诺莫塔帕王国建立，14—15 世纪是其鼎盛时期。出示文字资料（资料附录 7），简介大津巴布韦不仅是王国的政治、宗教中心，亦是贸易中心，利用当地生产的黄金、象牙等物资交换来自波斯湾及印度的物产，并通过印度洋贸易网远销至中国明朝；来自东非海岸的斯瓦希里商人亦来此交易。由此，在"内生、个性"的基础上加深理解非洲文明在"共生、交流"中发展演进的特性。

> **设计意图：**习得运用地图元素了解中古东非和南部非洲文明地缘特征的方法，并为了解其文明特征建构历史空间基础；基于多元史料信息展开叙史，理解中古东非文明在交流中发展、繁荣的史实；关联历史与现实，突出大津巴布韦文明的特征，习得在质疑相关史论中理解非洲文明独特性的方法；加深理解非洲文明以"内生"为基础、在"交流"中发展演进的特性。

环节 5：中古西非文明

说明相比非洲东北部的努比亚文明、阿克苏姆文明以及东非文明，茫茫撒哈拉沙漠与浩瀚的大西洋使非洲西部内陆的地理环境呈现相对封闭的特征，其文明开化的进程相对较晚。依据课文所示"古代非洲的国家"地图，介绍中古时期的加纳、马里和桑海三国是西非文明的典型代表，由苏丹尼格罗人的不同分支建立，三个帝国的位置并不完全相同。进而叙史：其一，加纳的起源可追溯至公元 5 世纪（最初为柏柏尔人建立，8 世纪被苏丹尼格罗人夺取政权），9—11 世纪为其繁荣期。马里在 13—14 世纪处于鼎盛期，15—16 世纪属于桑海。说明在 8—16 世纪的时段内，三个政权依次更迭，交替成为中古西非地区的大帝国。结合课文导语，提炼西非三国的共性：因与北非的贸易频繁且发达而被称为贸易国家。出示文字资料（资料附录 8），基于信息了解有"黄金之国"之称的加纳，控制了当时 7 条中的 6 条穿越撒哈拉沙漠的商道，以及沙漠以南商业物产的源头，对过往商旅品征收重税。其二，继加纳之后的马里成为西非最强大的国家，马里继承并扩大了加纳的贸易。出示图像史料（资料附录 9），介绍其为欧洲人于 1375 年绘制的有关西非马里的地图。描述图中手持金块、端坐正中的是马里国王曼萨·穆萨，在其统治时期帝国版图空前辽阔并进入黄金时代。结合课文所示绘画作品，了解曼萨·穆萨麦加之行大肆挥霍黄金，马里自此声名远扬欧洲的史事，由此折射昔日马里帝国的富庶及王权的鼎盛。其三，简介取代马里、于 15—16 世纪臻于全盛的桑海亦越过撒哈拉沙漠，与北非和地中海发展贸易关系的史事。

引导学生比较，与东非国家的海洋贸易不同，西非国家从事的是跨撒哈拉沙漠的长途陆路贸易，同样具有深远的影响，尤其对城市及文化的影响更为突出。由此提炼另一共性：促进了该地区城市的繁荣与文化的发展，比如廷巴克图、加奥等。对照课文地图，从两个方面简介历时三国的名城廷巴克图：一是位于撒哈拉沙漠南缘，尼日尔河中游北岸，是古代西非和北非骆驼商队的必经之地，商业往来频繁，民族成分复杂，是多元文明的交汇点。二是众多学者在此定居，讲学布道，马里的文化教育得以充分发展，成为中古西非最重要的伊斯兰文化中心之一。比如，声名显赫的科兰尼克·桑科雷大学和津加里贝尔、桑科尔、西迪·牙希亚三座雄伟的清真寺照耀廷巴克图的黄金年代。至公元 15—16 世纪桑海帝国统治时期，文化教育事业发达，桑海君主以优厚的待遇广泛延揽各方学者。由此，廷巴克图学校、图书馆、清真寺林立，学者云集，研究领域广泛，成为与开罗、巴格达和大马士革齐名的学术研究地和文化传播中心。启发学生认识廷巴克图等城市是多元文明交融的结果和反映。

说明中古西非三国的社会与历史发展亦不尽相同：其一，以桑海帝国的中央集权制为重点比较三国政治体制。讲述桑海是与加纳同样古老的王国，先后臣属于加纳帝国和马里帝国，最终于15—16世纪发展成为西苏丹历史上版图最大、国力最强的大帝国。讲解在此过程中桑海君主建立了庞大的朝臣阵容，指定大臣和谘议组成政府；将司法事务委派给其代表卡迪或部落酋长负责，这些代表可独立于中央政府之外。由此了解中古桑海帝国的司法系统具有某种现代特征。进而认识桑海帝国的政治、法律制度承袭了加纳、马里的治国传统，但比加纳和马里的王国联盟形式更完备。其二，指出桑海文明是古代非洲文明最后的辉煌，提问：何来此说？分析桑海帝国所处的时代背景，联系14世纪初马里君主曼萨·穆萨麦加朝圣之行大肆挥霍黄金的史事，说明这是吸引15、16世纪之交的西欧国家不断向南航行寻找黄金、开启大航海时代序章的原因之一。了解南下的葡萄牙人于16世纪在西非海岸线建立了一系列的堡垒要塞，相形之下，同时期桑海帝国的西部领土虽扩张至大西洋海岸，但依靠尼日尔河流域发展起来的桑海文明更具传统的大河文明的特征，未能参与到大航海时代逐渐建构的全球贸易和交流的网络中。解释由于资源、人口、农业和贸易足以支撑帝国的运行，因此持续发展的动力不足；又因内部政治斗争而导致帝国出现衰退之势。简述16世纪晚期拱卫西部非洲文明的大沙漠失去其屏障作用，来自北方、更为开放的摩洛哥人最终战胜了桑海。

结合课文"学思之窗"栏目，了解古代非洲文明的多源特点，说明北非、东北非、东非、西非、南非由于自然环境和社会条件的差异，文明萌生的时间有先后并呈现区域性特点。启发学生基于所学认识非洲文明的独立性，了解非洲各区域文明或通过地区贸易或通过海洋贸易与外部文明进行接触与交流，进而与古代美洲文明相比较，概括古代美洲文明是不受外来文明影响而独立生发的史实，由此过渡至后续环节的学习。

> **设计意图**：基于历史地图了解中古时期西非三国突破地理环境的局限，从事跨撒哈拉沙漠的长途陆路贸易而相继走向繁盛的史事；习得从经贸、文化、教育等方面解释中古西非文明独特性的方法，感受其内生文明的繁荣；基于 15、16 世纪这一时段的横向比较，了解西非文明因缺乏与区域外文明的交流而逐渐衰退的史实，认同文明在交流中发展进步的说法。

环节 6：古代美洲文明

出示文字史料（资料附录 10），简介"印第安人"名称由来。指导学生观察课文所示"美洲文明分布示意图"，识读古代玛雅、阿兹特克和印加三大印第安文明的地理位置。以此为基础，指导学生以课外阅读的方式学习古代美洲的历史，综合文字史料、实物史料及图像史料的信息，从农业经济、城市建筑、政治体制、文化成果等角度归纳古代美洲印第安文明的成就和特点。

关于玛雅文明：出示相关地图，简介玛雅文明的范围主要包括今墨西哥南部的尤卡坦半岛、危地马拉、伯利兹、洪都拉斯、萨尔瓦多西部。帮助学生从三个方面厘清、归纳玛雅文明的历史和特征：一是了解玛雅文明分为三个时期，即前古典期（约公元前 2500 年至前 250 年）、古典期（公元前 250 年至公元 900 年）、后古典期（公元 1000 年至 1520 年）。简介古典期是玛雅文明的全盛时期，10 世纪以后玛雅文明一度衰弱，但受到墨西哥中部托尔特克文明的影响又有所复兴，直至 16 世纪西班牙殖民者入侵使玛雅文明走向消亡。二是通过在中美洲丛林和荒原发掘的多处古代玛雅城市遗迹，推知玛雅文明属于城邦文明。了解大约从公元初年起，玛雅人在尤卡坦半岛的南端陆续建立了早期城市国家，如蒂卡尔（今危地马拉北部）、帕伦克（今墨西哥恰帕斯州境内）、奇琴伊察（今墨西哥梅里达以东）、科潘（今洪都拉斯西部）等，说明这些独立的城邦相互之间没有隶属关系。简介玛雅城市的格局一般以金字塔式台庙为中心，周围环绕贵族、富人的住宅，平民的茅屋则散布于较远的周边。三是了解玛雅文明是目前已知世界上唯一诞生于热带丛林的文明，虽然与亚、非、欧古代区域文明相隔绝，但玛雅人在天文学、数学、农业、建筑、文字、艺术等诸多方面都取得了惊人造诣，独立创造出辉煌灿烂的古代文明。补充相关图像史料以直观了解玛雅文明的成就。在天文和数学方面，源于农业生产的需要，玛雅人注重观测天象，制定了圣年历和太阳历；玛雅人建立天文台，能够准确推算日食周期，掌握月亮、金星的运行规律；为了更好地推算历法，玛雅人创造了二十进位计数法，并发明和使用"0"。在农业和建筑方面，种植玉米需要大量雨水，由此羽蛇神成为玛雅人崇拜的神灵，称之为库库尔坎。奇琴伊察建有宏伟的库库尔坎金字塔神庙，高达29米，立于9层台基之上。在文字方面，玛雅人创造了象形文字，约有850字符，包括意符和音符。了解玛雅文字为祭祀阶层所垄断，他们使用由头发制成的毛笔在无花果树皮上书写，记录历史、神话、天文、历法、宗教祷文和叙事诗等；玛雅文字也被刻写在神庙里。简介西班牙殖民者到来后，破坏了许多玛雅文字写本，仅有部分作品流传后世，至今未能释读。引导学生综而观之，了解玛雅文明代表着古代美洲古典文化的高峰，因而有"美洲的希腊"之称。指出目前学界对于玛雅文明之所以繁荣的原因及其突变式发展、突然消失的原因尚无定论。

关于阿兹特克文明：出示相关地图，简介阿兹特克文明兴起于今墨西哥中部，是在特奥蒂瓦坎文明和玛雅文明的基础上发展起来的。帮助学生从三个方面厘清、归纳阿兹特克文明的历史和特征：一是了解阿兹特克人属于游牧的奇奇梅克人的一支，他们于12世纪迁徙到墨西哥中部，逐渐开始定居生活和农业生产。14世纪初，阿兹特克人在特斯科科湖的岛上建造了特诺奇蒂特兰城，以此为统治中心。15世纪，阿兹特克人逐渐强大起来，同周围部落结成联盟并自任盟主。阿兹特克联盟征服了周围部落，建立"阿兹特克帝国"。简述16世纪初，以埃尔南·科尔特斯为首的西班牙殖民者从古巴登陆中美洲，占领了特诺奇蒂特兰城，大肆掠夺城内的黄金财宝。阿兹特克人奋起反抗，一度击退殖民者。后殖民者卷土重来，对特诺奇蒂特兰城进行了长达三个月的围攻，延续200年的古代墨西哥谷地的印第安文明从此结束。二是了解阿兹特克的经济以农业为基础，主要种植玉米、马铃薯、南瓜、棉花等作物，其农业的发达远胜于玛雅人。简介阿兹特克人利用靠近特斯科科湖的便利性，建立起发达的人工灌溉系统，保证了农业的发展；发明水上"浮动园地"，以扩大种植。三是简释宗教信仰在阿兹特克人的社会、政治、经济生活中占有重要地位，祭祀活动频繁，国王被视为神的化身。了解阿兹特克国家虽然毁于西班牙殖民者传入的天花病毒以及武装侵略，但其文明在今中美洲的社会生活传统中仍然有迹可循。

关于印加文明：出示相关地图，简介安第斯高原地区是南美最大的印第安文明中心。帮助学生从两个方面厘清、归纳印加文明的历史和特征：一是结合课文所示图片，以世界文化与自然双重遗产马丘比丘引入，说明其为目前保存完好的印加遗址，印加文明因印加帝国而得名。梳理印加文明的源流和印加帝国的崛起，原居住于的的喀喀湖中的印加人北迁后，于12、13世纪以今库斯科为都城建立国家。15世纪中期开始向外扩张而建立起庞大的帝国，北起哥伦比亚南部，南至智利中部，大体包括今秘鲁、厄瓜多尔、哥伦比亚、玻利维亚、智利、阿根廷一带，南北长约4800千米，东西最宽处约500千米，总面积达100万平方千米，几乎涵盖整个南美洲西部，成为当时南美洲最大的国家。了解直至1532年印加帝国被西班牙殖民者所灭，印加国经历了3个世纪的发展过程。二是了解印加人开拓了广阔的疆域，建立起一套完善的国家机器，因而被称为"美洲的罗马"。简释印加帝国的政治制度，实行专制王权与太阳神崇拜，其组织形式要比阿兹特克严密；帝国划分政区、任命官员，通过各级官员牢牢地控制着全国；在全国修道路和驿站，建立以库斯科为中心的交通网，以利于控制边远地区。了解印加帝国还通过"奇谱"结绳记事以统计信息，迁移部落与国内殖民以加强中央集权，了解印加帝国加强中央集权的措施。亦需简述印加帝国的统一并非稳定，扩张以及内战使西班牙殖民者有机可乘，皮萨罗率领168名士兵征服了庞大的拥有600万人口的印加帝国。

在了解古代美洲三大印第安文明的基础上，呈现课文和地图册中的相关史料，提问：古代美洲印第安三大文明有何相似与不同？指导学生依据图文史料信息，比较其异同点。其一，相似点。农业方面：（1）借助"美洲农作物传播路线示意图"，启发学生从地理环境的角度认识：古代美洲印第安三大文明虽受大洋的阻隔与外界几乎隔绝，但仍独立创造了辉煌灿烂的印第安文明，如玛雅文字、阿兹特克浮动园地、印加马丘比丘城，以及神庙壁画等。（2）了解古代美洲印第安文明在农业领域有着突出成就，独立培育出其他大陆没有的农作物，诸如玉米、番薯、西红柿、烟草、可可等，并传播至世界其他地区。（3）提示学生关注《新西班牙诸物志》，思考古代美洲为何被称为"新西班牙"？引导学生联系古代三大印第安文明被西班牙殖民者毁灭的史事，揭示古代美洲农作物向世界传播的过程亦是美洲被殖民的过程。建筑方面：引导学生观察课文所示"玛雅波南帕克神庙壁画"，分析画面中的战争场景，诸如血腥杀戮、被抓获并用于祭祀的俘虏、祭祀场所金字塔神庙等，进而说明雅玛、阿兹特克和印加都曾建造过规模宏大的金字塔神庙。此外，了解古代美洲三大印第安文明都存在规模较大的城市建筑等。其二，不同点。农业方面：指导学生对比阿兹特克的浮动园地和印加的马丘比丘梯田，简析"浮动"的特点反映阿兹特克的农业主要依靠湖泊而发展，印加的农业生产则受到山区地势地形的影响。国家形态方面：启发学生关注课文的表述，比如玛雅的执政者是氏族首领，印加的执政者是世袭国王；玛雅是城市国家，阿兹特克和印加则是帝国。了解美洲三大印第安文明各有其独特的国家形态。以此为基础进行纵横比较：一是从纵向的角度分析阿兹特克文明和印加文明都是在吸收和继承各自区域内前印第安文明的基础上发展起来的，阿兹特克文明深受玛雅文明的影响；集古代印第安文明之大成的美洲三大印第安文明在同质累积中呈现出多样性。二是出示文字史料（资料附录 11），从横向的角度分析由于古代美洲在 1492 年哥伦布到来之前，与大洋之外的民族的交往互动是短暂和偶然的，因此其文明具有内生性和独特性。

再问：古代美洲文明与古代非洲文明有何相似与不同？引导学生通过讨论得出认识：其一，相似点。启发学生认识：古代非洲与美洲的农业与手工业都很发达，都一度出现过强盛的国家，都存在规模较大的城市，都遭遇了西方殖民侵略等。具体而言，在古代美洲的阿兹特克国家中，被征服者由原来的部落首领管理，但需向阿兹特克人缴纳贡赋。了解这与古代非洲阿克苏姆王国的统治方式较为相似。其二，不同点。引导学生对比古代埃及与古代美洲的金字塔，了解其形状相似但功能却完全不同；比照古代非洲与美洲示意图，了解古代非洲大陆上有迦太基、希腊、罗马、阿拉伯文明的古迹和铁器时代的文化遗址，而古代美洲却没有。说明古代非洲大部分区域文明受到相邻地区或外来文明的影响，加之对外贸易相对活跃，在东北非、东非、西非和南非形成了各具特色的文明。相形之下，古代美洲印第安文明则是在几乎未受到外来影响的情况下独立发展的。通过比较启发学生认识：古代非洲与美洲居民凭借自身的智慧，因地制宜创造出灿烂的区域文明，发展出独特的国家治理模式。

设计意图：基于历史地图了解古代美洲文明的地理位置，基于叙史了解玛雅文明、阿兹特克文明与印加文明的成就与特征；在感受古代美洲文明内生性和独特性的同时，习得基于比较了解古代美洲三大文明、古代美洲文明与古代非洲文明异同的方法，理解地理环境对古代文明特征的重要影响；认同交往、交流对于文明进步的重要意义。

环节 7：小结

从地理环境与文明特征的关系理解古代区域文明多元性、多样性的缘由，从区域文明与外部世界的联系程度理解古代非洲文明和古代美洲文明发展的差异性。从文明的多元性、多样性与独特性启发学生认识：古代非洲文明和古代美洲文明的特征受到诸多因素尤其是地理环境的影响，两种文明具有丰富的内涵；文明因交流而多彩，因互鉴而丰富，文明的交流互鉴，是推动人类文明进步的重要动力。

设计意图：了解地理环境对促成古代非洲和古代美洲文明多样性和独特性的作用，认识古代非洲和古代美洲文明是人类文明史上异彩纷呈的篇章，是人类文明不可或缺的重要部分，认同文明交流与互鉴的重要性。

【板书设计】

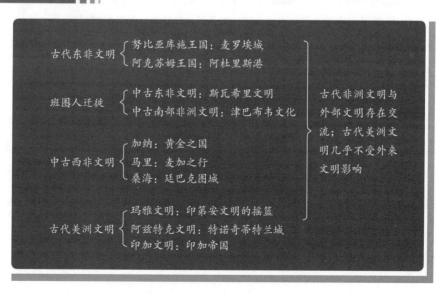

【资料附录】

1.

麦罗埃神庙上的浮雕形象

——［EB/OL］. https://timgsa.baidu.com.jpg.

麦罗埃建筑中罗马式的立柱、埃及的太阳造型、希腊的橄榄叶

——探访苏丹神庙遗址（三）麦罗埃神殿［EB/OL］. http://blog.sina.com.cn/s/blog.html，2007-10-04.

2. （公元前 3 世纪的麦罗埃）对外贸易的范围，南达尼罗河上游的纵深地区，西达苏丹的乍得湖地区，北通埃及至希腊、罗马，东经红海到达阿拉伯半岛，甚至同东方一些国家建立了贸易联系。在麦罗埃遗址中，现已发现了这些地区的物品，如公元前 4 世纪雅典的陶器、公元 1 世纪罗马的银器和镀金酒杯、一个中国式的古鼎，以及大量的古埃及、罗马的钱币。

——艾周昌、舒运国编 . 非洲黑人文明［M］. 福州：福建教育出版社，2008：45.

3.（阿杜利斯港进出口货单）进口商品：希腊的食用油、酒类。东罗马帝国的酒器和酒壶。埃及的谷物、染料、布匹、丝绸、铁器、玻璃制品。麦罗埃的棉制品、铁器和手工艺品。阿拉伯半岛的白银、牲畜皮张。波斯的服装。叙利亚的酒类、橄榄油。印度的小麦、大米、芝麻油、甘蔗。出口商品：象牙、犀牛角、龟甲、黑曜岩、河马皮、猴子、奴隶、香料、黄金砂、绿宝石。（据《非洲黑人文明》归纳）

　　—— 艾周昌、舒运国编.非洲黑人文明［M］.福州：福建教育出版社，2008：53.

4. 大食国（即阿拉伯帝国）西有巨海，海之西，有国不可胜计……

　　——（南宋）周去非著，屠友祥校注.岭外代答［M］.上海：远东出版社.1996：59.

5.

基尔瓦基斯瓦尼遗址

　　—— 中国地图出版社.历史地图册：必修·中外历史纲要（下）［M］.北京：中国地图出版社，2021：12.

6. 无论是军事的或住家的，都没有东方或欧洲的任何时期式样的痕迹……从住宅中发现的标本来检查，其艺术与制造都是典型的非洲式的。（据《非洲黑人文明》归纳）

　　—— 艾周昌、舒运国编.非洲黑人文明［M］.福州：福建教育出版社，2008：80.

7.（大津巴布韦遗址出土清单）波斯的上釉陶器。阿拉伯的玻璃杯、金币。印度的念珠。叙利亚的玻璃串珠。中国明朝成化年间（15 世纪后半叶）的青瓷残片。

—— 艾周昌、舒运国编 . 非洲黑人文明［M］. 福州：福建教育出版社，2008：81.

8. 总之，加纳王国是存在的。它的国王是强大的，在他的国土上有金矿。在他的统治下还有许多别的王国……这个地区到处有黄金。

—— 李安山 . 非洲古代王国［M］. 北京：北京大学出版社，2011：92.

著名的阿拉伯学者巴克里向我们提供了跨越撒哈拉沙漠的 7 条线路，其中 6 条都要经过加纳。加纳国王为了控制穿越撒哈拉贸易的商道和沙漠地区以南商业贸易的源头，对输进和输入加纳的商品实行了严格的税收政策。

—— 李安山 . 非洲古代王国［M］. 北京：北京大学出版社，2011：97.

9.

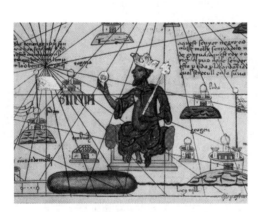

1375 年欧洲人绘制的西非地图

—— 艾周昌、舒运国 . 非洲黑人文明［M］. 福州：福建教育出版社，2008：5.

10. 印第安人为美洲土地上最早的居民。"印地安人"该词最早为哥伦布所用，他于 15 世纪末抵达美洲时，误以为到了憧憬的印度，于是将当地人称作"印度人"，当后来证明并非亚洲的印度时，美洲便被称为"西印度"，而亚洲的印度一般被称作"东印度"。为了与亚洲的印度人区别，故将美洲的当地人称为"印第安人"。……印第安人是一个笼统的称呼，事实上，其内部分类非常多，族系极其庞杂，语言也繁多。各地印第安人因区域不同，经济生活也多种多样，既有渔猎为生，也有靠游牧、采集生活，但是在墨西哥和安第斯高原一带发展起了引人注目的农业文明，培育了玉米、马铃薯、西红柿、南瓜、辣椒、烟草、向日葵、可可、花生、棉花（为细绒棉类型）等多种农作物，在 16 世纪以后这些农作物传播到了世界各地，改善了人类的物质生活。

———— 王斯德主编，李海峰、朱明等著 . 世界通史（第三版）第一编 · 古代文明与地域性历史——1500 年以前的世界［M］. 上海：华东师范大学出版社，2018：346.

11. 美洲本土的文明在臻于盛期的时间上虽比尼罗河、底格里斯河—幼发拉底河和印度河流域文明略晚，但在发展水平上并不比它们逊色太多，至少在未来发展的潜力上是如此。美洲文明在一个完全异于它们的文化的影响下消亡，无疑是世界的一个重大损失。

———（美）菲利普·李·拉尔夫、罗伯特·E. 勒纳等著，赵丰等译 . 世界文明史（上卷）［M］. 北京：商务印书馆，1998：783.

第6课
全球航路的开辟

教学立意

　　15—16世纪是大航海时代。多重因素合力作用下的欧洲航海探险活动联通了包括新航路在内的全球航路，全球海岸线的轮廓基本清晰。大航海开阔了人类认识世界的眼界，提升了人类认识世界的能力，推动了全球贸易网络的形成。全球航路的开辟是世界由分散走向整体的开端。

教学目标

　　基于史料阅读、地图识读及问题解析，从物质利益和生产方式变革、地缘、信仰及精神等动因以及物质、科技等条件，多角度理解15、16世纪西欧国家主导新航路开辟的背景和原因，认识15、16世纪大航海时代的特征；在厘清史事间逻辑关联的过程中，提升历史解释能力，体会和习得运用唯物史观历史合力论来解释历史运动的方法，培养历史思维；通过观察、分析、归纳和比较不同历史时期的地图信息，培养历史时空观念，树立格局意识和世界意识，认识全球航路的开辟是世界由分散走向整体的开端。

重点难点

　　重点：包括新航路在内的全球航路开辟的过程。

　　难点：新航路开辟的动因、条件及其逻辑关联。

教学过程

　　环节1：导入

　　综合丝绸之路示意图、马可·波罗和伊本·白图泰跨非洲—欧亚大陆的旅行图、

15 世纪末期以前印度洋贸易网络图，引导学生了解：12—14 世纪，远距离贸易和旅行使印度洋联结起东亚的中国、东南亚、南亚的印度、西亚的波斯、东非、北非和地中海地区，形成了当时世界上最活跃的商品交换和贸易网络。指出在这一体系中，中国和印度是制造中心，南非以及西非为该体系提供稀缺商品——黄金，东非、西亚、南亚以及东南亚沿海国家则是该体系贸易物流的主导者。提问：欧洲尤其是西欧在印度洋贸易网络中处于怎样的地位？

简介直至 15 世纪初的欧洲，除却地中海区域的威尼斯和热那亚等少数城市国家以及波罗的海和北海地区贸易比较繁荣外，西欧地区的远距离贸易活动不甚活跃，其直接通过原有的东西方商路进入亚洲市场和商品供应地较为困难。总体而言，西欧处于印度洋贸易网络或交换体系的边缘。提问：在欧洲由中古迈向近世的过程中，上述状况如何发生改变的？西欧为何要致力于开辟通往印度洋、东方及世界其他地区的海上航路？海洋如何不再成为阻挡全球联系的障碍？世界又会发生怎样的变革？由此导入新课。

设计意图：识读历史地图信息，了解新航路开辟之前印度洋与周边区域交流相对频繁、西欧游离于印度洋贸易体系的状况，进而提出针对性问题，导入新课。

环节 2：新航路开辟的动因

以课文"思考点"栏目提出的问题或"西欧为何要致力于开辟通往印度洋、东方及世界其他地区的海上航路？"等问题切入。

回顾中世纪中后期西欧的历史：公元 13—14 世纪，随着生产力、商品经济的发展和城市的复兴，农奴可以通过缴纳货币地租代替服劳役而不再完全受制于领主，人身依附关系松弛，农奴制开始瓦解，庄园渐趋衰败。提问：与此同时，欧洲社会遭遇了怎样的冲击，发生了怎样的变化？出示文字史料（资料附录 1），简介 14 世纪世界"小冰河期"及"黑死病"肆虐，对欧亚大陆尤其是欧洲社会经济的影响：据统计，14 世纪的气候环境灾难及瘟疫在短短数十年间夺走了数千万欧洲人的性命，占当时欧洲总人口的 1/4（另一说法是 1/3），严重影响了欧亚大陆社会与经济的发展。出示文字史料（资料附录 2），基于阅读提取信息，提问：经历了巨大动荡和深重灾难的欧洲，为何会出现史料提及的现象？解释西欧丧失大量劳动力后，多数领主只有通过分割庄园让农民以佃户租种份地的方式才能维持财富，农民只要偿付租金就可以按自己的方式经营份地。租金代役成为农民履行义务的普遍方式。了解浩劫促进了租地的发展，亦使领主对农民的人身控制进一步松弛了，农民加速获得"自由"，农民频繁参与市场交易，劳动力本身也逐渐成为商品。再问：这一现象对商业贸易有何影响？解释由于自由农民和市民阶层的扩大，对商品的需求也随之增加，当时欧洲的商品生产不再只是为少数富人生产奢侈品、生活资料，比如谷物和鲱鱼、羊毛和粗布、金属和木材等产品，皆有非常广泛的消费阶层。由此，商品货币关系迅速发展，商品经济繁荣起来。启发学生理解这是经历气候环境灾难及瘟疫之后，西欧社会经济得以复苏、重振的重要原因。引导学生关注另一重要现象：受到瘟疫打击的西欧社会呈现出阶层的流动性，封建贵族的统治受到冲击，平民则可以通过经商或购买受教育的机会，努力争取更高的社会地位。商品经济的发展使这一现象尤为突出。续问：如何认识15世纪前后的欧洲尤其是西欧出现的这一经济现象？出示文字史料（资料附录3），理解在中世纪晚期的欧洲出现了资本主义生产关系的萌芽。

提问：何为资本？随着商品货币关系的发展，什么商品成为交换的重要媒介？出示文字史料（资料附录4），解释"资本"的含义，由此引出"货币"的概念。启发学生认识货币在西欧商品经济发展中的重要媒介作用，黄金、白银成为当时各阶层生活与经营最重要的交换手段，成为货币和财富的标志。概述15世纪初的欧洲弥漫着寻金热潮。再问：何处出产黄金？联系所学，重温14世纪初基督教世界通过马里君主曼萨·穆萨麦加朝圣之行，了解西非盛产黄金的史事，西非由此引起了西欧的关注。然而，西欧人缺乏从陆路穿越沙漠到达西非的经验，于是15世纪上半叶，葡萄牙航海家亨利王子产生了由海路抵达西非掘金的大胆设想。出示文字史料（资料附录5），了解《马可·波罗行纪》是西方人感知东方的重要著作。该书想象遥远的东方国家如中国、日本富藏黄金，为欧洲打开了神秘的东方之门，对15、16世纪欧洲人的探险产生深刻影响。进而指出，虽然《马可·波罗行纪》的可信度始终存在争议，但它激发了欧洲人到东方寻找黄金的热潮是真实存在的。

提问：资料附录5提及货币主要是用来盈利的，那么，货币可以通过什么渠道或方式盈利？由此引出"市场"的概念。结合导入环节提及的 15 世纪初印度洋是当时世界上最活跃的商品交换和贸易网络，简介今天的斯里兰卡、印度和印度尼西亚一带自古盛产香料、药材等特产，将这些产品卖给中国、西亚以及欧洲地中海区域，是当时世界上最有利可图的买卖，15 世纪香料贸易所获利润是成本的成百上千倍。强调这些产品与中国的丝绸及瓷器皆是欧洲人不可或缺的生活消费品。联系西欧在印度洋贸易网络中的地位，进而了解西欧人试图深入这些商品产地并直接参与市场买卖，以改变其在国际贸易中的边缘地位。提问：资本、黄金、市场的驱动力究竟多大？出示文字史料（资料附录 6），阅读课文"历史纵横"栏目，了解麦哲伦船队的幸存者对艰难航程的细节记述，补充有关达·伽马船队、麦哲伦船队极低生还率的史事。结合马克思所言，启发学生认识：对财富的追求使西欧人甘冒生命危险开展到东方的探险活动，由此理解积累资本、寻找黄金、开拓市场是吸引西欧人开辟新贸易路线的物质利益和生产方式变革动因。

提问：西欧人为何选择向大西洋挺进？结合第 4 课所示"15—16 世纪的奥斯曼帝国"的地图，回顾奥斯曼帝国征服拜占庭帝国的史事，补充其与威尼斯共和国的海洋之争，了解奥斯曼帝国于 15 世纪末推翻了统治地中海 400 年之久的威尼斯共和国和热那亚共和国等，确立其在欧洲巴尔干、西亚等地中海东部地区的霸主地位。了解奥斯曼帝国的地理位置与当时世界贸易网络的关系，奥斯曼帝国是当时世界重要贸易线的枢纽，丝绸之路、印度洋海路、伏尔加河、多瑙河和地中海航线几乎都汇合于此。基于课文表述，说明奥斯曼帝国对西欧及亚洲间贸易的垄断，即对传统东西方商路的控制，经常被引证为西欧将目光投向海天之交的大西洋，直接参与印度洋商业世界的地缘动因。了解地理位置相对优越，且有着一定航行经验的葡萄牙和西班牙率先开启远洋探航。（或视学情出示资料附录 7，介绍学界的不同观点，认为西欧人的探航与奥斯曼帝国控制传统商路关系不大，是葡萄牙人和西班牙人为躲避东地中海传统的贸易规则和原有"秩序"，故而绕开地中海）。

简介葡萄牙为纪念航海家亨利王子和葡萄牙开拓海洋 500 年历史而建的"航海纪念碑"，出示文字史料（资料附录 8），提问："多种动机的混合"还包括哪些动机？基于史料信息，简释十字军东征和骑士精神的内在驱动作用。了解亨利王子是虔诚的基督徒，他通过协调葡萄牙和罗马教廷的关系，向教廷表达自己的十字军理想，认为探索未知区域并将基督教传播到那里是基督徒的职责。这种使命感与沉淀着尚武因素的骑士精神相结合，成为刺激海外探险的强大信仰动因。介绍由于伊比利亚半岛自公元 8 世纪起曾长期处于阿拉伯人及柏柏尔人等统治下，西班牙也为强烈的宗教信念所推动，力图驱赶阿拉伯人。由此，明确信仰的驱动是重要因素。

仍以资料附录 8 为依据，提问：15 世纪，包括骑士、平民在内的西欧人在思想观念上发生了哪些变化？基于史料信息，联系在欧洲蔓延的黑死病使人们怀疑宗教神学绝对权威的史实，了解追求自由和幸福、相信个人力量、认为人是现实生活的创造者，且更加重视世俗的市民生活，逐渐成为 15 世纪欧洲社会的新气质。了解这样的精神气质与 14—16 世纪欧洲文艺复兴运动的内核相契合的史实。解释文艺复兴运动时期的艺术作品描绘丝质外套、陶瓷器皿、漆木、香料罐、外族人以及异域动物等，激发了欧洲人了解更为广阔世界的兴趣。此外，一些重要的发人深省的传统古代地理记述在 15 世纪已广为人知，比如，古希腊地理学家斯特雷波写于公元前 1 世纪的著述引发了人们在海洋中寻找未知大陆的讨论；古希腊地理学家托勒密于公元 2 世纪所著的《地理学》引起人们关于地理、世界地图和勘探方法的思考。了解由城市运动、文艺复兴催生的思想观念的变化亦是探索新航路的动因，是精神的动力。

> **设计意图：**设计包括"西欧为何要致力于开辟通往印度洋、亚洲及世界其他地区的海上航路？""什么商品成为交换的主要媒介？""何处出产黄金？""西欧人为何选择向大西洋挺进？""有哪些动机？""15 世纪的西欧在思想观念上发生了哪些变化？"等体现逻辑关联的问题链，基于史料阅读、地图识读及问题解析，从物质利益和生产方式变革动因、地缘动因、信仰驱动、精神动力等多个角度理解 15、16 世纪西欧国家主导新航路开辟的背景及原因，提升历史解释能力，挖掘思维深度，体会和习得运用唯物史观历史合力论解释历史运动、提升史识能力的方法。

环节 3：新航路开辟的条件

再次出示资料附录 8，以"政府资助下的系统考察是该时代的核心主题"引出 15 世纪是西欧各国走出中古时期国家状态的时期，民族国家逐渐形成，国家权力不断扩展至公众生活的各个新领域，比如，西班牙伊莎贝拉女王对国家事务拥有相当大的发言权和决定权等。进而解释：基于上述动因，一些西欧国家的统治者集中和调动人力、物力和财力，支持海上探险活动。简介葡萄牙亨利王子一生只有 4 次在熟悉海域的短距离航行，其主要活动是组织和资助持久而系统的海上探险，诸如创办航海学院、建立气象台、收集各类资料信息等。亨利王子兄长杜亚尔特、佩德罗皆为文艺复兴时代的开明君主，全力支持其航海事业（视学情补充当时西欧的企业家、意大利的金融家积极参与探索大西洋水域的史事，比如西班牙卡斯提利亚企业家与葡萄牙争夺加纳利群岛，意大利热那亚投资人资助葡萄牙开发马德拉斯群岛等，从而大获其利）。由此认识西欧王室、企业家和金融家的支持为海洋探险活动提供了物质条件。

出示图像史料（资料附录 9），介绍其为 1482 年欧洲人按公元 1—2 世纪古代希腊地理学家托勒密的世界地理观绘制的世界地图。依据地图信息，了解托勒密所著《地理学》直至 15 世纪仍然是欧洲人观察世界的参照，时人相信地圆学说，但又认为印度洋为大片陆地包围而无水路可通，经海路到达印度及亚洲其他地区的可能性微乎其微。说明受此地理观影响，15 世纪末以前西欧人的航海活动主要在大西洋近岸展开。出示文字史料（资料附录 10），以时间轴呈现西欧开辟大西洋航线的大致过程。出示课文所示"13 世纪末 14 世纪初的新型航海图""明朝的罗盘""14 世纪的星盘（源自希腊和波斯用于确定纬度）""麦哲伦船队中的'维多利亚号'"以及"'马修号'复原船"等图片，重点突出西欧在 13—15 世纪航海探险过程中累积的气流洋流知识、日益改进的导航仪器、不断提高的造船技术（卡拉维尔帆船即三角帆的运用）等，为新航路的探索提供了知识、技术条件。解释技术发明与运用之间的逻辑关联：12 世纪中期，欧洲水手开始使用中国人发明的罗盘在地中海上导航与定位。以此为基础出现了绘制包括罗盘图示和航线的波特兰型航海图。图上有罗盘图示"指南玫瑰"与连接"指南玫瑰"和各港口之间的放射线，通过预测港口之于射线的角度可以确定港口的基本方位。波特兰型航海图还可用以标识海域地貌，如暗礁、浅滩等以及海岸线的特征。了解最初的波特兰航海图没有考虑到地表是个球面，在横渡没有岛屿海岸的广大洋面时派不上用场。因此波特兰型航海图最初只适用于近海航行。那么，在苍茫大海中如何定位？解释星盘是希腊发明的天文仪器，用于测量天体高度，通过测量太阳或北极星与地平线的夹角来确定纬度。15 世纪晚期，葡萄牙水手又以阿拉伯人确定纬度的仪器为原型，改进并制作了十字标尺和反向标尺，能更为精确地确定纬度。说明欧洲人确定方向和纬度能力的提升有助于他们收集大量精准的地理数据，再运用这些数据分析气流与洋流的特征及系统，并逐渐掌握其规律，以利于远洋探航。在此过程中，航海家还改进了船帆的使用方法，发明了多桅多帆的海船——卡拉维尔帆船。卡拉维尔帆船混合使用横帆和三角帆，横帆用于顺风航行，三角帆可以灵活转向，转舵性能更高，船帆更易鼓起，既可利用侧风，也可利用从后面来的风，航行速度大幅增加。说明由于卡拉维尔帆船可以利用任何方向吹来的风，满足了当时冒险家要求的经济性、易操舵及高速度等条件，大大提升了在未知海域探险的能力。讲述西欧航海家在南大西洋和非洲西海岸的探险活动，尤其是葡萄牙人稳步向南推进，不断突破托勒密地理观的局限性，最终南大西洋的西风将航船引入印度洋，打通了大西洋联通印度洋的路径。由此开启了15—16世纪大航海时代的序章。说明上述所及为新航路开辟提供了科学技术条件。

> **设计意图：**基于对文字、实物及图像等多元史料的解析，了解新航路探索和开辟所具备的社会政治条件和科学技术条件；重点解释知识发明和技术运用之间的逻辑关联，体会运用多学科知识解释历史现象的过程，在跨学科学习中感受历史的博与通。

环节4：新航路的开辟

基于所学，承接资料附录10所示"1487年葡萄牙到达好望角，印度洋就在眼前"，讲述迪亚士绕过好望角、达·伽马航行至印度、哥伦布发现美洲、麦哲伦环球航行的史事。结合课文所示地图的轮廓图，动态演示探航路线并标识重要地名，指导学生以表格形式整理上述4次远洋探航的大事记。以此为基础分析：其一，解释葡萄牙与西班牙之间的竞争。葡萄牙率先绕道非洲到达印度，控制了从大西洋到印度洋的主航道。西班牙在与葡萄牙争夺非洲的斗争中处于劣势，在沿非洲大陆海岸依次南递的马德拉、加那利、佛得角和亚速尔等4大群岛中，西班牙只取得其中的加那利群岛。为了同葡萄牙争夺对东方的贸易，西班牙不得不另辟直通东方的新航路。基于地圆学说，西班牙人认为由大西洋一直向西航行可以到达马可·波罗曾由陆路到达的印度、中国、日本等地。其二，出示文字史料（资料附录11），简述哥伦布发现美洲的意外与错误。哥伦布依据托勒密的地圆说，对地球周长以及日本与欧洲之间的距离做出了过短的估算，说明其发现的实则是美洲新大陆而非亚洲。在哥伦布开辟美洲航路的基础上，麦哲伦船队绕过美洲进入太平洋，再经印度洋至大西洋的航路回到西班牙，完成第一次环球航行。其三，分析新航路开辟的历史意义：葡萄牙航海家联通了大西洋与印度洋，开拓了从欧洲绕过好望角到达印度的航海路线，这条航路成为欧亚非贸易的主要通道，直至1869年苏伊士运河通航。哥伦布远航探险开辟了从欧洲横渡大西洋到达美洲并从美洲返回的新航路，将新、旧大陆联系起来，并认识到西半球是一个独立于欧洲、亚洲和美洲的世界。认识哥伦布航渡美洲使大航海时代的远洋航行事业发生了质变和飞跃，这是因为此前的郑和下西洋和葡萄牙人探航西南非洲（葡萄牙人发现的非洲西海岸、非洲南端是已知非洲的未知部分）皆为近岸或近海的远洋航行，而非远离陆地的跨洋航行。而哥伦布远航横渡大西洋，且抵达人们未知的地区，为麦哲伦环球航行和发现地球奠定了基础。此后麦哲伦首次横渡太平洋和环球航行则是地理学和航海史上的革命，证明地球上的海洋是彼此连通的完整水域，为后人的航海事业起到了开路先锋的作用。

> **设计意图**：基于历史地图轮廓图，以动态演示和静态呈现的方式提取新航路开辟的关键信息，掌握新航路开辟过程中的重要历史事件；以哥伦布对世界的认识，展现特定时空中历史人物的局限性，以同情之理解的眼光看待历史；解释新航路之于航海史的意义，认识大航海联结起原本分散的区域，世界逐渐走向整体，由此丰富历史的空间内涵。

环节5：全球航路的大通

对照相关地图讲述葡萄牙和西班牙的航行证明了南半球的各大洋之间是彼此相连的，但是葡西两国阻止其他欧洲人使用这些航行通道，控制这些航线长达一个世纪之久。为突破两国的限制，拥有大西洋入海口的英国、荷兰和法国等国相继加入接续开辟全球航路的队伍，呈现"哥伦布以后，有无量数之哥伦布"的态势。提问：继葡萄牙和西班牙的探航，还有哪些海域未及涉足？指导学生观察课文所示"其他航路的开辟示意图"，标识北半球高纬度地区的北大西洋海域、北冰洋海域、北太平洋海域以及南半球南太平洋海域（说明麦哲伦只是建立了菲律宾和墨西哥之间的航路，未对广大的太平洋海域进行探险）等，以时间轴动态演示的方式，整理英、法、荷三国以及俄罗斯人在这些海域的探险活动。视学情补充 18 世纪俄国委托丹麦航海家维他斯·白令的海上探险以及英国人詹姆斯·库克 18 世纪中后期三次探险太平洋的史事。指出通过航海家几个世纪的不断努力，新的世界在欧洲人面前徐徐展开。

> **设计意图：** 以历史地图轮廓图和时间轴呈现欧洲各国在新航路开辟后接续探航的重大史事，加深对 15、16 世纪"大航海时代"特征的理解，体会全球航路的联通开阔人类认识世界眼界、提升人类认识世界能力的历史意义。

环节 6：小结

出示图像史料（资料附录 9 和 12），以及第 7 课课文所示"16 世纪的世界地图"，观察不同时期欧洲人眼中的地球、世界的不同与变化，立足空间启发学生感悟新航路开辟的"全球"影响：主要大陆的轮廓和海岸线基本清晰，各大洲和大洋的方位与分布逐渐确定，海洋将世界连成一个整体，东西方之间和各大陆之间的闭塞状态被打破，地球表面的基本结构真实完整地呈现于世人面前，人们的地理知识大大丰富。16 世纪的葡萄牙史学家佩德罗·努内斯为此写道：新岛屿、新土地、新海洋、新民族；更甚者，还有新天空和新恒星。由此，感受全球航路的开辟扩大了人类社会空间。进而小结：获取黄金和传播宗教的原动力，日益增长和源自知识的自信心，驱动欧洲人走向世界。他们的眼界大开，他们以全新的视角看待世界。随着海上交通的发展，欧洲人迅速投身到控制世界的殖民行动中。全球航路的探索和开辟改变着世界的格局，影响着历史的走向。如何改变？如何影响？指出这将是后续学习的重点。

> **设计意图：** 观察、分析、归纳和比较不同历史时期的地图信息，以促成历史时空观念中"观念"的形成，树立格局意识和世界意识，认识全球航路的开辟是世界由分散走向整体的开端。

【板书设计】

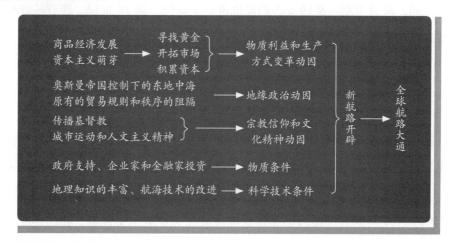

【资料附录】

1. 大约 1300 年，一场全球性气候变化的过程引发了整个世界气温的急剧下降……地球经历了一个"小冰河时期"……由于气温骤然变冷以及生长季变短，许多地区农业产量下降，导致饥荒，有时甚至因饥饿而死人……

   ……

   ……1347 年，当意大利商人逃离传染上瘟疫（传染性腺鼠疫）的黑海港口城市时，不经意地将这一疾病传播到整个地中海盆地。到 1348 年，沿着商路，瘟疫引发了西欧大部分地区的传染病。

   无论出现在何处，腺鼠疫所带来的后果都是令人毛骨悚然的。……通常会让 60% 至 70% 的患者死亡，并有可能在数月之内毁掉一座城市。在一些小的村庄和市镇，它会让所有人口消失殆尽。

   ——（美）杰里·本特利、赫伯特·齐格勒著，魏凤莲等译. 新全球史（第三版）（上）[M]. 北京：北京大学出版社，2007：610—611.

2. 说来矛盾的是，一场规模如此巨大的灾难性人口锐减使某些穷苦人的生活得到了改善。……在天灾人祸的残酷打击下，终身得不到充分就业的人所构成的劳动力储备大大缩水，实际工资随之上升。14 世纪的灾难带来的直接冲击渐渐平息之后，穷人的生活标准也许略有提升，因为谷物价格呈下跌走势。因为缺少劳动力，哪怕在乡间，向货币型经济转变的趋势也进一步加快。到 16 世纪，西欧的农奴劳力和被奴役现象都已退居到很不起眼的位置……

——（英）J. M. 罗伯茨、O. A. 维斯塔德著，陈恒、黄公夏等译. 企鹅全球史 Ⅱ：文明的分化［M］.上海：东方出版中心，2020：232—233.

3. 商人密切关注市场，努力追求盈利；商业行为和商业组织拥有相对的独立性；商人重视投资和资本积累，开始利用贷款并重视利润；企业诞生了（至少在欧洲）；资本主义发展的活力开始对外扩展，从长途贸易领域延伸到了生产等领域（至少在欧洲）……我们有理由且必须将这些现象称为资本主义现象。我们还能从中发现因果关系：那几个世纪里的商业资本主义（或者贸易资本主义）创造的资本、活动和联系影响了诸多后世的资本主义形式，这些新形式更全面而彻底地干预了生产领域。

——（德）于尔根·科卡著，徐庆译. 资本主义简史［M］.上海：文汇出版社，2017：55.

4. ……但是"资本"和"资本家"的概念早已惯用。以德语为例：德语里"资本"的概念来自商人的行话（最晚在十六世纪初就很常见）……它最初指（用于投资和借贷的）货币，后来指由货币、物品的货币价值、商业票据、商品和生产设备构成的资产，其关键是"要用于盈利"，而不是用于消费或被积蓄起来。

——（德）于尔根·科卡著，徐庆译. 资本主义简史［M］.上海：文汇出版社，2017：2.

5. ……是为世界最大之宫，周围广有十哩（一哩约等于 1.6 千米），环以具有雉堞之高墙，内有世界最美丽而最堪娱乐之园囿，世界良果充满其中，并有喷泉及湖沼，湖中充满鱼类。中央有最壮丽之宫室，计有大而美之殿二十所，其中最大者，多人可以会食。全饰以金，其天花板及四壁，除金色外无他色，灿烂华丽，至堪娱目。

并应知者，此宫有房室千所，皆甚壮丽，皆饰以金及种种颜色。

——（意）马可·波罗著，冯承钧译. 马可·波罗行纪［M］.上海：上海书店出版社，2001：355.

6. 有 300% 的利润，（资本）它就敢犯任何罪行，甚至冒绞首的危险。

　　——（英）托·约·登宁. 工联和罢工［M］. 见中共中央马克思恩格斯列宁斯大林著作编译局
　　　　译. 马克思恩格斯全集（第 23 卷）［M］. 北京：人民出版社 .1972：829.

7. 很显然，对葡萄牙人和西班牙人来说，谁控制了传统商路并不重要，真正让葡
　　萄牙人和西班牙人望而却步的是传统的贸易规则和原有的"秩序"。这是"阻
　　隔"商路的关键。事实证明，葡萄牙人和西班牙人不准备进入原有的"秩序"，
　　通过正常商业手段获得利益，他们要掌握直接获取财富的主动权，需要另辟
　　蹊径。

　　—— 王三义 ."土耳其人阻断商路"说与西方的近东殖民［J］. 历史研究，2007（4）：164.

8. 出于多种动机的混合，他将国民的目光转向南方……在那里，无疑可以为圣十字
　　架赢得皈依者、荣耀和土地。……他小心翼翼地争取赢得教皇对探险事业的授权
　　和批准。他的统治期正值大发现时代之初，政府资助下的系统考察是该时代的核
　　心主题。但骑士和十字军依然是这一时代的精神根基所在，也塑造了亨利的思
　　想——他是敢于在未知领域采取行动的杰出典范。

　　——（英）J. M. 罗伯茨、O. A. 维斯塔德著，陈恒、黄公夏等译. 企鹅全球史 Ⅱ：文明的分化
　　　　［M］. 上海：东方出版中心，2020：248.

那时，典型的骑士式英雄都走向海洋，去征服小岛，并娶一位公主为妻，成为
当地的统治者。探险者的出身通常都很卑微，因而他们希望能把这些虚构故事
变成生活现实。……一些地位不显赫的贵族，因为在国内不可能升迁，在骑士
思想的影响下，也愿意去海上冒险。……在他（亨利王子）的追随者中，有一
位是克里斯托弗·哥伦布的岳父。此人只是一位受过训练的织工，但他却伪
称自己是"骑士和征服地的首领"，探险的目的在于免受国内有限的社会机遇
束缚。

　　——（美）菲利普·费尔南德兹—阿迈斯托著，钱乘旦审读. 世界：一部历史（上）［M］. 北京：
　　　　北京大学出版社，2010：593—594.

9.

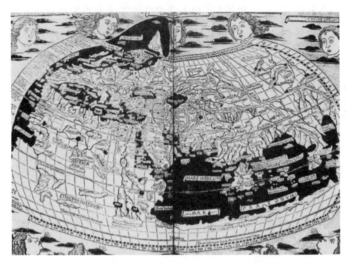

15 世纪欧洲人眼中的世界地图（1482 年绘制）

————（美）菲利普·费尔南德兹—阿迈斯托著，钱乘旦审读. 世界：一部历史（上）[M]. 北京：

北京大学出版社，2010：556.

10. 13 世纪：热那亚和马略卡岛的航海者闯过直布罗陀海峡。

14 世纪 40 年代：葡萄牙航海家曾登陆加纳利群岛，15 世纪西班牙人夺取对加那利群岛的所有权。

15 世纪第 2 个十年：葡萄牙探险队发现了马德拉群岛，15 世纪 20 年代葡萄牙人在马德拉群岛殖民。

15 世纪 20、30 年代：葡萄牙到达以西 1450 公里的大西洋上的亚速尔群岛，相当于葡萄牙跨越大西洋到美洲距离的 1/3。葡萄牙在此建立船站，继续大西洋探测航行。

15 世纪 30 年代：亨利王子派出的远征队越过博哈多尔角。

15 世纪 40、50 年代：亨利王子联通从塞内加尔河入海口进入西非马里帝国的海河航线，到达黄金产地。同期，在西非海岸各战略要地建立要塞和贸易站。

1482 年：葡萄牙在更靠近赤道的西非海岸本雅河口建立圣乔治商站，与马里帝国的贸易转移到南部。

1484 年：葡萄牙穿过赤道南航，与刚果王朝建立了联系。

1487 年：葡萄牙到达好望角，印度洋就在眼前。

—— 整理自（美）菲利普·费尔南德兹·阿迈斯托著，钱乘旦译.世界：一部历史（上）［M］.
北京：北京大学出版社，2010：586、587.

—— 整理自（美）大卫·克里斯蒂安、辛西娅·斯托克斯·布朗等著，刘耀辉译.大历史：虚
无与万物之间［M］.北京：北京联合出版公司，2017：335.

—— 整理自（英）J. M. 罗伯茨、O. A. 维斯塔德著，陈恒等译.企鹅全球史Ⅱ：文明的分化
［M］.上海：东方出版中心，2020：249.

11. 基于对地理文献的广泛阅读，哥伦布相信，亚欧大陆横跨 270 个经度，地球是个
周长 17000 海里的小球体（实际上……地球周长是 25000 海里）。按照哥伦布的
计算，日本应该在加那利群岛以西不到 2500 海里的地方（两者之间真实的距离
应该是 10000 海里还多）。

——（美）杰里·本特利、赫伯特·齐格勒著，魏凤莲等译.新全球史（第三版）（下）［M］.北
京：北京大学出版社，2007：642.

12.

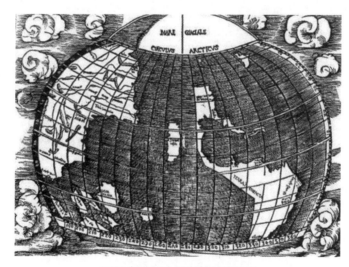

1512 年欧洲人绘制的世界地图

——（美）杰里·本特利、赫伯特·齐格勒著，魏凤莲等译.新全球史（第三版）（下）［M］.北
京：北京大学出版社，2007：644.

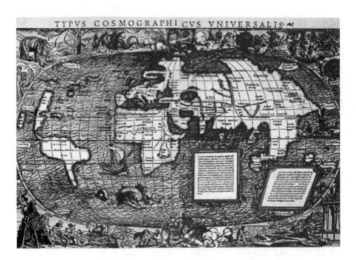

1532 年德意志地图绘制家绘制的世界地图

——（美）杰里·本特利、赫伯特·齐格勒著，魏凤莲等译. 新全球史（第三版）（上）[M].北京：北京大学出版社，2007：625.

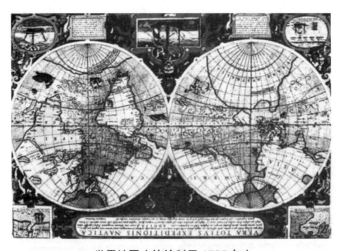

世界地图（约绘制于 1595 年）

——（美）理查德·W. 布利特等著，刘文明等译. 大地与人：一部全球史（上册）[M].北京：商务印书馆，2020：617.

第 7 课
全球联系的初步建立与世界格局的演变

新航路开辟后，人类社会进入大转折时代。全球交换与联系在商贸、物种、生态及人类自身等领域深度扩展。通过创新经济制度和殖民扩张掠夺，欧洲尤其是西欧突破了古代基于地域的分散、平衡、相对独立发展的多元文明格局，控制了世界市场，成为近代全球财富及权力的中心。西欧主导的整体化进程是近代世界格局演变的重要原因与特征。

基于叙事，了解全球交换与联系在商贸、物种、生态及人类自身等领域深度扩展的过程，于纵横联系中发掘认知历史的新视角，于历史时空中贯通史实逻辑；基于解释，理解西欧创新经济制度和殖民扩张掠夺对于推动资本主义发展和近代世界格局演变的影响；认识近代世界整体化的特征，认识循迹历史方知今日世界之由来。

重点：全球交换与联系在商贸、物种及人类自身等领域的扩展。

难点：西欧主导的整体化进程是近代世界格局演变的重要原因与特征。

环节 1：导入

出示文字史料（资料附录 1），基于信息简介随着远洋航运的发展，全球交换网络逐渐形成。在公元 1500 年以后的数个世纪里，全球交换在商贸、物种、生态及人类自身等领域大规模扩展，其多样性、深刻性、复杂性前所未有，全球联系的建立深刻改变了世界，人类社会进入大转折时代，呈现出全新的局面。由此导入新课。

> **设计意图：** 以文字史料创设历史情境，在带入中激发学生了解人类社会"全新局面"历史图景的兴趣。以此导入新课。

环节2：世界市场开始形成

介绍新航路的开辟及近代民族国家之间日益激烈的竞争带来市场的繁荣，欧洲商人在全球物流中发现并创造了许多全球套利的机会。提问：何为全球套利？简释全球套利即在世界某个地区买入廉价货物，又在世界另一个地区高价卖出，从而套得巨额利润。这一过程符合18世纪古典经济学之父、英国人亚当·斯密所言，即"一切商业利益的原则是贱买贵卖"。

简述新航路开辟之前，印度洋贸易网络是当时世界上最活跃的交换网络。提问：印度洋贸易网络传统的套利商品是什么？结合课文"学思之窗"栏目了解胡椒、肉桂等香料是这一体系能套取可观利润的商品，简介史料记载彼时印度胡椒价格只是欧洲市场售价的1/20。指导学生依据地图信息、结合"学思之窗"栏目的史料信息，了解东非、西亚、南亚及东南亚等印度洋沿海国家是该体系胡椒贸易的主导，而西欧则处于这一体系的边缘。再问：15、16世纪哪一西欧国家率先突破了这一局面？结合地图标识方位，了解葡萄牙人的探航开拓了从欧洲绕好望角到达印度的航海路线，联通了大西洋与印度洋，沟通了欧、非、亚三洲的贸易。葡萄牙人还在印度的果阿及东印度群岛的马六甲建立贸易据点，以极低价格收购胡椒，转口欧洲高价出售，垄断了欧亚胡椒贸易。至17世纪，荷兰又打破了葡萄牙人的垄断，通过建立总部设于巴达维亚（今印度尼西亚雅加达）的联合东印度公司，逐渐将葡萄牙排挤出印度洋贸易体系。同时，英国人开始逐步取代葡萄牙在印度的经济利益。据此了解，15、16世纪以后，西欧国家得以直接进入印度洋贸易体系的亚洲商品供应地。

提问：除了印度，还有哪一国家也是印度洋贸易体系的商品供给方？提示这个国家曾为历史悠久的东西商贸提供套利商品，近代以来以该商品命名传统的东西商贸通道，由此引出中国及其传统物产丝绸、瓷器等。标识中国澳门的地理位置，了解澳门位居古代西太平洋海上贸易线的中心位置。简述葡萄牙人16世纪闯入太平洋，攫取澳门居住权（需说明明朝政府仍在澳门设有官府，由广东省直接管辖），澳门日渐成为重要贸易中转站。演示里斯本—果阿—马六甲—澳门航线，介绍这条连接大西洋、印度洋和太平洋西海岸的航路对中国明朝传统的朝贡贸易格局形成了挑战。结合地图简介西班牙人凭借麦哲伦首次横渡太平洋的探航，建立了连接菲律宾和墨西哥的跨太平洋贸易。基于地图，说明在新兴的跨越三大洋的贸易体系中，物美价廉的中国的生丝、丝绸及瓷器等物产仍然是重要套利商品。再问：这一新兴交换网络是否还流通其他套利商品？基于学生所答续问：白银缘何亦能套利？解释其关键是中国因素：一是明廷无节制滥发大明宝钞，以致宝钞贬值，民间丧失对法定纸币的信任，"民间交易惟用金银，钞滞不行"；二是明朝商业持续发展，人口快速增长，政府规定百姓须以银交税，因此需要大量的白银作为交换手段，以白银作为支付手段成为明朝普遍的经济现象。解释由于明朝的银价是欧洲的两倍甚至更多，而欧洲的丝价又是明朝的数倍，巨大的银价差及丝价差为西欧等国提供了双向套利的机会。又问：白银与丝绸如何联动跨洋市场？大量白银从何而来？一是简述西欧国家将大量白银输往中国，尤其是葡萄牙以澳门为据点参与中日银丝贸易的史事。二是出示文字史料（资料附录2），叙述西班牙征服印加帝国后于16世纪40年代在今南美洲玻利维亚发现储量巨大的银矿，以及西班牙人此后垄断白银交易数十年的史事。结合"马尼拉大帆船"的图片，讲解往返于菲律宾马尼拉与墨西哥阿卡普尔科之间的跨太平洋的银丝贸易，西班牙人装满白银的大帆船每年冬末横跨太平洋至马尼拉。中国福建商人则满载丝绸等中国货物前往马尼拉换取白银。双方的船只在港口协商议价，支付关税，银货两讫，马尼拉大帆船再将中国丝绸转运至墨西哥。出示文字史料（资料附录3），基于数据信息了解输往中国的白银数量，同时指出西欧国家控制了银、丝的输入与导出，架起了大西洋、印度洋与太平洋之间多元商品交换的桥梁，推动了跨洋交换体系的运转。

讲解另一个新的交换网络体系——大西洋贸易体系直至1492年哥伦布发现美洲之后才真正形成。提问：何种物产首先成为新体系的套利产品？介绍当时欧洲的甜味剂只有蜂蜜，蔗糖与亚洲的香料对欧洲人来说皆为极其贵重的调味品，仅权贵阶层才有条件享用。但欧洲商人却从中尝出可以套利的味道。再问：如何产出大量的蔗糖？基于地图，讲解葡萄牙在其控制的马德拉斯群岛建立了使用奴隶劳动的甘蔗种植园，西班牙的加纳利群岛紧随其后采用了种植园的经营方式。两地向欧洲市场供应大量蔗糖，使这种奢侈调味品走进寻常百姓家。此后，哥伦布将甘蔗带入加勒比海地区，葡萄牙人在巴西开辟甘蔗种植园，荷兰、英国和法国亦纷纷效仿，奴隶制种植园就此从欧洲输入美洲。描述1667年关于甘蔗种植园的版画，出示文字史料（资料附录4），了解18世纪蔗糖经济的地位与作用，简述来自亚洲的茶叶和美洲的蔗糖完美邂逅，英式下午茶由此而来，成为欧洲引领数百年的生活习尚。讲述黑人廉价的劳动产出了巨额利润，因此种植园扩大到了烟草、棉花等经济作物的种植。续问：种植园生产方式的扩展带动了什么买卖的大肆进行？启发学生认识：蔗糖等商品需求的扩大使美洲种植园需要大量的劳动力，不仅物产可以套利，贩卖黑奴也能实现套利，非洲黑人沦为套利商品。出示数据资料（资料附录5），了解英国从事奴隶贸易的营利概况：贩卖一位黑奴的获利区间为3—14英镑，而18世纪上半叶英国小商人一年收入才40英镑左右。利益驱使欧洲殖民者猖狂从事违背人道的奴隶贸易，据估算，18世纪英国奴隶贸易的高峰期，大约300万奴隶由英国的船舶运抵美洲。基于地图，演示发生在欧洲、非洲和美洲之间商品及黑奴的交换流程，梳理三角贸易的国际分工逻辑，即西欧出口手工业品，非洲提供商品——"活的人"，美洲输出原材料。欧洲商人、种植园主以及非洲的奴隶贩子皆从中牟取了暴利。说明多种套利商品以及黑奴贸易将非洲、欧洲和美洲连接在一个相对闭环的交换网络中，奴隶贸易是大西洋贸易体系最主要的特征。概述商品的世界性流动将传统的印度洋贸易体系与新兴的太平洋贸易体系、大西洋贸易体系联成世界贸易网络，全球性经济联系加强，国际贸易日益拓展，世界市场开始形成。突出西欧是这一全球交换网络的创造者和中心。提问：欧洲经济会发生怎样的变化？由此过渡至后续学习环节。

设计意图：挖掘历史认识的新视角即"全球套利"，综合运用历史地图和其他类型的史料，叙述并梳理全球交换与联系的扩展过程，于历史时空中贯通史实逻辑；理解西欧是开始形成的世界市场的主导与中心。

环节3：欧洲经济体制深刻嬗变

再次出示资料附录1，基于地图信息了解欧洲商业贸易中心从传统的地中海沿岸城市转移至大西洋沿岸城市，伦敦、阿姆斯特丹、安特卫普等后来居上，成为新的海上贸易中心；新的商业强国崛起，大西洋沿岸国家西班牙、荷兰、英国和法国成为四大商业强国。了解欧洲的贸易格局发生重大变化，说明这些经济现象的影响不啻为一场撬动传统商业秩序的"商业革命"。出示文字史料（资料附录6），了解物价上涨涉及各种商品，尤其是粮食价格上涨幅度前所未有。说明商业革命背景下的物价上涨成为16世纪欧洲最为引人瞩目的问题，从15、16世纪至17世纪初持续了一个世纪，被称为"价格革命"。提问：这种现象是如何发生的？出示数据资料（资料附录7—8），引导学生从气候及自然环境导致欧洲农业连年歉收、欧洲人口迅速增长两方面分析物价飞涨的原因。补充说明增长的人口还包括大量因圈地运动脱离土地的工资劳动者，这是导致粮食供应不足、价格上涨的重要因素。帮助学生了解：增长的人口还刺激了房屋、服装等生活必需品的市场需求，而有限的生产能力也导致这些商品价格发生连环上涨，指出这也是市场需求大于生产能力而产生的结果。

提问：如何看待价格革命这一经济现象？引导学生从问题的另一面认识"价格革命"实则也创造了范围更广泛、获利更为丰厚的套利机会。西欧各国在推行重商主义政策的同时，亦将商业资本转化为生产资本，加大商品性生产。再问：商业贸易规模越大，投资越多，什么也会随之增大？启发学生聚焦商业贸易的风险性特征进行思考。续问：如何减少风险以保障获利免遭难以承受的损失？由此引出新的商业经营方式，出示文字史料（资料附录9），解释荷兰联合东印度公司实施的"股份制"，理解资本被划分为股份、在出资范围内承担有限责任的含义，说明股票不仅是分红的凭证，也是责任的标志。与中世纪西欧农奴制的人身依附关系相比较，说明股份制下的生产关系不存在人身依附等的"超经济"束缚，其自由度和开放性激发了民众的创造力和投资欲。出示"阿姆斯特丹证券交易所"的图像史料（资料附录10），讲解荷兰政府及东印度公司还允许股东将所持股票拿到阿姆斯特丹证券交易所买卖交易。又问：荷兰模式有何作用？讲解荷兰模式促进了资本稳定化和长期化，便于公司维持财政实力，增加抗风险和分散风险的能力，推进了贸易持续发展和利润积累。突出股份制成为发展商业和经营生产的主要方式，是资本主义经济制度中的重大创新。启发学生认识：荷兰模式奠定了近代市场经济体制的基础，促成了近代金融业的兴起，加速了资本主义的发展。解释商业革命和价格革命搅乱了欧洲传统的经济关系，靠经营中世纪庄园的封建贵族的地位逐渐削弱，社会难以按传统的道路发展。理解商业革命与价格革命成为瓦解欧洲传统经济和社会关系的因素。出示文字史料（资料附录11），以马克思的经典论述加深学生对当时欧洲经济体制嬗变的理解，认识欧洲尤其是西欧在制度创新上走在大转折时代的世界前列。

> **设计意图**：聚焦"商业革命""价格革命""股份制"等概念，结合文字史料信息，解释近代资本主义经济现象与经济制度创新之间的关系；引入学术前沿解释"价格革命"与"套利"的关系；理解近代资本主义经济基础和经济体制的建立对世界格局的演变产生深刻影响。

环节4：近代世界格局初现

简述全球商贸套利体系以及近代资本主义经济制度的确立使更多种类的物资成为有利可图的商品，更多地球资源的价值为人类所认识，并引发对资源的发掘、开采与争夺，说明这是近代欧洲殖民扩张掠夺的重要原因。

解释欧洲近代殖民扩张具有阶段性特征，从15、16世纪至18世纪中期工业革命前夕是欧洲殖民扩张的早期阶段。解释欧洲各国的殖民扩张具有强烈的排他性，各方势力在世界范围的无限延伸和海权竞争导致了重重矛盾甚至爆发战争。对照地图以"16世纪葡西之争""17世纪属于荷兰""18世纪英国掌握海权"为时空坐标梳理西欧各国早期殖民扩张与竞争的基本线索。

提问：西欧早期殖民扩张对世界历史产生了怎样的影响？其一，结合地图信息，出示文字史料（资料附录12），了解除殖民手段的残暴外，疫病对于美洲土著人口的巨大杀伤力也是欧洲得以迅速征服美洲的重要原因之一。了解美洲经历了从"非洲化"到"欧洲化"的过程，即为欧洲殖民者清理出空间，便于他们将自己的农业、宗教、文化、生活方式以及政府模式引入美洲，进而构建以欧洲为模板、受欧洲控制抑或影响的社会。认识古老原生的美洲文明遭到毁灭，其独特的社会发展进程就此中断的史实。说明这种现象最初出现于美洲，后来又延伸到澳大利亚、新西兰等地区。其二，出示相关文字史料（资料附录13），了解从15世纪中后期至19世纪中后期四百年间被拐运到美洲的非洲人的具体数据，有1100万、1200万、3500万至 4000 万甚至更多的不一说法，解释黑奴贸易不仅大量减少了非洲经济和生产力发展的首要因素——劳动力，而且深刻改变了非洲原有的发展轨迹，重塑了非洲社会，产生了好战的、以抓捕奴隶为目的的土著政权，引发非洲族群之间的世仇，严重制约非洲社会的进步。其三，指出 16、17 世纪西欧殖民扩张的步伐已迫近亚洲文明古国。英国王室特许贸易公司——东印度公司代行政府之权，成为掠夺印度的主要工具，于 18 世纪将大部分印度变为其独占殖民地。同期，西欧殖民者已出现在明朝中国的南部海岸，叩探古老中国的门户。由此了解非洲、美洲和亚洲逐渐殖民地化的过程与特点。进而指出，那些古代文明发展程度较高或传统文明底蕴较深的地区，大多在沦为殖民地或半殖民地后，将被迫改变文明发展路径和传统社会结构，进入以欧美资本主义模式为主导的现代文明发展轨道（为第 12 课作铺垫）。其四，提问：西欧早期殖民扩张对西欧社会发展有何影响？出示文字史料（资料附录 14），基于史料信息理解殖民掠夺加速了西欧资本原始积累，推动了西欧资本主义的发展，处于亚欧大陆边缘的西欧日益富足，指出这必将对欧洲社会政治制度产生深刻影响。阅读课文"史料阅读"栏目所示《共产党宣言》节选文献，理解"使正在崩溃的封建社会内部的革命因素迅速发展"的含义。启发学生认识：欧洲区域文明逐渐成为全球财富和权力的中心，突破了古代基于地域的相对分散、平衡的多元文明格局，在殖民扩张可以达到的范围内影响着世界格局的演变。

> **设计意图**：以"西欧早期殖民扩张对世界历史产生的影响"为主轴，以历史地图和文字史料为载体，了解西欧早期殖民扩张对美洲、非洲、亚洲和欧洲社会历史发展的不同影响；以经济基础决定上层建筑的唯物史观为导向，理解欧洲即将发生深刻的大变革；认识西欧主导的整体化进程是近代世界格局演变的重要特征。

环节 5：全球人文生态格局变革

简述新航路开辟、全球商贸套利和早期殖民扩张广泛而深刻地影响着人类社会生活和历史进程，其所带来的世界变局远超乎想象。简介美国历史学家艾尔弗雷德·W. 克罗斯比在其著作《哥伦布大交换：1492 年以后的生物影响和文化冲击》中提出的"哥伦布大交换"的说法，出示文字史料（资料附录 15），了解"哥伦布大交换"深刻改变了全球人文和生态格局，了解欧洲在全球人文生态格局变革过程中的主导作用。

叙述"全球人文和生态格局的变革"内容丰富、细节迷人，各层级、各种类之间发生着意想不到、令人称奇的跨越以及联动。设计主题为"1500年以来全球人文生态格局的变革"的研究型学习，并提供相关书籍以供阅读研究之需，在自主探究中充分了解大航海以来人类居住的星球所发生的剧变。

> 设计意图：设计并开展研究型学习活动，提供经典书籍，培养学生自主阅读、选择角度、运用方法、论证观点和交流表达的学科综合能力；探究人种、物种、生态、环境等变迁对世界格局的影响，体会多学科交叉融合的魅力。

环节6：小结

从横向联系的角度认识新航路开辟、全球交换网络及套利体系形成、早期殖民扩张、全球人文生态格局的变革将原本分散的世界联结为一个整体。同时，亦引发财富和权力在世界范围内的重新布局，西欧成为日益整体化世界的中心并深刻影响世界历史的演变。出示史料（资料附录16），理解"作为世界史的历史是结果"，从纵向发展的角度认识世界历史将以此为基础，持续、深刻地发生演变，人类社会的大变革时代到来了。

> 设计意图：在经纬交织的史实结构中培育历史的通感，以马克思的经典言论启迪史识认知的自觉，在凸显教学立意的同时达到贯通、启新的目的。

【板书设计】

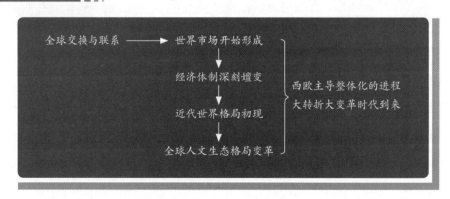

【资料附录】

1. 一场世界革命的大幕正在揭起。延续了上千年的均势正在瓦解。如此后两个世纪所揭示的那样，数千艘船年复一年、日复一日地从里斯本、塞维利亚、伦敦、布鲁斯托、南特、安特卫普和众多其他欧洲港口扬帆起航，前往其他大陆寻找贸易机会和利润。它们将驶向卡利卡特（Calicut）、广州、长崎。到了某一时期，从欧洲人的海外殖民地出发的船只也加入其中——从波士顿到费城、从巴达维亚到澳门。

　　——（英）J. M. 罗伯茨、O. A. 维斯塔德著，陈恒、黄公夏等译. 企鹅全球史：文明的分化Ⅱ［M］. 上海：东方出版中心，2020：252.

2. ……美洲还是创造出了一条白银之河，据白银贸易研究领域最杰出的历史学家、美国太平洋大学的丹尼斯·O. 弗林和阿尔图罗·吉拉尔兹称，16 世纪至 18 世纪，美洲生产了超过 15 万吨白银。……这些占全世界产量80% 的白银征服了它所到之处的政府和金融机构。

　　——（美）查尔斯·曼恩著，朱菲、王原等译. 1493：物种大交换开创的世界史［M］. 北京：中信出版集团，2016：172.

3. 在1800 年以前的两个半世纪里，中国最终从欧洲和日本获得了将近48000 吨白银，可能还通过马尼拉获得了 10000 吨甚至更多的白银……中国获得了大约60000 吨白银，大概占世界有记录的白银产量的一半。

　　——（德）贡德·弗兰克，刘北成译. 白银资本——重视经济全球化中的东方［M］. 北京：中央编译出版社，2000：208.

4. 蔗糖在十八世纪经济中所占据的地位，就如同钢铁在十九世纪，石油在二十世纪所占据的地位一样。

　　—— 李春辉. 拉丁美洲史稿［M］. 北京：商务印书馆，1983：829—830.

5. 1650—1807 年不列颠的奴隶贸易（每个奴隶平均利润估算）

年份	西非（价格：英镑）	牙买加（价格：英镑）	每个奴隶平均利润估算（英镑）
1651—1675	2.68	23.12	14.68
1676—1700	3.68	22.04	12.85
1701—1720	10.28	24.98	8.46
1721—1740	14.92	24.10	3.16
1741—1760	14.18	30.68	8.83
1761—1780	16.08	37.73［31.25］	12.22［1.58］
1781—1808	—	—［48.02］	—［2.88］

—— 张卫良.英国社会的商业化历史进程：1500—1750［M］.北京：人民出版社，2004：305.

6. 从十六世纪三十年代起物价却一直上升，到十六世纪末，西班牙的物价平均上涨四倍多，法国、英国和德国则平均上涨两倍到两倍半。

—— 周一良、吴于廑.世界通史（中古部分）［M］.北京：人民出版社，1972：354.

在英国的埃克塞特，一夸特小麦的价格 1543—1544 年不到 10 先令，两年后上涨到 19 先令……几经波折后到 1556—1567 年涨到了 32 先令。

—— C.G.A.Clay，*Economic Expansion and Social Change*：*England 1500—1700*，*Vol. 1*［M］. Cambridge University Press，1984，p.38. 转引自朱明.16 世纪西欧"价格革命"新探［J］. 史学理论研究，2008（04）：127.

7. 在对巴黎食品市场价目表的分析中……发现，1521—1522、1524—1525、1531—1532、1545—1546、1562—1563、1565—1566、1573—1574、1586—1587、1589—1591 年的粮食歉收导致了价格的上升。

—— Michel Morineau，*La Conjoncture ou Les Cernes de la Croissance*［M］.in F.Braudel et E. Labrousse，eds.，Histoire Economique et Sociale de la France，Tome I：de 1450 a 1660，Paris：Presses Universitaires de France，1977，p.944. 转引自朱明.16 世纪西欧"价格革命"新探［J］.史学理论研究，2008（04）：127.

8. 英国人口 1430 年为 210 万，在 16 世纪 20 年代上半叶为 230 万，而此后进入高速增长期，到 1545 年达到 280 万……1603 年达到了 375 万，在 80 年的时间增长了 63%。

    —— Julian Cornwall, *English Population in the Early Sixteenth* Century［J］. Economic History Review,（23）1970, p.44. 转引自朱明. 16 世纪西欧"价格革命"新探［J］. 史学理论研究，2008（04）：127.

9. 荷兰东印度公司对股东实行的是有限责任制，这种现代化的制度特点也极具历史意义。简而言之，持股者无须将自己的包括精神人格的一切都毫无保留地奉献给公司，只需以出资的形式来向公司贡献力量，是一种避免了将个人私生活一并牺牲的体制。

    ——（日）浅田实著，顾姗姗译. 东印度公司［M］. 北京：社会科学文献出版社，2016：12.

10.

1668 年阿姆斯特丹交易所内景（约伯·贝克海德作画）

    ——（法）费尔南·布罗代尔著. 十五至十八世纪的物质文明、经济和资本主义·第 2 卷·形形色色的交换（上），顾良、施康强译［M］. 北京：商务印书馆，2018：100.

11. 商品流通是资本的起点，商品生产和发达的商品流通，即贸易，是资本产生的历史前提。世界贸易和世界市场在 16 世纪揭开了资本的现代生活史。

    —— 中共中央马克思恩格斯列宁斯大林著作编译局编译. 马克思恩格斯文集（第 5 卷）［M］. 北京：人民出版社，2009：171.

12. 于是旧世界的致命疾病在新土地大展身手，格杀更为有力，即使在旧世界原属较为"慈悲"的小病痛，到了新大陆也摇身一变晋升杀手级，因此 1699 年某位日耳曼传教士的记载可谓不无夸大："印第安人这么轻易就会死去，似乎只消见到、嗅到一名西班牙人，就足以令他们失魂丧命。"

……

南北美洲最早期的历史学者之中，有一位奥维耶多，他估计欧洲人初抵圣多明各……此地的印第安人约有百万左右。他写道："这些百万之众，连同后来陆续出生者，到如今也就是 1548 年，他们的后代，包括大人小孩在内，一般相信已经不足 500 名了。"

—— （美）艾尔费雷德·W. 克罗斯比著，郑明萱译 . 哥伦布大交换：1492 年以后的生物影响和文化冲击［M］. 北京：中信出版社，2018：032、039.

13. 以黑猎黑促使非洲各部落间进行无休止战争，正在形成的民族过程中断，一些已经建立的古王国轰然倒塌，在奴隶贸易中形成的、由酋长转化来的中间商，因为分享了奴隶贸易的利润、对殖民主义有极强依附关系而没有成长为促使非洲文明进步的力量，仅仅扮演了殖民主义在非洲的帮凶的角色。

—— 马克垚主编 . 世界文明史（下）［M］. 北京：北京大学出版社，2004：343.

14. 1763 年 3 月 13 日的一家刊物说："可以肯定，其他货物不计，1759 年以来从东印度公司带回英国的金银宝石，价值高达 60 万英镑。"

—— （法）费尔南·布罗代尔著，顾良、施康强译 . 十五至十八世纪的物质文明、经济和资本主义（第二卷上册）［M］. 北京：商务印书馆，2018：250.

1750 年以前，英国的每一个贸易市镇或者工业市镇没有不和三角贸易或者殖民地的直接贸易发生关系的。从这些贸易中获得的利润是英国资本积累的主要渠道之一，为英国的工业革命提供了资金。

—— （特立尼达和多巴哥）艾里克·威廉斯，陆志宝等译 . 资本主义与奴隶制度［M］. 北京：北京师范大学出版社，1982：49.

15. 随着东西两半球开始交换生命形式，总体、个体、宏级、微层，我们这个星球上
    的生命，也从此彻底并永远地改变了。

    ——（美）艾尔费雷德·W. 克罗斯比著，郑明萱译. 哥伦布大交换：1492 年以后的生物影响和
    文化冲击［M］. 北京：中信出版社，2018：30 周年新版作者序 xii.

    地球上有两个欧洲，一如也有两个非洲：各分据大西洋的两岸。

    ——（美）艾尔费雷德·W. 克罗斯比著，郑明萱译. 哥伦布大交换：1492 年以后的生物影响和
    文化冲击［M］. 北京：中信出版社，2018：179.

16. 世界史不是过去一直存在的；作为世界史的历史是结果。

    ——中共中央马克思恩格斯列宁斯大林著作编译局编译. 马克思恩格斯选集（第 2 卷）［M］.
    北京：人民出版社，2012：710.

第8课
西欧的思想解放运动

教学立意

中古晚期，欧洲传统的中世纪文明出现了新气象。从 14 至 18 世纪，西欧社会经历了文艺复兴、宗教改革、科学革命和启蒙运动等思想解放运动。文艺复兴使人认识了自己，宗教改革使人与社会挣脱了天主教会的精神桎梏，科学革命确立了科学与理性的思维方式，启蒙运动致力于塑造合乎理性的价值观念，提出适应生产力发展、生产方式变革的社会治理原则和政治制度。持久的、深刻的、全面的思想解放运动为西欧社会变革营造了思想文化环境，推动西欧社会由中古向近世转型。

教学目标

以问题为引领，基于解释，从"人文学"的角度理解文艺复兴与古典文化、基督教文明的关系以及文艺复兴的实质，习得梳理史实逻辑的方法；阅读史料，立足关键问题，了解马丁·路德宗教改革的原因、主张及其影响，体验多角度认识历史事件和历史现象的过程；运用表格按学科归类、整理科学革命的成果，习得将复杂史事条理化的方法，理解科学革命对于改造人的思维方式的作用；以表格呈现启蒙思想家的思想主张，运用分析、比较的方法解释核心问题与核心概念，在突破难点的过程中提升思维能力；聚焦"14、15 世纪至 18 世纪""西欧"等时空概念，勾连历次思想解放运动的内在逻辑，全方位、立体地认识特定历史时空下西欧思想文化的转型，理解其促进西欧社会全面转型的历史意义。

重点难点

重点：文艺复兴与古典文化、基督教文明的关系；启蒙思想家的思想主张以及启蒙运动的历史意义。

难点：文艺复兴、宗教改革、近代科学、启蒙运动等史事的逻辑关联；西欧思想解放运动对于推动西欧社会变革和转型的作用。

教学过程

环节1：导入

提问：人从哪里来？说明哲学和宗教都探讨这一问题。基督教认为上帝用泥土按照自己的形象造人，因而人是上帝的羔羊，强调人的精神特质就是"服从"。其基本教义有：人生来就带有原罪；人无法自救，必须依靠神恩的拯救；上帝通过基督拯救世人等。再问：基督教在中古欧洲处于怎样的地位？基于所学概括：基督教及其神学理论在意识形态领域占据主导地位，深刻影响中古欧洲的文化教育、精神思想和道德伦理。了解人们的思想受制于基督教义，基督教会是西欧封建国家机器的组成部分，参与世俗利益的争夺，形成王权与教权既相互依存又相互争斗的政治格局。简言之，教会在中古欧洲控制着社会的精神生活，中古欧洲处于独特的"基督教世界共同体"中。说明这种状况从14世纪开始发生改变，中古晚期的欧洲人对教会的说教和神学观念逐渐产生了怀疑，他们希望看到、知道、了解得更多，于是欧洲出现了持续数个世纪的思想解放运动。由此导入新课。

> **设计意图**：以"人从哪里来"的问题切入，重温中古欧洲的社会特征，说明14、15世纪，欧洲传统的中世纪文明开始出现新气象。由此导入本课主题"西欧的思想解放运动"。

环节2：文艺复兴——重塑人与神的关系

欧洲的思想解放运动始于人的重新发现。出示文字史料（资料附录1）以及14世纪"文学三杰"但丁（1265—1321）、彼特拉克（1304—1374）、薄伽丘（1313—1375）的画像，简介其成就。启发学生提取史料信息：人的意志是自由的，人的精神世界是独立的；人的本性具有各种愿望与追求，人要主宰自己的命运，从自身的存在出发看待一切；尘世中的人具有道德观念，赞美人性的高贵和人类道德的尊严等。提问：如何认识"文学三杰"的思想？解释其意在表达：人不只是在精神上无限敬仰上帝与向往天堂幸福的消极的客观存在，人是具有积极的思考与行为能力的社会形象。讲解当时对人自身的关注也体现在艺术领域，最辉煌的艺术形式当推绘画与雕塑。结合 15 世纪"美术三杰"的肖像画及代表作，引导学生结合所学表述对这一时期艺术作品的基本认识：开始了对日常生活和现实人的写实描写，即便是宗教题材的绘画与雕塑也以普通人形象和现实场景加以呈现；将解剖、透视等科学手段与艺术相结合，注重刻画人的内心，展示人的智慧；色彩鲜艳、构图优美使人获得审美享受。补充说明以人的视角作为观察的出发点还体现于哲学、教育以及自然科学等领域。这些学问在当时被称为"人文学"（Humanities），即通过对语言、文学、历史和伦理学的研究学习以提高人的才艺和素养。明确"人文学"的重要性在于发展人的创造潜力及美德之必需。了解直至 19 世纪初期才出现"人文主义"的说法（Humanism，德国学者尼特梅尔于 1808 年提出）。再问：何为"人文主义"？以"人文学"的含义为基础，引导学生阅读课文理解人文主义的内涵，了解后世的思想家和史学家赋予其"现实主义、世俗主义、个人主义"的深刻内涵，并视人文主义为文艺复兴的精神内核。

简介"文艺复兴"的概念：14—16 世纪的人文学者认为高度繁荣的希腊、罗马古典文化在上千年的"黑暗时代"中衰败湮没，直至 14 世纪才得以"再生"与"复兴"，"文艺复兴"（Renaissance）由此而来。出示文字史料（资料附录 2），举例说明14—16 世纪的人文学者对古典文化推崇备至，比如，但丁在《神曲》中将古代罗马诗人维吉尔视为理性的象征和幻游地狱、炼狱的向导；"文艺复兴之父""桂冠诗人"彼特拉克仿效维吉尔的笔法，用纯粹的拉丁语撰写著名的叙事史诗《阿非利加》，并大声疾呼要来"一个古代学术——它的语言、文学风格和道德思想的复兴"。提问：14—16 世纪人文学者为何要以"复兴希腊、罗马古典文化"的途径表达批判精神和新思想？其一，立足"人"的角度从两个方面解释原因。一是 14—16 世纪基督教会虽然走向衰落，但基督教所建构的认知体系仍然占据绝对的统治地位。在这个体系中，神永远立于人之前。基督教文化的认知体系逐渐与 14—16 世纪的时代特征不相容，但因未有成熟的文化体系取而代之，人文学者便越过中世纪的"黑暗"而瞩目古典时代。古典时代虽然和文艺复兴时期相隔千年，但在文化本质上却有一致性，即以人为本，认为人的发展是人生的目标和价值，强调人生的价值和意义。由此，人文学者完全可以从古典时代找到诠释自己新思想的载体或素材，以滋养自己的精神和抒发自己的主张。二是古典时代也是早期基督教时代，追溯古典能够尽可能地回到早期基督教所处的社会环境，以反观现实社会中占据统治地位的基督教文化，从而认识历经千年的基督教如何背离了最初的教义。基于以上两方面的解释，了解文艺复兴时期的人文学者找到了与古典文化的沟通点。其二，立足社会特征解释原因。出示文字史料（资料附录3），依据史料信息了解黑死病对欧洲社会的冲击，动荡的时代冲击了传统的观念与信仰，为新价值观的创生提供了社会土壤。结合课文"思考点"栏目，再问：如何理解"复兴"？解释复兴或复古并非纯粹的模仿，而是以古典为师、以古代的经典为载体或形式来表达自己的文化主张，以体现文艺复兴时期人文主义的价值。由此理解文艺复兴的实质，是创立符合欧洲新兴资产阶级需要的新文化运动，是对知识和精神的空前解放与创造，是当时欧洲社会新政治、新经济要求的反映。

了解"文学三杰""美术三杰"等皆为意大利人，多数来自佛罗伦萨。简介佛罗伦萨最初的建立者是罗马共和国的执政官恺撒，佛罗伦萨"花都"的别称源自罗马时代的"花祭"节日，佛罗伦萨城市建筑如圣母百花教堂体现了罗马时代的特征等，了解意大利佛罗伦萨是意大利文艺复兴的发祥地，威尼斯、米兰、热那亚等城市国家以及罗马教皇国也是文艺复兴的重镇。提问：文艺复兴为何兴起于意大利的城市？简释意大利城市建立于古罗马帝国的废墟上，遍布古典文化遗迹，相比西欧其他地区，意大利对古典时代有着更为强烈的情感因素。以此为基础立足"人"的角度解释其深层原因：其一，联系中古西欧城市复兴的史事，简述14世纪意大利地中海沿岸城市的商品经济有了充分发展。商品经济是市场经济，择优选购、讨价还价、成交签约的市场行为，是基于斟酌思量的自愿行为，这种自愿行为是自由的体现，其前提则是人的自由。理解这是中古晚期欧洲出现思想自由现象的重要原因。其二，解释意大利城市经济的繁荣使贵族与商人、银行家的界限不再明显。居住于城市的贵族从事银行业或商业活动，富商、银行家的行为举止也效仿贵族，市民阶层日益壮大。了解精神的内需与市场的繁荣相辅相成，多才多艺、高雅博学之士广受尊重。城市的居民认为人不仅需要经商必备的读、写、算能力，还应具有能言善辩的知识与本领，以适应城市公共生活的需要和实现人的价值。因此，在意大利城市共和国的公共生活中，修辞开始得到重视，修辞在日常生活和政治生活中日益占据重要地位而成为显学，中世纪重逻辑轻修辞的传统得以逆转。说明要研究修辞，就必须重新走进古希腊、古罗马，复活被忽略很久的古典学问。由此了解修辞学串联起古典文明与中世纪人文学，意大利出现了众多世俗教育人员以及学校，古典时期发达的修辞学成为中世纪七艺之一，"七艺"还包括文法、逻辑、数学、几何等。而城市贵族、商人等成为这些事业的赞助人，乐意在培育新思想、扶植新文学和新艺术等方面提供资金，如佛罗伦萨的美第奇家族等。基于叙史，了解意大利是欧洲城市化水平最高的地区，这为文艺复兴在意大利的萌生提供了深厚的物质基础和适宜的社会环境。简介文艺复兴运动的发展阶段：14世纪发端于意大利；15世纪末期至16世纪初期是繁盛时期并扩展到西欧各国，成为国际运动（需突出意大利以北出现了基督教人文主义，为16世纪初宗教改革奠定了基础）；16世纪中叶至17世纪上半叶，意大利文艺复兴运动进入衰微期，但其他国家的文艺复兴运动仍然颇具活力，比如在英国以莎士比亚的戏剧最具有代表性。

简述文艺复兴揭开中世纪的层层纱幕，使"神"背后的"人"逐渐走向了历史舞台的中心，"人"逐渐在人身和精神等方面不再依附于封建主及教会。提问：这是否意味着"人"与"神"或"宗教"的分离？是否意味着文艺复兴与中古时期基督教文明的决裂？从以下两方面进行解释：其一，以文字史料（资料附录1—2）的信息为依据，了解"文学三杰""美术三杰"的作品多数与宗教有关，比如但丁的长诗《神曲》、达·芬奇的绘画《最后的晚餐》和米开朗琪罗的壁画《创世纪》等皆取材基督教典故。据统计，2033件文艺复兴时期的绘画作品中，1796件（87%）是宗教画；宗教画中，约有一半是圣母玛利亚，1/4是基督，23%是圣徒。解析作者通过作品传递这样的思想：要强调人的个性，但人的特质皆为神所赐予，充分发挥个人的特长是对神的尊重。启发学生认识：文艺复兴时期的人文学者是信仰基督教的，他们将人的觉醒和基督教信仰结合起来。其二，了解文艺复兴运动在15世纪后期从意大利传播到欧洲各地，欧洲北方的文艺复兴运动表现出区域性特征。由于北部欧洲的城市社会世俗性不及意大利，因此，其人文主义较之意大利具有更为明显的宗教传统，被称为基督教人文主义。解释基督教人文主义与意大利人文主义皆重视人的价值和现实追求，并试图从古典中寻求智慧。所不同的是，北方人文主义者眼中的古典时代是早期基督教时代，古典时代的经典是基督教的《新约圣经》，他们力求从纯粹的《圣经》箴言中寻找切实可行的人生指导，认为如果不能准确了解基督教教义的真正含义，便无法成为好的基督徒。为此，尼德兰（今荷兰）著名的人文主义者伊拉斯谟（1466—1536）致力于审查、校对《新约圣经》和其他重要的基督教著作，纠正中古时期在誊抄和翻译《新约圣经》中出现的错误，用希腊语编订、拉丁文注释《新约圣经》，以此复兴古代精确而权威的经文。进而理解北方人文主义者试图将早期基督教朴素的价值和道德观，与文艺复兴时期欧洲日益发展的城市和商业社会相融合的史实。基于解释，启发学生认识无论是意大利人文主义者还是北方人文主义者皆为"信而不迷神者"，塑造其文化基础的是基督教文明；尽管文艺复兴重新发现了"人"，但并不意味着与中古欧洲基督教文明彻底决裂。基于上述讲解，再问：如何认识文艺复兴与基督教文明、古典文明的关系？引导学生总结中世纪基于宗教的认知框架已经不足以应对和支撑中世纪后期的社会变化以及对古典文明的认识，文艺复兴旨在揭示基督教文明和古典文明的内在联系，使两种文明在新的历史条件下得到"新生"。文艺复兴时期人们通过研习古典文献和考古，通过文学、绘画以及建筑等形式表达对新文明的诉求，与此同时，基督教文明也在追本溯源中开出新花朵。

> **设计意图**：以问题为引领，从人文学的角度解释文艺复兴与古典文化、基督教文明的关系，从重塑人与神的关系的角度认识文艺复兴的实质，习得梳理史实间逻辑关联的方法；知晓文学艺术作品可以折射时代特征、社会风貌、作者心声等，习得理解创作于特定时空条件下的文艺作品所透出的历史内涵的方法。

环节3：宗教改革——界定人、世俗社会与教会的关系

承接上一环节的结语，提问：中古晚期天主教会及罗马教廷呈现怎样的发展态势？由此引出宗教改革。再问：宗教改革的原因是什么？其一，结合所学了解文艺复兴时期北方人文主义者力求从纯粹的《圣经》箴言中寻找切实可行的人生指导，他们致力于准确了解基督教教义的真正含义，由此逐渐出现了不同于中世纪教廷的教义解释，理解宗教改革的原因首先是教义上的反叛。其二，提问：控制基督教信仰与宗教解释宣讲权的教会对新思想、新文艺持何种态度？出示文字史料（资料附录4），简释两则史料的时代背景，即意大利文艺复兴处于鼎盛抑或盛极而衰时

期。了解这一时期罗马教廷资助新艺术的概况，指出耗资巨大的点缀与装饰恰恰印证了教皇生活如同世俗君主，教廷享乐、腐败的程度比世俗统治者有过之而无不及的史实。出示文字史料（资料附录5），解释基督教人文主义者伊拉斯谟在《愚人颂》（1511年）中以讽刺的笔触嘲笑教会的腐败、僧侣的无知。进而了解当时一些宗教人士"伊拉斯谟生下蛋，路德孵蛋"的说法，以及后世作家斯蒂芬·茨威格关于《愚人颂》"是当时最危险的书之一""是一颗轰开通向德国宗教改革之路的炸弹"的评论。简介宗教改革领袖马丁·路德（1483—1546）及与伊拉斯谟的交往，说明马丁·路德深受伊拉斯谟等基督教人文主义者的影响，了解文艺复兴为宗教改革奠定了思想基础。解释马丁·路德在批判"因行称义"宗教教义等方面比基督教人文主义者更深刻、更彻底。进而指出，这就是宗教改革的背景。

简介欧洲宗教改革始于1517年德意志神学教授马丁·路德撰写并张贴《九十五条论纲》抗议罗马教廷销售赎罪券的史事。结合学生所学，叙述教会出售特许状与赎罪券，把神的赦罪当成商品出售的史事，指出教会的敛财行径在德意志尤甚，说明这是马丁·路德挑战教廷的直接原因。出示文字史料（资料附录6），简介《致德意志基督教贵族公开书》《论教会的巴比伦之囚》《论基督教的自由》是反映路德宗教思想的三大论著。基于史料信息提问：马丁·路德提出了哪些宗教改革主张？解析其改革主张：一是"因信称义"而非"因行称义"。由于善行本身对于救赎并无价值，因此需要简化诸如斋戒、朝圣等宗教仪式和宗教律法。为了使信徒能清楚了解教义及礼仪，马丁·路德建议用德语取代拉丁语礼拜及宣教，进而建立脱离罗马教廷的民族教会。二是《圣经》是信仰的唯一依据。教皇不是《圣经》的最终解释人，信徒人人皆可直接与上帝沟通而成为祭司，"信教者均为牧师"，上帝面前人人平等。三是俗权高于教权并支配教权。宣称教会如果不能自行改革，国家政权应予以挽救。再问：这些改革主张对当时德意志社会发展产生了怎样的影响？基于解析，启发学生认识：一是宗教自身发展方面。马丁·路德的主张很大程度上解构了天主教的教义结构，对教义给予了必要的澄清，对教会生活进行了必要的净化，宗教信仰变得更加私人化，确立了信徒与教会的新型关系，确立了适应资产阶级需要的伦理规范。以此为基础逐渐形成了新教的路德教派。二是民族文化与习尚方面。马丁·路德将《圣经》译成德文，用通俗的民族语言讲道，深刻影响了德语的发展，有力推进了民族文化的发展和生活方式的变革。三是与教廷的关系方面。以马丁·路德受世俗领主萨克森选侯弗里德里希庇护而隐居的史事引入，简述在路德隐居期间，他所倡导的变革教会和礼仪的要求由维滕贝格大学的追随者自发实施，一些德意志邦的王公以及领地上的臣民相继皈依路德教。续问：在所谓宗教异端分子可能会被教廷处以火刑的时代，为何德意志王公听从路德的召唤在自己的辖区内实践其宗教教义？出示文字史料（资料附录7），基于阅读启发学生认识：马丁·路德的宗教改革虽然被德意志诸侯王公利用，但却起到了打击天主教会神权统治、剥夺教会在德意志的政治经济特权的作用。了解德意志路德派新教诸侯与天主教诸侯几经斗争，最终确定了"教随王定"的原则，改变了政教合一的政治结构。

补充相关史事，了解宗教改革迅速波及西欧各国的概况。在新兴资产阶级势力较强的国家和地区如瑞士、尼德兰等，宗教改革以群众运动的方式较为彻底地推行；一些君主专制国家如英格兰、北欧各国，则建立了独立民族教会，即国王成为本国教会首脑。这既促进了民族国家的发展，也有利于资本主义经济的发展。说明瑞士加尔文教和英国国教亦是新教的两大重要教派。以此为基础启发学生认识：宗教改革的实质是新兴资产阶级旨在打击教皇和天主教会势力、反对封建制度的社会改革运动。补充宗教改革也促使罗马教皇开展整治天主教会弊病的改革，以恢复信徒对天主教的虔诚和促进社会服务的史事。

出示文字史料（资料附录8），思考马克思和恩格斯对马丁·路德的评价，理解马丁·路德开启的宗教改革定义了人与教会的关系、世俗社会与教会的关系。简述在中古欧洲，神的意志和教会的宣道控制了人的思想，定义了人的世界观；而文艺复兴运动和宗教改革从不同角度挑战传统思想观念，为转型时期新文化的建构提供了理论。由此欧洲人逐渐走出中古、走入近世。提问：当神学理论和教会标准不再是衡量人们思想的主要尺度时，近代欧洲人又该如何认识自身、认识社会、认识世界？新的理论与标准是什么？由此过渡到"科学革命"环节的学习。

设计意图：阅读典型史料，立足关键问题，解释马丁·路德宗教改革的原因、主张及其意义，理解宗教改革使人与社会挣脱了天主教会的精神桎梏，习得运用分析、归纳的方法以全面认识历史事件和历史现象。

环节 4：科学革命——变革人的思维方式

分析科学革命的背景和原因。其一，背景。简释由于人文主义和新教重视人的个性与现世生活，致力于通过办学校、编课本、实施分级教学法以及强制儿童接受义务教育等作为学习宗教与世俗文化的方法和路径。简介"近代教育科学之父"、教育家夸美纽斯于 1632 年出版了《大教学论》，提出了"把一切知识教给一切人"的主张。了解西欧各国由于重视普及教育，世俗教育在 16、17 世纪得以广泛发展，文学、艺术、科学、哲学等领域发生了深刻变化，整个欧洲的思想和文化随之经历了重大变革，最直接的表现是神学对科学和自由思想的禁锢进一步受到冲击。其二，原因。简释 15、16 世纪新航路的开辟和新大陆的发现，挑战了传统神学的世界观和宇宙观即天体围绕地球运转的假说，改变了传统的地理观念、空间观念和对天体的看法，一时间欧洲出现了"知识危机"，变革知识体系和认知方法成为迫切需要。出示文字史料（资料附录 9），简介 16、17 世纪之交英国唯物主义哲学家、实验科学和近代归纳法的创始人培根及其代表作《新工具》。了解培根对于科学研究的贡献：一是提出了概括各种现象一般原因的科学归纳法，强调实验对于揭示自然奥秘的效用，把实验和归纳看作科学发现的工具。二是在此基础上将科学研究程序逻辑化，创建了归纳逻辑体系。强调归纳逻辑要研究反映客观事物、把握事物本质和规律的方法，明确公理和概念，进行正确思维和真理探索。基于讲解，启发学生理解培根的理论对于科学研究方法论和认识论的奠基作用。了解近代自然科学曙光初现，近代欧洲思想迈进科学之门。

引导学生依据所学归纳 16—17 世纪"科学革命"的成就，以表格整理如下：

表 8-1　16—17 世纪"科学革命"的成就

	成　果	内　容	影　响
地理学和天文学	（波）哥白尼发表《天体运行说》，提出"日心说"	地球不是宇宙中心，是绕太阳运行的普通行星，以地轴为中心自转	推翻统治 1300 年之久的"地心说"，是具有划时代意义的宇宙观的飞跃
	（意）伽利略发明天体望远镜		证实哥白尼的学说，发现了新宇宙

续表

	成　果	内　容	影　响
	（意）布鲁诺撰写《论无限性、宇宙和世界》，发展哥白尼学说	太阳不是宇宙的中心，宇宙无限，没有中心；宇宙是物质的、统一的和永恒的	鼓舞了 16 世纪欧洲的思想解放运动，成为西方思想史上重要人物之一。1600 年被宗教裁判所处以火刑，1992 年教廷为其平反
力学和数学	（意）伽利略发现惯性定律、合力定律、摆动定律、自由落体定律和抛物线运动		近代自然科学进入"牛顿时代"。《自然哲学的数学原理》使经典力学成为完整的理论体系，是近代科学的标准尺度；《自然哲学的数学原理》是人类掌握的第一个完整的科学的宇宙论和科学理论体系，其影响涉及经典自然科学的所有领域，在物理学、数学、天文学和哲学等领域都产生了巨大影响，标志着 17 世纪科学革命的顶点
	（英）波义耳和（法）马略特同时发现气体定律	气体定律：即在一定的温度下气体体积与压强成反比	
	（英）牛顿：牛顿运动定律；万有引力定律	牛顿运动定律：惯性定律、加速度定律、作用与反作用定律 万有引力定律：两个物体之间有引力，引力和距离的平方成反比，和两个物体质量的乘积成正比	
	（意）卡尔达诺研究出三次方程的解法		
	（英）耐普尔制成第一个对数表		
	（法）笛卡尔创立解析几何	改变了自古希腊以来代数和几何分离的趋向，把对立的"数"与"形"统一起来	
	（英）牛顿与（德）莱布尼茨都是微积分创始人		
	（英）牛顿 1687 年出版最重要的物理学哲学著作《自然哲学的数学原理》	第一卷"论物体的运动"表述了牛顿三大定律；第二卷"论物体的运动"论述了阻力下物体的运动，为流体力学开先河；第三卷"论宇宙的系统"讨论了宇宙系统	

续表

	成　果	内　容	影　响
生物学和生理学	（英）约翰·雷创造植物分类系统		
	（瑞典）林耐创立"双名制"命名法	"双名制"命名法：将植物分为纲、目、属、种；把动物分为六类，即四足类、鸟类、两栖类、鱼类、昆虫类、蠕虫类	现有的动物志、植物志、人种志、民族志等分类是在林耐的基础上发展、完善的
	（英）哈维继承与发展（西）塞尔维特的思想，提出血液循环理论	心脏如水泵，心脏的收缩是血液循环的动力，血液从左心室进入动脉流到身体各部位，再从静脉流回右心室，然后进入肺部由空气进行净化	生理学成为科学，为近代生理学的创立和发展奠定了基础

　　结合恩格斯关于"科学是一种在历史上起推动作用的、革命的力量"的论述，提问：自然科学研究方法的进步以及自然科学的累累硕果，对欧洲社会的发展产生了怎样的影响？从两个方面进行解释：其一，方法层面。讲解近代西方哲学奠基人之一、英国哲学家培根倡导经验主义方法论，主张通过观察、实验，对结果进行分析、归纳和揭示规律；近代西方哲学的另一位奠基人——法国哲学家、数学家和科学家笛卡尔则推崇演绎推理的方法；"近代物理学之父"牛顿在阐述自然哲学原理时综合上述两种方法，避免了归纳法与演绎法的对立。解释基于多元的方法，人们逐渐认识到错综复杂、扑朔迷离的自然界和宇宙是可以认识的，它并非受超自然的力量支配；真理决定于科学研究的成果，而非圣经、教义抑或宗教、世俗权威。指明科学不仅在自然领域彰显威力，而且还被引入研究和解释人类社会、政治和历史等问题。由此，科学融入当时的文化和社会语境中，成为理解世界的途径，并塑造了人们的思维方式。同时，科学观的转变亦促成了社会生产力的巨大发展。其二，哲学层面。解析"二元论"世界观将人的主观世界与物质的客观世界分离开来，认为人的思维可以把握客观世界的规律并能使自然界为人类服务。说明其在西方思想史上具有革命性意义。简介笛卡尔的"二元论"：宇宙存在着物质世界和精神世界；物质世界严格受规律控制；人的认知与心灵属于精神领域，"思"是人的属性。引导学生谈谈对笛卡尔哲学命题"我思故我在"的理解，明确其意在强调独立思维和独立

精神，所有人都拥有领悟某些事物的先天的自然能力，主张怀疑是认识的出发点，理性是怀疑的基础，反对"我看故我在""我听故我在"。据此了解笛卡尔被称为 17 世纪"理性主义"的主要先知。引用笛卡尔的墓志铭"笛卡尔，欧洲文艺复兴以来，第一个为人类争取并保证理性权利的人"，再问：何为"理性"？基于讨论，解释 17—18 世纪的人们认为"理性"与自然同义，提倡按照事物发展规律和自然原则来思考问题；"理性"与神性相对，号召摆脱宗教权威和神的启示，主张运用人的理智来观察世界、认识世界，认识人在世界中的位置。出示文字史料（资料附录 10），续问：诗人笔下的"光芒"指什么？理解光芒即科学和理性，意在以科学和理性之光驱散蒙昧和无知。解释科学的本质就是启蒙，指出启蒙思想由此产生。由此认识启蒙思想是科学发现积累和哲学思想发展的结果，科学将哲学从中世纪神学中解放出来了。

> **设计意图**：梳理并体会文艺复兴、宗教改革与科学革命之间的逻辑关联；运用表格按学科分类整理科学革命的成果，体会科学革命为人认识自身、认识社会、认识世界确立了新的思维尺度——科学与理性；习得将复杂史事条理化的方法；感悟科学的力量。

环节 5：启蒙运动——建立合乎理性的社会和国家

提问：何为"启蒙"？了解法文"启蒙"意为"光明、智慧"以及英文"the Enlightenment"的词源，了解"启蒙"的中文释义有"开导蒙昧，明白事理，使人们摆脱愚昧和迷信"之意。出示文字史料（资料附录 11），解释"科学"和"理性"是启蒙运动的精神内核。简述 17—18 世纪一批思想文化先锋前赴后继，著书立说，以至新思维不断涌现，引领着人们逐渐驱散黑暗，走向光明。了解 17—18 世纪启蒙思想家的思想主张各具特点，以表格呈现如下：

表 8-2　17—18 世纪启蒙思想家的思想主张

国家	思想家	思　想　主　张
英国	霍布斯：哲学家、政治家、社会学家	认为人容易受到激情的影响或控制，严密论证自然状态、自然法和社会契约等一系列假设，形成系统的国家学说，开创近代国家契约学说的先河（《利维坦》）

续表

国家	思想家	思 想 主 张
英国	洛克：思想家、哲学家、医生	提出"白板说"，即人类的知识不是天赋的，而是通过感觉、概括和归纳而成；政教分离，人民在宗教信仰方面拥有主动权；教育的目的是培养"绅士"，德行居首位；自然法是理性之法，自然法面前人人平等（"自然状态"说是其政治理论的基础）；私有财产不可剥夺，政府的存在就是保护私有财产；社会契约论以及分权理论（《政府论》）
	大卫·休谟：哲学家、经济学家、历史学家	提出"怀疑论"，即人的知识更多来自经验，认为人类无法弄清事实是否真的与现实世界的客观真理相符；提出以"自然"作为解决问题的路径，主张自然主义（《人类理智研究》）
	亚当·斯密：经济学家、哲学家、作家	倡导经济自由主义（自由市场、自由贸易和劳动分工），反对重商主义即政府对经济事务的任何干预，主张在自律的个人自由基础上建立一种自发调节的社会经济秩序，认为允许个人在没有国有企业与之竞争或任何法律限制的情况下追求自己的利益，可以最好地实现繁荣
法国	孟德斯鸠：思想家、法学家	重视地理环境在历史发展中的作用，认为气候、土壤、土地面积大小等地理因素对性格、情感、风俗、法律以及政治制度都有直接的影响，甚至有决定性的影响；继承洛克的分权学说，明确提出"分权与制衡"原则；强调法律的精神，"专制的国王没有任何基本法律，也没有法律的保卫机构"，认为法律是理性的体现，提倡自由和平等（关于平等，孟德斯鸠认为在权利方面人是平等的，但并不认为在社会层面上人是平等的），又强调自由要受法律的制约（《论法的精神》）
	伏尔泰：思想家、哲学家、文学家	信奉自然权利说，认为"人们本质上是平等的"，人人享有"自然权利"；人人在法律面前平等，但又认为财产权利的不平等是不可避免的（这点与孟德斯鸠比较相似）；立足自然法批判封建专制和教会，赞赏君主立宪制，认为"英国是世界上抵抗君主达到节制君主权力的唯一国家"；立足自然神论，提倡宗教信仰宽容，主张言论自由；认为理性是历史前进的动力，人只有在人格与自由得到尊重与保障的前提下，才能发挥自己的理性，推动社会繁荣（《哲学通信》）
	卢梭：思想家、哲学家、教育家、文学家、民主政论家	自然状态赋予人以自由，人类在自然状态中形成纯朴的德性；私有制的产生终结了自然状态，使人心变坏，私有制是人类不平等的起源与基础；社会契约是实现社会平等的路径，其要旨是将权利转让给共同体或主权者或人民（主权者必须等同于公民本身）。每个人从所有订约者那里获得了与自己转让给他们的同样多的权力，所以每个人在订约后仍然只是服从自己本人；社会契约的结果是"公意"，即全体订约人的公共人格，它以公共利益为出发点和归宿，永远是公正的，"公意"在具体的政治实践中表现为法律；主张直接民主共和制

续表

国家	思想家	思　想　主　张
法国	狄德罗：思想家、哲学家、戏剧家、作家	自然、物质是唯一真实的客观存在，宇宙、世界的统一性在于其物质性；"异质元素"论说明自然、世界的多样性；辩证说明世界统一性和多样性的关系；运动是物质固有的属性；将科学实验手段作为认识的方法之一和检验真理的手段；事物通过不易觉察的逐渐变化产生细微差别，随着时间的推移，过去的事物和现在的事物之间会产生明显的不同，由此永恒运动、生灭不已的自然界不断产生新事物
德国	康德：哲学家	普遍必然性的知识是由世人的经验和认识能力共同构成的；人类的认识从感性开始，经过知性，最后以理性告终，理性是人类认识的最高能力；人的自由本性、人的各种权利是人先天具有的，人天生具有自己决定自己、自己根据既定目的采取各种行动的能力；法律作为社会生活中的"普遍必然"，依靠国家强制力量使个人行为与普遍道德原则协调一致，使个人自由与他人自由协调一致，法律发展完善的程度是社会进步的标志之一；最初的契约是正当合理的社会和国家建立的唯一条件和依据

提问：17、18 世纪，启蒙思想是如何深入社会、深入民心的？

其一，简释启蒙思想家群体的特性。纯粹的哲学家在启蒙思想家群体中只占少数，多数人同时在多个领域有着斐然成就，既是哲学家，又是自然科学家、历史学家、经济学家、文学家、社会学家等学识渊博的多面手。他们以人民自居，以启迪民智为己任，在各自擅长的领域内积极宣传"科学"和"理性"；他们出版学术理论著作，撰写普及性的通俗读物，运用小说、戏剧、诗歌等文艺作品，让更多民众了解新观念、接受新思想；他们深入社会，正视现实，认真思考，联系民众，起到了如恩格斯所言"启发过人们头脑的那些伟大人物"的巨大作用。由此理解"理性"的基因根植于当时西欧社会的方方面面，领悟启蒙时代被誉为"理性时代"的缘由。

其二，立足多个角度解释启蒙思想的影响。一是聚焦启蒙运动对个体人的观念的塑形。提问：启蒙思想家在打碎思想禁锢和精神枷锁的同时，又塑造了怎样的思想观念？引导学生总结：启蒙思想家主张人要有独立自主的思考、怀疑批判的精神，运用科学和理性的思维方式取代传统教义和盲目信仰；宣扬自然神论、自然法学说，传递人权、自由、平等的基本理念等，进一步解放了人们的思想。二是关注启蒙运动提出的社会治理原则和政治制度设想。简释启蒙思想家抨击传统社会的专制黑暗、宗教愚昧和特权主义，提炼出他们认为可以使人类臻于至善的政治原则，如民主、法制、分权与制衡等理念，以及设计的有关理想社会和国家政治体制的蓝图。三是简释启蒙运动对当时社会其他方面的影响。结合表格，以问答形式帮助学生了解：经济方面奉行自由资本主义原则，与资本主义发展的阶段性特征相符合；伦理方面主张建立合乎理性的道德、美学等体系，与新型社会关系及价值观相符合。再问：这些理念和原则对西欧社会及其历史的发展产生了怎样的影响？指导学生阅读课文，解释这些理念和原则与17—18世纪新兴资产阶级要求建立合乎理性的社会与国家等方面诉求相契合，理解启蒙思想家并非不切实际的"幻想家""空想家"，启蒙思想是鼓舞人们建立全新政治体制的主要源泉。说明先进的思想是政治革命的先导，启蒙运动推动了欧美以及其他地区社会的文明与进步。指出将会在后续学习欧美资本阶级革命的历史中，通过具体史事来加深对其作用与影响的理解。

> **设计意图**：运用表格突出和归纳启蒙思想家的思想主张和特点，运用分析、比较的方法解释核心问题与核心概念，突破思维难点，提升思维能力；基于解释，理解启蒙思想的内涵和启蒙运动的主旨，即致力于突破传统机制，塑造合乎理性的价值观念、社会治理原则和政治制度；感悟先进思想对于引领时代发展的积极作用。

环节6：小结

出示文字史料（资料附录12），基于阅读理解史料传达的内涵，理解14、15世纪直至18世纪西欧在思想领域发生的联动的、一次更比一次深刻的历史运动，感悟其所带来的思维方式、思想理念及价值观的巨大变化，使欧洲社会发生了与过去大部分传统分道扬镳的剧烈变革，指出这种变革也改变着欧洲与世界的关系。

> **设计意图**：基于"14、15世纪直至18世纪""西欧"等时空概念，勾连历次思想解放运动的内在逻辑，感悟持久的、深刻的、全方位的思想解放运动对推动西欧社会由中古向近世转型的历史意义，由此突显教学立意。

【板书设计】

```
文艺复兴：厘清人与神的关系              西
                                    欧
                                    的    推
宗教改革：界定人、世俗社会与教会的关系    思    动
                                    想    西
                                    解    欧
科学革命：变革人的思维方式              放    社
                                    运    会
                                    动    转
                                          型
启蒙运动：建立合乎理性的社会和国家
```

【资料附录】

1. 上帝在当初创造万物的时候，他那最大、最与他自己的美德相似，而且最为他自己珍爱的恩赐，乃是意志的自由，他过去和现在都把意志的自由赋给一切有灵的造物，也唯独他们才有自由的意志。

　　——（意）但丁著，朱维基译 . 神曲：天堂篇［M］. 上海：上海译文出版社，1984：34.

我不想变成上帝，或者居住在永恒之中，或者把天地抱在怀抱里。属于人的那种光荣对我就够了。这是我所祈求的一切；我自己是凡人，我只求凡人的幸福。

　　——北京大学西语系资料组编 . 从文艺复兴到十九世纪资产阶级文学家、艺术家有关人道主义人性论选辑［M］. 北京：商务印书馆，1971：11.

我们人类的骨肉都是用同样的物质造成的，我们的灵魂都是天主赐给的，具备着同等的机能和一样的效用。我们人类是天生一律平等的，只有品德才是区分人类的标准，那发挥大才大德的才当得起一个"贵"；否则就只能算是"贱"。

　　——（意）薄伽丘著，方平、王科一译 . 十日谈［M］. 上海：上海译文出版社，1980：357.

2. 造成了善良世界的罗马向来有两个太阳，把两条道路照得通明：人世的道路，和上帝的道路。

　　——（意）但丁著，朱维基译 . 神曲：炼狱篇［M］. 上海：上海译文出版社，1984：127.

在我感兴趣的课题中，我尤其沉溺于古代。因为我自己的时代总是拒斥我……为了忘记我自己的时代，我经常极力把我自己的精神置于其他时代里，所以我喜欢历史。

——赵立行.彼特拉克书信述评.致苏格拉底［J］.山东社会科学，2005（07）：100.

3. 那场夺去欧洲五分之二以上人口的瘟疫，显示出欧洲封建主义已经走到尽头的事实。从那时起，危机和制服危机就成为人们探讨的话题。知识分子深感不安，特备敏感的诗人，天才的艺术家们，都深刻感受到秩序紊乱和经济崩溃所带来的压力。围绕着如何振兴欧洲的问题，他们无与伦比的创造力被激发了出来。

——马克垚主编.世界文明史（中）［M］.北京：北京大学出版社，2004：38.

薄伽丘在《十日谈》一开始就描写了瘟疫的威力……薄伽丘在这部作品中，写作风格自始至终采用现实主义的手法，无论是描写瘟疫肆虐的时候，还是写到为躲避瘟疫逃到乡下别墅里的几个人之间互享故事的时候。通过揭露神职人员的谎言和虚伪的故事，可以看出薄伽丘对人性观察的尖锐和深刻。一个逃避现实的人是不可能写出这样的作品的。他就是在那个地域里冷静观察地狱的一个人。

……

……瘟疫袭击了俗世的人们，但也没有放过神职人员。……

人口的急剧减少，使人们更注重效率。……瘟疫之后，（佛罗伦萨）则通过重视质量、提高个人生产力来实现经济的发展

——（日）盐野七生著，计丽屏译.文艺复兴是什么［M］.北京：中信出版集团，2016：085—087.

4. 在约1450到约1550年间在这方面毫不逊色于意大利大王公的是罗马教皇，他们极力推行一种把其力量建立在对教皇国实行世俗统治的基础之上的政策。因而文艺复兴时期这些最世俗的教皇——亚历山大六世（1492—1503年）；尤利乌斯二世（1503—1513年）；以及利奥十世（1513—1521年），他是佛罗伦萨统治者洛伦佐·德·梅迪奇的儿子——招揽了当时最伟大的艺术家为他们服务，在短短几十

年间就使罗马成为西方世界无与伦比的艺术之都。

——（美）菲利普·李·拉尔夫、罗伯特·E.勒纳等著，赵丰等译.世界文明史（上卷）[M].
　北京：商务印书馆，1998：816.

……在意大利，除了贸易立国的威尼斯和热那亚，以佛罗伦萨为首的其他城邦都
是通过管理罗马教廷的财务来奠定经济发展基础的。每年罗马教廷会收到来自全
欧洲信徒的税款、捐赠款，数额巨大。管理这些款项的是意大利金融业者。一旦
人际关系中介入了金钱的因素，就一定可以看到人性真实的一面。也就是说，意
大利商人在一门心思赚取更多金钱的同时，真真切切地看到了神职阶级的真面目。

——（日）盐野七生著，计丽屏译.文艺复兴是什么[M].北京：中信出版集团，2016：050—
　051.

5. 他们相信，文盲乃是虔诚的最高形式，因此，他们甚至不能读书识字。而当他们
在教堂里发出像驴一般的叫声，重复地死记硬背他们所不理解的圣诗时，他们自
以为天国的神名正在侧耳倾听，其乐无穷。他们当中很多人是靠卑鄙求乞过日子
的……他们肮脏、无知、行为粗鲁、无耻……

——（荷）伊拉斯谟著，许崇信译.愚人颂[M].沈阳：辽宁教育出版社，2001：74.

6. ……其间他一直思考着保罗致罗马人书中"义人必因信得生"（《新约·罗马人书》
1：17）一语的含义，进而得出了他的中心信条"因信称义"：一个人的得救，全
在于信仰。他这样讲的含义是说上帝的公正不要求无休止地行善功，不需要宗教
仪式……。在路德看来，有信仰者不论以何种方式都会行善功，但居先的是信仰。

——（美）菲利普·李·拉尔夫、罗伯特·E.勒纳等著，赵丰等译.世界文明史（上卷）[M].
　北京：商务印书馆，1998：891—892.

（马丁·路德致沃姆斯议会1521年）我不能屈从于教皇和元老院而放弃我的信仰，
理由是他们错误百出，自相矛盾，犹如昭昭天日般明显。如果找不出《圣经》中
的道理或无可辩驳的理由使我折服，如果不能用我刚刚引述的《圣经》文句令我
满意信服，如果无法用《圣经》改变我的判断，那么，我不能够，也不愿意收回

我说过的任何一句话，因为基督徒是不能说违心之言的。这就是我的立场，我没有别的话可说了。愿上帝保佑我。

——（德）马丁·路德. 这就是我的立场. 见：赵立行. 世界文明史讲稿（修订版）[M]. 上海：复旦大学出版社，2017：250.

俗世的权力既然是上帝所派来惩罚恶人，保护善人的，所以它应在整个基督徒中自由地行使它的职务，无论对教皇，主教，神甫，修士，修女或对任何人，都不徇情面。……谁犯了罪，谁就应受处分；凡教会律例所说与此相反的，是纯粹出自罗马狂妄的捏造。

——（德）马丁·路德《致德意志基督教贵族公开书》，见李平晔. 人的发现——马丁·路德与宗教改革 [M]. 成都：四川人民出版社，1984：184.

教皇对皇帝犹如主教对国王，除了在圣坛上膏油和加冕以外，不应该有其他的权柄。……皇帝更不应该对教皇表示诚服，宣誓效忠，如教皇们无耻胆敢所要求的，严如他们有这样的权利一般。……教皇在他的教谕中胡乱夸口说，倘遇帝位空缺，他便是帝国合法的继承人，这是可笑和幼稚的。……所以皇帝不应该给他这封地，若是已经给了，也不要再继续准许，应该把圣经和祈祷书指给他看，好叫他可以讲道和祈祷，任凭君主去治理土地和人民……

——（德）马丁·路德《致德意志基督教贵族公开书》，见：徐庆誉、汤清译. 路德选集 [M]. 北京：宗教文化出版社，2010：129.

7. 正如普通人对自己的膏血被榨取送到罗马深恶痛绝，王公们对此也义愤填膺：比如，1500 年德意志王公在奥格斯堡帝国会议上聚会时，甚而要求教会把送交罗马的款项退还一部分，理由是德意志的金钱被榨干了。由于教皇对此充耳不闻，许多王公很快就认识到，如果接纳路德教，那么教会的收入就不会送交罗马资助讨厌的外国人，由此节省下来的许多钱款将直接或间接地流入他们自己的财库。
不过，税收问题只是更大的寻求绝对政治主权问题的一部分。在 1500 年左右，欧洲各地的主要政治趋势都是朝着国家在生活的各个领域（无论是在世俗领域还是在宗教领域）都有无限权力方向发展。因此，统治者试图掌有在自己统治范围内任命高级教士的权力，并限制或削弱教会法庭独立的司法权。……然而在德国，主要由于没有实现政治统一，王公们不够强大，无力赢得这些让步。因而，既然他们无法通过协定得到这些东西，一些人决定强行获得。

他们下这种决心，完全得到了路德的鼓舞。……一旦他们认识到路德得到群众的巨大支持……一些人就采取措施把路德教引入他们的领地。……通过任命高级教士、停止向罗马交税、削弱教会法庭的司法审判权等共同的目的，最终必定成为最具决定意义的考虑。

——（美）菲利普·李·拉尔夫、罗伯特·E.勒纳等著，赵丰等译.世界文明史（上卷）[M].北京：商务印书馆，1998：901—903.

8. 路德战胜了虔信造成的奴役制，是因为他用信念造成的奴役制代替了它。他破除了对权威的信仰，是因为他恢复了信仰的权威。他把僧侣便成了世俗人，是因为他把世俗人变成了僧侣。他把人从外在的宗教笃诚解放出来，是因为他把宗教笃诚变成了人的内在世界。

—— 中共中央马克思恩格斯列宁斯大林著作编译局编译.马克思恩格斯选集（第一卷）[M].北京：人民出版社，2012：10.

9. （德国哲学家费尔巴哈）培根是近代自然科学直接的或感性的缔造者.

——（英）培根著，闫顺利导读.《培根论说文集》导读 [M].天津：天津人民出版社，2010：9.

10. 更有名的是亚历山大·蒲柏打算用在威斯敏斯特修道院牛顿墓碑上的墓志铭："自然和自然的法则隐藏在暗夜之中：上帝说，要有牛顿！于是有了光"。

——（英）蒂莫西·布莱宁著，吴畋译，王宸校.企鹅欧洲史·追逐荣耀 1648—1815 [M].北京：中信出版集团，2018：586—587.

11. 启蒙运动就是人类脱离自己所加之于自己的不成熟状态。不成熟状态就是不经别人的引导，就对运用自己的理智无能为力。当其原因不在于缺乏理智，而在于不经别人的引导就缺乏勇气与决心去加以运用时，那么这种不成熟就是自己所加之

于自己的了。Sapere aude！要有勇气运用你自己的理智！这就是启蒙运动的口号。

——（德）康德著，何兆武译.历史理性批判文集［M］.北京：商务印书馆，1990：22.

12. ……欧洲人从1500至1800年间显露端倪的领先理念依然为我们提供了大部分指明方向的路标。那一时期，欧洲文化打下了去宗教化的基础；也是在那一时期，欧洲人意识到历史发展是一段向上的、运动的进程，并觉得自己正位于其顶峰。最后，那一时期还产生了一份自信，即实用主义指导下的科学知识可以带来无限的进步可能。概言之，在具有思想的人看来，中世纪文明最终走到了终点。

——（英）J. M. 罗伯茨、O. A. 维斯塔德著，陈恒、黄公夏等译.企鹅全球史Ⅲ：大加速时代

［M］.上海：东方出版中心，2020：173.

第9课
资产阶级革命与资本主义制度的确立

▎教学立意 ▊▊▊

从 17、18 世纪到 19 世纪下半叶，欧美各国通过资产阶级革命或改革，先后扫除了资本主义发展障碍，资本主义制度得以普遍确立。资本主义的发展既是欧美国家社会结构全方位转型的过程，也是资本主义从区域向全球扩展的过程。

▎教学目标 ▊▊▊

了解资产阶级革命的含义，习得基于历史核心概念建构知识体系的方法；基于分析、综合与比较，理解由于社会、历史和文化等因素的不同，英、法、美等国资产阶级革命呈现差异性和独特性，习得运用图像及文字史料分析历史、运用唯物史观基本原理解释历史的方法；领悟资本主义兴起和发展对西方社会转型及世界历史进程的重要影响。

▎重点难点 ▊▊▊

重点：欧美主要国家资产阶级革命和资本主义制度确立的历史动因和影响。

难点：资本主义发展在不同历史阶段和不同地区的特征和异同。

▎教学过程 ▊▊▊

环节 1：导入

17 世纪中叶，英国国王查理一世被议会处以死刑。差不多一个半世纪后的 18 世纪末，法国国王路易十六也被议会处以死刑。国王为何会被送上断头台？议会为何有权力审判国王？由此导入新课。

设计意图：围绕国王之死生发问题，激发学生了解欧美主要国家社会变革与转型的兴趣。

环节2：由专制之弊引发革命

概述英、法资产阶级革命的原因：联系第7课"世界市场开始形成、欧洲经济体制发生深刻嬗变"的相关内容，陈述17世纪的欧洲国家还普遍处于专制王朝统治之下，说明政治体制的滞后束缚了资本主义的深入发展。回顾马克思在《共产党宣言》中的论断：……正在崩溃的封建社会内部的革命因素迅速发展。提问：英法两国的革命因素是如何孕育和发展的？简述17世纪上半叶的英格兰王国处在斯图亚特王朝的专制统治时期，议会制的政治传统与专制王权在政治、经济和宗教等方面存在日益深刻的矛盾（补充英格兰于中古时期所形成的议会传统的相关内容，了解议会具有批准赋税、颁布法律和审理重大政治案件的职权，具有监督、限制王权的作用）。国王查理一世奉行君权神授原则，坚持国王的意志就是法律，王在法上；在经济上不断增加苛捐杂税，推行商品专卖制度，大肆迫害清教徒。解释"清教徒"的含义：16世纪60年代初，"清教徒"一词开始出现。清教徒宣扬工商业活动是上帝赋予的"神圣使命"，发财致富是上帝"特选子民"的标志，鼓励人民反对支撑专制王权的国教。了解其为英国革命起到了宣传鼓动的作用，从而使这场资产阶级革命披上了一层宗教外衣。进而指出：资产阶级和新贵族认为议会的权力是历史赋予的，不能由专制君主践踏，要保卫这种权利。为此，他们以议会为舞台，向专制王权发起了挑战。出示文字史料（资料附录1），简介资产阶级和新贵族结成同盟反对旧势力是英国革命的一大特征。在此基础上理解斯图亚特王朝的专制统治不符合英格兰当时经济发展的需要、不符合新生阶级力量的需要，新的国情意味君主专制已不能包容和促进英格兰资本主义的持续发展。由此，议会与国王之间的矛盾日益激化。明确英国资产阶级革命即将以国王与议会的斗争为主轴而展开。

结合课后"学习拓展"栏目，讲述18世纪波旁王朝专制统治和壁垒森严等级制度下的法国，社会危机四伏。其一，了解路易十六虽然算不上法国历史上最坏的君主，但是由于王室开支以及战争支出，政府的财政危机日益加剧；国内关卡林立、苛捐杂税众多，极大地制约了资本主义经济的发展。其二，解释全国居民分为三个等级，第一等级天主教僧侣和第二等级贵族是封建统治阶级，不纳税且享有特权。第三等级包括资产阶级、城市平民和农民等，他们政治地位低下，却承担着国家全部的税赋，社会矛盾异常尖锐。其三，联系前课所学，理解天赋人权、自由平等、社会契约等启蒙思想为法国大革命提供了理论依据并起到了舆论先导作用。

在理解英法两国专制统治成为资本主义进一步发展的障碍的基础上，以时间轴梳理英、法资产阶级革命进程。英国：革命爆发（1640年长期议会召开）——议会成立最高特别法庭处死国王、建立共和体制——克伦威尔军事独裁——专制王朝复辟——光荣革命——议会颁布《权利法案》（1688年）《王位继承法》（1701年）确立君主立宪制。法国：革命爆发（1789年攻占巴士底狱）——《人权宣言》颁布——1791年宪法颁布、新制度基本确立——与国内外敌对势力的较量、处死国王——拿破仑夺权（1799年）——法兰西帝国建立——《法国民法典》颁布、拿破仑打击反法联军——滑铁卢战役——政权反复更迭——最终建立共和制度。在梳理革命进程的同时，突出其中的重大史事。比如，结合历史传统和时代背景分析英国新贵族与新兴资产阶级的矛盾，了解王朝被推翻、再复辟、最终确立"王在法下"原则的原因。又如，梳理《人权宣言》、1791年宪法和《法国民法典》之间的因果逻辑及其对推动法国社会转型的作用；讲解革命的法国与反革命的国内外势力之间的较量，突出法国革命和拿破仑对外战争在欧洲范围内的影响力。

提问：英法两国革命有何异同？指导学生观察两国革命进程、提炼革命共性：处死国王、经历军事强人政治、最终推翻专制体制并确立资本主义制度。分析其差异性：英国革命具有渐进性、包容性的特征，最终确立了君主立宪制度。法国则不同，出示文字史料（资料附录2），指出：法国革命规模更大、斗争更激烈、进程更曲折，直至最终确立资本主义共和体制；其思想方面的影响更广泛，其自由、民主、平等的思想广泛传播，对整个欧洲乃至世界产生了极大影响。再问：英、法革命差异性的原因是什么？引导学生理解英国的政治传统与新贵族、资产阶级各自的现实需求相互制约，最终通过妥协性的"光荣革命"避免了流血冲突，平稳实现由专制向宪政的过渡，以较小的代价推进了社会的转型。解释一方面，英国革命一百年后法国才爆发革命，相较一个世纪前的英国，法国资本主义发展更为深入，社会矛盾更为尖锐。另一方面，就地缘政治而言，法国对欧洲大陆的影响力更为明显，因而呈现与英国革命不同的特征。续问：能否依据英法两国的革命进程及结果，谈谈对资产阶级革命含义的理解。组织学生讨论，结合课文"学习聚焦"栏目和"史料阅读"栏目，分析托克维尔在《旧制度与大革命》中的阐释，启发学生认识：17、18世纪是欧洲传统社会结构与资本主义发展之间的矛盾日益激化的时期，以17、18世纪英法两国革命为典型的资产阶级革命，就是通过暴力手段打破阻碍资本主义发展的专制制度、建立资本主义性质的民主宪政的过程，其实质是破旧立新、完成政治体制转型。简述英、法资产阶级革命的溢出效应不仅仅体现于欧洲，还直接影响到了大西洋彼岸的英属北美殖民地，由此过渡至"美国独立战争"的学习。

> **设计意图**：基于叙事，了解英法两国资产阶级革命的原因，认识革命的时代背景，理解唯物史观经济基础决定上层建筑的基本原理；以大事年表梳理历史发展进程和脉络，在体会英、法资产阶级革命复杂性的同时，习得运用分析、综合和比较的方法总结历史特征；建构问题链以诠释"资产阶级革命"的核心概念，提炼并抽象17、18世纪英、法资产阶级革命的共同特点，感悟资产阶级革命对社会转型的推动作用。

环节3：从殖民地到独立建国

出示历史地图，简述英国从17世纪初到18世纪中期在北美大西洋沿岸一百多年的殖民史，了解英属北美殖民地经历百多年资本主义经济发展的同时，殖民地人民初步形成了民族共同体，为学习北美独立战争铺垫背景。

出示文字史料（资料附录3），解读材料信息，基于信息加深对该时段历史特征的理解。以此为基础，分析北美独立战争的原因：其一，了解英国的殖民统治压制北美独立自主发展民族经济，激化了宗主国与殖民地之间的矛盾。出示图像史料——漫画"北美烈马正在掀翻它的主人"（资料附录4）。解读漫画：北美烈马喻指北美殖民地，其主人是英国，马背上的人物喻指当时的英国国王乔治三世。解释漫画证史价值的同时，说明在18世纪的北美殖民地广泛流传着这类反抗英国殖民统治的漫画，对激发北美人民的独立意识起到了推波助澜的作用。其二，联系第8课所学启蒙运动，说明"天赋人权""自由平等"的启蒙思想对北美人民具有深刻的感召力，启蒙思想与北美人民的民族意识融合，"独立"成为北美人民共同的理想和追求，由此加速了殖民地人民的文化认同。就"北美独立战争"展开历史叙事并突出重大史事：北美经历了 8 年独立战争（1775—1783 年），最终赢得独立，并于 1776年颁布《独立宣言》，推翻殖民统治，建立了美利坚合众国。启发学生理解美国独立战争的两重性：其一，是一场以弱胜强的民族解放战争。利用本土作战的有利条件，充分动员包括黑人在内的广大下层民众参战，在华盛顿等开国领袖的杰出领导下，以游击战的方式机动灵活地打击英军，取得了战争的胜利，实现独立建国。其二，是一场资产阶级革命，为美国资本主义发展创造了必要的政治和社会经济条件。其三，具有重要的国际意义。打开了英国殖民体系的缺口，促进了拉美独立运动的开展，并直接影响了法国资产阶级革命。以此为基础陈述：由于社会、历史和文化等因素的差异，英、法、美资产阶级革命的形式、过程和结果不尽相同，但三国的革命具有典型性，引领着这一时期历史发展的潮流，英国革命、美国革命（独立战争）、法国革命（大革命）成为 17、18 世纪历史发展的"助推器"。说明这几场"革命"既是对西欧封建社会的解构，也是对欧美资本主义社会的普遍性建构。提问：英、法、美三国如何从制度上建构不同于中古时期的社会？由此过渡至"资本主义制度确立"的学习环节。

> **设计意图**：了解美国独立战争的特性，习得归纳历史事件或历史现象特征的方法，加深对唯物史观经济基础决定上层建筑基本原理的理解；深化对"资产阶级革命"概念的认识。

环节 4：资本主义制度的确立

陈述资产阶级在取得革命胜利、掌握国家政权后，确立了符合其各方面需要的政治制度。出示文字史料（资料附录 5），指导学生提取信息，从不同角度提炼议会对王权的限制。结合课文表述理解君主立宪制的含义，理解英国奉行"议会至上"或"王在法下"的政治体制的基本原则。联系前课所学，说明英国启蒙思想家洛克曾撰写《政府论》，论证了英国资产阶级革命和君主立宪制的合理性和合法性。阅读课文"历史纵横"栏目，了解君主立宪制确立后，内阁制发展到责任内阁制的进程，简述责任内阁与英国两党制的关系、首相的职权，以及内阁与议会、与国王之间的关系（视学情补充英国君主立宪制确立后，英国议会颁布有利于资本主义经济发展的政策，比如，继续推行圈地运动、成立英格兰银行建立货币体系、逐步健全现代资本主义经济体制等，理解这些措施为工业革命的到来提供有力的政治前提）。出示文字史料（资料附录6—7），简述由于工业革命的开展、工业化及城市化的发展，英国宪政体制的公民基础发生了结构性改变，了解19世纪英国通过系列议会改革不断扩大选举范围和推进宪政发展，新兴工业资产阶级和工人阶级获得了一定的权利，在一定程度上调节了工业化带来的社会矛盾，推动资本主义进一步发展。由此认识英国君主立宪政体随着多次的议会改革而逐步走向稳固。提问：如何评价英国革命确立的君主立宪制？基于解释启发学生认识：革命中相互制约的历史传统与现实需求经由冲突达成妥协，最终完成政治体制的变革。这种兼顾传统与现实的变革，为英国成为现代国家奠定了制度基础。

概述美国的政治体制经历了不断摸索和完善的过程。了解独立战争初期仓促而成的邦联体制的局限性，新政权面临如何处理好"中央集权"与"民主共和"两者之间关系的问题。了解为了加强国家机器，依据法国启蒙思想家孟德斯鸠的近代政治分权学说，1787年新生的美利坚合众国制定了《合众国宪法》，确定了以联邦制和三权分立相互制衡为主要内容与原则的民主共和体制。呈现结构图，解释美国联邦政府的分权与制衡关系，理解其目的旨在通过分配联邦政府各项权力以防止独裁、保障民主。解释联邦制旨在明确联邦政府与州政府的权责边界与关系，其作用在于将松散的邦联体制改组为有统一中央政府的联邦体制，解决了中央和地方政府之间的关系问题。提问：如何看待美国式的民主共和体制？出示文字史料（资料附录8—9），分析史料信息，明确"自由人""其他人口"的含义，关注美洲原住民印第安人的政治处境，了解修正案的作用。启发学生辩证认识1787年宪法《合众国宪法》的作用：其一，《合众国宪法》将欧洲启蒙思想家的宪政思想由理论变为现实，奠定了美国政治制度的法律基础；美国政局得以长期保持相对稳定，为资本主义经济迅速发展提供了强有力的政治实体；美国式的民主共和制相比君主制是一大进步，为近代世界其他国家的宪政道路提供了范式。其二，《合众国宪法》确认"自由人"与"其他人"的区别，规定只有纳税人才有选举权，印第安人不纳税没有选举权，因财产、人种的不同而造成权利的不平等。了解种族歧视与《独立宣言》的精神相悖。
亦需向学生指出：宪法关于"修正案"的部分，为美国日后不断在现实社会问题中
推进其民主政治的发展提供了法律依据和改善途径。

以时间轴勾勒法国政治体制的演变过程，理解革命后的法国是各种政治体制
"试验场"的含义，了解基于社会、历史和文化等因素的不同，英、法、美三国的政
治制度各有其独特性。提问：17、18世纪英、法、美三国资本主义制度的确立有何
共性？组织学生讨论并依据所学总结：注重以法律形式建立和完善以近代公民社会
为基础的政治经济制度。由此明确资本主义的法制原则。

> **设计意图**：基于文字史料信息，解释英国君主立宪制和美国民主共和制的内容，
> 了解西方模式的典型政治体制的架构过程、原则及特征；分析、解答、评述相关
> 问题，习得运用唯物史观辩证看待资本主义政治制度的方法。

环节5：资本主义的全球扩展

了解17、18世纪是资本主义制度在西欧北美确立的时期，19世纪则是资本主义
在全球范围内扩展的时期。提问：其原因何在？引导学生从先进资本主义国家的影
响进行分析：一方面率先在英国兴起的工业革命逐渐扩展至其他国家，工业化浪潮
和资本主义生产方式从西欧推向北美、中东欧和亚洲，促进了这些国家资本主义经
济的发展；另一方面先进资本主义国家的政治制度亦对落后国家的社会发展产生了
巨大的影响。概括19世纪资本主义的全球扩展大致包括两种情况：一是美国通过南
北战争在全国范围内建立了完整的资本主义制度；二是后起国家如俄、德、意、日
等国则在不同国情下通过战争抑或改革的方式建立了资本主义制度。

联系美国1787年《合众国宪法》，了解宪法实施初期允许黑人奴隶制度的存在、
种族歧视与美国政治的民主原则相违背的史实。提问：黑人奴隶制是怎么形成的？
美国又是如何解决这一问题的？出示文字史料（资料附录10），讲解早在殖民地时期
就形成了北方资本主义自由雇佣劳动制度与南方奴隶制种植园两种经济制度，随着
工业革命的推进和领土向西部的扩张，其对立与差距日益拉大。解释南北经济制度
在原料、市场、关税等方面的矛盾冲突，尤其是西部领土处理事关双方的政治利益。

在新扩张的西部领土上是以自由州还是蓄奴州加入联邦，直接关系资产阶级同奴隶主哪一方在参议院占优势，关系双方对联邦权力的争夺。由此明确黑人奴隶制是一切矛盾的焦点，理解奴隶制问题已与联邦制的政治前途连在一起。出示图像史料（资料附录11），解读根据真实历史事件而创作的漫画：因政见不和，南部议员抡起拐杖痛打北部议员，导致后者身负重伤，四年未能回到国会履职。打人者被南部奉为"骑士"，被打者则被北部奉为"殉难者"，说明二者的冲突本质上是南北两种经济制度矛盾的缩影，无法调和的矛盾最终只得以战争形式加以解决。以大事年表辅助概述南北战争的经过，重点讲解林肯政府颁布《宅地法》《解放黑人奴隶宣言》的内容及其对南北战争结果的影响。引导学生了解：南北战争后美国政府以民主方式基本解决了农民的土地问题，在法律上废除了黑人奴隶制度。进而理解南北战争的结果不仅废除了黑人奴隶制度，它更是联邦制体制的最终胜利。出示文字史料（资料附录12），对比资料附录5，解释在1865年关于废除奴隶制和强迫劳役的第十三条修正案的基础上，第十四条修正案修改原宪法即重新定义了公民权，第十五条修正案规定选举权不能由于种族、肤色、或以前曾服劳役而遭受剥夺。说明美国黑人在法律上不仅享有了民事权利，更获得了政治权利。由此加深理解宪法"修正案"对于推进美国完善政治制度的积极作用，理解美国确立起完整的资本主义制度为其日后的强盛奠定了基础。

基于历史地图，以重大历史事件为基点概述后起国家德意志、意大利、俄国和日本建立资本主义制度、发展资本主义经济的措施及结果：普鲁士通过王朝兼并战争统一了德意志，建立德意志帝国，实行君主立宪制；意大利通过革命和反侵略战争收复失地，结束分裂实现统一，确立君主立宪政体；俄国通过自上而下的改革，废除落后的农奴制度，走上资本主义发展道路；亚洲的日本遭遇西方列强的殖民侵略，通过明治维新效法西方，走上资本主义发展道路并摆脱民族危机，跻身资本主义列强行列。基于叙事，引导学生归纳后起资本主义国家实现社会转型的两种方式：统一战争和制度改革，说明有些国家两种方式兼而有之。提问：如何认识这些国家的社会转型？其一，组织学生讨论，认识由于历史、国情等因素不同，即使同为通过战争实现国家统一的德意志和意大利，其过程和特征也呈现相异性。普鲁士发动自上而下的王朝兼并战争，排挤了奥地利对德意志其他诸邦的影响，掌控了德意志帝国的领导权；而意大利的资产阶级和知识分子组织政党发动民主革命，并与反奥地利、反法国侵占和干涉的民族战争相结合，最终统一意大利。同为采用改革方式的俄国与日本，其过程和结果也存在着差异。日本通过明治维新，由封建社会过渡到资本主义社会，但官僚寡头和军阀实际掌握了权力，成为军国主义的社会基础；俄国沙皇政府面临对外战争失败和国内矛盾激化的危局，被迫实施不彻底的农奴制改革，虽然促进了资本主义的发展，但保留了沙皇专制体制和农奴制残余。其二，解释后起国家从传统到现代的社会转型大都是通过自上而下的统一战争和制度改革实现的，没有经历类似早期英、法、美等国自下而上的革命运动，由于其不彻底而导致民主制度未能真正建立（结合课文"学思之窗"栏目，比较德国和英国的君主立宪政体的差异），或保留君主专制和大量的封建残余，或军国主义色彩浓厚，对世界历史的发展产生消极影响。

需指出 19 世纪资本主义的全球扩展也蔓延至亚非拉地区，资本主义国家通过殖民扩张，将亚非拉大部分国家或地区变为其殖民地或半殖民地，使其被动纳入资本主义世界体系，这是资本主义全球扩展的表现。由此，为后续学习做铺垫。

> **设计意图：** 习得运用唯物史观基本原理即经济基础决定上层建筑、上层建筑反作用于经济基础的理论解释历史的方法，揭示经济与政治之间的互动关系；基于历史时空了解资本主义制度在全球范围内普遍确立的历史动因和过程，培养学生叙史能力和历史时空观念。

环节 6：小结

引导学生按时序总结：17、18 世纪，资产阶级通过革命推翻专制制度，建立资本主义宪政体制为资本主义发展提供了制度保障；19 世纪，随着工业革命的兴起和扩展，促使欧、美、亚一些国家经由统一战争或改革推动社会转型，为资本主义进一步发展开辟了道路。出示文字资料（资料附录 13），启发学生通过讨论得出结论：资本主义既是一种生产方式，也是一种社会形态；既是经济的，也是政治、文化、生活方式的形态；资本主义的发展，因时间和地域的差异，具有不同的阶段性特征和地域性特性；资本主义的产生、发展，既推动了欧美一些国家的社会转型，也促进了世界历史的发展；资本主义的发展伴随着矛盾和冲突，给人类带来了新的挑战。

> **设计意图：** 基于总结培养学生历史解释的能力，深化对资本主义本身和资本主义发展史的认识，以彰显教学立意。

【板书设计】▋▋▋

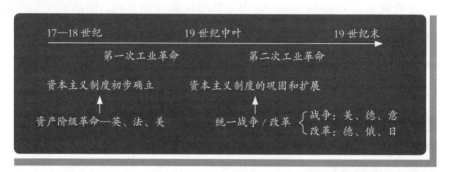

【资料附录】▋▋▋

1. 首先，封建统治阶级——贵族，分裂为旧贵族和新贵族两大阶层。在英国北部地区，大部分贵族仍沿袭旧的剥削方式，靠榨取农民的地租生活，获得了"旧贵族"的称号。他们坚信英国国教，其中许多人担任着国家的公职，成为封建专制统治的支柱。而在东部及西南部地区，许多中、小贵族雇用农业工人，用资本主义方式经营农、牧场，或把土地出租给农业资本家，坐收地租，有些人还把从农业中赚得的利润投资到工商业中。这些具有经营头脑的贵族被称为"新贵族"。他们在政治上与旧贵族享受同样的特权，但多半担任地方官吏，并在经济上受到骑士领有制的压榨，无完整的土地所有制。因此，他们与资产阶级有更多的共同利益，在后来的革命中，双方结成同盟反对旧势力，成为英国资产阶级革命的特征之一。

   —— 王斯德主编，沐涛、李宏图等著. 世界通史（第三版）·工业文明的兴盛——16—19世纪的世界史［M］. 上海：华东师范大学出版社，2020：41—42.

2. ……法国革命或许不是一个孤立现象，但它比其他同时代的革命重大得多，而且其后果也要深远得多。第一，它发生在欧洲势力最强大、人口最多的国家（俄国除外）。……第二，在它先后发生的所有革命中，唯有它是真正的群众性社会革命，而且比任何一次类似的大剧变都要激进得多。……

第三，在所有同时代的革命中，只有法国大革命是世界性的。它的军队开拔出去改造世界，它的思想实际上也发挥了相同作用。

　　——（英）艾瑞克·霍布斯鲍姆著，王章辉等译（第2版）.革命的年代（1789—1848）[M].北京：中信出版集团，2017：65.

3. 十八世纪是与市场关系的发展和资本主义的发展相关的矛盾集中的世纪。

　　——（法）米歇尔·博德著，吴艾美等译.资本主义史（1500—1980）[M].上海：东方出版社，1986：44.

4.

北美烈马正在掀翻它的主人

　　——吴广伦总主编.老漫画中的世界史（壹）：六国崛起（17—19世纪）[M].上海：东方出版中心，2016：171.

5.（1）凡未经国会同意，以国王权威停止法律或停止法律实施之僭越权力，为非法权力。

　　……

（4）凡未经国会准许，借口国王特权，为国王而征收，或供国王使用而征收金钱，超出国会准许之时限或方式者，皆为非法。

（5）向国王请愿，乃臣民之权利，一切对此项请愿之判罪或控告，皆为非法。

（6）除经国会同意外，平时在本王国内征募或维持常备军，皆属违法。

……

（8）国会议员之选举应是自由的。

（9）国会内之演说自由、辩论或议事之自由，不应在国会以外之任何法院或任何地方，受到弹劾或讯问。

—— 周一良、吴于廑主编，蒋相泽分册主编.世界通史资料选辑·近代部分（上册）[M]，北京：商务印书馆，1964：28—29.

6. 1831 年，有 30 个"衰败市镇"合计的人口只有 375 人，能选派 60 个议员；而新兴大工业城市曼彻斯特人口为 18 万 2 千人，伯明翰人口为 14 万 4 千人，在议会中却完全没有自己的代表。

—— 关勋夏.十九世纪英国的三次议会改革 [J].历史教学，1985（2）：17.

7. 1884 至 1885 年的议会改革使选民人数增加了 176.2 万人，比原有选民增加 67%，其中乡村各郡的选民增加 162%。1885 年英国选民总数达到了 570.8 万人。这次议会改革使乡村的农业工人都获得了选举权，基本在英国实现了普遍民主制。

—— 沈汉著.世界史的结构和形式 [M].北京：生活·读书·新知三联书店，2013：164.

8. 众议院由各州人民每两年选举产生的众议员组成。……众议员名额和直接税税额，在本联邦可包括的各州中，按照各自人口比例进行分配。各州人口数，按自由人总数加上所有其他人口的五分之三予以确定。自由人总数包括必须服一定年限劳役的人，但不包括未被征税的印第安人。

—— 李道揆.美国政府和美国政治 [M].北京：商务印书馆，1999：775.

9. 国会在两院三分之二议员认为必要时，应提出本宪法的修正案，或根据各州三分之二州议会的请求，召开制宪会议提出修正案。不论哪种方式提出的修正案，经各州四分之三州议会或四分之三州制宪会议的批准，即成为本宪法的一部分而发生效力；采用哪一种批准方式，得由国会提出建议。

——李道揆.美国政府和美国政治［M］.北京：商务印书馆，1999：784—785.

10. 1860 年……（东北部）该地区的工业品生产占据全国产量的 2/3 还要多。

——（美）艾伦·布林克利著，邵旭东译.美国史（1492—1997）［M］.海南出版社，2009：287.

南方在成长，但并不在发展。

——（美）艾伦·布林克利著，邵旭东译.美国史（1492—1997）［M］.海南出版社，2009：307.

11.

南部骑士

——（美）约翰·马克·法拉格.合众存异·美国人的历史·第 7 版，王晨译［M］.上海：上海社会科学院出版社，2018：390.

而在国会，双方同样吵得不可开交。马萨诸塞的参议员查尔斯·萨姆纳，谴责联邦政府对蓄奴势力的偏袒是对"处女领地的强奸"，他多次提到南卡罗莱纳参议员巴特勒，说他说话像"随地吐痰"，并隐喻其纳奴隶为情妇。

……

随后，（1856 年）5 月 22 日，即萨姆纳演说后两天，巴特勒的表兄弟众议员普雷斯顿·布鲁克斯闯进入参议院，挥舞手仗，将萨姆纳打得不省人事，三年没有回到参议院。

—— 王心裁编著．林肯传（1809—1865）[M].湖北：湖北辞书出版社，1996：94.

12. 美利坚合众国宪法第十四条修正案

第二款　众议员名额，应按各州人口比例进行分配，此人口数包括一州的全部人口数，但不包括未被征税的印第安人。……一州的年满二十一岁并且是合众国公民的任何男性居民，除因参加叛乱或其他犯罪外，如其选举权遭到拒绝或受到任何方式的限制，则该州代表权的基础，应按以上男性公民的人数同该州年满二十一岁男性公民总人数的比例予以削减。

—— 李道揆．美国政府和美国政治[M].北京：商务印书馆，1999：791—792.

13. 资本主义的发展是多方面的：既是经济方面的，也是政治和思想方面的；同时既是一国的，也是多国的；同时既是解放的，也是压迫的；既具有破坏性，也具有创造性。

——（法）米歇尔·博德著，吴艾美等译．资本主义史（1500—1980）[M].上海：东方出版社，1986：1.

第10课
影响世界的工业革命

教学立意

18世纪60年代至19世纪中期，资本主义政治制度的确立、市场优势激发的经济驱动力、圈地运动提供的劳动力，以及英国工人高工资与能源低价格的独特模式促发的技术革新和资本流动等多元因素，推动工业革命率先发轫于英国。各种因素的合力作用使工业革命以"蒸汽时代"的成就为基础，于19世纪末20世纪初迈入以"电气时代"为特征的新阶段。工业化浪潮推动人类社会进入"工业文明时代"，亦使人类社会面临着新的挑战。

教学目标

了解工业革命的时空范围和重要发明，理解工业革命率先于英国发轫的历史逻辑；以唯物史观为指导，理解工业革命从"一枝独秀"到"遍地开花"的驱动力，基于史料多角度解析工业革命改变了人类社会的面貌，影响着世界历史的发展进程；体悟工业革命的双刃剑作用，人类文明在实现巨大进步的同时，也面临着新的危机与挑战，对工业文明和科技运用的反思是人类的永恒课题。

重点难点

重点：工业革命率先于英国发轫的历史逻辑。

难点：工业革命对人类社会和世界历史的影响。

教学过程

环节1：导入

播放2012年伦敦奥运会开幕式的影像资料，聚焦其中主题为"混乱时代"片段。震耳欲聋的鼓声打破了田园的宁静，草地被水泥地所覆盖，巨大的烟囱拔地而起，钢水流淌、火花飞溅，巨大的纺车转动不停，工人们夜以继日辛勤劳作。在将学生带入 18 世纪中期至 19 世纪初期工业革命中的英国的同时，解释这一主题旨在呈现英国成为"世界工厂"的过程，蕴含着反思改变人类历史进程的工业革命的深刻用意。进而提问：工业革命为何率先在英国发轫？工业革命如何实现向外辐射？两次工业革命对人类社会和世界历史发展有何影响？明确"为何？如何？有何？"这一核心问题逻辑链是本课学习的重点。由此导入新课。

> **设计意图**：播放伦敦奥运会开幕式的影像资料，贯通历史与现实，激发学生的学习兴趣，并为结尾环节思考工业革命和科技发展的影响做铺垫；设置层层递进的问题链，为后续环节通过解析呈现工业革命历史镜像做铺垫。

环节 2：点燃"革命烽火"

出示文字史料（资料附录 1），阅读史料并提取信息，指导学生从政治前提、市场条件等角度解析工业革命的成因。首先，结合英国革命确立君主立宪制的结果，了解资产阶级政权积极推行有利于资本主义经济发展的政策，采取了鼓励发展国内外贸易，降低原料进口税，通过实施《垄断法》保护专利权、激励创新等措施。出示文字史料（资料附录 2），解释 14 年的期限为手工艺学徒期 7 年和实习期 7 年之和，这是当时的英国培养一位技术娴熟工匠所需的时间，因此《垄断法》有力促进和保护了个人发明创造。进而理解资产阶级政权的确立是工业革命政治前提的说法。聚焦资料附录 1 中"需要有一个基本上为某个生产国所垄断的世界市场""工业成长的前导都是大众消费品……这类商品的巨大市场已经存在"的说法，从国际市场和国内市场两个层面分析英国的优势以及由此产生的经济驱动力，理解英国具备和拥有与工业革命大规模产出商品相匹配的市场条件。

出示图像史料（资料附录 3），体会作者对英国田园牧歌生活的赞美之意。提问：工业革命前的英国农村是否真的如同画面般宁静美好？借用 17 世纪英国农村流传的谚语"羊和牛马在赶着上帝勤劳的子民"，呈现英国农村社会的另一幅图景。启发学生认识：尽管 13 世纪英国就出现了圈地运动，但早期的圈地运动因受反圈地法的制约，在此后的两百年多有节制。说明这一现象到16世纪发生了悄然变化。了解从16世纪开始，英国人和荷兰人开始尝试生产新型毛料——轻质精纺毛料。直至17世纪末英国生产的毛料大约有44%出口，毛料产品的出口额占英国手工艺品出口额的69%。理解受供求关系的影响，羊毛的需求量逐年增长，羊毛价格在一个世纪里平均上涨319%，暴利的刺激使17、18世纪英国圈地运动再次风起云涌。出示文字史料（资料附录4），了解英国资本主义君主立宪的政治体制推进了圈地运动大规模的合法展开。

借助如下逻辑链图：

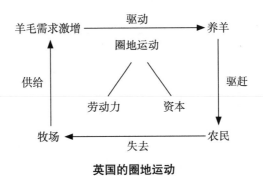

英国的圈地运动

基于图示解释：圈地运动一方面促使英国的农村劳动力迅速向城市转移，另一方面实现了资本的积累，为即将到来的工业革命准备了充足的原料和市场。讲述圈地运动建立的大农场模式使农业新技术的推广和广泛的精耕细作成为可能。了解随着圈地规模的扩大，土地的集中化程度越来越高。以燕麦为例，14世纪英国燕麦的播种与收获比为1∶3.7，到了16世纪末由于土地的专业化使用率加强，收获比提高至1∶7.3，而同期依然以农奴经济为主的俄国的收获比为仅1∶3.9左右。为进一步提升单位面积的产量，英国加紧推广新的农业生产技术。被圈占的土地由人们用最新的、有效的方法加以耕种，包括用轮作制代替田地休耕，选育良种如用科学培育法改良牛的品种，以及研制农业机械如马拉的耕耘机和自动播种机等。说明英国的农业机械化程度在当时得到了明显提升。提问：农业机械化程度提高的连带效应是什么？启发学生理解：随着农业机械化程度的提高，粮食增产显著，为城市的扩张提供了充足的食物；农村雇佣工人需求的锐减，大量失业人口进入城镇寻找工作。认识这些因素为原生工业部门提供了劳动力，为大规模的劳动密集型工厂体系的建立做好了准备，为工业革命提供了重要保障。此后的英国农村逐渐摒弃自给自足的传统模式，开始针对市场需求生产专业化的产品。基于解释，帮助学生了解：圈地运动最终完成了英国农村社会的转型，实现了从小农模式到现代农场的转变。这一农业经营方式的转变也被称作"农业革命"。结合资料附录1中的相关史论，解释圈地运动为工业革命提供廉价劳动力，培育了国内市场并积累了资本。

> **设计意图**：阅读和提取文字史料信息，解释英国首发工业革命的政治前提和市场条件；了解圈地运动促使英国农村商品经济逐渐取代传统自给自足经济的过程，"农业革命"点燃了英国工业革命的烽火，习得在历史解释中厘清历史逻辑的方法。

环节3：弥补"成本劣势"

提问：工业革命发轫于英国是否存在更具个性的原因？说明仅从圈地运动对英国社会转型影响的角度，不足以完整解释工业革命率先从英国发轫的原因，还应从英国社会的独特性加以理解。出示图像史料（资料附录5），借用咖啡文化再现工业革命前伦敦工人的生活。为印证图像史料的真实性，出示文字史料（资料附录6），了解工业革命前英国社会独特的工场工人高工资现象。进而解释工业革命前的英国在纺织工场中形成了一种不同于欧洲其他国家和地区的生产模式——高工资雇佣工人，说明高工资现象相对集中于技术水平较为娴熟的熟练工群体。简述虽然不同工种、不同地区的工资水平存在差异，但英国工人工资的平均水平要远高于欧洲其他国家。提问：缘何如此？首先，简释14世纪黑死病横扫欧洲各地，欧洲人口普遍锐减，直至16世纪中叶人口规模才有所恢复。与此同时，在海外贸易的带动下，伦敦及西欧其他城市的商业发展迅速，然而由于黑死病导致人口供给下降，雇主不得不支付高工资以解决劳动力的需求问题。其次，立足时空要素解释工资的变化。了解中世纪晚期欧洲各主要城市的建筑工人工资水平差异不大，一个劳动力一天的收入折算成白银约3.5克。简述这种劳动力收入均等的局面在16世纪被打破，美洲输入的大量白银引发通货膨胀，欧洲工人的工资水平和市场的价格水平同步上涨，西北欧国家工人工资上涨较为突出，中东欧地区的涨幅相对有限。至17世纪末，虽然西北欧多数国家工人的工资逐步停止上涨，但伦敦等英国城市工人的工资依然处于上升势头，18世纪伦敦已成为全世界工资水平最高的城市。出示文字史料（资料附录7）和图片史料（资料附录8—9），基于比较进一步论证17至18世纪的英国普遍呈现工人高工资的现象。再问：这一现象对当时英国经济产生怎样的影响？了解随着工资水平持续上涨，工场主、农场主、商人对减少雇工、节约人力成本的技术发明及经营模式兴趣非常，这为一系列的技术创新提供了巨大的推动力。另一方面，英国的高工资使民众的消费增长不断攀升，消费力增长促进了市场需求的增加，进而实现生产的再扩大。由此解释这一时段的高工资在拉动内需的同时也促进了工商业的发展。此外，还需说明收入较高的工人拥有更好的经济条件接受教育或技能培训，其读写和计算能力大幅提高，这就为新产品和新工具的发明提供了善于技术创新的人力条件。了解此后近一个世纪的英国，工匠在技术革新上发挥了主要作用，不仅蒸汽技术不断改良，其他门类的机器也不断涌现，推动工业革命深入进行。由此认识为弥补高工资的"成本劣势"，生产技术的革新迫在眉睫。

设计意图：创设历史情境，以图像史料与文字史料互证英国社会的"成本劣势"即劳动力价格高的现象，解释这一英国社会的独特现象成为技术革新的驱动力之一，客观上推动了工业革命所需技术条件的形成；感悟历史的认识是不断丰富、不断发展的，体会从宏观与微观相结合的视角理解历史复杂性和多面相的方法。

环节4：发挥"资源优势"

出示一组棉纺织行业的发明创造，了解随着生产技术的革新，机器生产开始代替手工劳动，工厂应运而生。结合文字史料（资料附录10），讲述棉纺织业率先进行生产技术革新，逐渐实现了以机器生产代替手工劳动，生产效率得以不断提高。引导学生回顾初中所学的相关知识，结合教材内容，借助图片演绎纺织机器的发明和更新迭代的情况。讲述随着生产规模不断扩大、市场需求不断增加，动力不足的问题随之突显。为解决这一问题，发明家瓦特在前人研究的基础上，经过不断改进，试制出"复动式蒸汽机"。了解动力技术的革新，推动了工业革命迅速辐射到其他行业，极大方便了人们的生活。由此进一步认识：生产技术革新释放了工业革命的能量，创造出前所未有的文明成果。提问：技术革命是否必然引发工业革命？为理解二者的逻辑关联，出示图像史料（资料附录11），再问：法国物理学家早已发明了蒸汽机模型，但当时的法国为何没有出现工业革命？结合地图册所示"英国工业革命示意图"，重点关注图中煤田分布的情况，突出纽卡斯尔一带的东北部地区煤矿蕴藏量大，了解英国煤炭资源丰富的优势条件。出示数据资料（资料附录12），解读18世纪初期全球主要城市煤炭价格信息，通过与世界其他地区的横向对比，聚焦英国煤炭价格全球最低的关键信息，说明这是英国经济的又一显著特点。了解由于英国的煤炭储量极为丰富，且分布广泛、易于开发，供应量得以迅速增长。据统计，1560至1800年间，英国煤炭产量增长了66倍。根据史家推算，1789年英国大约年产1000万吨煤，约一半销往伦敦，而同期的法国仅产煤70万吨。庞大而旺盛的国内需求为英国煤炭工业的发展提供了强有力的支撑，1800年前后英国煤炭产量占世界煤炭产量的比例高于其他国家的总和。启发学生认识：拥有储量丰富易于开采的煤田和廉价的煤炭为英国率先推广、普及蒸汽机，完成能源和动力机器的革命提供了有利条件。由此，英国能率先发展高炉批量产铁，据统计，1780年英国的铁产量是法国的13倍。指出"蒸汽时代"的到来将工业革命推向第一个高潮，随后，铁路运输工具等新发明相继登场。启发学生认识：市场需求的变化，使英国得天独厚的廉价煤炭资源发挥了越来越重要的作用，煤炭用途愈加广泛。进而解释英国工程师陆续又对以蒸汽机为代表的发明成果进行了一系列改良和合理配置，有效降低了生产过程中能源（煤炭）、劳动力、资本等各类生产资源和要素的消耗，逐步扩大了发明成果的应用范围，更多的新发明、新技术蜂拥而出。了解英国工业革命呈现出"星火燎原"的态势。

综合环节3和4，引导学生归纳英国不同于欧洲其他国家和地区的生产模式——高工资雇佣工人与低价格煤炭能源。进一步解析：高工资所带来的"成本劣势"促使资本家提供资金推进技术革新，通过提高劳动效率来降低成本，机器生产逐渐普及；低价格煤炭作为英国"得天独厚"的条件，节省了能源方面所需的资本，使以煤炭为燃料的蒸汽机得以大规模应用。说明英国社会独具特色的高工资与低煤炭价格的生产模式是工业革命在英国率先发轫的重要条件，进而指出这种独特的模式影响着资本的投资方向，结合资料附录1中"提供一个累积资本的机制，把资本用于经济活动中较为现代的部门"的说法，进而认识英国工业革命和技术革新的资本条件也得到了满足。

综合上述政治前提和市场条件、劳动力条件、技术条件、能源条件和资本条件，引导学生理解合力作用推动了英国率先开启工业革命的进程。

> **设计意图：** 立足英国煤炭资源丰富且价格低的特点，综合多元史料的有效信息，习得从历史的表象中发现问题并对历史事物之间的因果关联做出解释的方法，以提升历史解释能力，发展历史逻辑思维；聚焦新说，即英国工人高工资与低煤炭价格的特点，探讨这一特点与资本条件的联动性，习得挖掘新角度、结合微观史事解释宏观史实的方法。

环节5：从"一枝独秀"到"遍地开花"

简介"发轫于英国的工业革命很快就延伸至欧美其他国家"的说法，说明事实并非如此，英国的巨大成功并未迅速引发欧美其他国家的工业革命。提问：原因何在？结合上述分析，认识工业革命初期以蒸汽机为代表的发明成果，起初只能在燃料价格便宜而雇工成本昂贵的英国得到大规模应用，这是由英国当时的生产模式和资源条件决定的。了解当其被简单照搬到其他国家时，却表现出了"水土不服"的症状，未能及时推广。由此印证工业革命的发轫具有特定的历史空间特性。但需指出，工业革命毕竟是一种先进的新型文明超越传统文明的社会大变革，它对人类社会的发展具有普遍意义。再问：工业技术和发明如何迈过不同国家的时空隔，从一国走向多国？联系上一环节所学，英国工程师对发明成果进行了改良，对生产要素组合进行了优化，降低了机器生产对某些特殊地域性条件的依赖，由此扩大了发明成果的应用范围。了解欧洲各国通过直接从英国引进焦炉冶炼等最先进的技术，跨过了英国人早期充满周折的技术发明和改良过程，实现了机器生产的普及，有些国家甚至凭借"后发优势"实现"弯道超车"，成为继英国之后的新兴工业化国家。讲述随着越来越多的国家使用和英国本土一样先进的生产技术，也就意味着发端于英国的工业革命通过向外辐射，推动了世界性的文明进步。历史终于迎来了"拐点"，人类进入了工业文明时代。

简介第一次工业革命取得了丰硕的经济成果，欧美主要国家大都初步实现了的工业化。以此为基础，19世纪中后期，工业革命又迈上新台阶，进入以"电气时代"为特征的第二次工业革命阶段。提问：除了第一次工业革命奠定的经济基础外，第二次工业革命兴起的历史条件还有哪些？引导学生运用所学解答所问。首先，基于学生所答并结合第9课所学，解释19世纪中后期欧美各国稳定的政治局面为第二次工业革命提供了有利条件。其次，解读课文"学思之窗"栏目的文字史料，加深理解自然科学理论的新突破、新技术新发明转化为生产力的周期缩短对于加速工业革命深入发展的巨大推动作用。以此为基础，引导学生发挥学科特长，解释内燃机的功能及其所带来的其他行业的技术革新、石油广泛应用所带来的能源革命，介绍化学在日常生活中的作用等。阅读课文，归纳第二次工业革命不同于第一次工业革命即科学技术与生产紧密结合的特点。了解科学理论指导下的第二次工业革命释放出更大的能量，取得了比第一次工业革命更为突出的成就，其影响亦更为深远。

> **设计意图**：由英国发明的工业技术向其他国家传播推广的过程，认识英国工业革命不仅具有鲜明的地域特征，更具有普遍性意义，助力学生发展从微观到宏观、从特殊到一般的历史思维能力；基于对必备知识的再认识，了解第二次工业革命不同于第一次工业革命的特点，体会科学理论的突破、新技术和新发明的快速应用是推动生产力迅速发展的必要条件，丰富基于工业革命发展进程的历史时空观念的内涵。

环节6："沧桑巨变，全新世界"

提问：两次工业革命给世界带来了怎样的变化？组织学生从产业结构、生产组织与管理方式、生产关系、城市化和生活方式、阶级结构、世界格局与世界整体化进程等，多视角、全方位地思考工业革命的影响。一是产业结构的调整。结合课文所示"英国就业人口结构的变化"的饼状图，了解工业社会的产业特征。二是生产组织与管理方式的进步。出示文字史料（资料附录 13），指导学生阅读材料并提问：这种生产组织形式具有哪些特征？启发学生从规模大、机器设备成套化、自动化以及分工等方面提炼信息。以此为基础，明确其在实现连续生产、劳动机器设备管理和人工管理等方面的制度创新，进而认识工厂制度既是生产组织形式的质变，也实现了管理形式的质变。三是生产关系的变化。补充相关图文资料，了解大企业的兴起及发展的结果——垄断资本主义兴起，即垄断和垄断组织的出现。解释垄断的实质：垄断是资本主义生产关系的新形式，是资本社会化程度提高的表现。简介垄断组织的影响：在国家政治、经济生活逐渐占据支配地位。四是城市化与生活方式的变化。结合课文所示"工业社会中的妇女从事文书工作的场景"图片，解释城市化的特征，了解工业化浪潮滚滚向前，势不可挡，传统的农业半农业、乡村半乡村社会迅速告别历史舞台，取而代之的是城市社会和工业社会。了解工业革命极大满足了人们的生活需求，伴随着日益便利的交通和日臻完善的产品制造工艺，消费成为日常生活的重要组成部分。五是阶级结构的变化。出示有关 19 世纪初英国奢侈品店的图像史料（资料附录 14），提问：此时的工人是否具有高消费的条件？由此过渡到对工业化社会阶级结构的解析，出示文字史料和图像史料（资料附录 15—18），多视角呈现工人拮据的生活状况、污浊的工作环境，解读"资本主义制度的金字塔"的图像信息，关注处于社会最底层的工人处境。由此，帮助学生以多元史料勾勒工业革命的多面相：工业革命一方面发展了生产力，给社会带来了巨大财富；另一方面也扩大了贫富差距，激化了阶级矛盾。了解工业革命使处于转型期的资本主义社会矛盾丛生。六是世界格局和世界整体化进程。出示并阅读文字史料（资料附录 19），讲解两次工业革命尤其是第二次工业革命对世界格局的影响、对世界整体化进程的影响，进而辩证认识：从生产力发展角度而言，世界经济的整体化客观上符合以新技术、大工业为基础的世界经济发展趋势，是世界历史上的一种进步现象。但是工业革命尤其是第二次工业革命也导致世界整体化进程中出现了诸多矛盾。提问：这些矛盾体现在哪些方面？如何影响了 20 世纪上半叶世界历史和人类社会的发展？为后续学习这些内容埋下伏笔。

> **设计意图：** 开展主题学习以充分发挥学生的主体作用；在探讨与交流中全方位认识工业革命给人类社会和世界历史带来的深刻影响；辩证认识科学技术的作用，理解唯物史观关于生产力和经济因素在历史发展中的基础性作用。

环节7：小结

借助结构板书，回顾本课知识，加深认识工业革命对社会发展文明进步的历史作用，关注工业文明带来的新问题与新挑战。

> **设计意图：** 加深学生对工业革命的认识，彰显立意；体会和认同唯物史观对历史解释的方法论和价值观作用。

【板书设计】

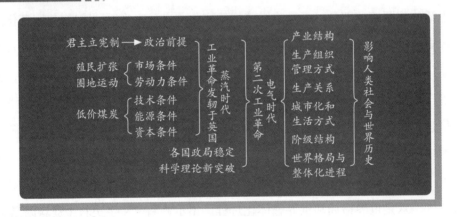

【资料附录】

1. 在当时，这种适当的条件在英国是显而易见的。在英国，人民有史以来第一次正式审判并处死了国王，个人利益和经济发展变成了政府政策的最高目的，这些都已是一个多世纪以前的事了。出于实际的目的，英国已经找到了解决土地问题的革命性办法，这是独一无二的。相当一部分具有商业头脑的地主几乎已经取得了对土地的垄断地位，这些土地由农场主人雇用无地或小土地持有者来耕作，农村大量古老的集体经济残余，仍需藉由《圈地法》（Enclosure Acts，1760—1830）和私人交易加以扫除。但是，我们已几乎不能再以法国农民、德国农民或俄国农民那种意义上的农民来形容"英国农民"了。市场已经支配着农场，制造业早已渗透到非封建性的农村。农业已经做好了在工业化时代实现它的三个基本功能的准备：（一）增加生产，提高生产率，以便养活迅速增长的非农业人口；（二）为城市和工业提供大量不断增长的剩余劳动力；（三）提供一个累积资本的机制，把资本用于经济活动中较为现代的部门。……大量的社会管理资本已经被创造出来，它们是为使整个经济平稳前行所必须投入的昂贵的基础设施，尤其在船运、港口设施，以及道路和水路的改进方面更加明显。政治已经适应利润的需要。商人的特殊需求可能会遭到其他既得利益集团的抵制，如我们将会看到的那样，土地利益团体将在 1795—1846 年间竖立最后一道障碍，以阻止企业家前进。但是，从整体上看，金钱万能已深入人心，企业家要想在社会的统治阶层中挣得一席之地，其所必备的前提，就是要有足够的金钱。

……倘若工业社会主要的社会基础已经打好，就如 18 世纪晚期的英国几乎肯定已经形成的那样，它们仍需要具备两个条件：第一，需要存在一个已经为制造商提供了特殊报偿的行业，如果需要的话，他可以通过简便廉价的革新，迅速扩大他的产量；第二，需要有一个基本上为某个生产国所垄断的世界市场。

……在所有这些国家，工业成长的前导都是大众消费品——主要（但不是绝对）是纺织品——的制造商，因为这类商品的巨大市场已经存在，商人可以清楚地看到扩大生产的可能性。……

……但另一方面，英国拥有足够强大的经济和敢作敢为的政府，可以从它的竞争者手中夺取市场。1793—1815 年的战争，实际上是英法长达一个世纪决斗的最后决定性阶段，从某种程度上说，除了年轻的美利坚合众国外，这场战争把所有的竞争对手从非欧洲人的世界中排挤了出去。而且，英国还拥有一个令人羡慕、适合在资本主义条件下首开工业革命的行业，以及允许其与棉纺织业和殖民扩张相连接的经济纽带。

——（英）艾瑞克·霍布斯鲍姆著，王章辉等译（第 2 版）. 革命的年代：（1789—1848）[M].

　　北京：中信出版集团，2017：37—40.

2. ……法案规定，任何涉及专利问题的侵权都可以向王室法庭或者是财政署普通法庭起诉。如果在诉讼中获得成功，胜诉方可获得他所受损失 3 倍的赔偿，并得到两倍诉讼费用的补偿。这部法令规定专利的统一保护期限为 14 年；涉及专利权的案件要按照普通法的程序进行判决等。

——邹琳 . 英国专利制度发展史研究［D］. 上海：华东政法大学，2011：37.

3.

温莎的丰收

——（英）本杰明·韦斯特 .［EB/OL］. http：//www.360doc.com/content/18/1121/06/8541396_796
　217729.shtml.

4. 众议院收到并宣读缙绅、庄园主汤姆士·海尔……和下列署名……对公社土地有共同权利的人的请愿书……

请愿书载明：上述汤姆士·海尔乃是下列庄园的领主，他和缙绅麦克西·艾伦，物理学博士约翰·比沃尔，缙绅詹姆士·奥克斯、奥尔贝尔·雷伊·奥克斯和亨利·贝尔、爱德蒙·肯尼和约翰·卡尔特尔等人是这些宅园、土地和领地的主要所有者，对上述公社土地有共同权利……这些土地在目前情况下使一切利害有关的人或希望得到任何利益的人获益很少，而且无从改善；倘若将这些土地分割圈围，而划分给全体与这些土地有利益关系的人，各按其权利得到一定的地段，则不仅一切有关人等受益匪浅，整个社会均蒙其利。因此请愿人等恳求准于提出将上述公社土地进行划分、分配与圈围的法案……

决议：许可在众议院提出一项符合请愿书要求的法案……

……说明委员会审查了赞成法案的意见，认为这些意见是正确的；有关各方对法案均表同意使委员会感到满意（只有被征四十镑十先令土地税的地主除外，他们拒绝在请求提出法案的请愿书上签名；但圈入的全部土地面积应缴纳土地税实为一千一百零四镑……）。

5月8日众议院会议通过决议将法案移送贵族院征求贵族院议员同意。5月9日、12日和16日经贵族院三次会议三读通过。

——周一良、吴于廑主编，蒋相泽分册主编. 世界通史资料选辑·近代部分（上册）［M］. 北京：商务印书馆，1964：34—35.

5.

19世纪咖啡馆

——［EB/OL］. https://www.sohu.com/a/119714182_458808.

6. 干同样的活，英国工人的薪酬水平比其他国家的工人高，这样一来他们就有实力花更多的钱去品尝美味佳肴，穿着高档服饰，这些景象令外国人艳羡不已。

——（英）罗伯特·艾伦著，毛立坤译. 近代英国工业革命揭秘：放眼全球的深度透视［M］. 杭州：浙江大学出版社，2012：37.

7. 马尔萨斯（1803，pp.116，124，251—252）认为，欧洲（特别是英国）与亚洲的"特定习惯"截然不同，进而据此构建了一个分析模型。在英国，"全社会各个阶层的民众都在煞费苦心地采用'预防性控制'的办法阻止人口过度增长"。农民和商人的儿子都在尽可能延迟结婚的年龄，"一直要拖到他们在某个商业领域或某块土地上站稳脚跟之后，才会着手考虑结婚，因为只有到这时他们才有能力担当起养家的重任"。尽管这些劳工"（每每想到）要将其微薄的收入分给四五个家庭成员花销时多少也会有些犹疑"，不过推迟结婚还是有效地降低了生育率，并使英国人的工资水平总体上保持在高位。

——（英）罗伯特·艾伦著，毛立坤译.近代英国工业革命揭秘：放眼全球的深度透视［M］.杭州：浙江大学出版社，2012：40.

8.

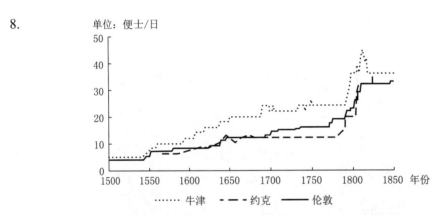

英国各地工人工资水平波动趋势图（1500—1850 年）

——（英）罗伯特·艾伦著，毛立坤译.近代英国工业革命揭秘：放眼全球的深度透视［M］.杭州：浙江大学出版社，2012：65.

9.

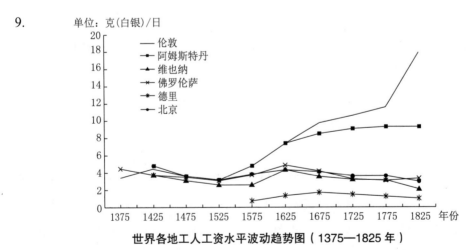

世界各地工人工资水平波动趋势图（1375—1825 年）

——（英）罗伯特·艾伦著，毛立坤译.近代英国工业革命揭秘：放眼全球的深度透视［M］.杭州：浙江大学出版社，2012：51.

10. 对棉布的需求是如此旺盛，以至于生产者不得不加快纺织速度以满足不断增长的国内外市场。为了提高产量，他们求助于新发明，很快，棉纺织工业机械化了。

　　——（美）杰里·本特利、赫伯特·齐格勒著，魏凤莲等译. 新全球史（第三版）（上）［M］.北京：北京大学出版社，2007：868.

11.

法国物理学家丹尼斯·巴本发明的蒸汽机

　　——［EB/OL］. http://dy.163.com/v2/article/detail/CPFFKIU90521AJ1J.html.

12.

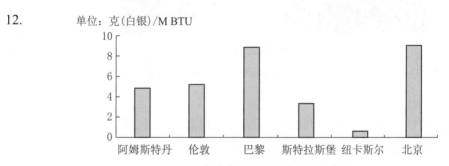

单位：克（白银）/M BTU

18 世纪全球主要城市煤炭价格示意图

　　——（英）罗伯特·艾伦著，毛立坤译. 近代英国工业革命揭秘：放眼全球的深度透视［M］.杭州：浙江大学出版社，2012：126.

13. 工厂厂房由于广袤而令人感到惊奇：长有五百尺，高有五、六层，开有四百六十个窗子……机器十分高大，成圆筒形，在垂直的轴上旋转着；几排绕线筒安放在四周，以便绕线，通过迅速的转动，就使线发生需要的搓捻；在顶上，纺丝自动地卷在络丝机上，成为可以随时出售的丝束。组成这些机器的无数部件、这些由德文特河水发动的一个独轮使之动作起来的机器、机器运转的迅速和准确、机器所完成工作的细致……工人的主要人物就是在丝断时把丝重新结好。每个工人同时看管六十根丝。——这已经是现代的工厂了，它拥有自动的设备、无限制的不断的生产以及工人严格专业化的职务。

———（法）保尔·芒图著、杨人楩等译.十八世纪产业革命［M］.北京：商务印书馆，1983：
　　150—151.

14.

19 世纪初的英国奢侈品商店

———［EB/OL］.https://mp.weixin.qq.com/s/d4uGrFyawzur3V-XCbi5aQ.

15. 一方面，贵族与新兴的中产阶级垄断了大部分财富。他们变得更加富有，过上了极为豪华和奢侈的生活。他们不仅受到良好的教育，形成英国社会中的"文化贵族"，而且社会文化生活极为丰富和悠闲。

——— 黄光耀、刘金.成功的代价——论英国工业化的历史教训［J］.求是学刊，2003：30（4）.

16.

吃土豆的人

——凡·高．［EB/OL］．https：//mp.weixin.qq.com/s/SqgKkSmgOD50HVv8iyMaKA.

17.

轧钢厂

——（德）门采尔．［EB/OL］．https://mp.weixin.qq.com/s/SqgKkSmgOD50HVv8iyMaKA.

18.

资本主义制度的金字塔

—［EB/OL］. https://baijiahao.baidu.com/s?id=1572793557421892.

19. 第二次工业革命为资产阶级"征服世界"提供了更加空前强大的经济实力和物质
   手段，成为将局部性的国际交流推进到全球性的沟通，将分散的、局部性的世界
   变成互动的、联成一气的整体性世界的根本动力。……在生产力大发展的基础上，
   生产的社会化程度获得极大提高，国际分工向广度和深度发展，国际间的联系更
   趋密切。随着资本主义自由竞争阶段发展到垄断阶段，垄断资本确立了对世界的
   统治，资本输出成为金融资本向全球扩张的主要经济手段。相应地，资本主义列
   强加快了瓜分和重新瓜分世界的步伐，直至最后将世界瓜分完毕。此时，国际分
   工达到"世界城市"和"世界农村"分离与对立的完成阶段，形成日渐明朗的分
   工格局：粮食和原料的生产越来越集中于发展相对滞后的亚非拉第三世界国家，
   工业生产则集中于工业化程度高、科技先进的欧美和日本诸国。于是，由少数金
   融寡头垄断的统一的世界资本主义经济最终形成，并且形成"中心—边缘"的世
   界经济格局。

   ……

   第二次工业革命带来的技术进步及其提供的物质手段，对于促进全球整体化意义
   同样巨大。新的钢铁材料、新的内燃机和汽轮机动力、新的通信手段的使用，带

来了铁路、轮船等交通运输工具的革命性变革，使得远程运输更为广泛、安全、便捷；电报、电话、无线电通信等电讯手段的出现及其大发展，加速了商业信息的传播与交流，使得人们之间的跨时空联系日趋频繁和便利；海底电缆、跨洋电缆、洲际电缆线的铺设，使得信息以前所未有的速度传送到世界各地。……北美洲与欧洲虽相距 8000 余英里之遥，但电信号只需要几秒钟即可到达。连接欧亚的苏伊士运河和连接太平洋、大西洋的巴拿马运河的开通，极大地缩短了航行的距离。苏伊士运河的开通，把西欧和中国间的航行距离缩短了 3000 英里。

——王斯德主编，沐涛、李宏图等著．世界通史（第三版）第二编·工业文明的兴盛——16—19 世纪的世界史［M］．上海：华东师范大学出版社，2020：197—198.

第11课
马克思主义的诞生与传播

教学立意 ▌▌▌

工业化社会初期恶劣的劳动条件和生活条件使劳资矛盾日益尖锐化，引发欧洲早期工人运动和批判资本主义制度的空想社会主义思潮。为探索工人运动的正确方向和路径，马克思和恩格斯在总结早期工人运动经验教训、汲取前人优秀思想成果的基础上创立了马克思主义，并在国际工人运动的革命实践中不断发展科学社会主义理论。马克思主义发现了人类历史的发展规律，阐明了无产阶级的历史使命，指明了社会主义运动的发展方向。在马克思主义影响下，无产阶级政党领导的革命运动在世界范围内发展起来。

教学目标 ▌▌▌

梳理早期工人运动的概况，归纳空想社会主义代表人物的思想主张，分析"空想"的含义，了解其局限性；基于马克思和恩格斯的理论探索与革命实践，理解马克思主义诞生和发展的时空条件；基于文献介绍和理论逻辑，解释《共产党宣言》的核心观点和标志性意义，认识马克思主义的理论构成、实践价值和世界意义，习得突破理论难点、把握理论概念的方法，提升思维深度；从国际工人运动的曲折历程感受无产阶级革命事业的艰辛，体会马克思主义的强大生命力，感受马克思和恩格斯坚韧的探索精神、创造性智慧和伟大贡献。

重点难点 ▌▌▌

教学重点：马克思主义诞生的时代背景、主要标志和历史意义。

教学难点：马克思主义理论与国际工人运动实践的关系。

教学环节

环节1：导入

出示英国作家查尔斯·狄更斯在小说《双城记》中对工业时代的描述（资料附录1），分析狄更斯的创作期正值19世纪中期，此时的英国已初步实现了工业化，进入工业时代初期。提问：狄更斯为什么称他生活的时代是"最好的时代"，又是"最坏的时代"？引导学生回顾工业革命的影响。出示图文史料（资料附录2）并阅读课文，聚焦工业时代初期资本主义制度的弊端和社会矛盾：其一，简述工业革命在促进社会生产力飞跃发展和社会财富空前增长的同时，并非所有阶级阶层都享受到经济增长带来的成果，贫富差距悬殊。其二，了解早期工人阶级的苦难境遇，"血汗工厂"生产环境恶劣，奴役女工和童工，生活条件差等。其三，简释19世纪英国议会多次改革的结果只是扩大了新兴工业资产阶级的选举权，工人阶级的政治地位仍然十分低下，政治权利极其有限，进而凸显工业时代初期日益尖锐的劳资关系与矛盾。再问：资产阶级剥削工人阶级的根源是什么？工人阶级是如何认识自己的处境并表达其诉求的？工人运动如何才能找到正确的方向？由此导入新课。

> **设计意图**：联系第10课所学知识，打通课文之间的脉络；基于图文史料，描述工业时代初期资本主义社会的弊端以及工人阶级的状况；围绕教学立意提出问题，引发学生探究马克思主义的诞生发展、理论逻辑及历史意义的兴趣。

环节2：早期工人运动与社会主义思潮的萌发

简述工业时代初期的社会状况迫使工人阶级奋起开展多种形式的斗争。出示图像史料（资料附录3），基于图像信息简释"卢德运动"，当时的工人把机器视为贫困的根源，将捣毁机器视为反对企业主、争取改善劳动及生活条件的手段。指出"卢德运动"以改善经济生活为目的，在很大程度上具有自发性。解释随着工厂制的发展、斗争的持续进行，加之英国议会以法律形式镇压"卢德运动"，工人阶级的群体性和组织性日益增强，意识到团结斗争、共同斗争的重要性，工人运动逐渐走出自发状态，斗争目标逐渐转向争取政治权利。介绍早期工人运动：其一，简述法国里昂工人武装起义的相关史事，了解法国里昂工人武装起义的背景和经过。了解法国工人阶级和其他劳动群众是摧毁复辟王朝的主力，却依然遭受掌握政权的资产阶级的剥削。工人认为"我们摆脱了世袭贵族的束缚，却沦于金融贵族的压迫之下。我们赶走了有称号的暴君，却遭受着百万富翁的统治"，喊出"工作不能生活，毋宁战斗而死"的口号。讲述工人在自己的报纸《工场回声报》上号召："劳动者只有组织起兄弟般的团体来，才能改善他们的命运。"为反对政府的政治迫害，争取合法权利，工人又提出"不共和毋宁死"，明确了建立民主共和国的要求，还发表起义宣言："我们斗争的事业是全人类的事业，是祖国幸福的事业，是未来保障的事业"。其二，结合课文所示英国宪章运动的图片，阅读图片说明，了解英国宪章运动的爆发与议会改革之间的关系以及请愿内容。简释英国工人阶级曾投入 1832 年议会改革运动，却未获得应有的权益，其贫困状况未能改善。由此了解残酷的现实使英国工人认识到痛苦源自现实政治体制，他们高喊："我们的政治和社会的积弊大都是导源于腐败而独占的立法权，补救的办法唯有把现今被少数人操纵的权利交给大多数人民行使。"陈述伦敦工人协会拟定了一份呈送议会要求普选权的请愿书。出示文字史料（资料附录 4），解析请愿书的内容，介绍 1838 年 5 月请愿书以"人民宪章"的名称正式公布，了解此后工人为争取这一权利而持续数年的斗争被称为"宪章运动"。其三，补充德意志西里西亚织工起义的史事。了解西里西亚是德意志的纺织中心，织工们深受工厂主剥削，生存状况极为恶劣。他们自编了歌曲"血腥的屠杀"，控诉工厂主"榨尽穷人血汗""剥掉穷人最后一件衬衣"的罪行。简述 1839 年 6 月 4 日，5000 名工人唱着这首歌为争取生存权利而奋起抗争，在增加工资的要求遭拒后，示威发展成起义。起义织工捣毁厂房、机器及工厂主的住宅，焚毁票据账册。指出起义虽遭镇压，但却显示了德意志工人阶级的觉醒和革命精神。在此基础上提问：19世纪三四十年代欧洲三大工人运动反映了怎样的社会现实？联系工人运动鲜明的政治属性，讲述当时一位法国资产阶级报刊新闻记者的感慨："里昂的叛乱揭露了一个重大的秘密，这是在同一个社会内有产阶级和无产阶级之间发生了斗争……我们的工商业社会和所有其他形态的社会一样，有它本身的隐患，这个隐患就是工人。"进而启发学生从工人阶级敌对面的言论体会工人阶级作为一个群体其力量的壮大，从组织性、斗争方式和政治目标的角度理解"无产阶级开始作为独立的政治力量登上历史舞台"的含义。

出示文字史料（资料附录5），解读马克思对里昂工人起义的评价并提问：何为"社会主义"？解释"社会主义（socialism）"是一种社会学思想，主张整个社会应作为整体，由社会拥有和控制产品、资本、土地等，其管理和分配基于公众利益，强调社会公平、社会成员的平等。简述社会主义思想最早产生于16世纪初的英国，其鼻祖是英国人文主义者、政治家托马斯·莫尔。简介莫尔的著作《乌托邦》：希腊文"乌托邦"意为"乌有之乡"，莫尔以其代称理想国家。简述其主张：在乌托邦，社会基础是财产公有制，实行按需分配；每十年调换一次住房，穿统一的工作服和公民装，在公共餐厅就餐，每人轮流到农村劳动两年；每天劳动六小时，其余时间从事科学、艺术、智慧游戏活动；没有商品货币关系，金银被用来制造便桶溺器；人们的政治地位是平等的，官吏由投票选举产生，职位不得世袭。莫尔明确指出：私有制乃万恶之渊薮，私有制使"一切最好的东西都落到最坏的人手中，而其余的人都穷困不堪"，因此"只有完全废除私有制度，财富才可以得到平均公正的分配，人类才能有福利"。讲解莫尔第一次发出了消灭私有制、建立公有制的呼声。基于叙述，帮助学生了解思想源自社会，莫尔的主张是对16世纪初社会状况的批判，即批判欧洲特别是英国都铎王朝君主专制制度，批判资本原始积累时代的资本主义关系。同时说明，由于那个时代的莫尔不可能真正理解资本主义，也无法发现实现理想制度的真正途径，对社会主义的设想仅是一个粗糙而简单的轮廓，因此莫尔的乌托邦只是空想。

叙述由于工业时代初期资本主义制度的弊病丛生，出现了流派众多、试图解决现实问题的社会主义思想。了解19世纪30年代首次出现了"社会主义"的提法，其代表者是法国的圣西门、傅立叶和英国人欧文。提问：这一时期的社会主义者提出了哪些主张？基于叙事讲解：一是揭露资本主义的罪恶，批判资本主义的社会制度、政治制度和道德观念，提出"社会制度必须彻底改造，改造的需要已经成为燃眉之急，势在必行"，确信资本主义应当为社会主义所代替。二是提出政治制度的基础是经济状况，指出私有制产生阶级和阶级剥削。三是以大工厂为基础对未来理想社会提出设想。圣西门主张推行实业制度以提高无产阶级的福利，人人都劳动是实业制度重要的社会主义原则，实业制度的领导者与人民群众是平等的关系。傅立叶设计了合作社组织"法朗吉"以实现其理想的"和谐社会"，提倡人人劳动、免费教育，实行工农结合，没有城乡差别、脑力劳动和体力劳动的差别。观察课文所示图片并阅读说明，了解欧文设计了"新和谐公社"并在美国进行了社会实验，缩短工作时长，禁止使用童工，提高工人工资，设立工厂和商店出售价格便宜的消费品，开办工厂子弟小学、幼儿园和托儿所，建立工人互助储金会。再问：这些理想社会的特点是什么？引导学生提炼"和谐、协作和平等"的特点，认识其在一定程度上起到了提高工人觉悟的积极作用，是具有一定价值的人类思想财富。了解圣西门和傅立叶的设想落空、欧文的试验最终失败，续问：是何原因？出示文字史料（资料附录6），解释圣西门、傅立叶和欧文皆诉诸经济和社会改良，寄望于理性觉悟、资产阶级的自愿。进而理解：空想社会主义者还不能从根本上揭示资本主义的根本矛盾和发展规律，不懂得阶级斗争的必要性，因此其主张的社会主义是一种与不成熟的无产阶级状况相适应的不成熟的理论，是一种无法实现的空想社会主义。了解"空想社会主义"的英文拼写为"utopian socialism"，准确的译法为乌托邦社会主义，由此疏通托马斯·莫尔与空想社会主义的渊源关系，明确 19 世纪是空想社会主义发展的顶峰。又问：空想社会主义给人以何种启示？启发学生认识：资产阶级不会自动退出历史舞台，不通过阶级斗争从根本上改变社会制度，无产阶级就不可能获得解放，社会主义就不可能真正实现。联系导入环节提出的问题：工人运动如何才能找到正确的发展方向，如何才能实现工人阶级的解放？由此过渡至"马克思主义的诞生"的学习环节。

> **设计意图**：基于叙事创设历史情境了解工人运动发展史，了解 19 世纪三四十年代欧洲三大工人运动的发展过程与特征；解析托马斯·莫尔的"乌托邦"理论追溯社会主义思想的源头，结合 19 世纪工业社会初期的社会特征理解空想社会主义思潮及其实践的内容、特点和方式，认识空想社会主义之所以"空想"的缘由，培养基于历史时空的历史解释能力。

环节 3：马克思主义的诞生

简述一方面 19 世纪三四十年代工人阶级作为政治力量开始登上历史舞台，形形色色工人组织和团体纷纷出现；另一方面空想社会主义虽然在一定程度上启迪了工人阶级的觉悟，但其诉诸社会改良的尝试归于失败。由此认识工人运动要找到正确的发展方向，明确和完成自己的历史使命，必须要有科学的理论作为指导。理解马克思主义是在回应无产阶级时代诉求的背景下诞生的。简介德国思想家、革命家马克思和恩格斯的生平。了解马克思出生于德意志最强邦国普鲁士的特里尔城，特里尔城曾经被法国统治近 20 年之久，马克思在这座深受自由、平等、民主等启蒙思想影响的小城长大。比马克思小两岁的恩格斯出生于德意志莱茵省工业城市巴门，是马克思的挚友、马克思主义创始人之一，被誉为"第二提琴手"。讲述马克思和恩格斯身处时代变迁洪流，始终坚持理论创作和社会实践紧密结合的原则，既是思想深邃的学者又是意志坚定的革命家，他们既汲取了人类优秀思想成果，即德国古典哲学、英法空想社会主义、英国古典政治经济学，又立足于工人运动实践，共同创立了马克思主义。

其一，简介 1845 年至 1846 年马克思和恩格斯合作撰写的《德意志意识形态》，该著作系统论述了唯物史观的基本原理，如：社会存在决定社会意识；生产力是历史发展的决定因素，生产力和生产关系的辩证互动是历史发展变化和社会形态演进的根本动力；经济基础决定上层建筑，一定的上层建筑既是经济基础的反映，同时又反作用于经济基础；人类历史的发展是有规律的，人类社会形态从低级向高级纵向发展，人类社会由分散到整体横向发展；人民群众在历史发展中起着重要作用等。以此为基础，引导学生运用所学知识交流对唯物史观的基本认识。基于学生所述，联系课后"问题探究"栏目的文字史料，指出唯物史观揭示了人类社会历史客观基础及其发展规律。进而讲述马克思和恩格斯为充实对历史唯物主义的解释，弥补经济知识不足，从哲学批判转向政治经济学批判，通过深刻透视时代特征，在改造古典政治经济学的基础上，以人类经济活动为切入点，从把准社会问题产生的经济动因出发，对唯物史观作了更为经典、层次更为清晰的表述。指出历史唯物主义和辩证唯物主义构成了马克思主义哲学，是马克思主义的重要组成部分之一。亦指出 19 世纪 40 年代，马克思已开展对剩余价值问题的研究，明确唯物史观和剩余价值论是指引社会主义由空想走向科学的理论基础。

其二，立足革命实践的角度阐释科学社会主义的创立。首先，解释马克思和恩格斯改组"正义者同盟"的原因：一是德意志流亡工人组织"正义者同盟"中的一些手工业者并非真正的无产者，而是刚刚向现代无产阶级转变的、附属于小资产阶级的群体，与资产阶级并非直接对立的关系。他们主张以少数人的密谋活动建立财产公有的新社会。二是其革命口号"人人皆兄弟"虽然模糊了阶级差别，但已提出消灭私有制、进行暴力革命的社会主义思想，因而存在接受改组的前提。简述马克思和恩格斯加入同盟后，批判空想社会主义的历史局限，运用历史唯物主义理论指导同盟的革命实践，将"正义者同盟"改组为"共产主义者同盟"，并于1848年马克思和恩格斯发表了共产主义者同盟纲领——《共产党宣言》。其次，简析《共产党宣言》内容结构：引言介绍《宣言》的历史背景和目的任务；第一章"资产者和无产者"论述马克思主义的阶级斗争学说；第二章"无产者和共产党人"说明无产阶级政党的性质、特点、目的和任务，以及共产党的理论和纲领；第三章"社会主义的和共产主义的文献"批判各种非科学的社会主义思潮；第四章"共产党人对各种反对党派的态度"论述共产党人革命斗争的策略。出示文字史料（资料附录7），指导学生阅读《共产党宣言》的节选内容，概括《共产党宣言》的基本思想：宣言揭示了资本主义社会的阶级分化和阶级矛盾，论证了阶级斗争是历史发展的动力，强调暴力革命的斗争方式；宣言阐明了共产党的性质、无产阶级革命的目的和革命原则。指导学生阅读课文，明确对《共产党宣言》历史意义的界定：第一次完整系统地阐释了科学社会主义的基本原理，阐明了社会发展的客观规律，指明了工人运动的历史方向，标志着科学社会主义的创立和马克思主义的诞生（视学情开展《共产党宣言》主题阅读会，以深化对《共产党宣言》的理解和认同）。

其三，简述马克思主义在指导革命实践中进一步发展和完善的过程。简介科学社会主义诞生后不久爆发了1848年欧洲革命。了解1848年革命是在欧洲资本主义迅速发展、已经进入大工业生产阶段的背景下爆发的，是反对专制君权的资产阶级民主革命，其中也包含着民族解放运动的性质（视学情解释：由于欧洲各国政治、经济发展的不平衡，具体革命任务不尽相同。在德意志，实现国家的统一是革命的主要任务；在意大利，民族问题、民族矛盾成为革命的首要问题，其所要解决的民族问题也是资产阶级革命目标的一部分）。简介马克思和恩格斯积极投身1848年革命并领导工人运动，在革命实践中坚持理论探索，不断完善科学社会主义理论体系。重点讲解马克思继续政治经济学研究，1867年马克思花费数十年心力撰写的巨著《资本论》出版，其中剩余价值论是最重要理论成果。指导学生阅读"历史纵横"栏目，了解剩余价值论的核心内容，即"由劳动者创造的被资产阶级无偿占有的劳动"。引导学生将剩余价值论与《共产党宣言》中的主要观点进行比照，了解马克思在《资本论》中通过分析资本主义的发展史，厘清了工业时代初期的资本和劳动的关系，从更深层次的理论层面阐明了阶级剥削的实质以及资本主义社会的基本矛盾——社会化大生产与资本主义私有制的矛盾，论证了资本主义必将灭亡、社会主义必将胜利的历史发展规律，为工人运动和无产阶级革命提供了更为系统的科学理论依据。指明剩余价值学说是马克思经济理论的基石，《资本论》是马克思主义最重要的文献之一。

在启发学生体会马克思和恩格斯坚持理论研究和社会实践紧密结合的原则、创立马克思主义的基础上，明确马克思主义的理论结构，即由马克思主义哲学、马克思主义政治经济学和科学社会主义三部分组成。提问：从马克思主义形成的过程来看，马克思主义的特性是什么？启发学生阅读课文，通过讨论和交流，认识马克思主义具有人民性、实践性、科学性和开放性等特征。解释这些特性使马克思主义成为世界无产阶级革命运动的指导思想，对人类历史进程产生了重大和深远的影响。

> **设计意图**：基于马克思和恩格斯的理论探索和革命实践，解释包括历史唯物主义在内的马克思主义哲学的核心要义，解释《共产党宣言》的结构和内容，了解科学社会主义的核心观点，解释以剩余价值论为主体的马克思主义政治经济学，以此为基础认识马克思主义的特性、强大的生命力和伟大历史意义；习得紧扣核心问题及建构逻辑关联以突破理论学习难点、内化理论概念的方法；习得将历史事件置于历史发展的纵深，完整、准确掌握科学理论体系的方法，提升思维深度；认同唯物史观的基本原理和方法；体悟思想家、革命家马克思和恩格斯的探索、创新与实践精神，感受他们的坚韧与智慧。

环节4：国际工人运动的发展

出示文字史料（资料附录8），提问：马克思和恩格斯在《共产党宣言》中为何会作出这样的论述？解释马克思和恩格斯论断社会主义取代资本主义是历史的必然，然而资产阶级不会自动退出历史舞台。而各国无产阶级有着共同的敌人、共同的命运、共同的斗争目标、共同的历史使命，无产阶级必须通过国际联合开展推翻资产阶级统治的革命斗争，因此《共产党宣言》发出"全世界无产者，联合起来"的号召。说明这是国际工人协会及"第一国际"成立的背景。简介第一国际的基本概况、组织纲领和历史意义，从建立无产阶级政权的角度突出马克思主义指导下的"第一国际"与巴黎公社成立的关系。

简述巴黎公社成立的过程，提问：为何说巴黎公社是历史上第一个无产阶级政权？阅读课文正文以及"学思之窗"栏目，指导学生解析巴黎公社的措施，体会其无产阶级属性。再问：巴黎公社为何迅速失败？巴黎公社有何经验与教训？出示文字史料（资料附录9—11），了解巴黎公社的实践丰富了马克思主义的学说，证明了无产阶级专政学说的正确性。了解巴黎公社失败后马克思和恩格斯对"国家机器"问题进行了持续探讨。讲解在总结巴黎公社经验与教训的基础上，马克思和恩格斯进一步完善了科学社会主义的理论架构，指明了未来社会主义运动的发展方向：必须打破旧有的国家机器，建立自己的新国家，实行无产阶级专政。

> **设计意图**：基于史料信息，简析"第一国际"和巴黎公社的革命实践经验与教训，进一步理解马克思主义理论体系在国际工人运动革命实践中不断发展的规律，体悟社会主义运动的发展方向。

环节5：小结

概述马克思和恩格斯在进行深刻的理论研究的同时，亲身参加和领导国际共产主义运动，建立无产阶级革命组织，指导国际无产阶级革命斗争，总结无产阶级革命斗争的历史经验，在理论和实践相统一的基础上创立了马克思主义的过程。阐述马克思主义的诞生是人类思想史上的伟大革命，第一次确立了科学的世界观和方法论，为世界无产阶级革命运动指明了正确的方向和道路。提问：马克思主义如何随着社会的变迁、科技的进步和世界格局的演变而发展、完善？马克思主义如何与时代及各国的具体实际相结合，指导世界无产阶级革命运动从一国走向多国？说明这些问题将在后续学习中加以探讨。

设计意图：指导学生概述所学内容，深化对马克思主义世界意义的理解和认同，凸显教学立意；预设问题承上启下，为后续学习做铺垫。

【板书设计】

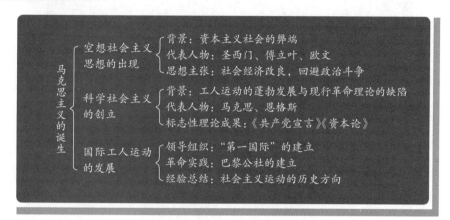

【资料附录】

1. 那是最好的年月，那是最坏的年月，

那是智慧的时代，那是愚蠢的时代，

那是信仰的新纪元，那是怀疑的新纪元，

那是光明的季节，那是黑暗的季节，

那是希望的春天，那是绝望的冬天，

我们将拥有一切，我们将一无所有，

我们直接上天堂；我们直接下地狱。

——（英）查尔斯·狄更斯著，石永礼等译.双城记，[M].北京：人民文学出版社，1996：1.

2. 1803 年，（英国）最富裕的 1.4% 的家庭取得国民总收入的 15.7%，到 1867 年，0.07% 的家庭就取得 16.2% 的国民总收入。

1833 年，埃尔德莱有一个织工，一家 7 口，4 个人工作……他们的伙食是：早上喝粥，中午土豆拌盐，晚上也是这样，最多加一点麦片粥。

——钱乘旦.英国工业革命中的人文灾难及其解决 [J].中国与世界观察，2007（1）：32—33.

19 世纪初矿工在矿井中干活

——钱乘旦、许洁明著 . 英国通史［M］. 上海：上海社会科学出版社，2002：236.

格拉斯哥贫民窟

——（英）马尔萨斯著 . 人口原理：插图本［M］. 兰州：敦煌文艺出版社，2007：186.

3.

"卢德分子"破坏工厂机器的场景

——［EB/OL］. https：//baike.sogou.com/v7805825.htm.

4. 1837年6月，"伦敦工人阶级协会"拟定了一份呈送议会要求普选权的请愿书，提出了6点要求：（1）普选权——凡年满21岁、精神正常而又未判过刑的男子均有选举权；（2）选区平均分配——把全国划分为人口大致相等的300个选区，每个选区选出1名议员；（3）秘密投票——以保障选民充分行使其投票权；（4）议员不应有财产资格限制——各选区选举他们所爱戴的人，不论贫富；（5）议员支薪——以使诚实的商人、工人和其他人能离职充当其选区代表；（6）议员每年改选——以防止贿赂、恫吓以及议员违抗、出卖选举人等事件发生。

　　—— 王斯德主编，沐涛、李宏图等著．世界通史（第三版）第二编·工业文明的兴盛——16—19世纪的世界史．上海：华东师范大学出版社，2020：168—169.

5. 里昂的工人们以为自己追求的只是政治的目的，以为自己只是共和国的战士。可是事实上他们却是社会主义的战士。

　　—— 中共中央马克思恩格斯列宁斯大林著作编译局编译．马克思恩格斯全集（第一卷）[M]．北京：人民出版社，1956：486.

6. 两者（傅立叶和欧文）都相信社会组织应当以小的地方团体为基础……他们都认为，应当进行合作而不是竞争，而且他们明确反对阶级斗争。

　　—— 赵立行著．世界文明史讲稿（修订版）[M]．上海：复旦大学出版社，2017：352.

7.《共产党宣言》内容节选

……资产者彼此间日益加剧的竞争以及由此引起的商业危机，使工人的工资越来越不稳定；机器的日益迅速的和继续不断的改良，使工人的整个生活地位越来越没有保障；单个工人和单个资产者之间的冲突越来越具有两个阶级的冲突的性质。工人开始成立反对资产者的同盟；他们联合起来保卫自己的工资。

……

资产阶级无意中造成而又无力抵抗的工业进步，使工人通过结社而达到的革命联合代替了他们由于竞争而造成的分散状态。于是，随着大工业的发展，资产阶级赖以生产和占有产品的基础本身也就从它的脚下被挖掉了。它首先生产的是它自身的掘墓人。资产阶级的灭亡和无产阶级的胜利是同样不可避免的。

……

共产党人不屑于隐瞒自己的观点和意图。他们公开宣布：他们的目的只有用暴力推翻全部现存的社会制度才能达到。让统治阶级在共产主义革命面前发抖吧。无产者在这个革命中失去的只是锁链。他们获得的将是整个世界。

全世界无产者，联合起来！

—— 中共中央马克思恩格斯列宁斯大林著作编译局译.共产党宣言［M］.北京：人民出版社，1997：36、39—40、62.

8. 现代的工业劳动，现代的资本压迫，无论在英国或法国，无论在美国或德国，都是一样的，都使无产者失去了任何民族性。

—— 中共中央马克思恩格斯列宁斯大林著作编译局编译.共产党宣言［M］.北京：人民出版社，1997：38.

9. 现代工业的进步促使资本和劳动之间的阶级对立更为发展、扩大和深化。与此同步，国家政权在性质上也越来越变成了资本借以压迫劳动的全国政权，变成了为进行社会奴役而组织起来的社会力量，变成了阶级专制的机器。

—— 中共中央马克思恩格斯列宁斯大林著作编译局译.马克思恩格斯选集（第三卷）［M］.北京：人民出版社，1995：372.

10. 公社"浪费了宝贵时间"去组织民主选举，而不是迅速地消灭凡尔赛军，是一件非常遗憾的事情。法兰西国家银行就位于巴黎市，存放着数以十亿计的法郎，而公社却对此原封不动也未派人保护。

—— 王立柱、张伟主编.资本来到人间 社会主义从空想到现实［M］.天津：天津人民出版社，2012：132.

11. 公社已经证明："工人阶级不能简单地掌握现成的国家机器，并运用它来达到自己的目的。"（见《法兰西内战。国际工人协会总委员会宣言》德文版第19页，那里把这个思想发挥得更加完备。）

—— 中共中央马克思恩格斯列宁斯大林著作编译局译.共产党宣言［M］.北京：人民出版社，1997：4.

第12课
资本主义世界殖民体系的形成

15—19世纪是人类社会从分散的区域历史向整体的世界历史转折的时期，也是工业文明从孕育到扩展至全球的时期。率先进入工业文明并占得发展先机的西方列强以武力侵略、经济操控、政治统治等殖民扩张的方式，将亚非拉地区大部分国家变为其殖民地和半殖民地，形成西方国家主导的资本主义世界殖民体系，深刻影响了20世纪的世界格局。

梳理资本主义国家殖民侵略亚非拉地区的基本史事和进程，了解资本主义世界殖民体系形成过程中呈现的区域性和时段性特征；基于解释了解资本原始积累、工业革命的发展是西方国家殖民扩张的根本动因，深化对唯物史观的理解；了解西方殖民主义罪恶，认识殖民体系的演变与世界格局的变化、殖民地国家发展走向之间的关联。

重点：西方列强在亚非拉地区殖民扩张的史事、资本主义世界殖民体系形成的过程。

难点：资本主义世界殖民体系对人类社会及世界历史的影响。

环节1：导入

1492年10月12日，哥伦布踏上了美洲大陆。为纪念这一历史事件，西班牙将10月12日定为国庆日。然而，委内瑞拉却从2002年开始把10月12日称作"原住民抵抗日"。为什么西班牙和委内瑞拉赋予"10 月 12 日"不同的纪念意义？启发学生了解：对美洲而言，哥伦布的到来开启了被殖民的历程，1492 年是美洲历史剧变的起点。明确新航路开辟后，亚非拉地区逐渐被西方资本主义国家强行纳入世界整体化的进程，资本主义世界殖民体系开始形成。由此导入新课。

> **设计意图：** 通过叙事，了解立场不同会导致历史认识的差异，在思考新航路开辟对欧洲、拉丁美洲不同影响的过程中导入新课。

环节 2：拉丁美洲的殖民地化

联系第 5 课所学，回顾美洲印第安文明的主要成就，加深对欧洲殖民者到来之前美洲印第安文明独特性的认识。联系第 7 课"教皇子午线示意图"，对照本课所示历史地图"列强在拉丁美洲的殖民地（18 世纪晚期）"，梳理西班牙和葡萄牙在美国以南美洲地区的扩张争夺过程。识读依据"教皇子午线"划定的西班牙占领区和葡萄牙控制区，了解教皇子午线是近代殖民列强瓜分世界、划分势力范围的开始。提问：古老美洲的命运发生了怎样的改变？出示文字史料（资料附录 1），了解由于欧洲殖民者的入侵、屠杀以及疫病的肆虐导致美洲原住民人口数量在短时间内骤减，中美洲人口数在 16 世纪下降了 90%—95%，南美洲安第斯地区的人口下降了 70%。指出其影响是灾难性的，土著居民的大灭绝使古老、原生的美洲文明遭到毁灭，中美洲及以南地区原来的社会、政治和宗教组织崩溃，其独特的社会发展进程就此中断，同时欧洲殖民者大量移民美洲，成为美洲居民的主体。再问：西班牙、葡萄牙是如何将其控制的美洲地区殖民地化的？其一，政治方面。指导学生阅读课文，了解西班牙和葡萄牙设置了总督制度的殖民政府，总督代表国王行使各项权力。补充西班牙还设立了检审庭辖区，以监督总督等各级官吏，解释检审庭后来发展为行政实体，成为日后独立国家的前身。强调西班牙通过建立殖民政府进行政治、经济控制成为后来欧洲各国殖民统治的模板。说明由于具体方式的差异，葡萄牙对巴西的统治管理不及西班牙，相对而言巴西拥有较大的自治权。续问：英国对北美的统治与西葡两国对中南美洲的统治有何不同？基于讨论启发学生认识：英国在北美拓殖的一百多年里，本土也经历了资产阶级革命，确立了君主立宪政体。同时英国在主要由欧洲移民构成的北美社会施行殖民地议会自治管理方式，客观上培植了北美资本主义的民主基因和独立意识。而当时的西班牙和葡萄牙还是君主专制国家，它们在美洲的殖民地并非完全的移民殖民地，因而在中南美洲通过实行专制统治以加强管理。通过比较，了解今美国与美国以南美洲地区社会发展状况迥异的历史根源。其二，经济方面。出示文字史料（资料附录2），结合课文导语及绘画"18世纪秘鲁金银矿的作业场面"，了解西班牙奴役印第安人大肆开采、攫取美洲金银财富的概况，指出这是当时西欧普遍奉行重商主义政策的体现，促进了欧洲资本原始积累，但加剧了美洲的贫困，阻滞了美洲社会的发展。回顾第7课所学，了解西班牙和葡萄牙将种植园的经营模式从欧洲输入到加勒比海地区以及美洲其他地区，种植园采用役使黑人奴隶劳作的方式；美洲种植园的主要产品蔗糖输往欧洲，成为西葡两国尤其是葡萄牙的主要财富来源。补充为了保护宗主国的利益，西班牙和葡萄牙还采取限制殖民地经济发展的各项措施，由此产生的后遗症是中南美洲经济的单一性和长期的滞后性。其三，人文方面。指导学生阅读课文注脚，了解"拉丁美洲"名称的由来。概述美洲经历了从"非洲化"到"欧洲化"的过程，了解欧洲移民包括葡萄牙人、西班牙人、意大利人、法国人、德国人等以及17至19世纪被当作奴隶从非洲运入的黑人，改变了中美洲及南美洲的族群结构。出示文字史料（资料附录3），理解"欧洲化"的深层含义，即将欧洲的宗教、文化、生活方式引入美洲，构建以欧洲为模板、受欧洲控制抑或影响的社会。了解拉丁美洲的殖民地化实则是印第安文明被欧洲文明取代的过程。

　　过渡：1498年达·伽马开辟大西洋到印度的新航线，开启了东西方的新联系。随着新的海洋时代的到来，西方殖民主义者用坚船利炮轰开了古老亚洲的大门。

> **设计意图：**解释拉丁美洲殖民地化的原因和表现，习得立足政治、经济和人文等多个视角分析与比较历史现象、全面认识历史的方法，提升叙史能力。

　　环节3：亚洲沦为殖民地半殖民地

　　按时段叙述亚洲沦为殖民地半殖民地的过程：16世纪西班牙和葡萄牙在亚洲的早期殖民活动；17—18世纪欧洲国家扩大在亚洲的殖民侵略；19世纪以后西方列强

在深度和广度上加紧在亚洲的殖民扩张步伐。

对照相关历史地图，识读 16 世纪西班牙和葡萄牙在亚洲的殖民侵略范围。联系第 7 课所学，在历史地图上标识锡兰、果阿、马六甲、摩鹿加群岛的位置，简述葡萄牙人通过在上述地方建立贸易据点，控制商路，获得了垄断性的商业利润。了解 16 世纪中期葡萄牙人以贿赂方式获得了在中国澳门的租住权，澳门成为葡萄牙在东亚的贸易中心。结合地图简介西班牙人随后凭借麦哲伦首次横渡太平洋的探航，建立了连接菲律宾和墨西哥的跨太平洋贸易，并在菲律宾建立了殖民据点。提问：这一时期西班牙和葡萄牙的殖民活动呈现怎样的特征？引导学生基于史事概括：建立商业据点，控制商路，垄断商贸。再问：呈现如此特征的原因是什么？立足欧、亚两洲的社会发展状况启发学生思考：当时的西欧还处于资本原始积累时期，西班牙和葡萄牙等国在经济水平与规模、国家治理等方面远不及历史更为悠久的亚洲文明大国，因此实力有限，不具备大规模占领土地和深入侵略的条件。理解在交通要冲建立据点，以敲诈勒索的手段控制商路并垄断商贸，以攫取金银财富为主要目的，更符合西欧国家奉行的重商主义经济政策和实际情况。说明此种现象在当时只有 150 万人口的葡萄牙更甚。

对照相关历史地图，了解 17—18 世纪欧洲国家在亚洲的殖民侵略范围，解释"扩大"不单指地域的扩大，还指向在亚洲殖民侵略的欧洲国家增多了，比如荷兰、英国和法国加入殖民侵略的行列并成为殖民侵略的主角。其一，关于荷兰。了解荷兰原为西班牙的殖民地尼德兰，尼德兰革命后建立了独立的荷兰共和国。在地图上标识 17 世纪"海上马车夫"荷兰在亚洲的殖民区域，简述荷兰致力于海外殖民掠夺的史事：在东南亚的印度尼西亚爪哇岛建立殖民据点巴达维亚，成立荷兰东印度公司，随后占领整个印度尼西亚；从葡萄牙人手中夺取马六甲、锡兰；一度侵占中国台湾，在日本长崎取得商业据点。提问：17 世纪荷兰殖民活动有何特点？出示文字史料（资料附录 4），基于信息，了解 17 世纪的荷兰是当时最发达的资本主义国家，掌握海洋霸权、支配各国贸易成为其殖民掠夺的主要方式，由此，17 世纪的荷兰执世界贸易之牛耳。其二，关于英国。聚焦 17 世纪初英国对印度的殖民侵略以及英、法对印度的争夺。概述英国早期殖民扩张的特点之一是海盗式抢劫与商业贸易相结合，成立皇家特许贸易公司，代行政府之权进行海外商业殖民活动，其中，英国东印度公司获得了专享从事亚洲贸易的特权。了解 17 世纪初至 18 世纪上半叶英国东印度公司海外商业活动与荷兰等国相似，即建立商站和据点。出示文字史料（资料附录 5），提取信息并阅读课文，明确 18 世纪中期以后英国东印度公司征服印度的方式发生了变化：以武力直接占领大面积土地、控制财税以控制印度的经济等。提问：为何会产生这样的变化？联系第 9 课所学英国工业革命，解释率先开启工业革命进程的英国需要为其大机器生产占领和扩大原料产地及商品市场，建立贸易据点已不能满足英国工业加工扩容的需要；工业革命提升了英国的军事征服能力，为其通过殖民战争建立广阔的殖民地提供了物质技术条件。进而理解英国与法国在印度、在北美频发争夺殖民地的战争的背景和目的，即为使其工业品驰骋世界而争夺世界霸权。对照历史地图，结合地缘政治，标识同期英、法、俄在西亚奥斯曼帝国和伊朗进行殖民争夺的概况。

　　观察课文所示地图"列强在亚洲的殖民地和势力范围（19 世纪末 20 世纪初）"，指导学生制作表格整理史事，了解 19 世纪末 20 世纪初，已实现工业化的西方列强，为了占有更广大的原料产地、商品市场和投资场所，在深度和广度上加紧对亚洲殖民扩张的概况。在南亚，19 世纪中期，英国几乎完成了对整个印度的殖民征服。在东南亚，英国占领缅甸和马来半岛大部分；法国侵占越南、柬埔寨、老挝；美国取代西班牙占领菲律宾。在东亚，以英国为代表的西方国家不断发动对中国的侵略战争，通过构建不平等条约体系使中国逐步沦为半殖民地半封建社会。由此形成了西方控制下的亚洲殖民地格局。

> **设计意图**：基于历史时空梳理亚洲沦为殖民地半殖民地的过程，习得运用历史地图信息解释历史问题和历史现象的方法；聚焦荷兰和英国，运用分析、综合、归纳和比较的方法解释西方国家殖民侵略方式的差异性、多样性及原因；了解工业革命是 19 至 20 世纪西方殖民扩张的动因，深化唯物史观关于经济基础原理的认识。

环节 4：西方列强瓜分非洲

　　简述广袤的非洲大陆是人类的起源地，孕育了独特的非洲文明。了解非洲离欧洲最近，也是欧洲殖民者最先到达的大陆。15 世纪以来欧洲殖民者的侵略深刻改变了非洲的历史进程。指导学生按"15 世纪至 19 世纪前期""19 世纪中后期至 20 世纪初"的时段整理非洲的殖民地历史。

说明 15 至 19 世纪前期四百年欧洲殖民非洲的历史，其大部分时段处于工业革命之前。联系第 7 课所学，了解这一时段欧洲殖民非洲的主要特征是在西非和东非沿海建立据点，从事在非洲、欧洲和美洲之间的商品以及黑奴交换的三角贸易。出示文字史料（资料附录 6），基于信息认识奴隶贸易的残酷性，不仅使非洲丧失了发展经济的大量劳动力，而且以黑猎黑的方式产生了难以消除的后遗症，引发了非洲族群之间的世仇，对非洲造成了灾难性破坏，严重制约了非洲社会的发展。出示文字史料（资料附录 7），以英国为重点了解欧、美等西方国家从三角贸易中牟取了丰厚的原始资本，推动了其资本主义工商业的发展。提问：奴隶贸易为何在 19 世纪初期逐渐废止？启发学生从工业革命期间生产方式变革的角度思考原因：工业革命采用大机器生产，需要自由的、有一定技能的劳动力，而奴隶劳动的技术含量较低，比较适合大种植园经济。再则，工业革命的发展虽使大量的欧洲手工业者和农民破产失业，但另一方面也可弥补因奴隶贸易废止而导致的劳动力紧缺问题；工业革命迅速提升生产能力，工业资产阶级需要更多的原料产地和商品市场，因而占领非洲扩大殖民地，输出资本就地利用非洲的劳动力和资源，是能够产出更多利润、更有效的剥削方式。理解奴隶贸易在经济上已经不划算了。由此过渡至 19 世纪中后期至 20 世纪初的非洲殖民地史。

讲述 19 世纪中后期至 20 世纪初随着工业革命的深入发展，已实现工业化的欧洲国家发起对非洲的全面殖民入侵。其一，对照相关历史地图，叙述欧洲列强对与欧洲传统外交战略密切相关的、位于地中海之滨的北非地区的殖民战争。了解由于埃及和苏伊士运河重要的战略地位，英、法争夺苏伊士运河，最终英国占领整个埃及，并向埃及以南的苏丹扩张；法国在将阿尔及利亚变为其殖民地后，占领了突尼斯和摩洛哥。其二，讲述欧洲列强对撒哈拉沙漠以南地区的侵略。首先，了解以大卫·利文斯顿为代表的欧洲探险家对非洲内陆的持续探险，逐渐揭开了非洲腹地的神秘面纱，为欧洲列强的瓜分活动奠定了基础、提供了资料。其次，了解同时期西方国家的第二次工业革命正在深入进行，逐渐由自由资本主义阶段发展到垄断资本主义阶段即帝国主义阶段，交通和通信的发达，苏伊士运河和巴拿马运河的开通，资本主义贸易金融系统的完善，极大地推动了以资本输出为主要形式的全球殖民扩张。简述为了独占更广面积的原料产地、商品市场和投资场所，帝国主义国家掀起瓜分世界的狂潮。强调"资本输出""瓜分"是这一时期西方列强殖民侵略的主要方式和特点。以上述两方面为背景，突出欧洲国家在瓜分非洲过程中的矛盾斗争。解释课文所示"英国殖民者在非洲的野心"的图像信息，简介英国"二C"计划、法国"二S"计划和德国斜贯非洲大陆计划及其"三B"计划，指出英德两国的冲突呈现白热化。提问：列强如何缓解瓜分引发的矛盾？指导学生阅读课文"史料阅读"栏目的文字史料，了解柏林会议的内容、"有效占领"的原则以及"地图上作业"的实质，解答"思考点"栏目所问非洲大多数国家国界平直的原因，认识其符合"瓜分"的特征，进而明确柏林会议是帝国主义的分赃会议，为帝国主义国家在非洲的殖民活动提供了"总议定书"等所谓的"国际法"依据。了解柏林会议后不久，非洲很快被瓜分完毕。说明至1914年第一次世界大战爆发前，除利比里亚和埃塞俄比亚两国没有沦为欧洲的殖民地，非洲几乎整体殖民地化。

> **设计意图**：基于历史时空梳理非洲沦为殖民地的历史，在建立非洲历史与非洲现实的关联中感受奴隶贸易的罪恶；联系工业革命后资本主义发展的特点，解释19世纪初奴隶贸易废止以及19世纪末20世纪初欧洲列强全面瓜分非洲的原因；基于欧洲列强因瓜分非洲而产生的种种矛盾冲突，初步了解资本主义世界体系的不平衡性和不稳定性，培养基于历史时空的格局观。

环节5：资本主义世界殖民体系的形成

阅读课文及所示"1914年欧洲部分列强占有的殖民地统计表"，基于数据信息了解19世纪末20世纪初亚洲、非洲和拉丁美洲殖民地化的程度和特点，理解"资本主义殖民体系最终形成"的含义。进而思考：驱动资本主义世界殖民体系最终形成的原因是什么？启发学生从工业革命推动资本主义发展到垄断阶段、殖民侵略方式从商品输出发展到资本输出的角度来解释其原因。

提问：资本主义世界殖民体系的形成对世界历史发展带来怎样的影响？回顾第7课所学"近代世界格局初现"一目，基于"欧洲区域文明逐渐成为全球财富和权力的中心，突破了古代基于地域的相对分散和平衡、相对独立发展的多元文明格局，在海路可以达到的范围内影响着世界格局的演变"的史识，出示文字史料（资料附录8—9），组织学生开展讨论，通过交流表达认识：一是世界殖民体系的建立使西方列强以外的世界其他地区和国家成为西方的原料产地、商品市场和投资场所，形成受西方国家控制、有利于西方经济发展的资本主义世界市场。以此为基础，西方列强还控制了殖民地半殖民地国家的政治与文化，深刻影响着这些国家的社会历史发展进程。由此理解资本主义世界体系最终形成，虽然加速了世界整体化进程，但欧美列强是这一进程的主导，其他地区则处于被动、附庸的地位。二是解析马克思关于殖民侵略"双重使命"的观点。出示文字史料（资料附录10），指导学生阅读马克思的《不列颠在印度统治的未来结果》一文，体会文章关于"破坏的使命"和"重建的使命"的解释：从殖民侵略和统治所带来的灾难、传统文明的毁灭来认识其"破坏性"，从殖民统治在客观上给殖民地半殖民地带来向现代社会转型的革命因素认识其"建设性"，通过阅读理解"学习拓展"栏目提供的马克思的论述，进一步全面、完整地认识马克思关于欧洲殖民者"充当了历史的不自觉的工具"的辩证观点。三是了解由于资本主义列强之间政治、经济发展的不平衡，导致其在争夺殖民地和瓜分世界的过程中矛盾重重，因而资本主义世界体系是不稳定的，孕育着更大的冲突。

> **设计意图**：深入探讨和解释资本主义世界殖民体系的形成对世界历史发展带来的影响，习得以多元视角辩证、客观地分析历史现象的方法；了解19世纪末20世纪初资本主义世界体系的特征，为第七单元教学做铺垫。

环节6：小结

基于结构板书，呈现资本主义世界殖民体系形成的过程及框架，进而呈现教学立意以加深对这一历史现象的宏观认识。

> **设计意图**：基于历史时空，梳理并建构知识体系的逻辑联系，呼应教学立意。

【板书设计】

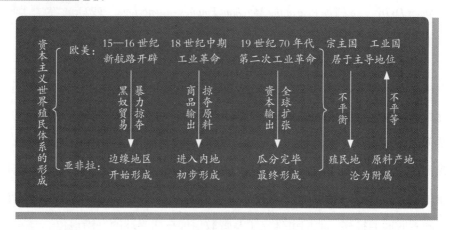

【资料附录】

1. 墨西哥中部印第安人口数量变化情况：

   1519 年　2500 万

   1523 年　1700 万

   1580 年　200 万

   1630 年　75 万

   ——整理自（英）贝瑟尔主编，李道揆等译．剑桥拉丁美洲史（第 2 卷）[M]．北京：经济管理
   出版社，1997：4．

   自征服伊始至拉美独立国家产生这三百年间……不仅玛雅人、阿兹特克人和印加
   人创造的富庶的文明遭到了毁灭，而且在各个地区土著文化都被连根拔除。

   ——（美）菲利普·李·拉尔夫、罗伯特·E.勒纳等著，赵丰等译．世界文明史（上卷）[M]．
   北京：商务印书馆，1998：883．

2. 在 1525 年以前，有 23000 至 27000 公斤黄金用船运到西班牙。随着对阿兹特克帝
   国的征服，黄金的出口在 16 世纪 50 年代达到顶点，登记的黄金出口额一年超过
   4200 公斤。到 16 世纪 30 年代初，估计一年的黄金的出口接近 23000 公斤，16 世

纪 40 年代一年黄金的出口达到 10500 公斤。

—— *James D. Tracy, ed. The Rise of the Merchant Empires*（*Cambridge, 1990*）, *p. 78.* 转引自沈汉.
世界史的结构和形式［M］.北京：生活·读书·新知三联书店，2013：286.

3. 欧洲移民潮水般涌入西半球，同当地美洲土著居民和从非洲引进的奴隶共同生活，
   相互影响。在整个美洲，欧洲人、美洲人和非洲人的个体之间发生了密切的联系，
   很快便出现了梅斯蒂索人种。欧洲人和他们有欧洲血统的欧裔美洲后代逐渐统治
   了美洲的政治和经济事务。他们开掘稀有的贵重金属，种植甘蔗和烟草等具有较
   高价值的经济作物，猎取毛皮动物来供给市场，满足欧洲和亚洲消费者贪婪的需
   求。随着时间的推移，他们也确立了基督教信仰在西半球的垄断地位。

   ——（美）杰里·本特利、赫伯特·齐格勒著，魏凤莲等译.新全球史（第三版）（下）［M］.北
   京：北京大学出版社，2007：715.

4. 占领了印度尼西亚群岛的荷兰人并不急于传播基督教，相反，他们集中精力从
   事香料贸易，特别是丁香、肉豆蔻和豆蔻衣。荷兰政策的制定者是杰恩·彼得
   逊·库恩，1619 年，他在爪哇岛上建立了巴达维亚作为联合东度公司的贸易中
   心。巴达维亚占据了巽他海峡附近的一个战略要地，吸引着来自中国和马来的商
   船。库恩的计划是建立联合东印度公司对香料生产和贸易的垄断专营，这样荷兰
   商人就可以在欧洲市场上赚取巨额利润。在狭小的印度尼西亚群岛上，库恩布置
   了他的海军，迫使当地人把香料只卖给联合东印度公司的商人。在大一些的岛屿
   上，像爪哇，他利用土著王公之间的紧张关系，为某一方提供援助对抗其他各方，
   以便能够得到很多回报。到了 17 世纪晚期，联合东印度公司控制了爪哇的全部港
   口以及印度尼西亚群岛的大部分重要香料产地。

   荷兰的人口太少，无法直接统治他们的整个东南亚帝国。他们与土著政权联盟来
   确保大部分地区的秩序，只是在巴达维亚以及重要的香料产地，如丁香产地安汶
   与班达，才实行直接的统治。比起政治统治来，他们更在意对香料生产的控制。
   荷兰人并没有为了增加土地财产的目的而发动征服战争，他们要做的是根除那些
   长在他们无法控制的岛屿上的香料，若是有人不把香料卖给联合东印度公司的商

人，荷兰人就会毫不留情地对其发动进攻。香料贸易的利润不仅使联合东印度公司异常富有，也使尼德兰成为 17 世纪欧洲最繁荣的国家。

——（美）杰里·本特利、赫伯特·齐格勒著，魏凤莲等译．新全球史（第三版）（下）［M］．北京：北京大学出版社，2007：653.

5.（1757 年普拉西战役）最终英国方面赢得了胜利，并获得了在孟加拉地区的自由通商权等。……（英国东印度公司）于 1764 年再次出军，布克萨尔战役爆发。结果，东印度公司获得了这里的 "dewan"。

"Dewan" 指执掌征税和财政事务的大臣的权力。而就在 1765 年，莫卧儿帝国的皇帝将孟加拉、比哈儿、奥里萨这三地的征税权都授予了东印度公司。

……

……但实际上，通过获得财政税收权，东印度公司开始向完全控制孟加拉政治的方向迈出了第一步。

——（日）浅田实．东印度公司［M］．北京：社会科学文献出版社，2016：149—151.

在此之前（1757 年普拉西战役），东印度公司一直未能改变长久以来通过从本国输出白银来购买印度棉织物和中国茶叶的贸易模式。然而，在获得财政税收权之后，输出白银的必要性随之消失了，贸易收支问题也迎刃而解。

但这一现象同时也意味着，东印度公司没有一如既往停留在纯粹的贸易公司、商业公司的定位。虽然它保持了商业公司的称谓，但实际上已经转变为一种同时进行殖民统治的综合性商社，或是一种具有更多职能的机构。

……

……（1757 年普拉西战役）英国东印度公司军队的总指挥——克莱武，首次雇用了印度士兵参与战争。……这些印度佣兵多出身于印度社会中身份较高的阶层。……印度佣兵，就是以先锋兵的身份出现在东印度公司征服印度的这场战争中的。

……

迈索尔战争、马特拉战争等英国征服印度的战争就是由东印度公司军完成的。可以说，东印度公司已经彻底不是什么商业公司了，它转变成了一个为政府承揽殖民统治的承包公司。

—— （日）浅田实 . 东印度公司［M］. 北京：社会科学文献出版社，2016：170—171、174.

6. 如果把捕获奴隶时的死伤，经非洲各地陆运过程中的损失，漂洋过海时的死亡等因素都考虑进去，在四个世纪的大西洋奴隶贸易中，非洲损失的人口可达 2 亿 1 千万人口。

—— 联合国教科文组织编，黎念等译 . 15—19 世纪非洲的奴隶贸易［M］. 北京：中国对外翻译出版公司，1984：213.

7. 1750 年以前，英国的每一个贸易市镇或者工业市镇没有不和三角贸易或者殖民地的直接贸易发生关系的。从这些贸易中获得的利润是英国资本积累的主要渠道之一，为英国的工业革命提供了资金。

—— （特立尼达-多巴哥）艾里克·威廉斯著，陆志宝等译 . 资本主义与奴隶制度［M］. 北京：北京师范大学出版社，1982：49.

8. 1880 年时，我们所面对的不完全是一个单一的世界，而是一个由两部分所合成的全球体系：一部分是已开发的、具有主宰性的、富有的；另一部分是落后的、依附的、贫穷的……

……

19 世纪 80 年代，欧洲不仅是支配和改变世界的资本主义发展核心，同时也是世界经济和资本主义社会最重要的组成部分。

—— （英）霍布斯鲍姆著，贾士蘅译（第 2 版）. 帝国的年代（1875—1914）［M］. 北京：中信出版集团，2017：18—21.

9. ……国际贸易在 1720—1730 年扩大了一倍多（国际贸易在此指的是欧洲人眼中这个时期所有国家全部进出口统计的总和）。在双元革命时期（1780—1840），世界市场扩大了三倍多，虽然以我们现代的标准来衡量，这个数字相当一般。……在 19 世纪 70 年代，西方主要大国之间，每年大约有 8800 万吨的海上贸易运输。相比之下，1840 年只有 2000 万吨——其中主要货物的比例是：煤 3100 万吨对 140 万吨，粮食 1120 万吨少于对 200 万吨，铁 600 万吨对 100 万吨。其中也包括石油这种要到下个世纪才显出其重要性的货物，1840 年前，海外贸易当中还看不到石油的影子，但 1870 年时，已有 140 万吨。

让我们更具体地看看，原本各自分离的世界是如何逐步联系成紧密的网络。英国在 1848—1870 年间，输往土耳其和中东的出口总额，从 350 万英镑直线上升到将近 1600 万英镑；输往亚洲从 700 万英镑上升到 4100 万英镑（1875 年）；输往中美和南美从 600 万英镑上升到 2500 万英镑（1872 年）；输往印度从大约 500 万英镑上升到 2400 万英镑（1875 年）；输往澳大利亚从 150 万英镑上升到将近 2000 万英镑（1875 年）。换句话说，在 35 年间，世界工业化程度最高的国家与最遥远或者说最落后地区的贸易额，足足增加了 6 倍。即使与今日相比相去甚远，但就纯数量而言，已远远超出前人所能想象的。联结世界各地的网络明显正在绷紧。

……

由此看来，人们对世界的了解，在 1875 年时比以前的任何时候都多得多。甚至在国家的层级上，详细的地图（绝大多数是为军事目的而制）已可在许多先进国家中看到。……然而，比单是了解世界更为重要的是，即使是世界最偏远之地，如今也已开始被先进的交通、通信工具联系在一起，这些工具运营有序，有能力运送大批的货物和人员，尤其是速度快捷，这些方面都是前所未有的，它们包括：铁路、汽船、电报。

……

然而，正在绷紧的国际经济网，甚至也把那些地理上极其遥远的地区拉入整体世界之中，使两者之间产生直接而不仅是字面意义上的联系。对此发挥重要作用的不单是速度——虽然日益增长的业务量的确产生了加快速度的要求——而且还有影响的范围。……

——（英）艾瑞克·霍布斯鲍姆著，张晓华等译（第 2 版）. 资本的年代（1848—1875）[M]. 北京：中信出版集团，2017：56—59、69.

10. 的确，英国在印度斯坦造成社会革命完全是受极卑鄙的利益所驱使，而且谋取这些利益的方式也很愚蠢。但是问题不在这里。问题在于，如果亚洲的社会状态没有一个根本的革命，人类能不能实现自己的使命？如果不能，那么，英国不管犯下多少罪行，它造成这个革命毕竟是充当了历史的不自觉的工具。

—— 中共中央马克思恩格斯列宁斯大林著作编译局编译. 马克思恩格斯文集（第二卷）[M]. 北京：人民出版社，2009：683.

英国在印度要完成双重的使命：一个是破坏的使命，即消灭旧的亚洲式的社会；另一个是重建的使命，即在亚洲为西方式的社会奠定物质基础。

—— 中共中央马克思恩格斯列宁斯大林著作编译局编译. 马克思恩格斯文集（第二卷）[M]. 北京：人民出版社，2009：686.

第13课
亚非拉民族独立运动

教学立意 ▌▌▌

18世纪末至20世纪初，亚非拉民族独立运动浪潮迭起，这既是对西方殖民统治和奴役的反抗，又是对自由、民主、平等社会的追求。历史文化传统与现实条件的差异使亚非拉民族独立运动呈现多样性特征，但都起到了推动了亚非拉社会转型和历史进步的作用。

教学目标 ▌▌▌

知道19世纪初拉丁美洲从殖民地走向民族国家的过程，了解19世纪末非洲抗争的重大史事；基于印度国大党斗争等史事，理解列宁关于"亚洲的觉醒"的历史内涵；习得基于分析、综合、比较的方法探究亚非拉民族独立道路和形式多样性的成因，基于西方殖民主义对亚非拉社会历史进程的双重影响理解历史的复杂性和多面相；感悟历史人物在特定历史时期的关键作用。

重点难点 ▌▌▌

重点：历史文化传统与现实条件差异造成亚非拉民族独立运动的多样性。

难点：殖民主义对亚非拉社会历史进程的复杂影响。

教学过程 ▌▌▌

环节1：导入

基于新航路开辟的相关历史地图，简述：1415年，葡萄牙国王若奥一世侵占非洲摩洛哥的休达城；1492年哥伦布首航美洲登上西印度群岛；1498年达·伽马船队到达印度卡利卡特。欧洲人在亚非拉地区用血与火书写着殖民扩张的编年史。而亚非拉人民则不甘沉沦，踏上了争取民族解放、铸造民族国家的奋斗之路。结合相关历史地图，概述 18 世纪末至 20 世纪初亚非拉民族独立运动的重大事件，突出拉丁美洲的"独立"、亚洲的"觉醒"和非洲的"抗争"。18 世纪末至 19 世纪初，反抗西班牙、葡萄牙殖民统治的拉美独立运动持续近 40 年，波及人口近 2000 万，是世界近代史上规模最大的殖民地解放运动，海地、西属拉美殖民地、葡属巴西等先后获得独立。19 世纪末 20 世纪初，亚洲各国民族民主意识觉醒，由资产阶级政党领导，爆发了民族独立运动——中国辛亥革命、印度民族解放运动、伊朗立宪运动。19 世纪末 20 世纪初，非洲被列强瓜分殆尽，非洲人以武装反抗的方式同西方殖民者进行了斗争：1881 年苏丹马赫迪起义是非洲近代反殖主义斗争中规模最大的一次；埃及则建立了非洲第一个政党"祖国党"，1882 年"祖国党"领袖阿拉比领导反英斗争；埃塞俄比亚上下一心，1894 年在皇帝孟尼利克二世领导下赢得抗意卫国战争胜利。由此导入新课。

> **设计意图：**基于特定历史时空，梳理近代欧洲向亚非拉殖民的起点事件，引导学生从近代不同文明碰撞的视角考察亚非拉民族独立运动的起因；从宏观上把握民族独立运动发展的大势，从微观上了解不同地区斗争的特点，启发学生探究形成差异的原因。

环节 2：拉丁美洲民族独立运动

出示课文所示"独立后的拉丁美洲"形势图，指出拉丁美洲是继英国北美殖民地之后挣脱殖民锁链的第二个地区，于 19 世纪 20 年代基本获得了独立。提问：相较于亚洲与非洲，拉丁美洲的早发优势何在？

第一，了解拉丁美洲殖民地社会的特征。西班牙、葡萄牙殖民今美国以南美洲之际，西葡两国仍保留着中世纪晚期的社会结构，因此，其在拉丁美洲的殖民统治也打上了社会转型期的深刻烙印，兼具封建主义和资本主义双重性质，落后性与先进性并存。进而解释：其一，政治上，西属拉丁美洲分设四个总督辖区，由宗主国直接统治，禁止各殖民地之间任何横向交流，限制殖民地人民的自由。同时，继承了欧洲城市传统，殖民地城市建立市政会，拥有一定程度的地方自治权。其二，经济上，认为殖民地应为宗主国经济利益服务，为资本主义世界市场服务。在美洲建立大庄园，自成一个个封闭的社会单元，强迫印第安人劳动，同时，法律规定必须付报酬，由此了解殖民地经济的复杂性。其三，社会上，形成等级金字塔，最上层是"半岛人"，即直接来自西班牙的白人，占据殖民地行政、军事和教会的高级职位，把持殖民地的工商业和对外贸易；白人殖民者后裔称克列奥人，即土生白人，绝大多数是庄园主或资产阶级，但受到半岛人的歧视；混血人种，名义上是"自由人"，但没有公民权，不能承担公职；社会最底层是印第安人和黑人奴隶，遭受残酷奴役。出示文字史料（资料附录 1），了解等级金字塔导致阶级压迫和种族矛盾交织，以致土生白人产生分立主义倾向，了解拉丁美洲民族独立运动领导人大都属于这个阶层。其四，文化上，西葡两国信仰天主教，他们利用教会对殖民地实行文化控制，将美洲变成了十字架的天下，还设立宗教裁判所来镇压反抗殖民统治的"异端"。同时又兴办教育文化机构，传播西方文化。出示文字史料（资料附录 2），基于阅读理解上述措施客观上促进了独立思潮的兴起。如墨西哥独立运动领导人伊达尔哥就是一名天主教神父、神学院院长，他宣传启蒙思想，主持的多洛雷斯教区被誉为"小法兰西"。

第二，说明与亚洲、非洲相比，大航海时代之初拉丁美洲最早被纳入资本主义世界体系，开启了现代化潮流。了解拉丁美洲一旦启动现代化运动，殖民统治就成为发展的最大障碍，于是摆脱西班牙和葡萄牙的殖民束缚，建立主权独立的近代民族国家成为拉丁美洲历史发展的必然选择。同时，随着欧洲大国争霸的日趋激烈，社会发展相对落后的西班牙、葡萄牙国势江河日下，为拉丁美洲摆脱西葡两国的殖民统治提供了契机。

第三，讲述拉丁美洲民族独立运动爆发受到欧洲启蒙思想的影响，以及北美独立战争的示范效应和法国大革命的蝴蝶效应。其一，简介玻利瓦尔，西班牙贵族后裔、委内瑞拉大种植园主之子，于 1799 年 16 岁之际，开始欧洲游学之旅。了解波利瓦尔深入阅读了卢梭的《社会契约论》，与欧洲学者探讨殖民地问题，逐渐形成独立革命的思想。玻利瓦尔曾立下誓言："我以我的人格和生命向上帝起誓，在我没有使我的祖国——整个南美洲从西班牙专制统治下解放出来之前，我决不罢休，决不安心！"出示文字史料（资料附录 3），感受启蒙思想对于拉丁美洲人民的启迪作用。

其二，简述北美独立战争的胜利使拉丁美洲人民深受鼓舞，美国《独立宣言》发表次年，西班牙文译本已在拉丁美洲流传，许多拉美人亲身参加了美国独立战争。其三，解释法国在拉丁美洲的殖民地范围虽不大，但法国大革命动摇了其在拉丁美洲的殖民统治，也间接影响到了西葡两国对拉丁美洲的控制。

概述拉丁美洲民族独立运动的进程，凸显独立运动领导人的贡献。运用相关历史地图，标识拉丁美洲经历了海地革命摆脱法国而独立、西属拉丁美洲独立战争和葡属巴西独立运动等史事。基于课文阅读，指导学生制作表格，整理拉丁美洲民族独立运动各阶段的时间、范围、领导人、重大事件、结果等要素，梳理拉丁美洲民族独立运动的基本进程。聚焦玻利瓦尔，简介其贡献。其一，玻利瓦尔领导的解放军在独立运动中仓促组建而成，其成员主要是临时招募、没有经过训练的农民和草原牧民，后来扩大到奴隶、印第安人。进而比较：敌人是训练有素、装备精良的正规军，占有中心城市、出海港口和战略据点，而玻利瓦尔领导的解放军没有武器，没有给养，也没有自己的基地。其二，玻利瓦尔依据现实情况不断调整作战策略。了解在夺取委内瑞拉首都和中心城市失败的情况下，玻利瓦尔放弃与西班牙人硬碰硬的打法，西出奇兵，翻越安第斯山脉，对盘踞中心城市和沿海的敌人形成包围之势，最终解放了委内瑞拉。玻利瓦尔的副官奥利里将军评价他："他始终是伟大的，但在逆境中最伟大。"

出示资料附录4并提问：诗歌表达了拉丁美洲人民怎样的情感？感受拉丁美洲人民在独立后滋生的强烈的民族归属感和自豪感，进而解释拉丁美洲民族独立运动的历史意义：赶走了欧洲落后、反动的宗主国，建立了主权独立的近代民族国家，拉美式的资产阶级共和国普遍建立（巴西建立了君主政体）；废除了宗教裁判所，削弱了教会势力；大部分国家废除了奴隶制和徭役制，废除了限制工商业发展的殖民垄断制度，一定程度上为拉丁美洲各国发展创造了有利条件，推动了拉丁美洲社会的现代化。

> **设计意图**：聚焦殖民统治的双重影响和世界历史发展大势，解释独立运动最早发生于拉丁美洲的原因，习得全面分析历史现象的方法；制作图表整理知识，培养建构历史知识体系的能力；感受拉丁美洲独立运动领导人的斗争精神和民族情怀。

环节 3：拉丁美洲继续民族民主运动

出示文字史料（资料附录 5），简述独立后的拉丁美洲人民对未来抱有无限憧憬且充满民族自信，然而独立后的拉丁美洲现代化发展道路却坎坷艰难。提问：原因何在？出示文字史料（资料附录 6），立足拉丁美洲的自身状况以及国际环境两方面解释其独立后的困境：

其一，拉丁美洲的自身状况。一是拉丁美洲是一个高度涣散的社会，它需要高度集中的权威，但是高度集中的权威在高度涣散的社会中无法形成。结合上述拉丁美洲殖民地金字塔形的社会结构，了解族群、文化、社会地位、经济政治权利等差异搅成一团，造成拉美社会的裂痕。说明除了人为的社会分割外，地域的分割也使拉丁美洲分裂加剧。结合"拉丁美洲地形图"，分析其复杂的地形构成重重的地理障碍。简析中美洲中部的山系把狭长的中美地峡分成大西洋沿岸和太平洋沿岸两部分；南美洲安第斯山脉纵贯南北，山势险峻，居民点被无人居住的森林和荒漠分隔开，包围在一个个山谷盆地中，犹如大海隔开的岛屿。由此，理解拉丁美洲居民被分裂成一连串的群落，弥散于其中的是地方主义、地方特性、地方生活方式和地方认同，很难形成统一的政治权威。讲解一位波多黎各总督曾断言：拉丁美洲"要么是独裁，要么是混乱"，独立后拉丁美洲处于四分五裂的状态正中总督的断言。了解玻利瓦尔曾建立包括委内瑞拉、哥伦比亚和厄瓜多尔的大哥伦比亚共和国，希望效仿美国在拉丁美洲建立统一国家。但 1826 年召开的泛美会议却只有四个国家参加，共和国很快土崩瓦解。二是拉丁美洲独立运动缺乏相应的社会基础。解析从某种意义上说，拉丁美洲独立运动是超前运动，民众没有做好独立的准备。结合上述西班牙、葡萄牙的殖民统治方式，与北美独立运动相比较，北美殖民地和其母国英国一样，有民意代表机关，有自治传统。玻利瓦尔在独立战争开始之际说道："我们的同胞不具备我们北美兄弟所著称的那种能力与政治品德，完全的民主制度不会给我们带来好处……只会把我们推向倒台。"因此他主张在南美建立总统终身制（也就是独裁），避免"解放"后的国家陷入无政府状态。讲述玻利瓦尔在拉丁美洲获得独立后面临将领的叛离：派斯在委内瑞拉自立山头，桑坦德在哥伦比亚发动政变，并策划刺杀玻利瓦尔。玻利瓦尔被迫放弃权力，于 47 岁英年之时客死他乡。三是拉丁美洲独立运动推翻殖民统治后，由于权力处于不稳定状态，军事政变频繁。讲解玻利瓦尔曾预言："将有许多暴君从我的坟墓上崛起……把内战打的血流成河。"了解随着玻利瓦尔等早期理想主义领导人退出历史舞台，拉美政坛为独立战争中的二流将领所主导，导致"考迪罗主义"即军事独裁体制广泛存在，宪政形同虚设。出示文字史料（资料附录 7），解释军人统治模式严重阻碍了拉丁美洲民主政治的进程，导致其发展步履蹒跚、困难重重。四是经济上，拉丁美洲资本主义发展水平较低，土生白人地主竭力维护大土地占有制和落后的剥削方式，制约各国资本主义的发展。

其二，国际环境。了解西班牙和葡萄牙殖民势力退出了拉丁美洲，但英、美等国乘虚而入，加紧对拉丁美洲的政治渗透和经济控制。一是政治渗透。出示文字史料（资料附录 8），解释美国"门罗主义"外交政策的基本内容：宣称美国不干涉欧洲列强的内部事务，也不容许欧洲列强干预美洲的事；提出"美洲是美洲人的美洲"的口号。明确其包含的原则就是通常所说的"门罗主义"。指导学生辩证认识"门罗主义"客观上起到了制止欧洲列强侵略拉丁美洲、巩固拉丁美洲独立的作用，但也包含控制拉丁美洲的野心，是美国日后侵略、掠夺拉丁美洲的幌子，成为美国在拉丁美洲建立后院的工具。据统计，自 1846 年起，美国已有 30 次军事介入拉丁美洲，暗地或间接行为则有 47 次，说明在此过程中美国拓展了西部和南部的领土，从一个大西洋国家发展成为东濒大西洋、西临太平洋的"两洋国家"。讲述美国总统西奥多·罗斯福期间（1901—1908 年任职）宣称美国要在拉丁美洲"执行世界警察的任务"，"门罗主义"成为美国直接干涉拉丁美洲事务以维护自己地区利益的大棒。比如，命令美国海军前往委内瑞拉海域巡逻，怂恿巴拿马脱离哥伦比亚独立，再与巴拿马缔约以一千万美元的代价获得了巴拿马运河的开发和使用权。二是经济控制。出示文字史料（资料附录 9），提取信息，引入"依附理论"理解拉丁美洲经济的单一性和对欧、美国家的经济依附性。理解拉丁美洲对欧、美国家的经济依附正是造成其发展停滞的原因所在。以此为基础，结合课文所示图像史料体会罗斯福所言："温言在口，大棒在手（Speak softly and carry a big stick.）"的含义，了解美国等西方国家"金元外交""大棒政策"交织的意图。

由此启发学生认识，形式上获得独立的拉丁美洲各国仍然需要进行反对欧、美国家控制与干涉、反对本国军事独裁统治的民族民主革命。阅读课文"史料阅读"栏目，了解墨西哥 1910 年爆发反对迪亚斯独裁的资产阶级革命的史事，基于"所有权属于国家""分散大地产"等关键信息解析1917年墨西哥宪法的内容及意义，理解其资产阶级属性、民主化和民族独立原则，为墨西哥国家的进步和发展奠定了基础。略述巴西1889年政变推翻帝制，成立巴西合众国的史事。说明拉丁美洲要彻底消除殖民地体制的残余，仍需经历漫长的震荡和斗争。

> **设计意图**：基于史料信息，立足多元视角解释拉丁美洲独立后现代化进程坎坷艰难的原因，培养学生的阅读能力并感悟历史的复杂性；体会真正的民族独立对推进民族国家发展的重大作用，培养学生的历史反思精神。

环节4：亚洲的觉醒

简述19世纪末20世纪初第一次世界大战爆发以前，亚洲开始觉醒。了解"亚洲的觉醒"最早出自列宁的论断。出示文字史料（资料附录10），提问：在列宁看来，"亚洲的觉醒"的含义是什么？启发学生依据史料信息谈谈对"觉醒"的理解，即反对殖民主义以争取民族独立的民族意识、反对封建主义以推动资本主义发展的民主意识的觉醒。再问：亚洲的觉醒为何会发生在19世纪末20世纪初？解释亚洲不同于拉丁美洲和非洲，15世纪末当欧洲殖民掠夺逐步向非洲、美洲和亚洲扩展时，亚洲的社会经济发展程度最高，中国和印度甚至还居于世界前列，因此对西方殖民的抵御能力较之非洲和拉丁美洲更强，传统社会结构也得以长期存续。了解随着工业革命的深入开展，西方的经济实力和军事实力大为提升。19世纪末20世纪初，进入垄断资本主义阶段的西方列强掀起了瓜分世界的狂潮，亚洲各国的主权在西方坚船利炮之下逐渐沦丧，民族危机不断深化。同时，西方廉价商品的输出和资本输出也逐渐瓦解了亚洲的自然经济基础，民族资本主义在逆境中萌生和发展，民族资产阶级逐渐成长为反帝反封建、推动民族独立和社会变革的力量，由此，亚洲各国掀起了反帝反封建的民族民主运动高潮。理解这就是列宁所说的"亚洲的觉醒"。说明史料涉及的亚洲民族民主革命包括中国的辛亥革命、印度国大党领导的民族解放运动和伊朗的立宪运动。

聚焦印度的民族解放运动。讲述从18世纪中期到19世纪中期，英国用了近百年的时间完成了对印度的征服，英国的殖民统治激发了印度较为广泛的民族主义意识，"印度是印度人的印度"的呼声高涨。1885 年，印度各地民族主义组织联合建立了国大党。出示文字史料（资料附录 11），了解国大党成立之初的目标是通过改革实现印度自治，以宪法形式在印度实现立宪和代议政治，并未提出以革命实现民族独立。提问：是何原因？解释早期国大党成员大多是印度民族资产阶级的上层分子、资产阶级知识分子阶层和农村地主，他们接纳了以英国为代表的西方文明，认为"英国给了我们秩序，给了我们铁路，而最重要的是给了我们欧洲教育的无价之宝"。同时，由于印度地域辽阔，英国利用受过教育的印度精英来辅助管理。这些因素使得印度近代知识分子群体熟悉欧洲的社会政治和社会价值，试图运用这些价值——民主、自由、和平等来推动本国民族主义运动。基于解释，了解印度民族资产阶级对于英国殖民统治持有的矛盾心态，反映了印度民族资产阶级的两重性。简述 1905年印度人民反英斗争高潮。了解国大党内部出现了以提拉克为领袖的激进派，介绍提拉克出身小资产阶级，对印度独立矢志不移，被"圣雄"甘地称颂为"现代印度的缔造者"。出示文字史料（资料附录 12），结合课后"问题探究"栏目，基于信息了解提拉克的主张：提出具体的印度自治（"斯瓦拉吉"）政治目标，认识到没有政治独立就不可能实现经济独立和社会进步；号召开展群众性的反英斗争，主张把国大党改组为反英统一战线组织。再问：提拉克主张如何发动群众参与反英斗争？解释：一是提拉克认为西方教育会毁灭印度民族的未来，使印度青年人忘记印度的历史和文明。为此，提拉克强调民族教育，把民族教育作为印度国大党纲领的一部分。由于印度人民深受宗教影响，宗教承载着民族历史、传统和情感，因此提拉克主张把印度教作为民族教育、发动群众参加反英斗争的精神武器。二是提拉克认为工人居住集中、组织性强，是实现"斯瓦拉吉"的决定力量；"农民是印度的中坚"，印度民族解放斗争不能没有农民的参与。了解以提拉克为代表的激进派十分重视发动工农群众。三是提拉克虽然主张消极抵抗，对英国殖民当局采取广泛的不合作态度，但是不完全反对暴力，也不排斥武装起义的可能性。他认为对一个被压迫民族来说，使用各种方法，包括公开起义都是允许的。简述提拉克激进派的影响：由于激进派的积极推动，工人、农民、城市资产阶级和小资产阶级参加了此次斗争。英国人称提拉克为"骚乱之父"，1908 年英国殖民当局指控提拉克支持恐怖行动将其逮捕入狱，判处 6 年监禁，由此激起孟买 10 万工人举行政治总罢工，抗议殖民政府的暴行。20 世纪初印度民族民主运动的高潮出现了。启发学生从参与斗争的阶级阶层的广泛性、斗争目标及方式等方面加深理解"亚洲的觉醒"的含义。略述 1905—1911 年伊朗立宪革命和中国的辛亥革命，说明 19 世纪末 20 世纪初亚洲各国的觉醒运动既有共性，也因国情的不同而各具特点。

设计意图：聚焦印度 1905—1908 年民族独立运动，解释国大党的斗争方式、目标以及提拉克主张的变化，理解印度宗教民族主义的独特性；基于亚洲各国觉醒的共性，理解"亚洲的觉醒"的反帝反封建含义，深化对于马克思关于殖民主义双重使命的认识，提升学生辩证、客观解释历史的能力。

环节 5：非洲的抗争

回顾第 12 课所学非洲殖民化的过程，了解西方数百年的殖民统治摧毁了非洲传统社会结构：政治上，部落组织、酋长制度崩溃；经济上虽然也出现了现代港口和城市，建立了工厂和企业，但非洲是作为资本主义世界市场的附庸而存在的；文化上普遍使用拉丁字母书写，宗主国语言成为殖民地官方语言，在欧洲人创办的学校里，产生了近代非洲知识分子，他们中的一些人成为非洲民族解放运动的领导人。理解 19 世纪末 20 世纪初，列强对非洲的瓜分激化了殖民地与宗主国的矛盾。承受着社会巨变创痛的非洲人，选择以武装斗争方式反抗殖民统治、争取民族独立。出示文字史料（资料附录 13），了解这一时期非洲人民反帝斗争的基本概况，基于史料概括非洲武装斗争形式的多样性特点：下层民众的自发反抗、王国政府组织的卫国战争和资产阶级革命运动。结合相关历史地图，标识苏丹、埃塞俄比亚和埃及的地理位置，提问：苏丹马赫迪反英起义、埃塞俄比亚抗意卫国战争、埃及阿拉比领导的反英斗争分别属于哪种类型？了解苏丹马赫迪反英起义属于下层民众的自发反抗。再问：这次起义有何特点？讲述马赫迪反英起义是近代非洲殖民斗争中坚持时间最长且规模最大的一次。虽然起义最终失败，苏丹为英国所控制，但马赫迪起义以宗教为纽带，促进了苏丹现代民族的形成。结合课文所示绘画，简述埃塞俄比亚国王孟尼利克二世领导的抗意卫国战争。了解埃塞俄比亚打破了欧洲列强不可战胜的神话，意大利被迫承认埃塞俄比亚是享有独立主权的国家，放弃所侵占的领土，并付出巨额赔款，以至西方人惊呼"一个文明的欧洲国家的军队"败于"一名非洲酋长的士兵手中"。

聚焦埃及阿拉比领导的反英斗争。结合相关埃及地图与苏伊士运河地图，阐释法国、英国、奥斯曼土耳其等国觊觎埃及的原因：苏伊士运河开通之前，地中海与红海虽然"近在咫尺"，却因苏伊士地峡的阻隔而"远隔千里"。来往欧、亚的船只必须绕行非洲最南端的好望角，极为不便。了解1869年苏伊士运河开通后，船只得以南北双向航行于地中海与红海之间，欧亚航程大大缩短。从英国伦敦到印度孟买的单向航行，经苏伊士运河比绕行好望角全航程缩短了43%。由此，埃及因其重要的战略地位成为列强争夺的重点，逐步沦为半殖民地。简介为实现民族独立，19世纪70年代埃及社会效法西方，兴起改革之风，1879年一批爱国军官和知识分子成立祖国党，提出"埃及是埃及人的埃及"的口号，了解祖国党是非洲大陆第一个民族主义政党。概述祖国党领袖阿拉比领导资产阶级改革和反帝运动的过程。1882年英国发动入侵埃及的战争，阿拉比组织了顽强抵抗，但起义最终失败，英国占领整个埃及。提问：阿拉比领导的反英斗争与非洲大陆上的其他斗争有何相似与不同？解释阿拉比领导的反英斗争属于资产阶级革命运动，将民族主义与民主主义相结合，是埃及资本主义发展、资产阶级崛起的表现。但又具有与非洲其他反抗斗争相似的特征，如阿拉比爱国军官的出身背景、抗英斗争因战术不当以及上层集团的出卖而失败，进而认识非洲的斗争水平总体上相对落后的史实。

对照地图了解除了东北部非洲三国，西非内陆国家也发生了持续反抗外来侵略的斗争。结合所学引导学生解答课文"思考点"栏目所提的问题。

设计意图： 从殖民统治摧毁非洲传统社会结构的角度了解非洲抗争的时代特征以及多样性的斗争形式，培养学生的历史时空意识，感受非洲人民顽强的抗争精神。

环节6：小结

结合所学，指导学生制作表格，从历史传统、现实条件、民族独立道路等角度，归纳亚非拉不同地区和国家民族独立运动的共性与差异。出示文字史料（资料附

录14），简介哥伦比亚作家加西亚·马尔克斯及其长篇小说《百年孤独》，说明获得
1982 年诺贝尔文学奖的《百年孤独》以 1830 年至 19 世纪末 70 年间的拉丁美洲历史
为背景，表达拉丁美洲被排斥于现代文明进程之外的深切孤独感。进而指出拉丁美
洲和亚洲、非洲争取民族独立、实现现代化的历程仍将持续，其过程漫长且充满艰
辛曲折。

设计意图：综述亚非拉民族独立道路及方式的多样性，培养学生历史叙事和梳理
史事逻辑关联的能力；体会亚非拉争取民族独立、实现现代化的艰难与曲折。

【板书设计】

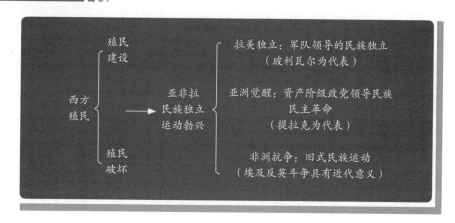

【资料附录】

1. 因为倒霉的西班牙诸省不再能消费我们农业劳动者生产的农产品，它们就应该白
   白浪费，这合理吗？因为西班牙海军太无能，不能将这个国家丰富的产品运出去，
   它们就应该烂在我们的仓库里，这合理吗？……当一个友好、慷慨的国家的国民
   出现在我们的港口，并向我们廉价提供我们所需要的、西班牙所提供不了的商品
   时，我们就应拒绝这个建议，从而将他们的良好意愿转变成通过非法贸易使自己
   统治这个国家所有进口货物的少数几个欧洲商人的专门利益，这合理吗？

   ——（美）斯塔夫里阿诺斯著，吴象婴、梁赤民译.全球通史——1500 以后的世界［M］.上
   　海：上海社会科学院出版社，1999：541.

2. 秘鲁耶稣会教士胡安·巴勃洛·比斯卡多是个热情的独立鼓吹者，他为独立事业留给后世一部遗著《致西班牙美洲人的信》，出版于 1799 年。比斯卡多写道："新大陆就是我们的家园，它的历史就是我们的历史，我们应该到这段历史中去寻找我们目前处境的原因。"

    ——（英）莱斯利·贝瑟尔主编，徐守源、段昭麟、江瑞熙等译. 剑桥拉丁美洲史：第 3 卷（从独立到大约 1870 年）[M]. 北京：社会科学文献出版社，1994：42.

3. （西班牙）剥夺了我们个人的自由，还褫夺了我们财产的所有权。……自然、理性和正义已经确定要把我们从这种暴虐的统治下解放出来！

    —— 郝明玮、徐世澄. 拉丁美洲文明 [M]. 北京：中国社会科学出版社，1999：187.

4. 命运的主宰啊，我终于赢得了你的笑颜，美洲人甩下颈项上外国的锁链，让他在苍天下巍然屹立，让你赐予他的自由扎根、蔓延……啊，年轻的国家，戴着胜利的桂冠屹立在惊愕的西方面前！

    —— 郝明玮、徐世澄. 拉丁美洲文明 [M]. 北京：中国社会科学出版社，1999：225—226.

5. 一、新世界将由以一项共同法律相联结的一切独立国家组成，此项法律将确定各国的对外关系，并在一常设全体大会上授予各国可以各自保留的权力。

    二、上述新国家的生存将获得新保障。

    三、西班牙将出于对英国的尊重而接受和平，神圣同盟将承认上述新生国家。

    ——（委）西蒙·玻利瓦尔著，中国社会科学院拉丁美洲研究所编译. 玻利瓦尔文选 [M]. 北京：中国社会科学出版社，1983：138.

6. 独立并没有使国家统一。拉丁美洲的独立运动与北美独立战争不一样，它不是一次人民的"革命"，而是一次军队的"解放"，它不仅用强制手段引进外来的"现代化的生产方式"，而且成为军事强人实行控制的"关键力量"。

    —— 钱乘旦主编. 世界现代化历程. 总论卷 [M]. 南京：江苏人民出版社，2012：251.

7. 在考迪罗时代，所谓的"革命"频繁发生，执掌权力者像走马灯一样地更换。据统计，乌拉圭独立后的75年中，一直处在混乱和考迪罗的骚乱状态中。玻利维亚在74年中共发生过60次革命。委内瑞拉在70年中有50次起义。哥伦比亚在70年中爆发过27起内战。厄瓜多尔在1831—1845年间更换过13个政府。最为典型的墨西哥在1821—1850年的30年间更换过50个政府，而且几乎全是以政变方式实现更迭的，仅1824—1844年间就发生过250次政变和叛乱。

——王晓德.关于拉美历史上"考迪罗"统治形式的文化思考［J］.政治学研究，2004（3）：35—36.

8. ……美国外交一如既往地以欧洲为主，但是在19世纪20年代，对欧关系迫使美国制定其拉美政策。

1812年战争后，美国人放眼南望，眼前呈现出一幅雄伟之景：西班牙帝国行将就木，整个拉美大陆一片动荡，新兴国家不断涌现。美国已经和拉美国家开展了利润丰厚的贸易，成为拉美国家主要的贸易伙伴，与英国分庭抗礼。很多美国人认为反抗西班牙革命的胜利将进一步巩固美国在该地区的地位。

1815年，美国宣布在西班牙和与其发生革命的殖民地间保持中立，这暗示美国一定程度上承认革命地区的国家地位。另外，美国向革命者出售船只和给养，明确表明并非真正中立，而是力图帮助起义者。1822年，门罗总统和五个新独立的国家，即拉普拉塔（后来的阿根廷）、智利、秘鲁、哥伦比亚和墨西哥，缔结外交关系，美国成为第一个承认他们的国家。

1823年，门罗进而宣布了一项政策，虽然主要策划者是约翰·昆西·亚当斯，后人却（大约从30年后开始）称之为"门罗主义"。门罗宣布："美洲大陆……从今以后不应再被欧洲列强作为殖民的目标。"美国将视对美洲现有国家的任何威胁为不友好的行动。同时，他还宣布，"我们的对欧政策…是不干预任何欧洲国家的内部事务"。

门罗宣言直接脱胎于19世纪20年代的美国对欧关系。很多美国人担心西班牙的欧洲盟友（主要是法国）会助西班牙一臂之力，以恢复其帝国的荣光。更令亚当斯（和很多美国人）忧心忡忡的是英国已经有计划染指古巴。

门罗主义没有马上收到效果，但重要的是它表达了19世纪20年代美国不断高涨的国家主义精神，并且树立了一个观念：美国是西半球的决定性力量。

——（美）艾伦·布林克利著，陈志杰等译.美国史（第13版）[M].北京：北京大学出版社，
    2019：341—342.

9. 拉丁美洲国家没有经历工业化，也没有经历像美国和加拿大那样的经济发展。……他们（西班牙和葡萄牙）开放了殖民地对欧洲的贸易，这就完全扼杀了当地的工业，因为当地的工业品根本无法同英国、法国和德国的廉价商品竞争。……上层从欧洲贸易和欧洲投资中获得可观的利润，而这对于谋求不同的经济政策或者寻求经济的多样化没有任何激励作用。

……

……然而，英国投资者仍利用机会赚取大量利润，在相当程度上控制了拉丁美洲的经济事务。例如，在阿根廷，英国投资者鼓励牛羊养殖业的发展……阿根廷也成为英国的主要肉类供应商。……虽然移民并不能够同统治阶级分享利润，然而欧洲移民主宰着城市劳动，从而也代表着在拉丁美洲经济事务中，另一种形式的外国影响。

……

……在迪亚斯时代……墨西哥企业所获得的利润没有用来支持工业的继续发展，相反却进入了政治寡头和支持迪亚斯的外国投资者的腰包。数量不断增长的城市工人阶级的不满情绪日益增加，工资低，劳动时间过长，以及外国经理的趾高气扬，这些都使得他们心中充满愤怒。

……

……拉丁美洲的外国投资也为工业发展提供了资本，但是与北美洲国家不同的是，工业和出口都控制在外国人的手中。这样，拉丁美洲的经济就为外国投资者追求利润的决策所左右。政局不稳又使政府在面对强国的干涉时，几乎束手无策。……政府仍不啻为加深拉丁美洲经济依赖性的帮凶。

——（美）杰里·本特利、赫伯特·齐格勒著，魏凤莲等译.新全球史（下）[M].北京：北京
    大学出版社，2007：916—917.

10. 中国不是早就被认为是长期完全停滞的国家的典型吗？但是，现在中国的政治生
    活沸腾起来了。社会运动和民主主义高潮正在汹涌澎湃地发展。继俄国 1905 年
    的运动之后，民主革命席卷了整个亚洲——土耳其、波斯、中国。在英属印度，
    动乱也正在加剧。

    ……

    世界资本主义和 1905 年的俄国运动彻底唤醒了亚洲。几万万被压迫的、沉睡在
    中世纪停滞状态的人民觉醒过来了，他们要求新的生活，要求为争取人的起码权
    利，为争取民主而斗争。

    —— （俄）列宁 . 列宁选集（第 2 卷）. 亚洲的觉醒 [M]. 北京：人民出版社，1972：447—448.

11. 印度国大党的最终目标是使印度获得与大不列颠帝国其他成员所享有的同等的自
    治，以及使它能与帝国其他成员在平等关系的基础上享受帝国的权利与负担其义
    务。本党力求通过严格合乎宪法的手段，通过促进现行行政制度的稳定的改革，
    以及增强国家统一、培养公共精神和改善人民群众现状，以向此目标迈进。

    —— 周一良、吴于廑主编，蒋相泽分册主编 . 世界通史资料选辑·近代部分（下册）[M]. 北
    京：商务印书馆，1964：220.

12. 只有一种药能治印度人民的病，这个药就是政权。它应当掌握在我们自己手里。

    —— 林承节 . 提拉克——印度资产阶级民族革命运动的奠基人 . 世界历史 [J]. 1979-06-
    30：46.

13. ……19 世纪末 20 世纪初，非洲人民曾经多次举行过大规模的斗争和武装起义。
    主要有：1871 年阿尔及利亚人民的大起义，1879—1882 年埃及祖国党人领导
    的抗英斗争，1881—1885 年苏丹的马赫迪起义，1889 年德属东非人民的起义，
    1895 年阿比西尼亚人民的抗意卫国战争，1896 年罗得西亚马绍那人和马达别列
    人的联合起义，1899 年索马里人民的武装斗争，1903—1907 年西南非赫来罗人
    的起义，1904—1908 年德属东非的马及马及起义和南非纳塔尔的本巴塔起义，
    1913—1915 年安哥拉的布塔起义，1914 年肯尼亚的吉雷马起义等等。其中又以

埃及祖国党领导的抗英斗争、苏丹的马赫迪起义、阿比西尼亚人民的抗意卫国战争、索马里人民的武装斗争较为突出。

—— 梁守德等著 . 民族解放运动史（1775—1945）[M]. 北京：北京大学出版社，1985：223.

14. 面对压迫、掠夺和歧视，我们的回答是生活下去。任何洪水、猛兽、瘟疫、饥馑、动乱，甚至数百年的战争，都不能削弱生命战胜死亡的优势。

—— （哥伦比亚）加西亚·马尔克斯著，李静译 . 我不是来演讲的：拉丁美洲的孤独 [M]. 海口：南海出版社，2012：26.

第14课
第一次世界大战与战后国际秩序

教学立意

19世纪末20世纪初，资本主义政治经济发展的不平衡使日趋整体化的世界累积了种种矛盾与冲突，帝国主义列强在资本输出和瓜分殖民地的竞争中矛盾尖锐化，两大军事集团在巴尔干的争夺引发第一次世界大战。战后在国际秩序的解构和重组中产生的凡尔赛—华盛顿体系，既有建立国际联盟适应世界整体化发展的进步性，也因战胜国的利益博弈和强权政治导致战后国际秩序的不公正和脆弱性，并孕育了新的战争。

教学目标

梳理资本输出、瓜分狂潮、帝国主义列强的矛盾冲突、两大军事集团扩军备战和第一次世界大战的爆发等史实逻辑，习得基于历史空间和地缘政治解释史实的方法；综合多元史料信息，立足世界整体化的角度，解释第一次世界大战的影响、凡尔赛—华盛顿体系的实质以及国际联盟的作用与局限性，培养历史思辨能力，提升宏观认识世界的史识能力；体会世界整体化进程的曲折复杂。

重点难点

重点：帝国主义列强的矛盾、两大军事集团的对峙和第一次世界大战的起源。

难点：凡尔赛—华盛顿体系以及国际联盟的历史作用及其对世界整体化进程的影响。

教学过程

环节1：导入

叙述19世纪末20世纪初第二次工业革命推动资本主义进入新的发展阶段——

垄断资本主义阶段，主要资本主义大国发展到帝国主义阶段。同时，20 世纪初，以欧美国家为主导的世界体系已经形成，世界成为一个日益紧密联系的整体。提问：资本主义的新一轮发展给世界整体化进程带来怎样的影响？由此导入新课。

> **设计意图：** 以资本主义的发展与世界整体化进程之间的关系发问，导入新课。

环节 2：大战的酝酿

承接导入环节提出的问题，出示文字史料（资料附录 1）和数据资料（资料附录 2），汲取信息，说明资本输出取代资本主义自由竞争阶段的商品输出，成为西方列强重要的扩张手段。提问：什么是资本输出？资本输出为何会成为垄断资本主义的重要扩张手段？解释资本输出是资本主义国家为了获得高额利润或利息在国外进行的投资和贷款，是垄断资本主义阶段的基本经济特征之一。结合第二次工业革命以及资料附录 2，讲述资本主义国家利用科技领域新一轮的重大突破，在工业生产力、社会财富方面有了巨大提升，出现大量过剩资本，了解这是资本输出的前提和物质基础。指出资本的扩张本性，就是要不断追求利润、扩大市场，将资本的触角延伸至世界上的每一角落。简述 19 世纪末 20 世纪初，资本主义国家表现出更为强劲的征服世界的扩张势头。而落后国家和地区大多已沦为资本主义国家的殖民地和半殖民地，在被迫卷入西方国家主导的世界经济体系的过程中，呈现出资本短缺、地价低廉、劳动力便宜、原料丰富，但基础设施已初步具备的特征，为西方国家的资本输出提供了可能。理解资本输出相较于商品输出，不仅能给西方国家带来巨大利益，而且更有利于其加强对殖民地和半殖民地国家的全面控制。了解资本输出给帝国主义的全球殖民扩张活动注入强大动力，西方列强掀起了瓜分世界的狂潮。以此为基础并结合课文"史料阅读"栏目，解释"帝国主义"的特征及含义，即垄断资本基础上形成的西方工业化强国所奉行的"殖民主义""扩张主义"的对外政策，进而了解资本主义的新一轮发展，使建立于殖民扩张基础上的世界被帝国主义列强所控制，而列强瓜分殖民地的矛盾和冲突成为战争的根源。

出示文字史料（资料附录 3—4），结合地图分析地缘政治信息，讲述西方列强瓜分世界的史事，引导学生从空间上宏观把握西方列强的矛盾冲突，了解争夺世界霸权与控制重要区域的多重目的交织的复杂特征。结合课文导语所述"美西战争",指出西方国家因瓜分世界而产生的矛盾甚至引发了地区与局部战争。提问:哪两国的矛盾最为突出?原因何在?结合课文"史料阅读"栏目,了解英德两国围绕争夺殖民霸权和海上霸权以捍卫或夺取世界霸权的全方位矛盾,是 19 世纪末 20 世纪初帝国主义国家之间的最主要矛盾。解释第二次工业革命加大帝国主义国家经济政治发展的不平衡性,导致国际政治实力对比发生重大变化。讲述德国抓住第二次工业革命的机遇,在经济上迅速赶超英国等老牌资本主义国家。了解随着国力的增强,德国的对外政策亦由"大陆政策"转变为"世界政策",德国开始在世界范围内争夺殖民地。1900 年,德国首相皮洛夫公然在议会中宣称:"让别的民族去分割大陆和海洋,而我们德国人只满足于蓝色天空的时代已经过去了,我们也要求阳光下的地盘。"德国的扩张政策使老牌殖民强国英国受到前所未有的挑战,进而了解资本主义发展的不平衡加剧了帝国主义列强之间实力对比的变化和重新瓜分世界的霸权之争,战争成为争夺霸权的手段。

讲述陷入重重矛盾的列强在这场重新瓜分世界的角逐中力量组合的简况。说明在当时的国际背景下,单靠一国之力难以取胜,必须寻找同盟者以求壮大自己压倒对方。于是,秘密军事外交充斥其中,两大军事集团呼之欲出。运用结构图(见下图)和相关历史地图,突出法德矛盾、俄奥矛盾和英德矛盾的焦点。解释英国对外政策的变化,即放弃传统的均势外交,开始积极结盟,由此理解"没有永久的朋友,也没有永久的敌人,只有永恒不变的国家利益"的含义。梳理三国同盟与三国协约的形成过程,明确两大军事集团的地理范围和对峙态势。叙述两大军事集团竞相扩军备战的概况,解析巴尔干地区的战略地位、周边帝国的分布态势,指出尤其是俄奥两国及其背后的盟国集团对巴尔干地区的争夺,导致巴尔干地区频发局部冲突,以致危机重重,因而巴尔干被称为欧洲的"火药桶"。两大军事集团之间的矛盾与对立不断深化,战争氛围及战争情绪不断激化,国际格局持续动荡,进而了解 20 世纪初的世界已进入帝国主义列强矛盾尖锐化、军事集团化、"热点"地区战争一触即发的不稳定阶段。

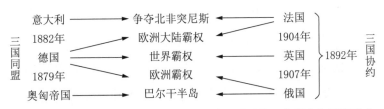

19 世纪末 20 世纪初帝国主义列强之间的矛盾以及两大军事集团的形成

对照相关历史地图，补充今波黑共和国关于萨拉热窝事件的场馆纪念资料，讲述萨拉热窝事件的经过，指出该事件被两大军事集团利用，对国际局势迅速恶化起到了"导火索"的作用。概述 1914 年 7 月 28 日奥匈帝国向塞尔维亚宣战，欧洲各大国随之相互宣战，第一次世界大战在短时间内全面爆发。提问：如果没有萨拉热窝事件，第一次世界大战会爆发吗？出示文字史料（资料附录 5），理解看似偶发的事件成为第一次世界大战的导火线，实则列强之间"经济上的竞争、殖民地的争夺、相冲突的联盟体系和势不两立的民族主义愿望"是第一次世界大战爆发的必然因素，以此解答课文"思考点"栏目提出的问题。

> **设计意图**：梳理资本输出、瓜分狂潮、帝国主义列强的矛盾冲突、两大军事集团扩军备战等史实的逻辑关联；基于历史空间和地缘政治解释帝国主义国家的矛盾酝酿了第一次世界大战，形成历史空间意识和格局观。

环节 3：第一次世界大战的进程

提问：第一次世界大战的战况如何？进程怎样？播放影像资料，识读地图演示战争进程，运用表格整理三条战线的交战双方、主要战役的方位及特征等知识，指导学生梳理一战的战况及进程。分析有"贫穷的帝国主义"之称的意大利，由于力量薄弱，只能利用大国争霸来实现其维护国家利益和对外殖民扩张的目的，由此理解意大利外交政策摇摆不定的特征。意大利与奥匈帝国均属同盟国集团，但两国之间存在着"尚未收复的意大利"问题，在得到英、法的领土（阜姆、达尔马提亚）允诺后，意大利于 1915 年 4 月突然倒戈，与协约国签订了《伦敦条约》并对德奥宣战。亦需简述同时期亚太地区的格局变化，1914 年，对德国宣战的日本占领了德国在中国青岛的租借地，第二年便向中国提出了"二十一条"要求，企图灭亡中国。阅读课文"历史纵横"栏目，联系所学，进一步了解中国参加第一次世界大战以及背后美、日帝国主义争夺在华利益、操纵北洋政府的史事。出示文字资料（资料附录 6—7），结合课文所示"一战墓地"图片或补充相关图像史料和数据资料，从战争的长期胶着、坦克与飞机等新式武器的使用、伤亡人数的巨大以及对欧洲国家人口结构的改变等方面具象认识第一次世界大战的残酷性和给人类带来的深重灾难。提问：哪些因素加速了第一次世界大战的结束？引导学生从交战国民众厌战情绪及反战运动的高涨、帝国主义链条中最薄弱的环节俄国爆发十月革命和退出大战、1917年4月美国参战等方面概述第一次世界大战走向结束的过程与原因。再问：如何立足第一次世界大战的爆发认识当时的世界整体化进程？第一次世界大战对近代世界体系产生了怎样的影响？在组织学生讨论交流的基础上，启发认识：19世纪末20世纪初的"早期现代化阶段的整体性"建立在列强瓜分世界的基础上，形成了欧洲列强支配的近代资本主义世界体系的结构形态，不公正性、不平衡性和不稳定性是这一时期整体化世界的特征，以致爆发第一次世界大战。说明这是早期世界体系"整体化""世界性"不充分、不合理的结果。结合地图识读第一次世界大战摧毁了德意志、奥匈帝国、奥斯曼土耳其、俄罗斯四大帝国；再出示文字史料（资料附录8），基于数据对比，说明欧洲列强元气大伤，美、日两个非欧洲国家实力大增。进而启发学生理解第一次世界大战对世界体系的影响：既是旧的世界体系崩溃的产物，也是新的世界体系诞生的催化剂。

> **设计意图**：整理第一次世界大战的史事，习得叙述史事、比较特征和归纳认识的方法；解释第一次世界大战与世界整体化进程的关系，提升史识能力。

环节4：巴黎和会与凡尔赛体系

叙述巴黎和会召开的概况，了解与会各国的实力决定其话语权和与会等级，不同等级的代表在和会上享有不同的权利，德国与苏俄被排斥在和会以外，美、英、法主导着和会的进程。提问：美、英、法三国各自利益的着眼点是什么？彼此之间有何利益冲突？出示文字史料和图像史料（资料附录9—11），结合法德宿怨解释法国总理克列孟梭的主张：为确保法国大陆霸权的地位，力主最大限度地削弱德国，在东欧建立一个受其支配的国家集团以孤立德国。联系英国的地缘政治以及"日不落帝国"的辉煌，解释英国首相劳合·乔治的谋划：坚持传统的外交政策，其核心是维持英国在海上与殖民地的霸主地位，并确保欧洲的大陆均势。为此，英国既要在欧洲大陆保持一个能牵制法国和制约苏俄的伙伴，又要削弱德国的竞争实力，剥夺其全部的海外殖民地和绝大部分军事力量，防止其东山再起。讲解美国于1917年4月参战的时机与动机，解释以"欧洲解放者自居"的美国总统威尔逊的盘算：基于其经济实力，提出"十四点原则"，实质是美国争夺世界霸权的总纲领，是对欧洲列强主宰世界的国际格局发起的挑战。结合课文"学习拓展"栏目分析威尔逊的具体主张：在欧洲保持一个有一定实力的德国，以抗衡英、法并对付苏俄革命；"海上贸易和通航自由"，以冲破英国的海上霸权；在亚洲要求各国承认美国对华提出的"门户开放"政策，以确保其在华利益的优势地位；在世界范围内，要求建立国际联盟，以利于美国对国际事务的干预和控制，实现其主导世界事务的想法。再问：美、英、法三国是否实现了各自的设想？其互相角逐的结果如何？先看美国：其经济实力虽然强大，但政治实力尚不能与老牌强国英国同论。在国际联盟问题上，理想与现实的差距使创建国际联盟的美国未能参加该组织；加之美国参议院以国际联盟没有体现美国战略目标却承担太多义务为由，拒绝批准《凡尔赛条约》。再看英、法：因其拥有众多海外殖民地而控制和会的多数票，国际联盟最终为英、法所操纵并成为维护其利益的工具。然而在德国问题上，法国实力有限，不得不向英、美让步。英国的愿望基本得以实现，成为巴黎和会的最大受益者。通过铺陈比照，明确美、英、法三国对于战后世界政治与经济秩序的基本设想和争论，构成了巴黎和会最终达成的协议。了解《凡尔赛条约》严惩德国的基本内容，结合课文"学思之窗"栏目，重点解释"委任统治制度"的实质，结合时代背景说明"委任统治制度"是变相维护列强殖民统治的制度。由此理解大国在利益博弈又妥协平衡的基础上构建了凡尔赛体系，指出凡尔赛体系构建了第一次世界大战结束以后在欧洲、北非和西亚的新格局。

出示文字史料与图像史料（资料附录12—13），提问：德国与中国对《凡尔赛条约》有何反应？基于史料信息，简释《凡尔赛条约》中关于德国战争罪责问题激起德国社会各阶层的普遍不满，由此滋生了民族复仇主义情绪。理解凡尔赛体系加剧了战胜国与战败国之间的矛盾。启发学生联系所学，了解战胜国无视中国主权与利益，将德国在中国山东的一切非法权益和胶州湾租借地全部转交给日本，而北洋军阀政府屈服于帝国主义列强的压力，准备在和约上签字，这激起中国反帝爱国的五四运动。由此认识凡尔赛体系深化了殖民地、半殖民地与西方列强的矛盾。以美国为例补充说明战胜国之间因利益分配不均亦产生了种种矛盾。结合相关历史地图，识读和对比第一次世界大战前后的欧洲版图，指导学生辨析地缘政治的变化并得出相关结论：四大帝国崩溃，中欧小国林立，波兰复国；民族矛盾复杂，边界隐患丛生，格局不稳。结合课文"问题探究"栏目，提问：凡尔赛体系的实质和影响是什么？启发学生认识强权操纵巴黎和会、实力决定国际地位的利益博弈，凡尔赛体系体现强权政治，以致新问题和新矛盾层出不穷，埋下隐患。

> **设计意图：**解析文字、图像史料，提取有效信息，运用比较、归纳的方法解释大国在谈判桌前的实力角逐，理解实力决定地位以及凡尔赛体系强权政治的实质，培养实证意识，习得从原因与结果、动机与效果的视角分析历史问题的方法，提升历史解释的能力。

环节5：华盛顿会议与华盛顿体系

结合相关历史地图，简述巴黎和会与《凡尔赛条约》确立了欧洲的政治秩序，但有关亚太地区的悬案问题未在巴黎和会上得到解决，大国利益的博弈仍旧在亚太地区持续展开，美、英、日等国的海军军备竞赛亦使地区局势日益紧张。在欧洲获利不多的美国于1921—1922年通过召开华盛顿会议，力求在亚太地区建构符合美国利益的政治秩序。由此明确华盛顿会议的背景，了解华盛顿会议的核心议题，即海军军备问题与中国问题。关于海军军备问题，补充相关数据资料简析《五国海军条约》对美、英、日在亚太地区战略地位的影响，尤其是撼动了英国的海上霸权，也限制了日本海军的发展。关于中国问题，结合相关文字史料，提问：美国所谓"尊重中国之主权与独立，及领土与行政之完整"的真实意图何在？讲述由于日本实力急剧膨胀，影响到美国在亚太地区的利益。美国要求与会各国签订《九国公约》，重申其一贯的要求中国"门户开放"的政策，在所谓各国共同支配中国的局面下取得了对华问题的主导权。以此为基础了解山东问题最终以中日谈判、美英居间调停的方式，通过签署《解决山东问题悬案条约》及《附约》，中国大体收回了山东权益。指出这也致使美日矛盾"明松暗紧"，亦说明当时的中国政府试图冲破不平等条约体系束缚的努力没能奏效。再问：华盛顿体系的实质和影响是什么？认识华盛顿会议是巴黎和会的继续，华盛顿体系也体现了强权政治与大国利益的博弈。

小结凡尔赛—华盛顿体系引发了德日两国的不满情绪，他们力求突破凡尔赛—华盛顿体系的束缚，这也是导致20世纪三四十年代世界动荡的原因之一，埋下了孕育新的战争的种子。

设计意图：基于解释，了解华盛顿会议的背景，理解华盛顿体系的实质，知道美日矛盾的由来，为后续内容的学习奠定知识基础，同时提升历史的思辨能力。

环节 6：国际联盟

叙述第一次世界大战极大地冲击了欧洲及世界的社会、政治和经济系统，人们认为军备竞赛、同盟对立、秘密外交等原因导致了战争的爆发，由此，全球反战浪潮升温，和平主义理念盛行。美国总统威尔逊形成了关于国际联盟的构想，并将其纳入"十四点原则"最后一点，即"成立国际联合组织，各国互相保证彼此的政治独立、领土完整"。简述巴黎和会成立了国际联盟盟约起草委员会，美国与英、法之间充斥着矛盾，经过激烈争论，最终将《国际联盟盟约》列为《凡尔赛条约》的第一部分。1920 年 1 月 10 日和约正式生效，国际联盟宣告成立，在第一次世界大战中对德奥集团宣战的国家和战后新成立的国家皆为国际联盟的创始会员国。在了解国际联盟成立背景的基础上，出示文字资料（资料附录 14），提问：国际联盟的宗旨是什么？基于史料信息，解释国际联盟盟约宣称：以保障国际和平与促进国际合作为宗旨，规定通过集体安全、和平解决国际争端等措施，以保障会员国的领土完整和政治独立，并规定对违约者实行制裁。再问：如何认识国际联盟的历史作用？其一，启发学生联系其背景与宗旨，从世界整体化进程的角度认识国际联盟的成立适应了世界整体化进程和管控国际体系、维护和平的需要。补充相关史事，简述国际联盟曾致力于解决欧洲、中东和南美洲的领土争端，关注并处理国际范围内的卫生、知识产权交流、奴隶贸易、鸦片贸易、难民及妇女权利等问题，启发学生理解国际联盟作为人类历史上第一个主权国家的世界性国际组织，具有进步意义。其二，陈述国际联盟成立之际，人们曾乐观形容第一次世界大战为"停止所有战争的战争（the war to end all wars）"的史事，提问：实际情况是否如此？出示图像史料（资料附录 15），基于漫画信息，解释国际联盟的缺陷，一是美国由于与英、法争夺领导权失败，最终未能加入国际联盟；二是国际联盟决议程序实行会员国一致原则，履职效率有限；三是三个月内不得使用武力的所谓"延缓原则"，助长侵略国家的气焰；四是缺乏经费和军事力量的支撑，制约其影响力。重点解释由于缺少美国的参与，苏联也被排斥在外，国际联盟作为超国家的组织缺乏充分的国际性，主导国际联盟的英、法也没有足够的实力仲裁国际争端，因此在大国博弈面前无法实践其宗旨和发挥有效作用，既无法制约大国，也无法真正维护世界和平、制止侵略。联系20世纪30年代法西斯日益猖獗的侵略扩张史事，以加深对国际联盟局限性的认识。了解第一次世界大战后的一些重大国际政治事件依旧直接由欧洲大国领袖绕过国际联盟、试图通过秘密会谈的方式来解决，最终使世界滑向第二次世界大战的深渊。

> **设计意图：** 基于叙事了解国际联盟成立的背景，基于解释辩证认识国际联盟在世界整体化进程中的影响和局限，挖掘历史认知的深度，提升历史思辨能力。

环节7：战后国际秩序与世界整体化

提问：以凡尔赛—华盛顿体系为基础的战后国际秩序对世界整体化进程有何影响？出示文字史料（资料附录16），汲取信息并结合所学，启发学生从欧洲的衰落、美国参加一战并主导战后国际会议、以欧洲为中心的国际格局的改变等多个方面，理解世界整体化进程中出现了多极力量并存发展的局面；从苏维埃俄国的建立，突破了资本主义世界体系，明确世界整体化进程中出现了两种社会制度竞争的特征；从殖民地半殖民地国家的民族觉醒，了解世界整体化进程中出现了影响力日益增强的新力量；从国际联盟的成立、国际联盟对关乎人类整体利益的事务的处理、国际规则的制定，理解国际组织在世界整体化进程中的作用。基于此，启发学生认识在世界体系解构与重组的过程中，既有为克服整体化引发的种种矛盾冲突而付出的努力，也存在影响整体化深入发展的消极因素。各种利益、矛盾乃至冲突相互交织，强权政治依然存在，解决争端的机制乏力无效，导致世界整体化发展再次受挫。由此，启发学生从历史的长时段理解整体化进程的曲折与复杂。

> **设计意图：** 立足教学立意，基于历史解释，认识在世界秩序解构和重组中产生的凡尔赛—华盛顿体系及国际联盟既有适应并促进世界整体化的作用，也因利益博弈和强权政治使世界整体化进程呈现曲折复杂的态势。

环节8：小结

出示结构板书，在建构史实逻辑的基础上，进一步加深对第一次世界大战、凡尔赛—华盛顿体系、国际联盟在世界整体化进程中所起作用的理解。

> 设计意图：巩固所学，把握知识体系逻辑，凸显"整体化"的立意，树立格局意识和世界意识。

【板书设计】

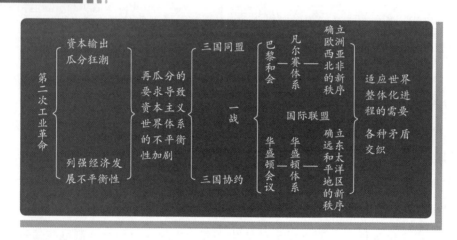

【资料附录】

1. 世界历史上无与伦比的大事件——肇始于日益增长的商业竞争。竞争使文明国家认识到，确保世界仅存的可供工业企业扩张的土地的安全，有着生死攸关的必要性。……为促进我国贸易的发展，为我国的工业品和过剩的精力提供出路，具有远见卓识的政治家和商业人士提倡殖民扩张。……通过海外扩张的不断发展，为我国移民找到新的定居地，或提供更多的工作机会——也通过找到新的市场而刺激贸易。……通过并依靠原住民进行统治，永远是英国殖民政策的关键原则，这一原则与德国、法国、西班牙和葡萄牙的强硬独裁政策相比，已成为我国作为一个成功殖民国家的要诀……

   ——（美）杰里·本特利、赫伯特·齐格勒著，魏凤莲等译. 新全球史：文明的传承与交流（下）[M]. 北京：北京大学出版社，2007：976.

2.

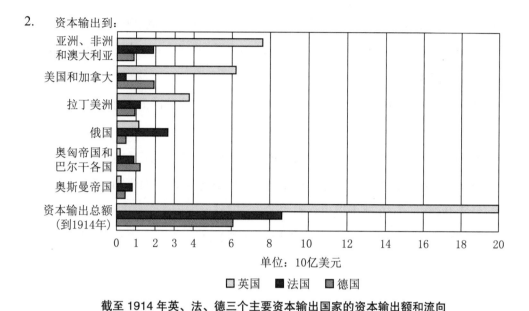

截至 1914 年英、法、德三个主要资本输出国家的资本输出额和流向

—— 余伟民主编 . 高中历史（第四分册）[M]. 上海：华东师范大学出版社，2008：83.

3.《非洲会议的最后议定书》(节选)

第一章

关于在刚果河流域、河口和附近地区贸易自由及有关事项的共同声明。

……

第二条　各种旗帜，不分国籍，均可自由在上述领土的沿海地带，从各该地带流出入海的各河流，刚果河各水域及其支流、包括湖泊在内，这些水域沿岸的港口，以及可能……为了联通水运而建立的各种运河……在第一条所载的领土内，通行无阻。

第四条　所有输入这些领土的货物一概免除进口税和过境税……

第五条　任何一国，不论正在或将要享有上述领土上的最高统治权，皆不应在上述有关贸易方面取得任何独占权利或各种特权。

—— 周一良、吴于廑主编，蒋相泽分册主编 . 世界通史资料选辑·近代部分（下册）[M]. 北京：商务印书馆，1964：265—266.

4. ……德国的目的是实现世界霸权……德国还要摧垮英国的海上垄断，夺取英、法的殖民地。奥匈帝国的目的是奴役巴尔干，使塞尔维亚沦为附属国。

……英国的目的是保住世界霸主的地位，打败最大的竞争对手德国，瓜分德国的殖民地和德国舰队。

……法国的目的是收复阿尔萨斯和洛林两省，进而夺取德国的萨尔区……树立法国在欧洲大陆的霸主地位。

……俄国的目的是摧毁德、奥在土耳其和巴尔干的势力，确立自己在这一地区的统治。

……日本的参战，是为了夺取德国在太平洋上的属地和攫取德国在山东的权益。

……意大利则要……在地中海建立霸权。

——吴于廑、齐世荣主编.世界史·现代史编（上卷）[M].北京：高等教育出版社，1994：39—40.

5. 如今，大多数历史学家都会区分曾在数十年里一直起作用的背景原因和在 1914 年 6 月 28 日弗朗茨·斐迪南大公被刺杀后躁动的数星期中开始起作用的直接原因。最重要的背景因素有五个：经济上的竞争、殖民地的争夺、相互冲突的联盟体系、无法调和的民族主义热望和不可逆转的军事时间表。

——（美）斯塔夫里阿诺斯著，吴象婴、梁赤民等译，《全球通史》编辑小组校译.全球通史：从史前到 21 世纪（第 7 版新校本）（下）[M].北京：北京大学出版社，2020：728.

6. 一名幸存的中士写道，炮弹"把道路炸得千疮百孔，把树枝削得大片横飞"……"倒在苹果树下的那一个，整个面孔已被削掉，头部血肉模糊。……鼓声咚咚，愈播愈急。'冲啊！'士兵们齐声呐喊着：'冲啊！'这是个惊心动魄的时刻。我的头皮像触了电似的，头发根根直竖。……士兵们呼喊着——如痴似狂！"

——（美）巴巴拉.W.塔奇曼著，上海外国语学院英语系翻译组译.八月炮火[M].上海：上海译文出版社，1981：426.

7. 1914—1918 年大战以前，从来没有任何一次战争消耗如此众多参战者的总资源，覆盖地球上如此广阔的土地。从来没有那么多的国家被卷入战争。从来没有如此大规模的、不分青红皂白的大屠杀。

——（美）汉森.W.鲍德温著，陈月娥译.第一次世界大战史纲[M].北京：军事科技出版社，2014：153.

8. 战争的经济代价是巨大的，是自 18 世纪末到 1914 年所有参战国国债总额的 6 倍以上。最直接受战争影响国家的战后产值远远低于 1913 年。……所有协约国中，英国对美国的净负债最高，1922 年达到近 45 亿美元。这意味着它和大部分欧洲国家一样，要长久依赖美国的信贷。

……1919 年，法国、荷兰、意大利和斯堪的纳维亚各国的物价比 1913 年高了 3 倍，英国的物价几乎是 1913 年的两倍半。然而，在战后的中欧和东欧，通货膨胀如脱缰野马完全失控。波兰、奥地利和俄国的货币由于极度通货膨胀成了废纸。

……

战后的欧洲没有一处"适合英雄"的土地。欧洲的城镇乡村到处是悲恸的寡妇、失去双亲的孤儿、残疾的士兵，还有挨饿的、失业的、赤贫的人。战争留下了约 800 万需要帮助的残疾人。

——（英）伊恩·克肖著，林华译.企鹅欧洲史：地狱之行 1914—1949［M］.北京：中信出版集团，2018：102—106.

美国获得百年难逢的发财良机。大战结束时，全世界进出口总额减少了 40%，而美国的进出口贸易却猛烈扩大。

（日本）它利用"大战的天赐良机"趁火打劫，掠夺殖民地，扩张海外市场……日本基本上由农业国转变为资本主义工业国……由债务国变成了债权国。

战争破坏了英国的对外贸易联系，使它不能像过去那样执世界之牛耳。

沙皇俄国永远从帝国主义列强的名单中勾销了。德国战败，受到的削弱比英、法更甚，并且陷入经济困境。

——宋则行、樊亢主编.世界经济史上卷（修订版）［M］.北京：经济科学出版社，1998：454—457.

9. ……法国在 1917 年就以最明确的方式提出要求，主要有两点：第一，"阿尔萨斯和洛林必须归还我们，但归还时不应像根据 1815 年条约那样分割得支离破碎，应按照 1790 年以前的边界归还。这样，我们就将在地理上以及在矿藏上拥有萨尔盆地"。第二，法国政府"希望看到莱茵河以西的领土和德意志帝国分开，并成立一个类似缓冲国的国家"，以防备他们人口众多的德国邻居，这个邻居在克列孟梭的一生中，就曾两次入侵法国。

——（英）C. L. 莫瓦特主编，中国社会科学院世界史研究所译 . 新编剑桥世界近代史（第12卷）[M].北京：中国社会科学出版社，1999: 286.

10. 劳合·乔治《草拟和约条款最后文本前对和平会议的几点意见》

剥夺德国的殖民地，解除其武装……但如果它感到自己受到不公正对待，它终会从胜利者身上找到严厉报复的手段。我强烈反对把更多的德国人从德国统治下交由其他某个国家统治。

最大的危险是德国把它的命运同布尔什维主义联系在一起，这种危险不是虚构的。应在与我们平等的地位上对德国开放世界市场，尽可能使德国重新恢复生机，绝不能让德国瘫痪。

——方连庆、杨淮生、王玖芳编 . 现代国际关系史资料选辑（1917—1945）（上册）[M].北京：北京大学出版社，1987: 34—38.

11. 美国总统威尔逊"十四点原则"

1. 杜绝秘密外交，签订公开合约；

2. 平时和战时公海航行绝对自由；

3. 取消国际贸易壁垒，贸易平等；

4. 各国军备减至维持安定的最低限度；

5. 公道处理殖民地问题；

6. 各国协助解决俄国问题，使之自由解决自身政治发展；

……

10—13. 奥匈帝国境内各族自治；巴尔干国家政治独立和领土完整由国际保证；土耳其各民族自治；波兰复国；

……

14. 为了大小国家都能相互保证政治独立和领土完整，必须成立一个具有法定盟约的普遍性的国际联盟。

—— 整理自余志森主编. 美国通史（第4卷）崛起和扩张的年代（1898—1929）[M].北京：人民出版社，2002：422—423.

12. 引起德国人最强烈不满的另一个条款就是所谓"战争罪行条款"。这一条款写道："协约国和参战国政府认定而德国也承担，由于德国及其盟国进行侵略而把战争强加于协约国和参战国政府及其国民的身上所造成的全部损失与破坏的责任"（第二百三十一条）。……针对这个条款，德国滔滔不绝地宣传道义上的战争罪行……

……

这些条款给新成立的民主的魏玛共和国政权造成沉重的负担。……但是，正如威尔逊所说，"问题在于，公理本身完全不在德国一边"。这是绝大多数德国人所不能接受的中心结论，除了这个中心结论外，还有战败这个赤裸裸的事实。他们发动了一个颇有成效的反对这个条约的宣传运动……人们的注意力被转移了，不去注意德国的武器曾经极力想要攫取的那些贪婪和复仇的战争目的……

——（英）C. L. 莫瓦特主编，中国社会科学院世界史研究所译. 新编剑桥世界近代史（第12卷）[M].北京：中国社会科学出版社，1999：294—295.

13.

五四运动中，北京大学学生游行队伍向天安门进发

上海商界罢市，发起声援学生的游行

— 中共中央党史研究室.中国共产党的九十年：新民主主义革命时期［M］.北京：中共党史
出版社、党建读物出版社，2016：18—19.

14. 缔约各国，为增进国际间合作并保持其和平与安全起见，特允承受不从事战争之
义务，维持各国间公开、公正、荣誉之邦交，严格遵守国际公法之规定，以为今
后各国政府间行为之规范……

……

第 11 条：兹特声明，凡任何战争或战争之威胁，不论其直接影响联盟任何一会员国
与否，皆为有关联盟全体之事。联盟应采取适当有效之措施以保持各国间之和平。

— 世界知识出版社编译.国际条约集（1917—1923）·国际联盟盟约［M］.北京：世界知识
出版社，1961：266—270.

15.

桥上的豁缝（The Gap in the Bridge）（英）莱昂纳德·拉温·希尔（1867—1942）
日期：1919 年 12 月 10 日

— 吴广伦总主编.老漫画中的世界史·贰·20 世纪［M］.上海：东方出版中心，2018：33.

这幅名为《桥上的豁缝》(The Gap in the Bridge) 的漫画给出了解答。漫画发表在美国国会就《凡尔赛和约》展开辩论期间。象征美国的山姆大叔躺在桥的一端，背靠"关键基石：美国"(Keystone USA)，跷着二郎腿，抽着香烟，悠然自得。桥对面的指示牌上赫然写道"国际联盟的桥由美国总统设计"(THIS LEAGUE OF NATIONSWAS DESIGNED BY THE PRESIDENT OF THE USA)，而由比利时、法国、英国和意大利架起的桥，中间却有一个豁口，其大小形状显然就是为"关键基石：美国"所准备的。

——吴广伦总主编.老漫画中的世界史·贰·20世纪 [M].上海：东方出版中心，2018：32—33.

超重（OVERWEIGHED）（英）伯纳德·帕特瑞吉（1861—1945）日期：1919年3月26日

——吴广伦总主编.老漫画中的世界史·贰·20世纪 [M].上海：东方出版中心，2018：30.

对于这个新的国际组织，人们会一致看好吗？当然不可能。这幅名为《超重》（OVERWEIGHED）的漫画，就表达了作者对国际联盟维护世界和平这一职能的怀疑。漫画中美国总统威尔逊面带微笑，充满期待，躬身将一个写有"国际联盟"（League of Nations）字样的粗大且沉重的橄榄枝交给了一只和平鸽。威尔逊总统对和平鸽："这根橄榄枝给你，现在赶紧忙活起来吧。"（President Wilson："Here's your olive branch. Now get busy."）而和平鸽却说："我当然想让每个人高兴，但是这树枝是不是有点太沉了？"（Dove of Peace："Of course, I want to pleaseeverybody* but Isn't this a bit thick？"）作者借和平鸽之口，表达了自己的观点。

那么，威尔逊的理想能实现吗？

——吴广伦总主编．老漫画中的世界史·贰·20 世纪［M］．上海：东方出版中心，2018：31.

16. 在欧洲大陆的各个地方，古老的秩序正在受到怀疑和挑战。英国首相劳合·乔治在 1919 年 3 月的一份秘密备忘录中写道："……所有现存的政治、社会和经济方面的秩序都受到了欧洲各地广大人民的怀疑。"

……许多欧洲人都期待美国的威尔逊和苏俄的列宁这两位非欧洲人的指导。

与此同时，另一个拯救福音则正从东方传来。数百万死伤者和城乡冒着烟的废墟使得广大民众易于接受进行革命和实现社会新秩序的号召。为了模仿布尔什维克革命，柏林、汉堡和布达佩斯都建立了苏维埃。

……白人不再被认为几乎是神定的有色人种统治者了。数以百万计的殖民地居民作为士兵或劳工加入战争，同样具有破坏性。……不用说，有过如此经历后返回家园的殖民地居民对欧洲领主显然不可能再像以前那样恭顺。

——（美）斯塔夫里阿诺斯著，吴象婴、梁赤民等译，《全球通史》编辑小组校译．全球通史：从史前到 21 世纪（第 7 版新校本）（下）［M］．北京：北京大学出版社，2020：749—752.

第15课
十月革命的胜利与苏联的社会主义实践

教学立意

第一次世界大战催生了以列宁主义为指导的俄国十月革命，实现了社会主义从理想到现实的伟大飞跃，建立了人类历史上第一个社会主义国家。苏维埃政权在复杂的国内外形势下，经历了从战时共产主义政策到新经济政策的调整，再到强力推进社会主义工业化和农业集体化的过程，在经济、政治体制上确立了以高度集中、高度集权为特征的苏联模式。这一时期苏联社会主义建设的探索与实践，深刻影响着苏联的历史走向，为后世提供了宝贵的经验和教训。

教学目标

知道 1917 年俄国爆发二月革命、十月革命的背景、经过及结果等史事，理解 20 世纪初期战争与革命的时代特征及逻辑关联，理解十月革命的世界意义；理解列宁主义是帝国主义和无产阶级革命时代的马克思主义；解读多源史料，理解从战时共产主义政策向新经济政策转变的必要性以及新经济政策的实质、成效，提升阅读、解释、分析、归纳、比较等能力；基于史料信息和历史叙事，了解苏联工业化、农业集体化的主要内容和苏联模式的含义，习得从历史表象中发现历史本质、逻辑自洽地解释历史因果关系的方法；将十月革命和苏联社会主义建设的探索与实践置于特定的时空条件下进行历史的观察，运用唯物史观客观、辩证地评价历史，深化对唯物史观科学世界观和方法论的理解，体会社会主义建设的长期性和曲折性。

重点难点

重点：十月革命及其世界意义。

难点：从战时共产主义政策到新经济政策的调整；评价苏联模式。

教学设计 ▮▮▮

环节1：导入

回顾第11课"马克思主义的诞生与传播"，了解马克思和恩格斯在科学社会主义理论中阐述了社会主义革命的基本原理。出示文字史料（资料附录1），引导学生解析马克思和恩格斯的经典论述，即马克思和恩格斯认为生产力水平等物质条件基础是社会主义革命发生的必要前提，认为只有在资本主义高度发展、社会矛盾极其尖锐的条件下才会发生社会主义革命。明确这是唯物史观表述的社会运动的普遍形式。出示文字史料（资料附录2），说明其为马克思和恩格斯对未来无产阶级革命发展的一种预想，解释其意为社会主义革命的发生必须同时具备三项条件，即"物质条件"（发达的工业生产力）、"文化条件"（现代社会文明）和"阶级条件"（工业化条件下的无产阶级即工人阶级成为革命的主力），只有发达的资本主义国家才同时具备这些条件。而那些未经历资本主义经济充分发展的落后国家，社会主义革命则无法单独实现。了解马克思和恩格斯认为这是一场先进国家带动的世界革命，实现这一世界革命是"世界历史"的整体性运动。提问：历史发展的普遍规律是否具有特殊的表现形式？在特定的历史条件下欠发达国家是否可能首先发生社会主义革命？由此导入新课。

> **设计意图：** 联系所学，贯通知识体系，提出针对性问题，启发学生思考，由此导入新课。

环节2：列宁主义的形成

一、回应上述问题，围绕课文"学习聚焦"中"列宁主义是帝国主义和无产阶级革命时代的马克思主义"的说法，聚焦"帝国主义和无产阶级革命时代"解释列宁主义形成的背景、条件等。

立足历史时空，从三个方面分析19世纪末20世纪初世界历史背景和俄国社会特征：

其一，回顾所学，提问：19世纪末20世纪初世界资本主义具有怎样的时代特征？启发学生认识：以电力技术革命为主要内容的第二次工业革命在西欧、北美深入发展，并不断向其边缘地区推进，甚至向亚、非和拉美主要城市拓展。资本主义生产方式和现代化生产过程扩张至全世界，形成了以欧洲为中心的资本主义世界体系。以此为背景，了解无产阶级世界革命在整体上具备了基本的物质条件。解释垄断资本主义代替自由竞争，资本主义进入帝国主义阶段。此时，无产阶级和资产阶级的矛盾，殖民地、附属国同帝国主义的矛盾，帝国主义国家之间的矛盾日益尖锐化。了解资本主义发展的相对和平时期结束了，垄断资产阶级加强国家机器，加紧对本国劳动大众的统治和殖民地的民族压迫，这一时期的无产阶级革命具有更广泛的社会基础和同盟军。由此理解列宁主义是在帝国主义时代条件下对无产阶级革命的战略和策略进行的理论思考，其立足点是俄国革命与世界革命的联系和互动。

其二，简述 1861 年俄国农奴制改革以后四十多年的社会状况：一是资本主义工业迅速发展，出现了垄断资本主义的经济现象。但俄国工业对外资具有明显的依赖性，外债比例相当高，严重制约了俄国工业的发展。二是快速发展的城市工业与贫困落后的农村经济形成强烈反差，"一方面是最落后的土地占有制和最野蛮的乡村，另一方面又是最先进的工业资本主义和金融资本主义"。了解 20 世纪初的俄国仍然是农业社会，城市人口只有 10%，教育和文化水平等远远落后于老牌资本主义国家。以此为基础认识：19 世纪末 20 世纪初俄国资本主义发展步履维艰，难以在沙皇专制的俄国社会内部得到充分发展；俄国社会经济存在严重的结构性、系统性缺陷，俄国未能较好地完成社会转型。出示文字史料（资料附录 3—4），说明俄国生产力水平和资产阶级的成熟度远不及英、法等国家，但俄国社会矛盾的复杂性及剧烈程度远甚之。恩格斯由此指出"俄国无疑是处在革命的前夜"。启发学生认识俄国革命是帝国主义时代的革命，也是具有自身国情特点的革命，发展革命理论成为俄国无产阶级革命的迫切任务。由此理解列宁主义是适应帝国主义时代俄国无产阶级革命的需要而产生的。

其三，立足列宁领导的俄国工人阶级运动，解释列宁主义形成的阶级基础。简释 19 世纪末俄国工人总数增长到了 300 多万，由于深受沙皇专制和资本主义的双重压迫，他们具有很强的革命性。同时，俄国工人与社会化大生产相联系，高度集中于大城市，又具有很强的战斗力，逐渐成长为一支独立的政治力量。说明俄国无产阶级承担着推进资产阶级民主革命和实现社会主义的双重任务。理解列宁主义是在俄国无产阶级的发展和工人运动的实践基础上形成的革命理论。

基于以上解释，理解帝国主义和无产阶级革命时代是列宁主义形成与发展的背景。

二、聚焦"列宁主义是马克思主义的创造性运用与发展"，简要梳理列宁主义形成、发展的过程。

其一，1888—1899 年：列宁主义的孕育阶段。简介列宁来到俄国工人运动中心圣彼得堡，参加马克思主义小组，研究马克思主义，调查俄国社会状况和各阶级的特征。列宁注重把马克思主义同俄国实际相结合，组合彼得堡 20 多个马克思主义小组，成立了"工人阶级解放斗争协会"，并于 1898 年成立了俄国社会民主工党。了解列宁主义在孕育中。

其二，1899—1903 年：列宁主义的形成阶段。简述列宁将马克思主义与帝国主义时代相结合，将马克思主义与俄国实际相结合，于 1900 年创办《火星报》，1902 年撰写《怎么办？》，阐明坚持马克思主义的重要意义和对待马克思主义的正确态度，初步回答了帝国主义时代出现的一些新问题，阐述了科学的革命理论对工人运动和无产阶级政党建设的重大指导意义，发展了马克思主义。例如，指出俄国无产阶级要掌握民主革命领导权，把民主革命和社会主义革命联系起来；论述农民问题的重要地位；指出在帝国主义时代必须坚持无产阶级革命和无产阶级专政；提出建立新型无产阶级政党等思想。了解列宁主义体系初步形成。简介 1903 年俄国社会民主工党第二次全国代表大会召开，列宁的主张得到与会多数人的拥护，在选举中获得多数票，列宁的拥护者被称为布尔什维克（俄文译音，意指多数派）；获得少数票的反对者，被称为孟什维克（俄文译音，意指少数派）。说明布尔什维克的理论体系被称为布尔什维主义，布尔什维主义的出现标志着新型无产阶级政党在俄国的建立，也标志着列宁主义的诞生。理解列宁其后所言："布尔什维主义作为一种政治思潮，作为一个政党而存在，是从 1903 年开始的。"

其三，1905—1914 年：列宁主义的发展阶段。简述俄国经历了 1904—1905 年日俄战争的失败以及由此引发的 1905—1906 年革命。了解日俄战争暴露了俄国沙皇专制的落后，导致社会矛盾激化，人民以革命来回应沙皇专制。叙述彼得格勒工人罢工演变为全俄工人总罢工以及选举产生"工人全权代表苏维埃"的史事,了解当时全国55座城市出现了苏维埃组织,这一新型革命组织被列宁视为巴黎公社的继承者、未来国家的主要统治形式,理解列宁称1905年革命为"大决战前的一场总演习"的含义。进而说明:此阶段流亡于西欧的列宁,仍坚持从事革命理论研究:阐明帝国主义时代俄国民主革命的特点;阐述无产阶级掌握民主革命领导权的必要性;把俄国的农民问题、土地问题提到民主革命根本问题、关键问题的地位,科学分析了俄国的土地关系;提出将民主革命转变为社会主义革命的理论等。了解列宁主义在发展中。

其四,1914—1917年:列宁主义的成熟阶段。简述这一时期爆发了第一次世界大战,列宁以唯物辩证法为指导,全面系统地研究了帝国主义时代无产阶级革命的战略和策略问题。了解列宁撰写了《帝国主义是资本主义的最高阶段》《社会主义革命和民族自决权》《国家与革命》等系列论著,发展了马克思主义的帝国主义理论:提出社会主义可能首先在少数甚至单独一个资本主义国家获得胜利的结论;把民族问题和殖民地问题联系起来,指出殖民地民族解放运动是世界社会主义革命的一部分;阐释帝国主义时代的战争与和平问题;制定将民主革命转变为社会主义革命的具体方针和计划。了解列宁进一步发展了无产阶级专政学说,列宁主义进入成熟阶段。出示文字史料(资料附录5),加深对列宁主义的理解。

基于以上梳理,理解列宁主义是马克思主义的创造性运用与发展,说明列宁主义为帝国主义时代无产阶级革命提供了强大的思想武器。

> **设计意图:**立足理论和特定的历史时空,从普遍性和特殊性的角度解释"列宁主义是帝国主义和无产阶级革命时代的马克思主义",体会马克思主义的开放性以及列宁主义的时代性;梳理列宁主义孕育、形成、发展和成熟的过程,理解列宁主义与俄国社会历史发展之间的逻辑关联,在探索历史概念学习方法的同时,提升理论认知。

环节3:从二月革命到十月革命

简述俄国由于1914年参加第一次世界大战所造成的社会危机。俄国投入兵力最多,约有1500万人应召入伍,但军事指挥和作战能力低下:1914年东普鲁士之战,俄军伤亡 25 万之多；1915 年的春夏大战中，俄军伤亡和被俘人员更是超过了 170 万人。由于全国男性劳动力中近一半被强征入伍，田地荒芜、交通不畅，粮食供应紧张，首都彼得格勒的存粮只够维持一个月。铁路建设严重滞后造成部队的机动性差，士兵缺乏必要的弹药。了解前线战事屡遭败绩与后方经济严重困顿相交织，加剧了沙皇专制的危机，民众提出"和平、面包和土地"的口号，理解列宁所言"假如没有战争，俄国也许几年甚至几十年内不会发生反对资本家的革命"，即"战争引起革命"论点的含义。结合课文"历史纵横"栏目，了解"二月革命"主体——工人和士兵，补充有关"面包骚动"及士兵革命的历史细节，简述二月革命经过，理解历史偶然性的作用。讲述二月革命的结果：推翻了统治俄国 300 多年的沙皇专制，革命后出现了工兵代表苏维埃和资产阶级临时政府两个政权并存的局面。厘清两者的关系。出示文字史料（资料附录 6—7），结合临时政府颁行的内外政策，了解二月革命后俄国的政局以及面临的国际形势，了解局势的变化与此间列宁的活动及思想变化的关系。简释列宁多次讲过二月革命之后的俄国是最自由的国家，但恰恰这个国家也最缺乏"国家能力"，无法实现有效的社会整合，更不能解决当时最为紧迫的和平、土地和面包的问题。了解列宁思想的变化，原本希望通过苏维埃实现国家政权的和平转移，而此时却主张抓住时机实现革命。结合前学，了解一些重大理论的提出并完善，理解革命实践对理论发展的意义，比如"俄国是帝国主义链条中最薄弱的一环""一国革命胜利论""变现时的帝国主义战争为国内战争是唯一正确的无产阶级口号"等，引导学生理解列宁阐释了社会发展的一般规律并不排除在特殊情况下个别发展阶段的跳跃性，为发动十月革命做了理论准备。

结合课文所示"十月革命中革命武装攻占东宫"的绘画，简述十月革命的过程。出示文字史料（资料附录 8），了解十月革命胜利的结果，全俄工兵代表苏维埃第二次代表大会通过《告工人、士兵和农民书》，宣布推翻临时政府，全国政权转归苏维埃。补充相关史料，简介十月革命胜利后列宁与布尔什维克党进行政权建设的措施。比如，颁行《和平法令》，宣布退出第一次世界大战，理解"革命制止战争"的意义；通过《土地法令》，宣布废除土地私有制，理解新政权的属性；选举列宁为人民委员会主席，成立苏维埃俄国即苏俄。由此理解苏维埃俄国是世界上第一个社会主义国家。

结合课后"问题探究"栏目，组织学生讨论、交流十月革命胜利的原因，理解十月革命是俄国历史进程中的划时代事件，改变了俄国社会的发展路径和进程。进而立足对以欧洲为中心的资本主义世界体系形成的挑战，讨论十月革命的世界意义。其一，简释20世纪初资本主义世界体系的形态，其"不公正、不平衡、不稳定"的特征使这一体系进入剧烈动荡、裂变和解构时期。十月革命打破了资本主义一统天下的世界格局，实现了社会主义从理想到现实的飞跃，改变了世界体系裂变、解构的向度和进程，逐渐形成资本主义和社会主义两种社会制度并存、竞争的世界格局。布尔什维克党领导的苏维埃政权不同于资本主义的制度构建，开创了非资本主义模式的现代化道路。由此理解十月革命开辟了人类探索社会主义道路的新纪元。其二，说明帝国主义殖民体系是资本主义世界体系的重要组成部分，了解无产阶级世界革命与反对殖民统治争取民族独立斗争之间的关系。简释十月革命开创了无产阶级革命与亚非拉民族解放运动相结合的"世界革命"运动，苏俄（后来的苏联）为殖民地和半殖民地国家提供了帮助和支持，在很大程度上影响了20世纪初世界非殖民化运动的进程和方向，正如毛泽东所言"十月革命一声炮响，给我们送来了马克思列宁主义"。说明这是后续学习的内容。

> **设计意图：**基于20世纪初期战争与革命之间的关系，通过叙事梳理从二月革命到十月革命的发展脉络，透过现象看本质认识临时政府的实质、理解苏维埃的社会主义属性；依据史料信息了解列宁在斗争方式上的转变，体会必然性与偶然性因素对十月革命进程的影响；习得基于时空背景评价十月革命世界意义的方法，理解和认同十月革命的世界影响。

环节4：从战时共产主义政策到新经济政策

提问：十月革命胜利后，新生的苏维埃政权面临哪些问题？启发学生从巩固政权与建设社会主义的双重任务进行思考。识读课文所示"帝国主义武装干涉和苏俄内战形势图（1918—1922年）"，了解退出帝国主义战争的苏维埃俄国又陷入了国内战争（1918—1920年），新生的苏维埃政权面临来自协约国的武装干涉与国内叛军的双重威胁，应对威胁巩固政权成为当务之急。出示文字史料（资料附录9），了解战争环境下的经济困境。再问：如何在物资极度匮乏的背景下赢得战争、巩固政权？
讲述列宁所言：只有最严格地计算每一普特粮食，只有绝对平均地分配每一磅粮食，
才能使粮食够一切人吃。机器的粮食即燃料也极端缺乏，如果不集中全力来严格无
情地节省消费和实行合理分配，那么铁路和工厂就会停顿，全国人民就会遭受失业
和饥荒的危害。了解在"一切为了前线，一切为了胜利"的口号之下，苏维埃俄国
推行了"战时共产主义政策"。出示文字史料（资料附录 10），运用表格整理战时共
产主义政策在农业、工业、商贸、分配制度等方面的措施，重点突出余粮收集制。
续问：战时共产主义政策有何作用？如何评价战时共产主义政策？出示文字史料
（资料附录 11），又问：列宁为何说"战时共产主义"是"一种功劳"，但又是有限
度的功劳？为何说"现实生活说明我们错了"？启发学生理解：战时共产主义政策是
战争特殊环境下采取的非常措施。这项政策使新生的苏俄政权在国内战争中战胜了
困难，赢得了胜利，捍卫了十月革命的胜利成果。但在实施过程中，将余粮征集制
当作为社会主义奠定基础、直接向共产主义过渡的路径和手段，违背了社会经济发
展的规律，脱离了俄国当时的发展阶段，在实践中产生了负面影响。了解 1920 年的
俄国，农业总产量只有战前水平的 2/3，工业总产量是战前的 1/3，1920—1921 年旱
灾中 500 万人死于饥饿，国民经济陷入崩溃状态。以数据说明战时共产主义政策不
能发展经济，反而加剧了经济危机，理解"现实生活说明我们错了"的含义。再则，
余粮收集制在实际执行中违背了政策的原则，即"贫农不收，中农酌情征收，富裕
农户多收"，在很多地方所谓收集"余粮"变成了没收农民的所有粮食乃至口粮，甚
至使用暴力手段收集粮食，"收集"演变成了强制性"征集"，直接损害了农民的利
益，说明其结果导致部分农民及农民出身的红军士兵反对革命政权，从而在 1921 年
春酿成严重的政治危机。

　　出示文字史料（资料附录 12），了解十月革命的支柱喀琅施塔得水兵时隔四年
后发动反对布尔什维克兵变的原因。出示文字史料（资料附录 13—14），补充当
时正在俄国的中国报刊特约通讯员瞿秋白的相关报道以及列宁的认识，启发学生
多角度认识战时共产主义政策已失去了其继续存在的合理性，经济政策的转变势
在必行。运用表格比较战时共产主义政策和新经济政策在农业、工业、商贸、分
配制度等方面的措施，突出粮食税是新经济政策的核心。出示文字史料（资料附

录15），解释新经济政策"新"之内涵。讲解列宁认为苏维埃俄国落后的经济基础不足以直接过渡到共产主义，以"强攻"的方式最直接、最迅速地实行社会主义失败了，要寻找符合苏俄国情的"迂回过渡"的办法，即利用市场机制和商品货币关系扩大生产，巩固工农联盟，逐步地、间接地过渡到社会主义。理解列宁所言"退一步，进两步"之意，理解这就是"新"之内涵。出示文字史料（资料附录16），基于对比了解瞿秋白眼中的变化，认识新经济政策符合当时苏俄实际，效果明显，较快恢复了国民经济，稳定了政治形势。由此认识新经济政策为社会主义建设提供了新的思路。阅读课文"学习聚焦"栏目的表述"从战时共产主义政策到新经济政策，是列宁对社会主义建设道路的探索"，理解1921年苏维埃俄国开始实行的新经济政策，其实质指向一个时代之问——什么是社会主义？怎样建设社会主义？说明这不仅是一个理论问题，更是一个实践问题，只能在不断实践中，寻求对这一时代之问的解答。说明这是列宁的探索留给后继者最为宝贵的思想启示。

简介十月革命、苏维埃政权的建立以及1918—1920年国内战争对苏维埃俄国国家体制的影响。了解十月革命建立的苏俄政权根基未稳，并未充分做好管理一个幅员辽阔的多民族国家的准备，国内战争的爆发导致各地发生民族起义。为此，布尔什维克在民族政策方面做出调整，支持以民族为单位建立自治区域，并鼓励组建民族部队，以对抗协约国干涉和国内的叛乱分子。说明其效果明显，布尔什维克最终控制了原沙俄帝国疆土的大部分领域。同时，布尔什维克党认为民族自治是边疆地区走向社会主义之路的必要经济和社会准备手段，由此乌克兰、白俄罗斯、阿塞拜疆、格鲁吉亚和亚美尼亚先后成立了苏维埃社会主义共和国。简述当国内战争结束后，如何将所有的苏维埃共和国统一成一个联盟成为趋势。出示文字史料（资料附录17），了解1922年苏维埃社会主义共和国联盟即苏联成立的史事。简介1924年苏联宪法，了解苏联实行了社会主义的联邦制，宪法规定各加盟共和国有各自的国家机关，并保留自由退出联盟的权利。指出宪法也划定了联盟与加盟共和国之间的权力边界，明确实行共产党领导下的中央集权政治体制。识读课文所示"苏联各加盟共和国示意图"，了解苏联疆域版图的发展概况。

设计意图：经济方面，解析文字史料，了解以余粮收集制为主要内容的战时共产主义政策出台的背景；以针对性设问启发学生认识战时共产主义政策的作用，聚焦其负面影响认识调整经济政策的必要性；基于多源史料，运用对比和分析的方法实施历史概念教学，启发学生理解新经济政策的内容，洞悉"新"之内涵，提升思维深度；感悟列宁在探索"什么是社会主义？怎样建设社会主义？"的过程中尊重实际、遵循规律的精神。政治方面，了解十月革命后苏维埃俄国发展为苏维埃社会主义共和国联盟的过程，形成关于苏联社会主义体制的基础知识体系，感悟历史的复杂性。

环节 5：苏联的工业化与农业集体化

了解 1921 年苏维埃俄国在推行新经济政策之时，列宁的健康状况正逐渐恶化，1924 年列宁逝世后，斯大林成为苏联党和国家领导人。出示文字史料（资料附录 18），了解当时苏联的国内国际形势。从国内来看，生产与生活用品依赖进口，与西方国家相比，苏联的工业基础十分薄弱，而工业化是国家实力的重要体现，由此发展工业、建立自己的工业体系成为苏联领导人的共识。从国际来看，20 世纪 20 年代是资本主义相对和平与发展时期，第一次世界大战后的西方世界经济恢复与发展较快，美国出现了"柯立芝繁荣"。与此同时，西方对苏联继续实行经济封锁。面对仍然紧张的国际形势，迅速发展经济成了苏联的迫切要求。提问：苏联经济建设的原则是什么？出示文字史料（资料附录 19），了解这段文字出自 1925 年《联共（布）十四大代表会议决议》，关注"独立自主""社会主义经济轨道"，说明其为既定的社会主义工业化总路线，意味着推进"社会主义工业化"的开始。再问：如何实践工业化？出示文字史料（资料附录 20），了解苏联将优先、快速发展重工业作为实现工业化的重点，并制定了高度集中的经济发展计划。简述苏联 1928—1937 年两个"五年计划"的进程，出示数据资料（资料附录 21），基于比较并补充相关数据资料，了解苏联社会主义工业化建设的巨大成就：在不到 10 年的时间里建成了 6000 多个大企业，建立起飞机、汽车、化学、重型和轻型机器制造业部门（结合课文所示"斯大林格勒拖拉机厂"图片举例进行讲解）；3000 多万农村人口迁居城市；一些主要工业部门的产量赶上了资本主义发达国家，跃居欧洲首位、世界第二位。补充相关图像史料，介绍重工业的成就不仅为经济建设提供了大量机器设备，包括农业生产的大型农具，同时也加强了国防力量。简述十年间苏联的工业年均增长速度超过20%。至1937年，苏联基本实现了预定的社会主义工业化目标，与当时资本主义世界经济危机造成的大萧条局面形成鲜明对比。由此了解苏联在确立计划经济体制的同时，跻身工业化国家行列。

提问：苏联快速实现工业化的资金从何而来？出示文字史料（资料附录22），了解苏联以"剪刀差"的形式来确保工业发展所需的资金。再问：其后果如何？讲解20世纪20年代苏联经济仍以小农经济为主，由于战时共产主义政策的"强攻"对农民造成了伤害，新经济政策在引导农民走社会主义道路方面采取了较为慎重的方针，坚持自愿原则，照顾农民的承受能力。然而"剪刀差"的实施却引发了1927年苏联的粮食收购危机，1927年是丰收年，但国家收购的粮食只有1926年的70%，于是，联共（布）采取非常措施强行收购粮食，引发了数百起反抗征粮事件。说明1927年粮食收购危机是苏联加快转变农业政策的诱因，斯大林认为这是农村中的资本主义分子在新经济政策条件下对苏维埃政权发动的进攻。简述为了遏制这一现象，也为了保障社会主义工业化、第一个五年计划的顺利快速推进，斯大林决定消灭小农经济，对农业进行社会主义改造，加快农业集体化步伐。出示文字史料（资料附录23），解析斯大林发表《大转变的一年》的目的，标志着农业集体化发展成为"全盘集体化"运动。介绍联共（布）成立专门机构制定推动集体化的措施，为了完成指标，各级政府均以行政力量迫使农民加入集体农庄。到1937年，以集体农庄为组织形式的农业集体化运动最终完成。结合课文所示图片"农民加入集体农庄"，补充数据简介其效果：1937年苏联全国共建立了243700个集体农庄，联合了1850万农户，占总农户数的93%，集体化的耕地占总耕地面积的99.1%。指出通过全盘集体化运动，苏联迅速改变了农村生产资料所有制形式和小农经济形态，由个体私有变为集体公有，以保证工业化发展的需要。

引导学生总结斯大林通过领导苏联实施"社会主义工业化"和"农业集体化"，

建立了苏联社会主义的体制机制，确立了被称为"苏联模式"（说明从外延上看"斯大林模式"是"苏联模式"的一个阶段，就本质而言两者一致）的社会主义建设实践模式。阅读课文，了解"苏联模式"的内涵：经济上，实行生产资料公有制、自上而下的指令性计划体制；政治上，确立高度集中、高度集权的政治体制。提问：如何看待"苏联模式"？结合课后"学习拓展"，组织学生收集和运用相关史料；结合课文表述，组织学生立足短时段的时效性和长时段的负面影响展开研讨交流。（1）短时段时效性：与同时期的西方世界进行横向比较，由于其令世界瞩目的效果和"优势"，使苏联成为落后国家实行赶超战略的榜样，"苏联模式"被认为是建设社会主义的正确路径。了解这是二战后苏联模式被推广的重要原因，也是社会主义从一国走向多国的重要原因之一。（2）长时段的负面影响或历史教训：其一，再次出示资料附录20，体会苏联在建设社会主义工业化进程中急于求成追求高速度，片面发展重工业，导致国民经济比例失调等缺陷。其二，解释政治高度集中和高度集权反映在经济建设上，就是奉行指令性计划经济，所有的生产、运输、销售都由国家计划安排。列举相关史事加以说明：全国是一个统一的"大工厂"，而企业只是这座"大工厂"中的一个"生产车间"，甚至"每一双皮鞋或每一件内衣，都要由中央调配"。在列宁格勒生产的一粒纽扣售价1卢布，700公里外莫斯科的价格也是1卢布，万里之外的海参崴仍然是1卢布。启发学生认识：计划经济体制的僵化势必导致"苏联模式"经济效率递减、失去可持续发展的动力。其三，解释农业上执行"剪刀差"，使农民的生产积极性受到极大损害。比如，1936年苏联政府从一个区收购小麦，每公斤付给农民13卢布，而政府出售给农民面粉时，则作价93卢布，国家售价比购价高出5—6倍。又如，在推行全盘集体化运动中，为完成行政指标，各地相互竞赛，喊出"谁不加入集体农庄，谁就是苏维埃的敌人"的口号，以此强迫农民加入集体农庄。了解为对抗强制性的集体化运动，农民消极怠工、损坏农具、屠宰牲畜。据统计，从1929年7月到1930年7月，苏联农村牛减少了32%，马减少了13%，猪减少了33%，羊减少了26%。明确违背自愿原则、违背经济规律的做法损害了农业的持续发展能力。

设计意图：基于对典型史料的解读和历史叙事，了解苏联工业化、农业集体化的背景、实施方式及举措，了解社会主义工业化与农业集体化之间的关系，理解苏联模式的含义及特征，习得从历史表象发现历史本质的方法；将苏联社会主义建设的探索与实践置于特定的时空条件下进行历史的观察，习得运用唯物史观客观、辩证地评价历史的方法；认同社会主义建设应遵循客观规律、理论与实践相结合的重要性。

环节6：小结

引导学生基于所学认识：十月革命的爆发顺应了时代和民众的呼声，它是俄国各种社会矛盾激化的结果，是必然性和偶然性相互作用的结果；要从历史发展的长时段着眼，理解十月革命对于人类社会选择社会主义发展道路的开创性意义，不能因为苏联模式的弊端、教训和苏联的解体而否定其历史意义。关于如何认识苏联模式，指出应该实事求是地总结苏联模式因其僵化和错误导致的历史教训，而不是否定社会主义制度本身。启发学生认识：无论是革命抑或是建设，都必须以马克思主义为方法论指导，立足国情与实际，不断纠正发展过程中的刻板认知和错误理论，以顺应不断变化的时代特征、回应不断发展的时代诉求。

设计意图：启发学生对十月革命和苏联社会主义建设进行再思考，习得客观、全面认识和评价历史的方法，体会马克思主义必须与国情、与实际相结合的必要性，由此彰显教学立意。

【板书设计】

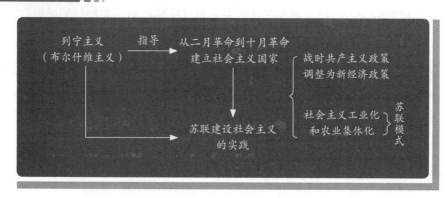

【资料附录】▮▮▮

1. ……即成为革命所要反对的力量，就必须让它把人类的大多数变成完全"没有财产的"人，同时这些人又同现存的有钱有教养的世界相对立，而这两个条件都是以生产力的巨大增长和高度发展为前提的。

> —— 中共中央马克思恩格斯列宁斯大林著作编译局编译 . 马克思恩格斯选集（第一卷）·德意志意识形态 [M]. 北京：人民出版社，2012：166.

无论哪一个社会形态，在它所能容纳的全部生产力发挥出来以前，是决不会灭亡的；而新的更高的生产关系，在它的物质存在条件在旧社会的胎胞里成熟以前，是决不会出现的。

> —— 中共中央马克思恩格斯列宁斯大林著作编译局 . 马克思恩格斯选集（第二卷）·《政治经济学批判》序言 [M]. 北京：人民出版社，2012：3.

2. （无产阶级革命）不是仅仅一个国家的革命，而是将在一切文明国家里，至少在英国、美国、法国、德国同时发生。

> —— 中共中央马克思恩格斯列宁斯大林著作编译局编译 . 马克思恩格斯选集（第一卷）·德意志意识形态 [M]. 北京：人民出版社，2012：306.

3. （给俄国革命家维·伊·查苏利奇的回信初稿）如果说土地公有制是俄国"农村公社"的集体占有制的基础，那么，它的历史环境，即它和资本主义生产同时存在，则为它提供了大规模地进行共同劳动的现成的物质条件。因此，它能够不通过资本主义制度的卡夫丁峡谷，而占有资本主义制度所创造的一切积极的成果。

……

……（《资本论》对资本主义生产的起源分析）明确地限制在西欧各国的范围内。

> —— 中共中央马克思恩格斯列宁斯大林著作编译局编译 . 马克思恩格斯选集（第三卷）[M]. 北京：人民出版社，2012：830、839.

4. 资本主义有了一定的发展，但又不能得到正常的发展，从而产生了许多在发达国家不可能产生的矛盾，如本民族和外来侵略者的矛盾，民族资本主义与外国资本主义的矛盾，无产阶级和资产阶级以及地主阶级的矛盾等等。

—— 杨耕 . 关于落后国家社会主义革命必然性的历史沉思——论马克思、列宁、毛泽东对落后国家社会主义革命必然性的理解 [J]. 天津社会科学，1991（1）.

5. 面对第一次帝国主义大战所造成的那种革命形势的人民，在毫无出路的处境逼迫下，难道他们就不能奋起斗争，以求至少获得某种机会去为自己争得进一步发展文明的并不十分寻常的条件吗？

……

我们为什么不能首先用革命手段取得达到这个一定水平的前提，然后在工农政权和苏维埃制度的基础上赶上别国人民呢？

—— 中共中央马克思恩格斯列宁斯大林著作编译局编译 . 列宁专题文集 . 论社会主义 [M]. 北京：人民出版社，2009：358—359.

资本战线将在帝国主义链条最薄弱的地方被突破，因为无产阶级革命是世界帝国主义战线的链条在其最薄弱的地方破裂的结果。

……

帝国主义战线的链条通常一定要在它最薄弱的环节被突破，但是无论如何不一定要在资本主义比较发达、无产者占百分之多少、农民占百分之多少等等的地方被突破。

—— 中共中央马克思恩格斯列宁斯大林著作编译局编译 . 斯大林选集（上卷）·论列宁主义基础 [M]. 北京：人民出版社，1979：205、207.

6.（1917 年 3 月 20 日列宁《远方来信》节选）这个政府不可能给人民自由，因为它是地主和资本家的政府，它畏惧人民，并且已经开始勾结罗曼诺夫王朝了……工人们，你们在反对沙皇制度的国内战争中，显示了无产阶级的人民的英雄主义的奇迹，现在你们应该显示出无产阶级和全体人民组织的奇迹，以便为革命第二阶段的胜利作好准备。

—— 中共中央马克思恩格斯列宁斯大林著作编译局编译 . 列宁选集（第三卷）[M]. 北京：人民出版社，1995：11.

7.《论无产阶级在这次革命中的任务》(《四月提纲》) 节选

1. 这次战争从俄国方面来说，在李沃夫之流的新政府的条件下，无疑地仍然是掠夺性的帝国主义战争，因为这个政府是资本主义性质的……

2. 目前俄国的特点是从革命的第一阶段过渡到革命的第二阶段，第一阶段由于无产阶级的觉悟性和组织性不够，政权落到了资产阶级手中，第二阶段则应当使政权转到无产阶级和贫苦农民阶层手中。

……

4. ……要向群众说明：工人代表苏维埃是革命政府唯一可能的形式……宣传全部政权归工人代表苏维埃的必要性，使群众从实际经验中来纠正自己的错误。

5. 不要议会制共和国（从工人代表苏维埃回到议会制共和国，是倒退了一步），而要从下到上由全国的工人、雇农和农民代表苏维埃组成的共和国……

——中共中央马克思恩格斯列宁斯大林著作编译局编译.列宁选集（第三卷）[M].北京：人民出版社，1995：13、16.

8. (《告工人、士兵和农民书》) 临时政府已经被推翻。临时政府的大多数成员已被逮捕……全部地方政权一律转归当地的工兵农代表苏维埃，各地苏维埃应负责保证真正的革命秩序。

——中共中央马克思恩格斯列宁斯大林著作编译局编译.列宁选集（第三卷）[M].北京：人民出版社，1995：9.

9. 在 1918 年夏秋之交，局势变得更为严峻。全国 3/4 的国土被国内外武装所占领，主要的粮食、燃料和原材料产地均丧失。全国生产军事装备的 5400 家工厂中有 3500 家位于敌人的占领区中。

——闻一著.俄罗斯通史 [M].上海：上海社会科学院出版社，2013：48.

10. (1919 年 12 月 2 日列宁在俄共（布）八大的政治报告) 余量收集制应当是我们工作的基础。粮食问题是一切问题的基础……一定要贯彻到底。只有在我们解决了这一任务，有了社会主义的基础后，我们才能在这个社会主义的基础上建立起富丽堂皇的社会主义大厦来。

……

（全俄第七次苏维埃代表大会决议）必须把现在应用于采购粮食和肉类的国家粮食征收制扩大到马铃薯，而且根据需要再扩大到所有农产品。

——闻一著.俄罗斯通史［M］.上海：上海社会科学院出版社，2013：69.

11. 应当说我们实行"战时共产主义"是一种功劳。但同样必须知道这个功劳的真正限度。"战时共产主义"是战争和经济破坏迫使我们实行的。

—— 中共中央马克思恩格斯列宁斯大林著作编译局编译.列宁全集（第41卷）·论粮食税［M］.北京：人民出版社，1986：208.

我们计划……用无产阶级国家直接下命令的办法在一个小农国家里按共产主义原则来调整国家的产品生产和分配。现实生活说明我们错了。

—— 中共中央马克思恩格斯列宁斯大林著作编译局编译.列宁全集（第42卷）·十月革命四周年［M］.北京：人民出版社，1986：176.

12. 全俄肃反委员会特派员阿格拉诺夫关于喀琅施塔得事件调查结果的报告中写道："……对一些暴动参加者的审讯表明：海军和红军中的不满情绪几乎同农民一样激烈，难以控制的不满情绪主要由从家乡农村传来的消息而郁积起来的，这些人一直同农村保持着密切的联系，家乡常常给他们捎来关于农村经济危机、地方政府滥用权力、余粮征集的不堪重负等等的坏消息……"

—— 徐元宫.苏俄时期农民暴动揭秘［J］.同舟共进，2011（12），48.

13. 实际上"食粮均配法"，收取农民出产物之全量，为近时西伯利亚以及其余各处农民反抗的真因，——这种风潮，我们到莫斯科时已经很甚。

—— 瞿秋白.瞿秋白文集（文学编·第一卷）［M］.北京：人民文学出版社，1985：130—131.

14. 这次失败表现在：我们上层制定的经济政策同下层脱节，它没有促成生产力的提高，而提高生产力本是我们党纲规定的紧迫的基本任务。

> —— 中共中央马克思恩格斯列宁斯大林著作编译局编译. 列宁全集（第42卷）·新经济政策和
> 政治教育委员会的任务［M］.北京：人民出版社，1986：184.

15. 到1921年春天已经很清楚了：我们用"强攻"办法即用最简单、迅速、直接的办法来实行社会主义的生产和分配原则的尝试已告失败。1921年春天的政治形势向我们表明，在许多经济问题上，必须退到国家资本主义的阵地上去，从"强攻"转为"围攻"。

> —— 中共中央马克思恩格斯列宁斯大林著作编译局编译. 列宁全集（第42卷）·在莫斯科省第
> 七次党代表会议上关于新经济政策的报告［M］.北京：人民出版社，1986：225—226.

为了作好向共产主义过渡的准备（通过多年的工作来准备），需要经过国家资本主义和社会主义这些过渡阶段。不能直接凭热情，而要借助于伟大革命所产生的热情，靠个人利益，靠同个人利益的结合，靠经济核算，在这个小农国家里先建立起牢固的桥梁，通过国家资本主义走向社会主义；否则你们就不能到达共产主义，否则你们就不能把千百万人引导到共产主义。现实生活就是这样告诉我们的。

> —— 中共中央马克思恩格斯列宁斯大林著作编译局编译. 列宁全集（第42卷）·十月革命四周
> 年［M］.北京：人民出版社，1986：176.

16. 十字街间，广场两面，一排一排小摊子。……人山人海，农家妇女，老人，工人，学生……种种色色人，簇拥在一处。这里一批白面包，香肠，火腿，牛奶，糖果点心，那里一批小褂，绒裤，布匹。一堆一堆旧书报，铁罐洋锅，碗盏茶杯，……唔！多得很呢！再想不着：严寒积雪深厚，——我们初来时，劳动券制之下，——这些丰富杂乱的"货物"，都埋在雪坑里冰池么？经济市场的流通原来这样。

> —— 瞿秋白. 瞿秋白文集（文学编·第一卷）［M］.北京：人民文学出版社，1985：154.

17. 重要的是我们不去助长"独立分子"，也不取消他们的独立性，而是再建一层新楼——平等的共和国联邦。

— 中共中央马克思恩格斯列宁斯大林著作编译局编译. 列宁全集（第43卷）[M].北京：人
民出版社，1986：213—214.

18. 我们不能知道帝国主义究竟会在哪一天进攻苏联，打断我国的建设。他随时都可以
利用我国技术上经济上的弱点来进攻我们，这一点却是不容置疑的。所以，党不得
不鞭策国家前进，以免错过时机，而能尽量利用喘息时机，赶快在苏联建立工业化
的基础，即苏联富强的基础。党不可能等待和应付，它应当实行最高速度的政策。

— 中共中央马克思恩格斯列宁斯大林著作编译局编译. 斯大林. 列宁主义问题 [M].北京：
人民出版社，1964：454.

19. ……它的出发点是，我们应该竭尽全力使我国成为经济上独立自主而依靠国内市
场的国家，成为能把其他一切逐渐脱离资本主义而进入社会主义经济轨道的国家
吸引到自己方面来的基地。这条路线要求最大限度地扩展我国工业，但是这种扩
展要估计到并且要适应我国拥有的资源。这条路线坚决摒弃把我国变成世界资本
主义体系附属品的政策，这就是我们的建设路线，就是党现在遵循的并且今后还
要遵循的路线。只要资本主义包围还在，这条路线就是必需的。

— 中共中央马克思恩格斯列宁斯大林著作编译局编译. 斯大林全集（第七卷）[M].北京：
人民出版社，1958：246—247.

20. 在资本主义国家，工业化通常都是从轻工业开始的。由于轻工业同重工业比较起
来，需要的投资少，资本周转快，获得利润也较容易，所以在那里，轻工业成为
工业化的头一个对象。只有经过一个长时间，轻工业积累了利润并把这些利润集
中于银行，这才轮到重工业，积累才开始逐渐转到重工业，造成重工业发展的条
件。但这是一个需要数十年之久的长期过程……共产党当然不能走这条路。党知
道战争日益迫近，没有重工业就无法保卫国家，所以必须赶快发展重工业，如果
这事做迟了，那就要失败。

— 中共中央马克思恩格斯列宁斯大林著作编译局编译. 斯大林文集 [M].北京：人民出版
社，1985：480.

没有重工业，那我们就不会有一切现代化国防武器，而没有这些武器就不能保持国家独立，国家就会变成外敌用武的对象。那时我们的地位就会和目前中国所处的地位多少相似：中国没有自己的重工业，没有自己的军事工业，现在只要谁高兴，谁就可以蹂躏它。

—— 中央电视台《大国崛起》节目组 . 大国崛起：俄罗斯 [M]. 北京：中国民主法制出版社，2006：160.

我们比先进国家落后了五十年至一百年。我们应当在十年内跑完这一段距离。或者我们做到这一点，或者我们被人打倒。

—— 中共中央马克思恩格斯列宁斯大林著作编译局编译：斯大林全集（第 13 卷）[M]. 北京：人民出版社，1956：38.

21.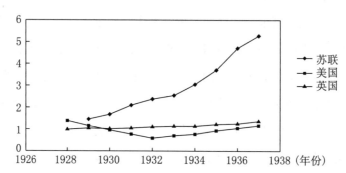

1928—1937 年苏联和主要资本主义国家工业生产指数的比较

—— 华东师范大学 . 高中历史第五分册（试验本）[M]. 上海：华东师范大学出版社，2018：78.

22. 在这种情况下还有什么办法呢？只有一个办法：靠内部积累来发展工业，使国家工业化。……在这方面，我国农民的情况是这样：农民不仅向国家缴纳一般的税，即直接税和间接税，而且他们在购买工业品时还要因为价格较高而多付一些钱，这是第一；而在出卖农产品时多少要少得一些钱，这是第二。这是为了发展为全国（包括农民在内）服务的工业而向农民征收的一种额外税。这是一种类似"贡税"的东西……

—— 中共中央马克思恩格斯列宁斯大林著作编译局编译 . 斯大林全集（第 11 卷）[M]. 北京：人民出版社，1955：139—140.

23. 第三，关于农村中社会主义发展的"大道"的争论……很明显，当没有群众性的集体农庄运动的时候，合作社的低级形式即供销合作社是"大道"，而当合作社的高级形式即它的集体农庄形式出现的时候，集体农庄就成为发展的"大道"了。

……

第四，……如果不向农村资本主义分子进攻，如果不开展集体农庄和国营农场运动，我们现在既不会有今年粮食收购方面所取得的决定性胜利，也不会有已经积蓄在国家手中的几千万普特常备粮。……如果集体农庄和国营农场更加迅速地发展下去，那就没有理由怀疑，再过两三年我国就会成为世界粮食最多的国家之一，甚至是世界上粮食最多的国家。

……

列宁说："掌握国家政权的工人阶级，只有在事实上向农民表明了公共的、集体的、协作的、劳动组合的耕种制的优越性，只有用协作的、劳动组合的经济帮助了农民，才能真正向农民证明自己正确，才能真正可靠地把千百万农民群众吸引到自己方面来。"列宁就是这样提出把千百万农民吸引到工人阶级方面来的方法问题的，就是这样提出把农民引上集体农庄建设轨道的方法问题的。

……

……大家知道，到即将到来的1930年的春天，我们的田野上将要有六万多台拖拉机，再过一年将要有十万多台拖拉机，而再过两年就会有二十五万多台拖拉机了。几年前认为是"梦想"的事情，现在我们已经有可能把它变为现实，而且绰绰有余了。

……

我们正在开足马力沿着工业化的道路前进，向社会主义前进，把我们"俄罗西"历来的落后性扔在后面。

我们的国家正在变成金属的国家，汽车化的国家，拖拉机化的国家。

—— 中共中央马克思恩格斯列宁斯大林著作编译局编译. 斯大林全集（第12卷）·大转折的一年（1929年）[M].北京：人民出版社，1955：115、121.

第16课
亚非拉民族民主运动的高涨

内容主旨

    第一次世界大战削弱了帝国主义势力，增强了亚非拉各国的民族意识，加之十月革命后国际共产主义运动的发展推动了亚非拉民族民主运动的高涨。两次世界大战期间的民族民主运动既是第一次世界大战前民族独立运动的延续，又呈现出"广泛深入""世界革命运动与民族解放运动相结合"等新的阶段性特点。其与亚非拉国家民族民主运动的区域性特点相结合，深刻动摇了世界殖民体系，影响着战后国际秩序。

教学目标

    基于史料解析，了解两次世界大战期间亚非拉民族民主运动高涨的原因；针对典型国家展开叙事，梳理不同地区民族民主运动的发展概况，了解其基于地域、历史和现实而呈现的特点及走向；从整体上提炼两次世界大战期间民族民主运动更为广泛和深入、与国际共产主义运动相结合的阶段性及区域性特点，习得分析和归纳的方法，提升凝练史识的能力；感受这一阶段亚非拉民族民主运动的复杂性与曲折性，体会其对战后国际秩序的深远影响。

重点难点

    重点：两次世界大战期间亚非拉民族民主运动的阶段性特点。

    难点：亚非拉各地区不同类型国家民族民主运动的特点及比较。

教学过程

环节1：导入

结合1919年发生于中国的五四运动、印度的阿姆利则惨案、英阿战争和埃及华夫脱运动等图像组合，讲述1919年中国巴黎和会外交失败后爆发五四运动、印度发动大规模抗英示威由此引发阿姆利则惨案、阿富汗抗英斗争取得胜利等史事，了解1919年民族独立运动的浪潮从亚洲蔓延到了北非的埃及等地。提问：始于18世纪末19世纪初的亚非拉民族解放运动为何在第一次世界大战后呈现高涨态势？由此导入新课。

> **设计意图**：聚焦1919年，了解第一次世界大战后亚非拉民族民主运动的发展状况，切入课题。

环节2：亚非拉民族民主运动高涨的历史背景

结合第14课课文所示"第一次世界大战欧洲战场的西线、东线和南线"形势图、"第一次世界大战后欧洲和中东领土变迁示意图"，引导学生观察、比较第一次世界大战期间和战后欧洲政治版图。提问：第一次世界大战后欧洲政治版图有何显著变化？概述经过第一次世界大战，俄罗斯帝国、德意志帝国、奥匈帝国和奥斯曼帝国瓦解了，战后确立的凡尔赛体系对欧洲疆界作了较大调整和改划，由此，战后欧洲出现了一批新兴民族国家。对照地图讲解变化：一是北欧地区。19世纪初期被俄罗斯帝国征服的芬兰在十月革命爆发后、第一次世界大战结束前脱离俄国版图重新独立；波罗的海沿岸三国——爱沙尼亚、拉脱维亚和立陶宛在一战结束前宣布独立。二是中东欧地区。波兰于一战结束后复国（战败国德国被迫划出"波兰走廊"导致东普鲁士与德国本土分离）；奥地利和匈牙利分离，分别成为独立的国家；捷克斯洛伐克独立；巴尔干半岛西部、南部的斯拉夫人居住地区，成立了"塞尔维亚—克罗地亚—斯洛文尼亚王国"（1929年改称为"南斯拉夫王国"）；罗马尼亚的版图扩大了。再问：第一次世界大战后欧洲新兴民族国家取得独立的政治基础是什么？出示文字史料（资料附录1），分析威尔逊"十四点原则"中处理战后欧洲领土问题的准则，引出"民族自决"原则并解读其内涵，了解美国总统威尔逊在构建战后国际秩序时多次提议给予殖民地主权和自治即所谓"民族自决"权利的史事。续问：如何看待"民族自决"以及欧洲新兴民族国家的涌现？解释威尔逊的目的在于以此削弱劲敌欧洲老牌帝国的霸权地位，为美国成为世界盟主创造有利条件。讲解在欧洲政治版图调整的过程中，战胜国复仇和分赃的动机占据主导地位，如英、法等国严惩德国，压制奥地利、匈牙利和保加利亚，遏制苏俄，扶持波兰、捷克斯洛伐克、罗马尼亚和南斯拉夫等国，以服务于其国家和地区利益。启发学生认识，在此动机下改划政治版图使欧洲充满了重重矛盾，导致部分新独立的国家在独立后不久就出现了民族矛盾尖锐化问题。提问：欧洲新兴民族国家的出现以及"民族自决"的提出对亚非拉殖民地半殖民地国家产生了怎样的影响？出示文字史料（资料附录 2），基于信息解释"民族自决"原则客观上反映了时代的要求，与长期处于资本主义殖民体系中被压迫、被剥削地位的广大亚非拉人民要求独立的呼声，在一定程度上相契合，亚非拉人民的民族独立意识大大增强，成为推动两次大战间亚非拉民族民主运动高涨的因素之一。

　　基于世界地图轮廓图，指导学生标识 19 世纪末至 20 世纪初亚非拉民族独立运动的国家，以及两次大战期间亚非拉民族民主运动的国家和地区。提问：两次大战间的民族民主运动有何特点？其一，基于对比，了解两次大战期间亚非拉民族民主运动涉及的国家更多、范围更广；上一阶段未完成独立目标的国家在这一阶段进行持续深入的斗争。进而了解"广泛深入"为两次世界大战期间亚非拉民族民主运动阶段性特点之一。其二，再次出示第一次世界大战后欧洲的政治版图，回顾所学，讲述战争是革命的加速器，一战导致的全面危机引发了 1917 年俄国十月革命。出示文字史料（资料附录 3），基于阅读再问：十月革命的胜利对亚非拉民族民主运动有何影响？简释十月革命的世界意义，了解十月革命极大地鼓舞了殖民地半殖民地人民的民族解放斗争。接续讲解西方国家的社会主义运动在第一次世界大战后进入低潮。出示文字史料（资料附录 4），补充第一次世界大战前后社会改良运动的发展、社会民主主义思潮在西方盛行的概况，简述一些西方国家的社会民主党认为西方社会的主要矛盾不再是无产阶级和资产阶级之间的斗争，马克思主义的阶级斗争理论已不适应新形势的需要，他们甚至公开反对俄国十月革命。由此，讲述十月革命后由于西方革命浪潮的低落，列宁将世界无产阶级革命的重心转向东方，开创了"无产阶级革命"与东方国家民族解放运动相结合的 20 世纪的"世界革命"运动。了解 1919 年共产国际在莫斯科成立，1920 年起工作重心转向在东方国家发动革命，以支持亚非拉的民族民主运动。补充共产国际代表尼克尔斯基和马林来华出席中共一大的史事，了解中国共产党的成立及其初期的革命活动得到共产国际支持与帮助的史事。讲述共产国际帮助亚洲和拉丁美洲多国成立了共产党组织，并支持由各国共产党领导的民族民主运动。认识在共产国际引领下，各国共产党逐渐成长为领导本国民族民主运动的重要力量。理解被压迫民族的解放斗争与国际共产主义运动相结合，亚非拉民族民主运动被纳入世界革命的浪潮中，成为推动亚洲民族民主运动高涨的重要因素。基于分析续问：这一时期亚非拉民族民主运动还具有怎样的阶段性特点？引导学生归纳：出现了以共产党为代表的新型领导力量，理解这一阶段性特点突显了时代特征（视学情作深入解释：世界革命运动与民族解放运动相结合在很大程度上影响了20世纪非殖民化运动的进程和方向，第二次世界大战后相当一部分新兴国家走上了类似苏联模式的社会主义道路）。其三，结合两次大战间亚非拉民族民主运动分布示意图，简述由于亚洲、非洲和拉丁美洲的历史与社会条件不同，这一时期的民族民主运动还呈现出各具特色的区域性特点。提问：不同地区的民族民主运动呈现何种发展态势？由此过渡至后续学习环节，即讲述各区域民族民主运动概况及典型国家的史事。

> **设计意图**：结合第一次世界大战以后资本主义世界体系的变化和十月革命的影响，解释两次世界大战间亚非拉民族民主运动高涨的原因，理解特定时空因素对历史发展的影响；运用分析、综合、比较、归纳的方法概括亚非拉民族民主运动的阶段性特点；加深认识唯物史观关于历史是多种因素合力作用的结果的观点。

环节3：亚洲民族民主运动的新高潮

指导学生阅读课文，概述亚洲相关国家民族民主运动的基本状况。讲述在国共合作领导的大革命运动中，中国收回了汉口、九江的英租界，沉重打击了帝国主义侵略势力；东南亚的越南掀起了由共产党人参与的反法斗争；印度尼西亚在印尼共产党的领导下发动了声势浩大的民族大起义。由此了解各国共产党在推动亚洲民族民主运动的过程中发挥了重要作用，这一时期亚洲民族民主运动的斗争方式呈现多样化趋势，认识领导力量以及多样化的斗争方式促成了亚洲民族民主运动新高潮的出现。

指出印度非暴力不合作运动在亚洲民族民主运动新高潮中呈现独树一帜的特性。

简介"圣雄"甘地的生平，了解其宗教信仰的特点；了解其留学伦敦、就读法律专业的教育经历以及关注西方哲学的阅读爱好；了解俄国文学家托尔斯泰思想对其产生的深刻影响；了解其曾在孟买和南非从事律师和法律顾问的职业经历。讲述英军1857年"炮决"印度起义被俘抵抗者的史事，了解英国在印度的殖民根基深厚，由于实力差距巨大，暴力斗争方式难以获得成功；了解印度教"仁爱，不杀生"的教义，非暴力思想在印度社会有着生存土壤，由此认识甘地"非暴力"思想的多重来源和复杂性，非暴力不合作是甘地和印度民族运动的现实选择；了解甘地于20世纪初期在南非领导印度侨民开展坚持真理运动时已提出"非暴力"的原则，后来逐渐发展为比较成熟的"非暴力不合作"的政治主张。结合课文"学思之窗"栏目所示文字史料，提问："非暴力不合作"思想的内涵是什么？解析"暴力不合作"与"非暴力不合作"之间的关系与区别，甘地认为"暴力不合作"具有产生邪恶的消极影响，而"非暴力不合作"重在用爱的方式唤醒人内在的善性，从而使恶人弃恶从善，使犯错误者改邪归正，因此不会产生邪恶的消极后果。"非暴力不合作"和"文明不服从""绝食斗争"皆为坚持真理的形式和方法。由此，理解课文表述"以爱、真理和非暴力争取印度自治和独立的思想"的含义。出示文字史料（资料附录5），了解甘地提出"不合作"的原因以及具体措施，进而加深对"非暴力不合作"思想的理解，明确"非暴力不合作"思想也称为"甘地主义"，"非暴力"是其思想体系的核心。

提问：第一次世界大战结束后非暴力不合作主张为何能获得广大民众的认可？非暴力不合作运动为何能在印度全国范围内展开？结合导入环节提及的1919年发生的阿姆利则惨案，简述第一次世界大战期间印度的社会状况及其与宗主国英国的关系。了解一战期间印度承受了宗主国英国强加的沉重军事负担，大约150万印度人在前线参加战斗，几十万印度人充当劳工，耗费2亿多英镑。同时，民族经济在战争刺激下有了一定的发展，民族独立意识随之增强。但战后英国不但不允许印度自治，反而加大镇压印度民族独立运动。简述1919年2月英印当局颁布《罗拉特法案》，授予总督宣布戒严、设立特别法庭和随意逮捕判决印度民众的特权，此举激起了印度人民的愤怒，随即爆发全国总罢工。殖民当局进行残酷的镇压，发生了死伤严重的阿姆利则惨案。理解印度人民与殖民当局的矛盾日趋尖锐化是非暴力不合作思想得到民众认同、非暴力不合作运动得以广泛开展的原因。出示文字史料（资料附录6），解析1920年9月国大党通过的甘地拟定的"非暴力不合作计划"，理解该计划起到了将群众运动纳入既定政治斗争轨道的作用。结合课文"史料阅读"栏目所示国大党党章，再问：非暴力不合作运动的政治目标是什么？了解实现民族自治是其斗争目标，解释甘地所言"自治"的两层含义：首先是实现在英帝国内的自治；必要情况下，脱离英帝国而独立。理解非暴力不合作运动的渐进性和策略性，了解因其符合印度的社会现实，得到民众的响应，进而写进了国大党党章。明确印度非暴力不合作运动以此为指导发展起来。

阅读课文，了解甘地领导的非暴力不合作运动分为三个阶段。其一，简述第一阶段（1920—1922年）的斗争基本实践了"非暴力不合作计划"的主张，补充"家家户户恢复手工业纺织"、甘地亲自纺纱等相关图像史料，加深理解"非暴力不合作"的含义，了解印度由此兴起反英斗争高潮。简述联合省乔里乔拉村农民与当局发生的严重流血事件，冲突致使44名农民和22名警察丧生，由于群众运动难以控制，甘地宣布不合作运动告一段落。其二，重点讲述第二阶段"食盐进军"运动（1930—1934年）。简述1929年世界经济危机冲击了宗主国英国及其殖民地印度的社会经济。在此背景下，国大党通过了"争取印度完全独立"的决议，决定发动第二次不合作运动。了解由于英印殖民当局制定《食盐专营法》大幅度提高食盐的价格和税收，引发了印度人民的强烈不满。由此，甘地发起"文明的非暴力"不服从政府法律的运动即"食盐进军"运动。播放相关影像资料，简介"食盐进军"运动概况，甘地率领78名门徒从阿麦达巴德出发前往海滨、自制食盐，以此号召人民抵制"食盐专卖"。行进队伍沿途吸引了成千上万民众加入，面对殖民者的警棍和铁棒毫无惧色，一批人被打倒在地，另一批人又挺身而上，始终保持着行进的队形。在突出非暴力不合作特点、体会甘地坚韧意志的同时，了解群众运动也超越了"非暴力"的界限，在白沙瓦等地发生了人民起义。简述殖民当局逮捕甘地、尼赫鲁等人，镇压起义，制造多起惨案，其暴行遭到了国内外舆论的强烈谴责。最终，殖民当局在印度民众和国际舆论的双重压力下被迫做出让步。出示文字史料（资料附录7），提问：此次斗争取得了哪些成果？是否完全达成自治的诉求？如何认识非暴力不合作运动的效果？基于史料信息，了解这一阶段运动的结果：恢复国大党合法地位；释放除"暴力罪"之外的全部政治犯；停止对群众运动的镇压。但英印当局依然垄断食盐生产，对少数种类商品实行保护关税等。其三，简述第三阶段（1940—1942年）的运动过程。了解第二次世界大战是这一阶段运动的世界背景，作为英国殖民地的印度被迫进入到战争状态，激起印度各界不满，国大党在抗议之后，决定有条件地支持英国作战以换取战后的独立，但当时英国的方案没有满足国大党在战时建立国民政府和印度人掌管国防的要求。因此，甘地发起非暴力不合作运动，继开展个人的文明不服从运动之后，又提出英国退出印度的要求即"退出印度"运动。英印当局于1942年8月逮捕甘地及国大党各级领导人，国大党遭禁。了解直至1944年，甘地获释并宣布"退出印度运动"停止。

提问：如何全面认识印度非暴力不合作运动？引导学生从历史意义和局限性两个方面展开讨论，认识持续的非暴力不合作运动使民族独立的目标深入人心，成为印度人民共同的呼声，为第二次世界大战结束后印度的独立奠定了思想和政治基础。关于局限性需了解将运动限制在非暴力的框架内，一定程度上束缚了群众的积极性，影响了民族运动的进程。再问：如何评价甘地对于印度民族独立事业的作用？出示文字史料（资料附录8），解释在甘地成为印度精神领袖之前，国大党与印度民众之间存在着隔阂，国大党所宣扬的西方政治理论无法发动广泛的群众运动。而甘地的成功之处在于其基于印度全民信教的特点，运用民众熟悉的语言和形式，不分民族、宗教、种姓，身体力行地团结民众为实现独立而斗争。由于甘地为印度独立事业做出的杰出贡献，被印度人民尊称为"圣雄"和国父，了解甘地及其思想深刻影响了近现代印度的历史。

> 设计意图：在掌握阶段性、区域性特点的基础上，聚焦亚洲民族民主运动的典型国家印度展开叙史，梳理其运动发展的脉络；基于解释，理解核心概念"非暴力不合作"的内涵，了解非暴力不合作运动基于地域、文化、历史和现实而呈现的特点及走向；辩证理解印度非暴力不合作运动的作用。

环节4：非洲独立意识觉醒

提问：与亚洲相比，两次大战期间的非洲民族独立运动有何特点？阅读课文，了解两次大战期间非洲发生民族独立运动的国家和地区相对较少，非洲的民族解放运动总体尚处于萌芽和酝酿阶段，但北非和东非国家的民族独立意识已经觉醒，明确其为这一时期非洲民族独立运动的特点。说明埃及民族运动走在前列，是这一时期非洲民族独立运动的典型代表。出示亚、欧、非三洲交汇处的地理形势图，了解该地区的地缘政治特征。结合苏伊士运河的图像史料，补充运河开凿的相关史事，出示文字史料（资料附录9—10），解析苏伊士运河对于发展远洋航运和提升东北部非洲地位的重大作用；认识苏伊士运河对英国而言，不仅被其视为海上生命线，而且对于英国维持殖民霸权和海洋霸权极具战略意义。简述受奥斯曼帝国控制的埃及在19世纪80年代沦为英国殖民地、第一次世界大战爆发后变成英国独占的"保护国"并纳入英国战时轨道的史事。再问：同样受英国殖民压迫的埃及，其争取民族独立的道路和命运是否与印度相同？基于叙事引导学生梳理埃及的民族独立进程：一是军需订货刺激埃及民族资本主义的发展，英国允诺战后给予埃及独立地位。二是战后英国资本重新控制埃及，以扎格鲁尔为首的埃及民族资产阶级、民族主义者向殖民当局提出兑现诺言、取消"保护"地位的要求，以实现埃及的民族独立，但遭到拒绝。三是埃及民族民主运动——华夫脱运动开始。了解1919年巴黎和会期间扎格鲁尔领导的"华夫脱"党（阿拉伯语为"代表团"之意）成立，领导埃及人民进行和平斗争以期实现民族独立。由于巴黎和会确认埃及为英国的保护国，进而引发埃及人民反英的三月起义。说明此次起义是埃及民族觉醒的标志。四是扎格鲁尔领导"华夫脱"党和埃及人民持续开展斗争。简述英国殖民统治难以为继，于1922年发表"英国埃及关系宣言"，承认埃及独立，但仍然保留英军驻防苏伊士运河、保护埃及境内的外国侨民、继续管理苏丹等特权。五是独立后的埃及走上宪政道路。了解1923年埃及颁布宪法实行了君主立宪制，华夫脱党成为执政党，扎格鲁尔出任首相。埃及成为非洲现代史上第一个民族独立国家。续问：如何看待这一阶段埃及的独立运动？埃及是否完成了民族独立的历史使命？出示文字史料（资料附录11），基于阅读了解独立后的埃及未能完全摆脱英国殖民压迫的原因，简述埃及接续发起护宪运动、要求英国放弃特权但未获得成功的史事。1936年英国借意大利侵略埃塞俄比亚之机，又进一步强化了对埃及主权的控制。由此，了解取得独立地位的埃及仍然艰难地走在摆脱英国控制的道路上。

提问：这一时期非洲其他国家民族民主运动的概况如何？以时间轴呈现北非摩洛哥和东非埃塞俄比亚的民族独立运动进程，进一步体会非洲独立意识开始觉醒的时代特征。亦需指出埃及、摩洛哥和埃塞俄比亚在独立进程中都曾实行过社会改革，起到了推动社会进步的积极作用。由埃及、埃塞俄比亚民族民主运动的复杂性和曲折性，了解独立自主是社会进步和实现现代化的前提。

> **设计意图：** 习得基于史料信息分析英埃关系实质的方法，理解帝国主义的干扰是这一时期非洲民族民主运动面临的现实难题；基于历史逻辑解释非洲处于独立意识觉醒阶段的特征，提升历史解释能力；认识这一时期民族民主运动的复杂性和曲折性。

环节5：拉丁美洲的民族民主革命与改革

简述与亚洲和非洲相比，拉丁美洲的民族民主运动颇具独特性。结合第一次世界大战前拉丁美洲政治版图示意图，了解战前拉丁美洲多数国家已经实现独立的史事，说明这并非意味着其民族民主运动的进程走到了终点。结合课文"思考点"栏目，提问：独立后的拉丁美洲国家为何要继续推进民族民主运动？以墨西哥为典型，简介其独立后的发展状况，联系第13课所学墨西哥于1917年颁布的资产阶级宪法，了解该宪法对国家资源归属权的界定、严格限制外国人利用墨西哥自然资源的规定，同时说明其执行甚为困难的现实。出示文字史料（资料附录12），基于史料信息，了解外国资本控制墨西哥经济命脉和资源命脉，欧美国家对独立后的拉丁美洲进行经济渗透、政治操控的史实，理解独立后的拉丁美洲继续进行民族民主运动的现实原因。结合课文表述，解析墨西哥卡德纳斯总统为捍卫国家主权和本土资源，推行护宪运动、实施民主改革的主要内容。其一，出示文字史料（资料附录13），了解石油国有化运动及其对促进民族工业发展的意义，突出墨西哥改革具有巩固民族独立的积极作用。其二，补充相关资料，简述卡德纳斯在其他领域的改革措施，了解其促进墨西哥社会现代化的积极影响，了解其民主性的广度和深度在同时代的拉丁美洲国家民族民主运动中独树一帜。由此，理解墨西哥改革的民主性特征。

结合相关历史地图简介尼加拉瓜的地理位置，了解1821年尼加拉瓜摆脱西班牙的殖民地统治而独立，20世纪20年代又沦为美国的保护国，美国参与尼加拉瓜内战的史事。简述桑地诺领导7年抗美游击战争的过程，了解其历史意义。

阅读课文"历史纵横"栏目中关于"拉美共产党的兴起"的内容，联系十月革命对于世界革命运动的影响，了解第一次世界大战后共产党的领导在拉丁美洲民族民主运动中的作用。

设计意图：结合史料信息展开历史叙事，了解卡德纳斯改革的原因、内容、特点及影响，提升分析及归纳能力；了解拉丁美洲为巩固民族独立和推进现代化的艰难历程，体会历史的复杂性。

环节6：小结

以结构板书引导学生回顾本课知识并组织讨论：两次世界大战间的亚非拉民族民主运动有何历史作用？基于学生所答，再问：为何只是"动摇"而非"瓦解"殖民体系？出示马克思的经典论述（资料附录14），启发学生认识：历史运动的阶段性不仅体现在特点上，而且体现在历史作用上。两次世界大战期间的亚非拉民族民主运动尚不完全具备瓦解殖民体系的历史条件，因而只能起到动摇殖民体系的历史作用。续问：广大亚非拉国家何时才能真正冲破殖民体系的束缚？以此问为后续学习做铺垫。

设计意图：建构知识逻辑以提升认识；将"阶段性特点—区域性特点—阶段性作用"联成一条"时间—空间—时间"的逻辑链，彰显主旨，体现唯物史观对历史解释的指导作用。

【板书设计】

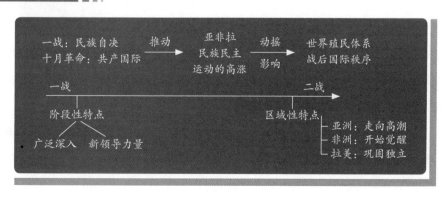

【资料附录】 ▐▐▐

1. 1918年1月8日，他在国会演说中提出了和平"十四点原则"，作为建立"世界和平的纲领"。其主要内容包括废除秘密外交，实现公海航行自由和贸易自由，限制军备，恢复各国被占领土，实现民族自决，公正处理殖民地问题，建立国际联盟等。

   ——王斯德主编，余伟民、郑寅达著.世界通史（第三版）第三编·现代文明的发展与选择——20世纪的世界史［M］.上海：华东师范大学出版社，2020：12—13.

2. 一战也把东方各族人民卷入国际政治生活，帮助他们熟悉军事技术装备和新式武器，使他们开阔眼界，加深了对帝国主义的认识。美国总统威尔逊的"十四点纲领"、英国首相劳合·乔治关于民族自决原则的声明，也使殖民地人民民族自决意识和民族独立观念大大强化。

   ——余建华著.民族主义：历史遗产与时代风云的交汇［M］.上海：学林出版社，1999：33.

3. 同时，十月革命后建立的苏维埃政权不仅对内力求以民族平等和民族自决原则来解决国内民族问题，而且对外摒弃沙皇俄国的帝国主义对外政策，反对任何形式的民族压迫和殖民奴役，主张各民族不论大小一律平等，有权决定自己的命运，取消沙皇政府与中国、土耳其、伊朗等国订立的各种不平等条约，支持被压迫民族的正义斗争。

   ——余建华著.民族主义：历史遗产与时代风云的交汇［M］.上海：学林出版社，1999：34.

4. 社会民主党认为，"一般民主"比"一般专政"好，社会民主主义者的使命是不断扩大和完善民主制度，而不是用无产阶级专政取代资产阶级民主。他们认为，"社会主义"是一种社会正义的象征，与"民主"不可分割地联结在一起，和平、民主和议会制是通向社会主义的最佳道路。

   ——王斯德主编，余伟民、郑寅达著.世界通史（第三版）第三编·现代文明的发展与选择——20世纪的世界史［M］.上海：华东师范大学出版社，2020：79.

5. 论不合作（节选）

……我确信，不合作是正义的，是一条宗教原则，是每一个人的天赋权力，它完全符合宪法。

……

请问，我对不列颠政府说"我拒绝为你服务"，难道这违反宪法？难道我们受人尊敬的主席先生恭敬地辞去所有政府授的官衔也违反宪法？难道家长从公立学校或政府资助的学校领回自己的孩子也违反宪法？难道一个律师说"只要法律非但没有提高反而降低我的地位，我就不再拥护法律"也违反宪法？难道一个文职人员或法官指出"我拒绝为一个强奸民意的政府服务"也违反宪法？再请问，如果一位警察或一位士兵，当他知道自己是被征来效忠于迫害自己同胞的政府时，提出辞呈也违反宪法？如果我到克里希纳河畔对一位农民说："假如政府不是用你的税款来提高你的地位，相反地在削弱你的地位，你交税是不明智的"，难道这也违反宪法？我确信并敢于指出，这没有违反宪法，根本没有！……同胞们，只要你们还有一点尊严，只要你们承认自己是世代相传的高尚传统的后裔和维护者，你们不支持不合作立场就是违反宪法，同这样一个变得如此非正义的政府合作就是违反宪法。

只有当政府保护你们自尊心的时候，合作才是你们唯一的职责。同样，当政府不但不保护你，反而剥夺你的尊严时，不合作就是你的天职。这就是不合作之真谛。

—— 刘文霞编著 . 影响世界的 100 个演说（上册）[M]. 呼和浩特：内蒙古人民出版社，2007：154—156.

6. 非暴力不合作计划

本届大会进一步认为，印度人民没有其他道路可走，只有承认和采纳渐进的非暴力不合作政策，直到上述不义行为得到改正，自治得以确立为止。

……鉴于运动的目前情况，最好能冒最少的危险和招致最小的牺牲，来达到所预期的目标，本届大会热诚地建议：

（1）放弃职衔和荣誉职位，辞去地方机构中的委派职位。

（2）拒绝参加政府的招待会，正式接见，和政府官员或以他们的名义举行的其他官方和半官方的宴会。

（3）逐步撤出各省学校和学院的学生。

（4）律师和诉讼当事人逐步抵制英国法庭，由他们自己成立私人裁决法庭，解决私人争端。

（5）军事、文书和劳工阶级方面的人拒绝充当新兵前往美索不达米亚服役。

（6）参加改革议会选举的候选人退出竞选，选举人拒绝选举任何违反大会建议而参加竞选的候选人。

（7）抵制外国货物。

————（印）南布迪里巴德著，何新译.圣雄甘地与甘地主义［M］.北京：生活·读书·新知三联书店，1961：27—28.

7. 甘地—欧文协定（德里协定）

……

（3）按照英国首相1931年1月19日（宣言），将设法邀请全印国民会议代表，参加讨论修改宪法之计划。

……

（6）……政府赞成鼓励印度工业，视作推进印度物质状况之经济与工业运动之一部分。倘令宣传，劝导或公布之方法不侵及个人举动之自由，或不碍及法律与秩序之维持的，政府对之并无意抑制。

……

（12）甲、关于和平反抗运动之控案，以及关于不包含暴力（除技术上的暴力外）或煽动暴力过犯之控案，均予撤销。

（13）甲、为和平反抗被扣监犯，并无暴力过犯。（技术上之暴力）除外。或煽动暴力过犯者，予以开释。

……

（20）政府对于破坏现行盐税率，不能宽宥。按照现时财政状况，对盐律亦不能作重大的修改。

————王斯德主编.世界现代史参考资料（上册）［M］.北京：高等教育出版社，1988：138—140.

8. 在第三次不合作运动中，不仅甘地和国大党的大多数领导人被逮捕，而且还有大批民众陆续被捕入狱。仅在 1941 年上半年，被捕人数就达 2 万多。这些以甘地精神武装起来的"坚持真理者"，手持印度教经典《薄伽梵歌》，视死如归，脸不变色心不跳地走进监狱。

　　—— 朱明忠 . 甘地的非暴力主义及其影响 [J] . 南亚研究，2002（02）：43.

9. 70 年代苏伊士运河的开始通航，西非和南非新的金矿和钻石产地的发现，以及许多经济作物的种植成功，大大提高了非洲在整个世界的政治、经济和战略地位。在这种情况下，资本主义列强掀起了争夺和瓜分非洲的狂潮。

　　—— 刘宗绪主编 . 世界近代史 [M] . 北京：北京师范大学出版社，2004：322.

10. "伊比利亚半岛、西北非海岸以及埃及构成了连接英国和太平洋殖民地的基本航线上的战略要点，建立在那些地区的任何的敌对势力都会威胁通往直布罗陀海峡、地中海、以及苏伊士运河的帝国最重要的直接海上交通线。"大英帝国的安全在很大程度上依赖这条航海线。

　　—— 闫榕 . 1919—1924 年英国的地中海政策研究 [D] . 兰州：兰州大学，2012：26.

11. 埃及是非洲大陆最早冲破殖民体系、取得独立的国家，由于非洲地区现代民族主义的经济基础相当薄弱，现代政治力量的发育也相对迟缓，所以，当20 世纪上半叶在北非出现埃及这样的独立国家时，非洲大陆的绝大部分仍然处于殖民统治之下，也因为如此，埃及的独立地位是不充分的，英国仍然保留着对埃及部分主权的控制。

　　—— 王斯德主编，余伟民、郑寅达著 . 世界通史（第三版）第三编·现代文明的发展与选择——20 世纪的世界史 [M] . 上海：华东师范大学出版社，2020：245.

12. 1921—1925 年，墨西哥石油平均年产量达二千七百一十万吨，仅次于美国，居世界第二位。当然这些石油几乎都是外国公司开采的，石油大都流到国外……

1901—1937 年，仅美、英、荷三国的石油垄断资本就从墨西哥掠夺了十八亿六千六百万桶石油，攫取的纯利润多达四亿三千九百万美元。墨西哥自己需要石油，都要向外国公司购买，其价格要比国际市场高二倍。

—— 喻继如. 墨西哥卡德纳斯改革初探［J］. 世界历史，1986（05）：47.

13. 墨西哥自己掌握了石油这一重要经济命脉，大大促进和带动了民族工业的高速发展，1935—1940 年，墨西哥的经济增长率高达 83%。

—— 张家哲著. 拉丁美洲：从印第安文明到现代化［M］. 北京：中国青年出版社，1999：211.

14. 人类始终只提出自己能够解决的任务，因为只要仔细考察就可以发现，任务本身，只有在解决它的物质条件已经存在或至少是在生成过程中的时候，才会产生。

—— 中共中央马克思恩格斯列宁斯大林著作编译局编译. 马克思恩格斯选集（第二卷）［M］. 北京：人民出版社，2012：3.

第17课
第二次世界大战与战后国际秩序的形成

教学立意

凡尔赛—华盛顿体系的失衡，世界经济危机的重创，以致意大利、德国和日本等国兴起了法西斯主义，并通过建立法西斯集权体制最终形成亚欧战争策源地，人类社会再度陷入世界大战。经历第二次世界大战的洗礼，国际社会在反思战争与和平的关系中，重建了包括联合国在内的以雅尔塔体系为代表的国际秩序，其所遵循的原则和制定的规则促进了战后世界的和平与发展，但大国之间尤其是美苏之间的矛盾与冲突仍然存在，深刻影响着国际格局的走向。和平与发展是全人类共同的追求和使命。

教学目标

知道意、德、日法西斯兴起的背景、原因及标志性事件，了解亚欧战争策源地形成的重要史事，理解世界经济危机对国家政治和国际格局的影响；从法西斯势力、西方国家以及社会主义苏联三方力量的博弈分析第二次世界大战爆发的原因，理解历史的复杂性，习得从多元视角认识历史、基于时空梳理历史发展脉络的方法；运用分析、综合、归纳、比较的方法解释雅尔塔体系的特征，理解包含联合国在内的雅尔塔体系的国际治理方式与战后国际格局的关系；认识雅尔塔体系既有促进和平与发展的进步作用，也有受强权政治操控的局限性，习得辩证、客观评价历史的方法；认同良好的国际秩序有助于推动文明的进步。

重点难点

重点：法西斯主义、绥靖政策与第二次世界大战的起源。

难点：雅尔塔体系的特征及作用。

教学过程 ▌▌▌

环节1：导入

出示图像史料（资料附录1），描述1918年11月在法国巴黎街头人们欢庆第一次世界大战结束的场景，叙述1919年战胜国齐聚巴黎召开和平大会，重构战后世界秩序，并于1920年成立以维护世界和平为宗旨的国际联盟的史事。人们曾乐观地形容第一次世界大战为"停止所有战争的战争（the war to end all wars）"，而列宁认为"靠《凡尔赛和约》来维系的整个国际体系、国际秩序是建立在火山上的"，法国元帅福煦在《凡尔赛和约》签订后说"这不是和平，是二十年的休战"。事实如何？出示图像史料（资料附录2），以时间轴呈现仅仅10年后，战火就在世界各地点状持续燃起。1931年日本挑起九一八事变，侵占中国东北；1935年意大利入侵埃塞俄比亚；1937年日本制造七七事变，发动了全面侵华战争；1938年德国吞并奥地利，并通过《慕尼黑协定》侵占捷克斯洛伐克苏台德区；1939年9月1日，德国闪击波兰，英、法对德宣战。第二次世界大战全面爆发。了解第一次世界大战后人们对于和平的期望幻灭了，福煦的预言得到了验证。提问：世界为何再次滑向战争的深渊？由此导入新课。

> **设计意图**：以历史叙事辅以图像史料，提出"世界为何再次滑向战争的深渊"的问题，激发深入探究历史的兴趣。

环节2：法西斯主义兴起

出示文字史料（资料附录3），关注两次世界大战的联系，启发学生运用所学谈谈对凡尔赛—华盛顿体系和国际联盟的认识：在世界秩序的解构和重组中产生的凡尔赛—华盛顿体系和国际联盟是利益博弈和强权政治的产物，既有适应世界整体化发展、维护国际秩序的积极因素，也存在民族利己主义和缺乏有效国际管控机制的消极因素。比如，各种利益矛盾冲突交织，解决争端的机制乏力无效，重大国际政治事件依然由欧洲大国绕过国际联盟、通过秘密会谈的方式来解决，以致隐患重重。此外，须讲解大国在重组战后世界秩序时，忽视对世界经济秩序的构建，自由放任的市场竞争、世界经济组织与国际贸易规则缺失，威胁到脆弱的"和平"局面。说明这些因素相互作用，世界逐渐陷入剧烈动荡的危局中，指出这是动摇20世纪二三十年代国际格局基础的深层次原因。进而明确以此为背景，法西斯主义在一些国家兴起。

　　简述在第一次世界大战后利益博弈、强权政治盛行的国际背景下，意大利、德国和日本等国出现了法西斯主义及法西斯运动。简介"法西斯"的含义，原为古罗马帝国执政官的权力标志，今义为独裁、暴政、恶行和侵略战争的代名词。提问：意、德、日本为何会滋生法西斯主义？按国别解释其原因。其一，关于意大利。首先了解第一次世界大战后意大利的国际地位。势单力薄的意大利在巴黎和会上遭受其他西方强国的轻视与排挤，英、法等国没有兑现此前关于巴尔干半岛阜姆的领土承诺，作为战胜国的意大利在巴黎和会上所获甚少。国际地位堪忧导致意大利民族主义浪潮日趋狂热，由此形成法西斯主义滋生的温床。其次简述意大利的社会状况。了解意大利在第一次世界大战中死伤220多万人，战后外债沉重，物价飞涨，工业生产下降，失业人口剧增，工人罢工并占领地方政府，退伍军人联合农民展开占地运动，政权风雨飘摇，意大利资产统治阶级急于寻找铁腕人物以求挽回危局。由此形成法西斯运动的群众基础和阶级基础。简述在此背景下，1919年墨索里尼乘机成立世界上第一个法西斯主义政党——"战斗的意大利法西斯"，宣称"法西斯主义为民族而奋斗，它的目标是实现意大利人民的荣耀"，又将"战斗的意大利法西斯"更名为"国家法西斯党"，体现了极端民族主义的色彩。其二，关于德国。回顾第一次世界大战的战胜国推卸战争责任的史事，了解德国极端民族主义和民族复仇主义膨胀，力求突破《凡尔赛和约》的束缚，以图扩大生存空间，通过侵略扩张谋取更大利益。简介希勒特利用人们对《凡尔赛和约》的不满，打着社会主义和民族主义的招牌，通过煽动性的宣传骗取了社会各阶层的支持。了解1920年"德国工人党"改组为"民族社会主义德意志工人党"，即纳粹党，开始了在德国的法西斯运动。其后又成立了武装组织冲锋队和法西斯特务军事组织党卫队，了解纳粹党逐渐壮大为一个"拥有一批具有接管政府事务能力的干部的政党"。解释民族社会主义即纳粹主义的核心为"种族优秀论"：宣扬雅利安日耳曼人为高等人种，犹太人和斯拉夫人是劣等人种；主张世界是弱肉强食、优胜劣汰的丛林，各民族必须在激烈的生存竞争中求胜，实行对外侵略扩张，以战争夺取生存空间。其三，关于日本。简介第一次世界大战后日本的国际地位与国内形势。了解战后日本经济困窘、社会动荡，为解决社会危机，民间和军方都出现了鼓吹走军国主义道路的法西斯思潮，说明这是日本法西斯运动的特征。了解日本民间法西斯鼓动"高举亚细亚联盟之义旗，执未来世界联邦之牛耳"的叫嚣。重点突出军部法西斯运动，解释由冈村宁次、东条英机等于1921年参与订立的"巴登巴登密约"，解释日本军部法西斯运动深受德国"总体战"思想的影响，强调军事优先、战争指导政治、政治服务于军事，试图改变日本军事政治局面，实现军国主义。了解"巴登巴登密约"是日本军部法西斯运动的开始。

基于对意、德、日三国法西斯主义和法西斯运动不同点的了解，提问：意、德、日三国法西斯主义有何共性？阅读课文"史料阅读"栏目，结合上述叙事，引导学生归纳其共性：以极端民族主义为基本特征；对内施行独裁集权统治，反对自由主义和共产主义；对外侵略扩张，发动战争并与第一次世界大战的获利者英、法、美等国争夺世界霸权。再问：法西斯主义与传统资本主义有何联系与区别？帮助学生了解19世纪末20世纪初资本主义从自由资本主义向垄断资本主义的过渡，加剧了竞争的无序性，扩大了社会的两极分化。而垄断资本主义时期的国家和政府未能给社会底层民众和小资产阶级提供足够的保障，因此这部分对社会不满的民众成为法西斯主义滋生的社会基础。由此理解法西斯主义具有反对自由资本主义、反对民主政治的特征，主张建立强势政府，排斥资产阶级民主体制。需说明法西斯主义的极端民族主义和对外战争的宣传起到了转移社会矛盾的作用，从其对外扩张性来看，法西斯主义是帝国主义的极端形式。

设计意图：结合第一次世界大战后国际格局与国际政治的特点，解释意、德、日三国法西斯主义兴起的背景以及三国法西斯主义运动的异同点，习得纵向贯通历史、横向比较历史的解释方法，提升历史思维，开阔历史视域。

环节3：亚欧战争策源地形成

提问：意、德、日三国是如何建立法西斯体制的？亚欧战争策源地又是如何形成的？

简述墨索里尼建立法西斯集权体制的过程：补充细节简介1922年墨索里尼"向罗马进军"掌握了政权；补充相关史料简介墨索里尼掌权后在意大利全面推进法西斯化运动，体现其恢复古罗马帝国霸业的野心；补充相关史料简介意大利1935年发动战争侵略埃塞俄比亚的史事，以此加深对法西斯主义恐怖特征和独裁扩张特征的认识。明确意大利是第一次世界大战后最早建立法西斯政权的国家。

重点讲述德、日法西斯政权的建立与1929—1933年世界经济危机的逻辑关联。其一，结合课文导语及图片，解释1929—1933年世界经济危机爆发的原因：第一次世界大战后，世界局势趋于暂时稳定，美国经济进入高速发展期。出示文字史料（资料附录4），了解20世纪20年代美国的"柯立芝繁荣"，指出繁华的背后隐藏着危机。一是自由放任政策强调国家充当"守夜人"的角色，国家不干预经济，不干预市场供求，对生产采取自由放任、无为而治的政策，导致供求关系失衡，产品相对过剩，以致虚假的泡沫经济崩盘，波及经济各领域。出示文字史料（资料附录5），了解经济危机的概况。二是世界经济组织与国际贸易规则的缺失使世界经济运行机制存在重大缺陷。加之第一次世界大战后世界市场对美国的依赖性增强，1929年在美国爆发的经济危机迅速蔓延至整个资本主义世界以及西方资本主义国家的殖民地和半殖民地，形成了世界性的经济危机。接续讲解此次经济危机的影响：首先，资本主义世界进入了"大萧条时代"，动摇了第一次世界大战后国际格局的基础，即凡尔赛—华盛顿体系，世界进入了剧烈动荡之中。其次，经济危机也引发了资本主义国家的政治危机，出示文字史料（资料附录6），基于信息了解由于经济严重衰退，失业率居高不下，民众生活水平大幅度下降，进而导致各国右翼极端主义兴起，为一些国家建立法西斯政权营造了氛围和条件。

基于资料附录6的信息，简述各国统治阶级根据自身的经济、政治和社会条件，寻找各自的解困之道。

其一，美国实施以"国家调控经济"为主要手段的罗斯福新政。指导学生阅读"历史纵横"栏目，在了解具体措施的基础上补充相关史料解释其指导思想、实质和影响。解释其指导思想：一是主张国家干预经济，调整自由放任的传统经济政策（"看不见的手"），配合运用国家权力干预经济（"看得见的手"）的方式，市场经济与国家宏观调控相结合，扩大社会的有效需求，增强民众的购买力，增加消费，刺激经济，重新激发资本主义经济体制的活力。二是国家和政府"关注被压在金字塔底层的人们"，制定社会福利保障制度，承担一定的社会责任。解释其实质：以不触动资本主义基本制度、保持资本主义自由企业制度为前提，局部调整传统资本主义生产关系，由过去片面强调"看不见的手"，变为"看不见的手"和"看得见的手"两手并举，为资本主义生产力的进一步发展开拓空间。理解罗斯福新政是资本主义体制的改良，是资本主义经济体制的自我扬弃。解释其影响：调整了资本主义生产关系，缓解了经济危机和社会矛盾，遏制了美国的极端势力，稳定了资本主义民主制度等。由此，为讲述美国在第二次世界大战中的地位和作用提供背景知识。

其二，德日两国通过建立法西斯政权、对内独裁对外扩张的方式以寻求摆脱危机。聚焦两国的"内""外"举措梳理其过程。（1）关于德国。呈现"把纳粹党的暴政加在自己身上的，是德国人自己"的观点，提问：为何会有这样的说法？出示文字史料（资料附录7），了解经济危机的严重后果，德国经济倒退至19世纪末20世纪初的水平，以致民众对现政府的不信任、要求改变现状的不满情绪加剧，这为希特勒和纳粹党利用民意掌握政权奠定了基础。讲述希特勒通过多种宣传形式，针对不同群体的要求许下种种诺言以骗取民众信任。了解1929至1933年，纳粹党从17.8万人增加到100万人，影响力不断扩增。最终以希特勒为党魁的纳粹党赢得了1932年国会大选，成为国会第一大党。简介1933年初希特勒被任命为德国总理，正式建立了纳粹体制的法西斯独裁统治。基于叙事启发学生认识：德国纳粹党走的是合法的议会选举之路，利用政党政治建立了法西斯统治，由此理解上述观点的合理之处。补充相关史料概述纳粹体制对内实行元首独裁、全民就业、强化社会统制和种族灭绝等各项政治经济措施。运用时间轴整理纳粹德国扩军备战的过程：1933年退出国联摆脱国际束缚；1935年撕毁《凡尔赛条约》中的军事条款；1936年德军进驻莱茵非军事区而未受阻拦和制裁；1936年德国和意大利结成轴心国，声称罗马和柏林之间垂直线是轴心，欧洲各国要围绕这个轴心进行合作。了解"轴心国"的称呼由此而来，明确欧洲战争策源地初步形成。（2）关于日本。简介世界经济危机深刻影响了日本，引发了"昭和恐慌"，日本民间和军部法西斯势力都试图通过军事扩张转嫁危机、转移国民视线。讲述1931年九一八事变日本侵占中国东北的相关历史细节，以及通过此次事变军部法西斯力量得以增强的史事，说明九一八事变是日本开始成为亚洲战争策源地的标志。讲述 1936 年发生于日本军政界的二二六事变，其结果是军部确立统治地位、掌握国家政权，并推行战时财政，日本正式建立了军国主义法西斯体制。了解 1936—1937 年德、日、意三国缔结反共产国际协定，构建了"柏林—罗马—东京轴心"，结成政治军事同盟。提问：法西斯主义及法西斯运动对第二次世界大战的爆发具有怎样的影响？由此了解战争日渐迫近的态势。

提问：日本法西斯政权的建立与德国相比有何异同？启发学生思考。其一，从历史与现实两方面总结其相似点：一是从历史看，德日两国社会转型都不彻底，保留了浓厚的封建残余和军国主义传统；二是从现实看，都利用经济危机造成的社会动荡趁机扩大法西斯势力，进而建立政权。其二，从路径上比较其不同点：与德国纳粹利用合法的政党政治不同，日本依靠政权中已经存在的军部机构，通过对外战争、对内兵变逐步控制政权而建立法西斯政权。

> **设计意图**：提炼文字史料信息，梳理意、德、日三国法西斯体制建立的过程，解释世界经济危机对国家政治和国际格局的重大影响；结合历史与现实，了解意、德、日三国建立法西斯体制在路径与措施上的异同，习得通过分析和比较以把握历史特征的方法；认识法西斯主义及法西斯运动的危害性。

环节 4：西方和苏联的应对

提问：当意、德、日法西斯国家挑战凡尔赛—华盛顿体系，不断拨动战争的火焰之时，作为该体系的主导者和既得利益者英、法、美三国的态度如何，有何作为？简介法国试图构建欧洲集体安全体系。了解第一次世界大战结束后作为德国近邻和宿敌的法国面对德国对凡尔赛体系的步步挑衅，寻求与德国东部的东欧国家结盟，建构集体安全体系以形成东西钳制之势，压制德国的扩张势头，但由于波兰的"等距离外交"、英国的扶德抑法政策以及西方国家对苏联的不信任而最终失败。由此，英法两国转而采取绥靖政策。结合课文"史料阅读"栏目，解释绥靖政策的含义，说明英、法对德绥靖政策包括两个方面：一是牺牲欧洲其他国家利益以保护自己的既得利益；

二是祸水东引，指望德国进攻苏联以求得西线无战事。提问：英、法为何要奉行绥靖政策？从第一次世界大战后欧洲和平主义思潮盛行，英、法实力地位下降，英国传统"大陆均势"政策以及西方反苏、反共等方面简释其原因。对照相关历史地图列举英、法在欧洲推行绥靖政策的主要表现：1938 年默许德国吞并奥地利；1938—1939 年，先签订《慕尼黑协定》允许德国吞并捷克斯洛伐克苏台德区，而后坐视德国占领整个捷克斯洛伐克。出示图像史料（资料附录 8），结合图像信息简述"慕尼黑阴谋"，结合课后"问题探究"栏目再问：绥靖政策的影响如何？介绍英国首相张伯伦曾言为欧洲"带来五十年的和平"，事实是德国在 1939 年占领捷克斯洛伐克后半年突袭波兰，第二次世界大战全面爆发。由此认识绥靖政策纵容侵略、妥协求和的本质，助长了纳粹德国的侵略气焰而削弱了自己，加速了战争的到来。简述美国当时奉行孤立主义、置身事外的史事（视学情补充欧美国家对日本发动侵华战争的态度）。

提问：面对德、日法西斯势力的扩张势头以及英、法等国妥协纵容的绥靖政策，苏联作何反应？简述苏联 30 年代的外交政策随着国际形势的重大变化也作出了相应调整。苏联曾为建立欧洲集体安全体系与英、法等西方国家谈判，但因相互猜忌和利益冲突，无果而终，苏联决定利用英、法与德国的矛盾，避战自保。同时，德国为避免陷入两线作战的困境而与苏联进行谈判。苏联为争取战备时间、建立"东方战线"（通过一系列扩展领土的措施，将苏联的西部边境线推进数百公里，在德国的东方构建防御战线），选择与德国签订《苏德互不侵犯条约》。了解条约签订后一个星期，德国突袭波兰，波兰成为大国博弈的牺牲品。启发学生认识：30 年代国际外交舞台，在法西斯德国、英法等西方国家与苏联的三方博弈中，法西斯德国成为最大的赢家。第二次世界大战全面爆发。

> **设计意图：** 基于叙事，简要了解西方国家及苏联面对突起的法西斯势力的态度与应对，从法西斯势力、西方国家及苏联三方力量的博弈中分析第二次世界大战爆发的原因，习得立足多元视角，透过历史现象认识本质与特征的方法。

环节 5：第二次世界大战

按时序并结合相关历史地图标识重大历史事件，指导学生分阶段整理第二次世界大战大事纪，辅以图像史料或影像资料直观了解战争的进程。

1. 大战在亚洲发生

1931年9月18日，日本制造九一八事变，中国人民开始局部抗战。第二次世界大战序幕拉开。

1937年7月7日，日本制造七七事变，发动全面侵华战争，中国全民族抗战开始。第二次世界大战在亚洲打响。

2. 大战在欧洲打响

1939年9月1日，德国突袭波兰，英、法对德宣战，第二次世界大战在欧洲爆发。

1940年6月，法国败降，除了英国和苏联，欧洲几乎都处于法西斯德国控制之下。

1941年6月，德国突袭苏联，苏德战争爆发。1941年10月—1942年1月，莫斯科保卫战打破了德国陆军不可战胜的神话，希特勒的"闪击战"破产。苏联成为抵抗纳粹德国的主战场。

3. 大战在全球蔓延

1941年12月7日，日本突袭美国太平洋舰队基地珍珠港，太平洋战争爆发，美国对日宣战。第二次世界大战发展到全球阶段。

1942年1月，《联合国家宣言》签署，世界反法西斯联盟建立（此处可聚焦世界反法西斯联盟的意义展开教学，启发学生认识：世界反法西斯联盟的建立鼓舞了世界人民战胜法西斯的信心和勇气，世界反法西斯联盟是世界反法西斯战争胜利的根本保障。从此，不同社会性质、不同社会发展阶段的国家在反法西斯旗帜下联合起来，全面合作、战略协同，形成共同抗击法西斯的国际统一战线，也奠定了战后世界国际新格局的基本形态）。

4. 大战转折与战略反攻阶段

1943年2月，苏联赢得斯大林格勒战役胜利，改变了苏德战争乃至世界反法西斯战争的局势，是第二次世界大战的转折点（视学情补充太平洋战场转折点中途岛海战和北非战场转折点阿拉曼战役的史事）。

1943年9月，意大利无条件投降，进而对德宣战。法西斯轴心国集团开始瓦解。

1943 年 11 月，开罗会议和德黑兰会议相继召开，中、美、英三国首脑签署《开罗宣言》。

1944 年 6 月，诺曼底登陆开辟欧洲第二战场，法国随之解放。纳粹德国陷入美、英盟军和苏军的东西夹击中，加速走向崩溃。

5. 大战的结束阶段

1945 年 2 月，雅尔塔会议召开。

1945 年 5 月 8 日，苏军攻克柏林，纳粹德国投降，欧洲战事结束。

1945 年 7—8 月，波茨坦会议召开，中、美、英三国发表《波茨坦公告》，敦促日本无条件投降。

1945 年 8 月 15 日，日本天皇宣布无条件投降。9 月 2 日，日本签署无条件投降书，第二次世界大战结束，世界反法西斯战争取得最后胜利。

基于叙事，帮助学生了解第二次世界大战经历了从局部战争到全球大战的逐步扩大进程。补充数据资料使学生感受第二次世界大战是人类历史上的空前浩劫，法西斯国家的侵略行径是对人类文明和道义的无情践踏。理解反法西斯战争的胜利是划时代的重大历史事件，对世界历史的发展具有深远影响，世界历史由此进入了新阶段。

> **设计意图**：习得整理大事纪梳理历史脉络与因果逻辑的方法；观察历史地图，体会地缘政治对于历史发展与变化的重要作用，充实历史时空观念的内涵；体会战争对人类文明的破坏性作用；感悟覆巢之下无完卵，在法西斯战争的威胁面前，反法西斯各国唯有联合方能共存。

环节 6：国际体系的重构和联合国

叙述随着 1943 年反法西斯联盟进入战略反攻阶段，美、英、苏等大国首脑开始围绕战争进程与战后世界秩序问题举行了系列会晤。以表格呈现开罗会议、德黑兰会议、雅尔塔会议及波茨坦会议的相关史事，重点解释会议的主要内容，补充图文史料以加深理解其影响。

表 17-1 关于讨论第二次世界大战后世界秩序问题的系列会议

会议名称	会议时间	与会国政府首脑	会议内容	会议影响
开罗会议	1943年11月	美（罗斯福）英（丘吉尔）中（蒋介石）	对日作战及远东问题；发表《开罗宣言》要求日本无条件投降，日本侵占中国的东北地区、台湾及其附属岛屿、澎湖群岛等归还中国；朝鲜独立等	塑造战后东亚的新格局；确立中国世界大国的地位；对加速击败日本军国主义起了积极的作用
德黑兰会议	1943年11—12月	美（罗斯福）英（丘吉尔）苏（斯大林）	开辟欧洲第二战场；未来国际组织的建立；战后处理德国；波兰疆界和苏联参加对日作战；发表《德黑兰宣言》	美、英、苏三大国第一次协调了反对共同敌人的军事战略，对大战的进程产生了重大影响；暂时协调了美、英、苏三大国因社会制度不同而存在的主要矛盾和分歧，为盟国战后合作重建世界体系奠定基础
雅尔塔会议	1945年2月	美（罗斯福）英（丘吉尔）苏（斯大林）	美、英、法、苏分区占领德国；波兰领土西移；苏联对日作战并满足苏联在远东地区的权益要求；确定联合国章程及"大国一致"原则；发表《关于被解放的欧洲的宣言》	对于协调反法西斯盟国之间的矛盾、加强国际反法西斯统一战线、加速世界反法西斯战争胜利以及战后惩处战争罪犯、消除纳粹主义和军国主义势力影响等方面起了推动作用，对战后世界格局的形成产生深远影响；对战后重大国际问题进行了讨论，"雅尔塔体系"基本形成
波茨坦会议	1945年7—8月	美（杜鲁门）英（丘吉尔、艾德礼）苏（斯大林）	确定占领德国之原则；波兰问题；对日作战问题；对意、罗、保、匈、芬等国的政策；签署《柏林（波茨坦）会议议定书》；发表敦促日本投降的《波茨坦公告》	协调反法西斯战争最后阶段的各项安排，并就战后一些重大问题达成协议；美、英、苏三国首脑在一系列国际问题上展开争论，反映了随着战争的结束，苏联与西方国家之间的矛盾开始显化

　　解释上述国际会议就重建和平和重构国际秩序所达成的一系列协议、公报和密约，构成了战后国际关系的基本体系——雅尔塔体系。阅读课文，了解雅尔塔体系的主要内容，基于解释提问：相对于第一次世界大战后大国对世界秩序的建构，雅尔塔体系的进步性体现在哪些方面？启发学生联系凡尔赛—华盛顿体系的特征，结

合相关史事从以下方面进行解析：其一，首次设立国际法庭，对法西斯国家的战争罪行和主要战犯进行审判，在清算战争责任的基础上以彻底铲除法西斯主义和军国主义为目标，战后德国和日本都在体制改革的基础上走上了和平发展的道路。其二，探索不同社会制度国家间共处与合作的方式或路径。解释雅尔塔体系是在资本主义的西方和社会主义的苏联力量相对平衡的基础上形成的。双方在经历了大战浩劫之后都意识到和平的重要性，主张以和平、协商的方式解决分歧和争端。了解这是美、苏即便在日后矛盾激化的情况下也没有爆发热战而呈现"冷战"态势的重要原因，从而在整体上维持了世界和平。其三，健全国际组织的职能，有效发挥国际组织对维护世界秩序和世界和平的作用。简述联合国成立的概况，出示文字史料（资料附录9），了解联合国是世界反法西斯战争胜利的产物，是雅尔塔体系的重要组成部分。解析联合国的宗旨是"和平、友好、合作、协调"，即将和平与经济、社会、文化和福利等发展问题关联起来，体现了经历两次世界大战后的人类社会对于促进世界和平与发展进步的呼声。结合课文"学思之窗"栏目，解释联合国吸取了国际联盟因会员国"全体一致"原则而无法有效制止侵略的教训，制定和确立了维护世界和平与国际安全的机制（设立安全理事会及安理会常任理事国"大国一致"的集体安全机制），对大国自身的行为也具有一定的约束力，使和平解决争端和制裁侵略在一定程度上能落到实处，具有可操作性。说明联合国是当今世界上最大、最重要、最普遍的由主权国家组成的政府间的国际组织，其对于维护稳定的国际秩序和世界和平的作用不可替代。基于上述讲解再论雅尔塔体系的进步性，引导学生形成认识：雅尔塔体系在第二次世界大战后起到了维护世界和平的作用，这与凡尔赛—华盛顿体系孕育新的世界大战的结果不同。

　　再问：雅尔塔体系又延续了凡尔赛—华盛顿体系的哪些特征？结合《雅尔塔密约》的相关内容，以中国为例讲解大国在安排地区和国际秩序时，不与当事国协商、背地里讨价还价进行政治等各方面交易，损害当事国主权和利益的史实。了解雅尔塔体系虽有主张不同社会制度国家间共处与合作的积极作用，但从另一方面来说也意味着大国的博弈与妥协，雅尔塔体系深深打上了大国强权政治的烙印。续问：雅尔塔体系与战后国际格局有着怎样的联系？启发学生运用所学，了解欧洲经过两次世界大战的厮杀，实力消耗殆尽，昔日称雄世界的欧洲列强国力衰落。历经数百年形成的由欧洲主导的世界殖民体系随着亚非拉民族独立运动的发展而迅速解体，欧洲地位整体下降。同时，欧洲也逐渐被强势崛起的美苏两国划分为东西方两大势力范围。讲解相比之下美苏两国的实力在经历第二次世界大战后空前强大。其一，了解战后美国在资本主义世界经济中独占鳌头，工业生产的占比为世界总量的54%，拥有的外汇黄金储备达到资本主义世界总储备的74.6%；拥有世界上最庞大的军事力量；控制了整个西欧、美洲以及远东的日本。说明这是美国确立称霸世界全球战略的基础。其二，简述苏联经受了战争的严峻考验，虽然在经济上逊于美国，但扩大了疆域，控制了周边势力范围内的丰富资源，改善了战略环境；拥有世界上最强大的陆军；控制了中东欧以及远东的大片地区。说明苏联具有对美国称霸全球战略形成挑战的实力。解释在第二次世界大战后期的系列大国首脑会晤上，美苏两国出于各自利益的现实和长远考虑，以战时形成的均衡的军事实力为基础，在全球划分势力范围，形成了以美、苏为中心的雅尔塔体系。同时，需指出由于美、苏的"大国合作"是建立在战争后期、战后初期战略利益相对一致的基础上的，随着两国战略利益的变化和战略目标的调整，由社会制度和意识形态的异质性引发的对立和对抗态势逐渐发展，从双方在势力范围边缘地区的争夺开始，美、苏关系的基本格局从合作转向了对抗，最终形成两极对峙的"冷战"格局（视学情补充战后世界经济体系布雷顿森林体系的相关知识，形成关于战后国际体系的完整的知识结构）。

> **设计意图：**运用表格整理重要知识、构建知识体系；运用分析、综合、归纳、比较的方法解释雅尔塔体系的进步性与局限性，理解包含联合国在内的雅尔塔体系的国际治理方式对战后国际格局的影响，培养历史思维能力；认识雅尔塔体系既有促进和平与发展的进步作用，也有受强权政治操控的局限性，习得辩证、全面评价历史的方法；认同良好的国际秩序有助于推动人类文明进步。

环节7：小结

基于所学形成对本课的宏观认识：第二次世界大战给人类带来空前浩劫和巨大灾难，人类社会在反思战争与和平的关系中，重建了包括联合国在内的以雅尔塔体系为基础的国际秩序，其所遵循的原则和制定的规则促进了战后世界的和平与发展，但大国之间尤其是美、苏之间的矛盾与冲突依然存在，深刻影响着国际格局的走向。

> **设计意图：** 宏观把握本课主旨、呼应教学立意的同时，培养学生提炼史识的能力，亦为后续内容的学习做铺垫。

【板书设计】

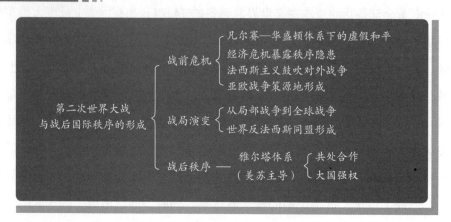

【资料附录】

1. 1918 年 11 月 11 日上午 11 时，第一次世界大战正式结束。对于前线的士兵而言，他们感受到的只是大战后的疲惫。但是西线上的城市乡村立即开始了大规模的庆祝活动。

一名法国士兵被欢呼雀跃的巴黎市民团团围住

——（英）艾德里安·吉尔伯特编著. 沙景湘译. 照片中的第一次世界大战—一战战地写真 [M]. 长沙：湖南美术出版社，2005：184.

巴黎和会三巨头

——张钊、田园编著.被遗忘的浩劫·第一次世界大战［M］.济南：山东画报出版社，2003：315.

2.

日本装甲车入侵沈阳

——彭训厚编.第二次世界大战系列·二战纪实图集［M］.南京：江苏人民出版社，2016：41、91.

墨索里尼视察从埃塞俄比亚凯旋的部队

——（美）安德鲁·威斯特等著，隋丹编译.第二次世界大战全纪实·彩图珍藏版［M］.北京：中国市场出版社，2018：21.

日军炮轰卢沟桥畔的宛平城

—— 何理著.中国人民抗日战争史［M］.上海：上海人民出版社，2015：66.

希特勒率军进驻奥地利维也纳

—— 彭训厚编.第二次世界大战系列·二战纪实图集［M］.南京：江苏人民出版社，2016：41、91.

德军入侵波兰

—— 北京五岳文化咨询公司编写.第二次世界大战图史［M］.北京：华夏出版社，1995：47.

3. 第二次世界大战，在很大程度上是第一次世界大战的重演。……第一次战争就是
   第二次战争的原因。

　　——（英）A.J.P.泰勒著，潘人杰等译.第二次世界大战的起源［M］.上海：华东师范大学出版
　　社.1991：13—14.

4. 美国自建国以来，历届国会审度国势，莫有本届所见之兴旺繁荣……美国企业所造财富之盛，美国经济实力之雄，不但美国之民均享其利，域外世人也同受其惠。今日生存之必要条件，已由生活所需，进入美衣美食豪奢之境地。生产不断扩大，内有日增之国民消费吸纳之，外有益盛之贸易通商推动之。美国今日之成就，实足快慰。美国未来之前途，实很乐观。

　　—— 美国总统柯立芝，《国情咨文》，1928 年 12 月 4 日.

　　——（英）艾瑞克·霍布斯鲍姆著，郑明萱译（第 2 版）. 极端的年代（1914—1991）[M]. 北京：中信出版集团，2017：100.

5. ……大难开始的序幕（甚至连非历史学家也人人皆知），是发生在 1929 年 10 月 29 日的纽约股市大崩溃。可是这场大灾难影响之深、范围之广，却谁也不曾预料到……这场经济激变，几乎等于世界资本经济的全面解体。整个经济体系，如今都牢牢锁在恶性循环当中，任何一个经济指数出现下落，都使其他指数的跌落更为恶化。（唯一不曾下滑的只有失业率，此时正一次又一次地接近天文数字。）

……单以美国的电器巨头威斯汀豪斯公司来说，1929—1933 年的销售额剧降三分之二；两年之间，净利润则跌落了 76%……农林业也发生重大危机，粮食及原料价格无法再靠增加库存维持，开始直线滑落。茶和小麦的价格一下子掉跌了三分之二，丝价则跌了四分之三。因此，凡以农产品出口贸易为主的国家，一律遭到空前的打击……总之，大萧条的现象，这回货真价实，具有全球性的意义了。

　　——（英）艾瑞克·霍布斯鲍姆著，郑明萱译（第 2 版）. 极端的年代（1914—1991）[M]. 北京：中信出版集团，2017：107—108.

6. ……经济大衰退最严重的时期（1932—1933 年），英国、比利时两国的失业人口比例为 22%—23%，瑞典 24%，美国 27%，奥地利 29%，挪威 31%，丹麦 32%，德国更高达 44% 以上。同样令人注目的是，即使在 1933 年景气恢复之后，30 年代的失业状况也始终不见显著好转，英国和瑞典的失业率一直保持在 16%—17% 左右，奥地利、美国及北欧其余的国家，则维持在 20% 以上。西方唯一成功解决失业问题的国家，只有 1933—1938 年的纳粹德国。

更糟糕的是，在当时，包括失业救济在内的公众社会生活保障，不是根本不存在（如美国）；要不就以 20 世纪后期的标准来说，简直微薄得可怜。对长期失业的人口而言，救济金只是杯水车薪，根本就不够用。……仅有的储蓄耗尽了，杂货铺里也不能再赊账了，山穷水尽，完全无路可走。

……

这一切对政治环境自然有莫大的直接影响，产生了自有资本主义以来，创伤最惨重的悲剧。……一言以蔽之：这场经济大萧条足足摧毁了自由资本主义经济长达半个世纪之久。……说得更明确一些，西方各国在大萧条压力之下，不得不将社会政策的考虑列为优先，经济事务只好屈居其次了。否则政治后果会很严重，德意志等国的例子就摆在那里——不分左右，各种党派都被迫走上日趋激进之路。

——（英）艾瑞克·霍布斯鲍姆著，郑明萱译（第 2 版）. 极端的年代（1914—1991）[M]. 北京：中信出版集团，2017：109—111.

7. ……事实上，各国共同施压，强迫德国大量举债赔款，因此德国赔款来源多为 20 年代向美国借贷的大笔贷款。……这种办法还有另外一个好处，就是使德国深陷债务之中，无力扩大出口，以平衡债务，德国进口量也果然显著增长。但是这迫使德国以债养债整套做法的后果，我们都已经看见了，最终却使德国及欧洲诸国对美国的风吹草动极为敏感。……大萧条期间，赔款付款这建筑在沙滩上的架构，一古脑儿全部倒塌。到了最后，付不付款，对德国或世界经济都无所谓了；付款停止，对德国产生不了任何正面作用，因为经济已经完全解体。

——（英）艾瑞克·霍布斯鲍姆著，郑明萱译（第 2 版）. 极端的年代（1914—1991）[M]. 北京：中信出版集团，2017：116.

……单德国一国，就在 1928 年吸收了全球资本输出量的半数；借款额之巨，高达 20 万亿到 30 万亿马克，而且其中半数属于短期贷款……德国经济因此变得更为脆弱，1929 年美国资本开始撤出时，德国果然经不住打击。

——（英）艾瑞克·霍布斯鲍姆著，郑明萱译（第 2 版）. 极端的年代（1914—1991）[M]. 北京：中信出版集团，2017：107.

8.

《老调重弹》作者：（英）伯纳德·帕特瑞吉（Bemard Partridge，1861—1945）
日期：1939 年 4 月 5 日

—— 吴广伦总主编 . 老漫画中的世界史 · 贰 · 20 世纪［M］. 上海：东方出版中心，2018：127.

1938 年 9 月底，英、法、德、意四国首脑在德国的慕尼黑举行会谈，签署《慕尼黑协定》，英、法默许德国吞并捷克斯洛伐克的苏台德地区。至此，英国对德国的绥靖政策达到顶峰。自从苏台德地区脱离以后，捷克斯洛伐克的其他少数民族也蠢蠢欲动，准备效仿。捷克斯洛伐克面临着进一步的民族分裂局面。同时，希特勒继续以武力为后盾，策动捷克斯洛伐克内部的分裂。捷克斯洛伐克的亲纳粹分子极力反对布拉格政府，拒绝执行布拉格政府发布的任何命令。

1938 年 10 月 6 日，斯洛伐克在德国的操纵下宣布"自治"。1939 年 3 月 14 日，斯洛伐克宣布"独立"，并请求德国给予所谓的保护。1939 年 3 月 15 日，德军进驻布拉格，占领捷克斯洛伐克全境。对于德国这次入侵捷克斯洛伐克，英国仍然只是稍稍抗议了事。1939 年 3 月 16 日，希特勒宣布成立波希米亚和摩拉维亚保护国，捷克斯洛伐克彻底沦亡。

捷克斯洛伐克沦亡后，希特勒宣称将"以武力方式解决波兰问题"。与此同时，意大利正蓄谋入侵阿尔巴尼亚。英国对德、意的扩张行为开始不满，外交政策开始发生转变，于 1939 年 4 月 1 日与波兰签订互助条约，保证在军事上支持波兰以防止德国的入侵。伦敦发表的官方声明宣布："如果波兰政府感到它的独立受到威胁，必须用武力进行抵抗，那么英国和法国将站在波兰一边。"

这幅名为《老调重弹》(An Old Story Retold)的漫画中，希特勒和墨索里尼隔着栅栏在指划、议论一条正在狂吠的狗，狗的身上披着一条米字旗，寓指英国。希特勒嘲讽其"吠犬不咬人"("Barking dogs don't bite")，作者意在讽刺英国的绥靖政策。而墨索里尼则流露出自己的担忧："但狗知道这句谚语吗？"("But does the dog know it")。作者旨在借墨索里尼之口，表达对英国外交政策调整的期待。

———吴广伦总主编. 老漫画中的世界史·贰·20 世纪 [M].上海：东方出版中心，2018：126—128.

9.

第一条

联合国之宗旨为：

一、维持国际和平及安全；并为此目的：采取有效集体办法，以防止且消除对于和平之威胁，制止侵略行为或其他和平之破坏；并以和平方法且依正义及国际法之原则，调整或解决足以破坏和平之国际争端或情势。

二、发展国际间以尊重人民平等权利及自决原则为根据之友好关系，并采取其他适当办法，以增强普遍和平。

三、促成国际合作，以解决国际间属于经济、社会、文化、及人类福利性质之国际问题，且不分种族、性别、语言、或宗教，增进并激励对于全体人类之人权及基本自由之尊重。

四、构成一协调各国行动之中心，已达成上述共同目的。

第二条

为求实现第一条所述各宗旨起见，本组织及其会员国应遵行下列原则：

一、本组织系基于各会员国主权平等之原则。

……

三、各会员国应以和平方法解决其国际争端，俾免危及国际和平、安全及正义。

四、各会员国在其国际关系上不得使用威胁或武力，或以与联合国宗旨不符之任何其他方法，侵害任何会员国或国家之领土完整或政治独立。

……

六、本组织在维持国际和平及安全之必要范围内，应保证非联合国会员国遵行上述原则。

七、本宪章不得认为授权联合国干涉在本质上属于任何国家国内管辖之事件，且并不要求会员国将该项事件依本宪章提请解决……

——世界知识出版社编辑.国际条约集（1945—1947）[M].北京：世界知识出版社，1959：36—37.

第18课
冷战与国际格局的演变

教学立意 ▐▐▐

　　第二次世界大战引起国际力量与格局的变化，由于国家战略、社会制度及意识形态的冲突以及出于现实利益的考量，战后初期美苏两国从合作转向对抗，在冷战中形成了两极格局。美苏两国面对重大冲突时遵循冷战的危机控制机制，避免了毁灭人类的核战争。同时，东西方阵营内部的调整与分化、大国关系的重组、多极力量的成长冲击着两极格局。直至20世纪80年代末90年代初，东欧剧变、苏联解体，两个国家集团中的"东方集团"消亡，两极格局由此瓦解，冷战随之结束，世界进入多极化发展的后冷战时代。

教学目标 ▐▐▐

　　了解美苏冷战的背景与原因、双方对抗致使两极格局形成的史事；基于叙事和文字史料信息，运用分析和归纳的方法了解冷战的阶段性特征，辩证看待美苏的危机控制机制的影响，体会历史的复杂性；解释多极力量的成因及影响，培育全面、宏观分析历史的能力；聚焦苏联的内政与外交，解释两极格局瓦解与冷战结束的原因，习得抓住问题的主导面解释复杂历史现象的方法，进而加深对经济影响政治、历史合力论等唯物史观主要观点的理解；认识霸权主义、强权政治危及世界和平与发展；理解国际格局的多极化趋势对于促进世界和平与发展的意义。

重点难点 ▐▐▐

　　重点：美苏冷战的缘起、表现和发展；多极力量的发展。

　　难点：冷战的阶段性特征；两极格局瓦解和冷战结束的原因。

教学过程

环节1：导入

出示并解读文字史料（资料附录1—2），辨析两则史料的立场，了解美国与苏联对于欧洲的地缘政治博弈在第二次世界大战期间就已显露端倪。讲述二战结束后的大半年中，美英两国与苏联展开舆论战的史事。1946年2月9日，斯大林发表演说，意为只要资本主义存在，战争就不可避免，号召苏联人民要对此做好巨大牺牲的准备。对此，《纽约时报》头版宣布：斯大林认为战争"序幕已经拉开"。3月5日，英国前首相丘吉尔在美国密苏里州富尔顿发表了影响世界的"铁幕演说"，宣称"从波罗的海的什切青到亚得里亚海的的里亚斯特，一道横贯欧洲的铁幕已经落下"，呼吁"讲英语的民族"应该"建立兄弟联盟"以重振世界。对此，斯大林警告说：丘吉尔的言论与希特勒的"激进言论"类似，"是在号召发动一场对苏联的战争"。出示文字史料（资料附录3），简述二战结束后初期发生在美苏之间的一系列矛盾冲突与地区危机。提问：美苏之间的矛盾冲突会导致新的战争吗？如何维持经历了两次世界大战搏杀之后出现的难能可贵的和平？了解人类社会又一次站在了历史抉择的关键时刻。由此导入新课。

> **设计意图：** 叙事与史料信息相结合，了解发生在第二次世界大战后期及战后初期美苏之间的矛盾冲突，提出相关问题激发学生的探究兴趣。

环节2：冷战的缘起

简述美苏之间的矛盾冲突避免了直接的大规模战争而呈现冷战的态势。提问：何为冷战？阅读课文对"冷战"的表述，指导学生从时间、对象、方式等方面理解历史概念，强调冷战是除直接战争之外的全面对抗，涉及政治、经济、军事、外交、文化、科技以及意识形态等各领域。结合课文"思考点"栏目再问：冷战为何发生？启发学生从两个方面思考：

其一，从第二次世界大战后期与战后初期的国际形势探究冷战的原因。回顾第二次世界大战对人类社会带来的浩劫以及由此引起的世界力量的变化：残破的欧洲的国际地位整体下降，东亚、东南亚及北非遭战火摧残狼藉一片，与之形成鲜明对比的是美苏两国实力在经历第二次世界大战后空前强大。立足地缘政治的角度，对照相关历史地图，解释美苏两国随着第二次世界大战后期战事的发展，形成了各自管控的、相互抵近的势力范围，事实上造成了两国及其势力范围在欧洲、中东、远东等地区军事、政治上的对峙，说明这是两极格局形成的地缘政治基础。解释随着反法西斯战争的胜利，战时同盟的基础已不复存在，矛盾冲突日益凸显。

其二，从美苏两国的国家战略、社会制度及意识形态的差异解释冷战的原因。分析数据资料概述第二次世界大战后美国的实力基础：经济上，美国是二战中唯一发战争财的国家，工业生产的占比为资本主义世界总量的56.4%（1948年），其工业品占世界总量1/3，拥有黄金储备220亿美元，达到资本主义世界总储备的74.6%。军事上，美国拥有世界上最强大的军事力量，二战结束时，美国武装部队人数为1200多万人，国防预算超过800亿美元；陆军仅次于苏联，掌握了制海权与制空权；1946年，美国在56个国家驻军，1947年美国在海外的军事基地计484个；垄断核武器，划定了地缘政治势力范围。提问：如此强大的美国如何定位自己在战后世界中的地位？指导学生解读课文"史料阅读"栏目呈现的《罗斯福在美国外交政策协会发表关于美国外交政策的演说》，说明罗斯福之后的美国总统杜鲁门也曾表示"有了这样强大的力量，它有权取得全世界组织的领导权"，进而了解美国的国家战略意图：在全球范围内扩张美国势力，充当世界领袖，建立世界霸权。再问：美国国家战略意图的根本目的是什么？再次出示资料附录1，了解美国扩张海外市场以推行和巩固自由资本主义，保持其经济的稳定繁荣的目的。续问：除了维护其经济利益，是否还有其他目的？出示文字史料（资料附录4），解读史料信息，了解这段文字虽出自英国前首相丘吉尔发表的《铁幕演说》（或《和平砥柱》），但实则代表了美、英为首的西方势力的共同观念，说出了美国想说的话，他们自认为西方民主自由的价值观具有普适性，美英两国具有捍卫西方文明价值观并将其推行至全世界的使命责任。说明这体现了美国的社会制度与意识形态，也是美国推行其国家战略的又一重要目的或动力。

关于第二次世界大战后苏联的实力，了解其经济虽在战争中遭受严重损失，其基础也不及美国，但在战争后期获得了占领区的大量资源和战败国的高额赔偿，并通过 1946 年开始实施的国民经济恢复与发展五年计划，经济实力得到较快提升。军事上，苏联作为战胜法西斯的主力，在战争中形成了强大的军事力量，海空力量虽不及美国但却拥有世界上最强大的陆军，二战后期通过军队打出国境和划分势力范围，控制了中东欧和远东的大片地区，构建了横跨欧亚的大纵深战略环境。提问：战后初期苏联的国家战略是什么？结合课文"学思之窗"栏目所示文字史料，解读信息，了解"安全"是苏联国家战略的核心，"安全"的重点在苏联西部边界。对照地图识读波兰的地理位置，其东面与苏联接壤，西面与德国相连。苏联强调，历史上波兰一直是敌人入侵俄国的危险走廊，波兰关系其生死存亡，苏联对波兰的诉求没有谈判空间。明确波兰是苏联国家安全战略的重点，控制波兰是确保苏联西部边界安全的关键。苏联还认为垄断资本主义的特性使帝国主义战争必然会再次爆发，苏联仍然会遭遇入侵。由此指出除了波兰，苏联的应对策略还致力于在东欧其他国家建立对苏友好或受苏联控制的政府，扩大其西部的安全地带，明确这其中涉及对德国分区占领的问题。出示文字史料（资料附录 2），对照地图说明苏联对东欧国家的控制是全方位的，包括社会制度、经济体制、意识形态及军队等各方面，东欧国家必须服从于苏联的国家安全战略和利益。启发学生认识：苏联基于维护"安全"实则超出了"安全"的范畴，其实质也是一种扩张，指出这种局部扩张还发生在势力范围的外缘如伊朗、土耳其及远东地区（视学情补充苏联的"世界革命"战略及其对抗西方世界的意识形态，多元认识苏联的战略意图）。

　　提问：美国对于苏联的国家战略持何种态度？指出苏联的种种行为加剧了美国等西方国家的敌视。出示文字史料（资料附录 5），了解乔治·凯南 8000 字的"长电报"是美国外交史上影响最大的电文，阐述了后来被称为"遏制"战略（Policy of Containment）的对苏政策主张。解读凯南报告的关键信息：美国同苏联的关系应当建立在"现实和实事求是的基础上"，应当认识到苏联对西方的威胁及其与美国势不两立的现实，改变战时与苏联友好合作的不现实的关系，把苏联当作敌手而非朋友，不应再对苏联绥靖。谈及美国的对策时，凯南强调非军事力量的作用，即美国及其盟友要增强西方世界的自信、活力与团结，必须对苏采取遏制政策，保持实力威慑与压力而无需热战，长期、耐心且坚定、警惕地遏制苏联在东欧及世界其他地区的扩张趋势。由此，了解美国一系列冷战政策的"战略思维"即"冷战思维"的基础。

再问：苏联对美国的外交政策持何种态度？结合课文"历史纵横"栏目中有关苏联驻美国大使诺维科夫的"长报告"，解析其内容：由于美国战后对外政策的特征是谋求世界霸权，将苏联视为通往世界霸权道路上的主要障碍，把苏联作为未来战争的对象以扩军备战。因此，苏联也要对美国采取不妥协的强硬态度。说明苏联也具有类似的"战略思维"。针对"长电报"与"长报告"的分析，指出双方在共同的"冷战思维"下势必造成战略目标的碰撞和形成对抗性的冷战政策。

提问：雅尔塔体系在此关键时刻的作用如何？启发学生认识：虽然雅尔塔体系试图建构不同社会制度国家间共处与合作的国际社会治理方式，但在美苏战略目标的冲突中得不到有效贯彻。明确第二次世界大战结束仅一年，美苏双方就从合作走向对抗。美国的冷战措施出台后，苏联给予针锋相对的回应，了解冷战在美苏之间不断强硬的敌对互动中动态升级，以致雅尔塔体系在美苏冷战格局中由"大国合作"机制演变为"危机控制"机制。

> **设计意图**：基于数据信息，运用对比的方法分析第二次世界大战后美苏双方的实力；基于地缘政治解释美苏两国的战略意图，结合文字史料信息了解美苏两国社会制度及意识形态的对立，通过解释冷战的缘起，习得基于特定时空建构历史逻辑的方法。

环节3：冷战的开始与两极格局的形成

说明本环节聚焦第二次世界大战结束后初期，即20世纪40年代中期至50年代中期国际格局的演变。指导学生阅读课文，用表格或结构图从政治、经济、地缘政治及军事的角度，动态呈现以美国为首的资本主义国家和以苏联为首的社会主义国家之间的对抗与冲突。

关于政治对抗：出示文字史料（资料附录6），简介"杜鲁门主义"出台的直接原因，解析其内容、实质及作用，说明其反映美国遏制苏联和共产主义，称霸世界，成为"自由世界领袖"的目标。明确"杜鲁门主义"是美国启动冷战的标志。简介苏联创立欧洲共产党和工人党情报局，作为其与东欧国家加强一致行动反击美国的武器，以应对美国为首的西方世界的挑战。了解"杜鲁门主义"的出台及欧洲共产党和工人党情报局的建立，开启了第二次世界大战后美苏冷战的局面。指明美苏两国的冲突演变为两大集团的对立，世界在政治上分裂为敌对的两大阵营。

关于经济对抗：出示文字史料（资料附录7），基于关键信息解析复兴欧洲关系到美国争霸世界的战略全局。说明"马歇尔计划"旨在以经济手段为美国铺平控制西欧的道路，增强遏制苏联的力量。还需了解"马歇尔计划"也曾帮助西欧经济度过了困难时期，巩固了西欧的资本主义秩序。亦需说明"马歇尔计划"的潜在策略，即将东欧和苏联纳入受援范围。提问：其意何为？帮助学生了解美国吸引东欧、分化苏联与东欧关系的意图。再问：苏联有何对策？出示文字资料（资料附录8），讲解苏联为对抗"马歇尔计划"，防止东欧国家的离心倾向，限制东欧与西方的经济往来，加强与东欧各国的双边和多边经济关系，先是出台了"莫洛托夫计划"，后以此为基础又成立了经济互助委员会。解释苏联通过"经互会"构筑起相对封闭的苏联东欧经济圈，东欧经济完全被纳入苏联的轨道，按苏联模式建立了计划经济体制。了解经互会的成立标志着战后欧洲不仅在政治上分裂了，而且在经济上也被划为两部分，出现了社会主义世界市场同西方资本主义世界市场相对抗的两个经济体系。

关于地缘政治，聚焦德国问题：结合课文所示"美、苏、英、法分区占领德国和柏林示意图"，观察地图，了解西柏林坐落于苏占区内，成了"孤岛城市"。简介对德国和柏林的分区占领制度埋下了德国分裂的种子。简述美英两国以经济统一推进德国政治统一的策略，1947年初合并美、英占领区，开始了分裂德国的进程。了解随着"杜鲁门主义"和"马歇尔计划"的推行，分裂德国的节奏加快，1948年上半年，法国占领区与美、英双占区合并。三国决定"马歇尔计划"适用于西占区，在西占区进行货币改革，发行和流通"B"记德国马克，召开西占区制宪会议，成立西柏林市议会和市政府等。提问：对于西方三国的步步紧逼苏联作何反应？简述苏联成立德国经济委员会管理苏占区经济事务，召开第一届德国人民代表大会，在苏占区发行和流通"D"记德国马克，成立柏林市政机构等。了解双方你来我往的对抗引发了第一次柏林危机。出示图文资料（资料附录9）并结合相关历史地图，概述1948年6月至1949年5月第一次柏林危机的过程：苏联封锁柏林苏占区与柏林西占区、西占区其他地区之间的水陆交通，只开放西占区其他地区通往柏林西占区的宽约20公里的空中走廊。美、英、法三国对苏占区和东柏林实施反封锁的对策，同时对西柏林进行空运以维持西柏林居民的生活需要，了解其为"柏林空运事件"。说明第一次柏林危机虽然造成东西方关系和国际局势的紧张，但双方对抗中有克制，皆不愿主动开战，最终经过多轮谈判达成妥协，解除了封锁与反封锁。需指出危机虽暂时平息，但德国的分裂不可逆转，柏林由此分裂为两个立法、行政、司法和货币制度独立的城市。对照相关历史地图，简述1949年9月至10月，德意志联邦共和国（西德）和德意志民主共和国（东德）分别成立，德国正式分裂。了解东西方冷战在欧洲的地理分界线最终划定。

关于军事对抗：简述第一次柏林危机和德国的分裂使尚处于复苏阶段的西欧各国十分担心自身的安全，他们希望按照"马歇尔计划"的自助互助与他助的模式，在军事上谋求美国的援助。了解此意正中美国下怀，美国加快了西方在军事上的联合，于1949年正式成立了北大西洋公约组织，简称"北约"。出示文献资料（资料附录10），了解"北约"的"集体安全"原则，明确"北约"是美国贯彻"杜鲁门主义"、遏制苏联、争夺世界霸权的军事工具。简述苏联于1955年成立了与"北约"相抗衡的欧洲军事集团——华沙条约组织，简称"华约"。提问：为何在北约成立6年后苏联才组建华约？解释北约成立之初不包括西德，西方的军事战略边界还未完全抵近苏联的势力范围。因此，苏联在军事对抗上未做出及时的跟进。了解随着苏联成功试爆第一颗原子弹，中华人民共和国成立，1950年朝鲜战争爆发以及中国派遣志愿军赴朝作战，改变了亚太地区的地缘政治版图。由于全球性对抗升级，美国不仅在远东地区全面卷入朝鲜战争，而且决定将西德纳入"北约"组织。简述1955年5月在西德加入"北约"之后数日，苏联做出即时反应，成立了包括东德等东欧国家在内的"华约"组织。理解华约也是当时苏联控制东欧、与美国和西方抗衡的工具。结合课文所示"'北约'与'华约'对峙示意图"，列举"北约"和"华约"成员国，了解东西方冷战在欧洲的军事战略分界线最终划定。

结合20世纪50年代中期相关世界形势图，基于柏林、德国、欧洲、世界的分裂，明确在以美苏为首两大集团全面冷战对峙的过程中，两极格局正式形成。依据课文表述，简释两极格局不对称和不完全的特点："不对称"是指以美国及其盟国的总体实力强于苏联及其盟国，但美国的优势没有大到使其能直接对苏联动用武力，因此军事威慑以及军备竞赛是主导方式。"不完全"是指两极格局未能囊括所有国家和地区，尤其是随着战后亚非拉民族解放独立运动的发展，处于两极之外的国家越来越多，由此产生了多极力量，对两极格局形成了牵制。

> **设计意图**：基于史料信息、空间信息和地缘政治，分角度全面梳理冷战的表现和两极格局的形成过程，贯通知识逻辑；认识冷战是在动态中生成的，双方的政策和举措是在冲突和猜忌的堆积中不断升级的，由此加深对"冷战"概念的理解，培养历史时空观念及历史解释能力。

环节4：冷战的发展与多极力量的成长

说明本环节聚焦20世纪50年代中期以后至70年代末期国际格局的演变。

首先，基于冷战中的重大危机归纳这一阶段冷战的特点。其一，第二次柏林危机。出示文字史料（资料附录11），提问：为何会出现大量民主德国公民逃亡西柏林的现象？由此引出第二次柏林危机。简介第二次柏林危机从1958年10月拉开序幕到1961年10月基本结束历时三年，是围绕西柏林地位问题在美苏之间发生的第二次冲突事件。了解德国分裂后，西柏林的政治经济制度与西德相同，管辖权属于美、英、法三国，是东德通往西德的中转站。随着冷战的升级，东西方在柏林问题上的冲突不断加深，西方三国利用西柏林特殊的地理位置，使其成为东西冷战的前哨，不断对东德和东欧国家进行渗透。西柏林不但拥有西方式的自由，还有西方的大力援助。而东德却被苏联高压控制，20世纪40年代末在西方三国进行柏林空运的同时，苏联将大批东德工厂机器搬往苏联，导致东德经济复苏缓慢；加入"经互会"后东德引入苏联的计划经济体制，经济效率低下，与西德逐渐拉开经济差距。以此为基础了解20世纪50年代经济较弱的东德每年有大量居民借道西柏林移居西德，于是苏联试图消除西柏林这一隐患，东德则希望实现首都柏林的完整性。简述1958年苏联领导人赫鲁晓夫宣布将苏联管理东柏林的职权交还东德，并照会西方三国希望各国在六个月内从西柏林撤军，让柏林成为"非军事化自由城市"。以美国为首的西方三国坚决反对，并宣布进入备战状态。了解第二次柏林危机由此开始，美苏的剑拔弩张使整个世界为之紧张。出示图像资料（资料附录12），结合课文的图像注解，讲解第二次柏林危机的结果：苏联及东德实行边界管理，环绕西柏林筑起了"柏林墙"，以阻止东德居民进入西德。西方三国提出强烈抗议，然而柏林墙木已成舟，无论是西方三国抑或想去西柏林的东德人，都只能望"墙"兴叹。解释虽然柏林墙将柏林危机推到顶峰，但随着双方会谈的推进，赫鲁晓夫见好就收，放弃了西方三国退出西柏林的要求，因此柏林墙也标志着第二次柏林危机的结束。理解这是苏联独特的妥协方式，苏联依仗地缘优势试图将西方三国从西柏林挤走，但却不能得偿所愿。而西方三国尽管站稳脚跟，也意识到不能无视苏联的存在。进而指出美苏两国都是核大国，核战争将毁灭人类，双方都不愿将柏林危机升级为军事冲突，因而在柏林问题中保持了克制，避免了世界大战的重演。其二，古巴导弹危机。出示相关历史地图，结合课文所示图片"古巴导弹危机"及课后"问题探究"栏目，从地缘政治的角度了解古巴地理位置对美国的战略意义，讲述古巴导弹危机期间美苏相互之间的"核讹诈"以及对战争边缘政策的运用。聚焦双方的谨慎态度和危机控制机制，了解双方最终通过秘密通信和谈判避免了世界陷入核战争的危险境地。提问：第二次柏林危机和古巴导弹危机反映这一时期的冷战具有怎样的特点？组织学生开展讨论和交流，进而认识：政治谈判和平解决争端，避免直接的军事冲突；即便处于战争的边缘，仍给予对方余地并努力寻找解决危机的途径，避免事态升级而爆发战争。指出这是冷战的危机控制机制，是冷战的重要特点。出示图像资料（资料附录13），解读漫画信息，引导学生进一步认识：第二次柏林危机和古巴导弹危机使人类社会面临核战争的危险，从而使美苏双方考虑采取防止核战争的措施，比如建立领导人之间的热线以保持联系和对话，避免误判而导致事态失控和增加战争风险。了解美苏双方都意识到战争的毁灭性，因而极力避免冷战滑向热战，避免新的大规模战争的爆发。

其次，讲述这一阶段多极力量的成长、国际格局出现的多极化趋势。其一，出示数据资料（资料附录14），分析这一阶段美、欧、日国民生产总值在世界所占比例的变化，了解美国的经济实力相对下滑（补充美国受越南战争的牵制而影响其外交战略以收缩为主）、西欧各国和日本经济复苏与发展的态势。出示文字史料（资料附录15），概述欧洲共同体成立的相关史事，说明经济复兴的西欧摆脱美国控制的独立意识也在不断增强。简介日本于20世纪60年代末成为仅次于美国和苏联的世界第三经济大国，日本政府一再强调其国际政治地位应与经济地位相符，力推"多边自主外交"的政策。由此，了解资本主义阵营的结构性调整，明确西欧和日本成为国际社会的重要力量。其二，简述社会主义阵营分裂与瓦解的原因，了解相关史事比如"波兹南事件""匈牙利事件""布拉格之春"等，为后续学习东欧剧变奠定知识基础。叙述中苏关系恶化的过程，补充边界冲突等历史细节。重点讲解中国20世纪六七十年代实力地位的发展以及外交突破，比如"两弹一星"、恢复在联合国的合法席位、尼克松访华和中日建交等史事，理解中国日益成为国际社会不可忽视的重要政治力量。基于上述内容，结合课文"史料阅读"栏目呈现的尼克松的讲话，进一步了解这一时期大国地位与关系的变化。其三，讲述除大国外，这一阶段国际社会还有一股力量正在汇集，逐渐成长为能够影响国际政治的重要力量。提问：这股力量来自何处？启发学生结合第16课所学，简述第二次世界大战后出现的民族独立浪潮，近百个战后独立的新兴国家摆脱了西方国家的殖民统治，说明这些新兴国家处于以美国为首的资本主义阵营和以苏联为首的社会主义阵营之间的"中间地带"，被称为"第三世界"。解释"第三世界"有保持"积极中立"之意。再问：何为"积极中立"？解释这些新兴国家都面临着如何避免被迫在大国中作出选择而捍卫民族独立及发展经济的问题，因而这些国家于1955年召开了没有西方殖民国家参加的万隆会议，形成了"万隆精神"。补充相关文字史料说明第三世界崛起的开端是万隆会议。结合课文所示"第16届不结盟运动峰会的徽标"图片及注解，出示文字史料（资料附录16），了解不结盟运动的宗旨，说明不结盟运动是第三世界崛起的里程碑和正式形成的标志，是发展中国家应对冷战的主动战略。明确第三世界逐渐成为重要的国际政治力量，对两极格局形成一定的制约。

> **设计意图：**聚焦典型史事，运用史料信息充实第二次柏林危机和古巴导弹危机等重大历史事件的细节，概括冷战的时段性特征，辩证分析美苏的危机控制机制及其影响，认识冷战紧张中有缓和、对抗后有和解的特点，提升历史思维深度；分模块解释大国关系重组、多极力量成长等历史事件或历史现象，习得宏观、全面认识历史大势的方法，培养历史的格局观。

环节5：两极格局的瓦解

说明本环节聚焦20世纪70年代末期至90年代初期国际格局的演变，聚焦这一阶段苏联的内政与外交，解释两极格局瓦解的原因。

外交方面以美苏冷战态势以及苏东关系的变化为主轴。其一，简述20世纪70年代末至80年代美苏冷战从再度紧张到缓和的史事，了解苏联外交政策的转变。概述由于苏联通过一系列干涉东欧国家内政的举动（如1968年出兵捷克斯洛伐克、镇压"布拉格之春"），巩固了其在欧洲的势力范围，并在古巴导弹危机后大力发展战略核武器，导致其在70年代实力快速膨胀。了解美国在越南战争后施行"战略收缩"，也给苏联扩张提供了机会。简介阿富汗是苏联向南扩张势力范围的主要对象。结合相关历史地图，观察阿富汗的地理位置，了解其基于地缘政治的重要战略意义。简述苏联于70年代渗透阿富汗扶植亲苏势力并通过发动政变建立亲苏政权的史事。了解当阿富汗亲苏政权因内部矛盾和民众反抗陷入危机时，为维持势力范围，1979年苏联出兵阿富汗进行军事干预，但深陷游击战泥潭，难以速战速决。对此美国的反应是一改70年代战略收缩的态势，再次加强对苏联的遏制，通过阿富汗周边国家向阿富汗反政府武装提供军事援助；里根政府提出"战略防御计划"即"星球大战计划"，意欲强化与苏联的军备竞赛，拖垮苏联。提问：美国的目的达到了吗？出示数据资料和文字史料组合（资料附录17），比较美苏经济实力的差距和军费开支占比，简介旷日持久的阿富汗战争消耗的物资超过400亿美元，伤亡6万余人。讲解苏联经济停滞、军备开支沉重的消极局面影响到其外交政策的调整。简介80年代中后期苏联领导人戈尔巴乔夫推行的"新思维外交"的背景和戈尔巴乔夫上台时苏联面临的困境，解释"新思维外交"的战略目标是以"普遍安全"和裁军取代苏联已无力承受的军备竞赛，并实现美苏关系的缓和。接续解释"新思维外交"的内容：在理念上"承认全人类的价值高于一切"，主张各国有权自由选择自己的发展道路，在外交政策上放弃对东欧国家的控制和干预，宣布从阿富汗撤军。阅读课文列举的史事，了解苏联以"新思维外交"为指导开始了全面战略收缩。说明苏联所暴露的弱点恰是美国改变对苏战略后假以利用和打击的重点，美国相应调整对苏政策，其实质是以美国为首的西方国家对苏东实施的冷战战略的一部分。讲解以苏联的妥协与退让为前提，80年代中后期美苏关系从对抗走向对话甚至合作，冷战格局发生了根本性变化，美苏冷战由此走向终结。

其二，简述苏东关系的变化。了解冷战时期苏联为对抗以美国为首的资本主义阵营，在政治、经济、军事上全面加强对东欧的控制。比如，把苏联模式强加于东欧国家，不允许东欧国家独立自主地根据本国国情探索社会主义的道路；以老大哥身份控制干涉东欧国家的内政外交和兄弟党内部事务，要求东欧国家无条件维护和服从苏联的利益；在同东欧各国的经济交往中，存在着严重的民族利己主义，利用"经互会"使东欧国家的经济依附于苏联，并通过抵制"马歇尔计划"，使东欧国家走向封闭、脱离西方国家主导的世界经济体系。说明东欧各国在苏联控制和干预下体制僵化，改革受阻，经济发展难以为继，人民不满情绪与日俱增。由此，从70年代后期开始，东欧各国再次出现了要求改革的潮流。了解80年代中期，面对东欧国家推行变革苏联模式体制的改革，苏联奉行"新思维外交"，即各国有权自由选择发展道路的不干涉内政原则。解释"自由选择"为东欧国家脱离苏联控制提供了机遇和条件，加之以美国为首的西方国家对东欧各国长期的"和平演变"，以致1989年下半年至1990年发生了东欧剧变。列举东欧剧变的相关史事，了解其为德国统一创造了有利条件。出示资料（资料附录18），重点讲述"柏林墙"倒塌、德国统一的过程及意义。解释东欧剧变的实质，即东欧国家的社会政治制度和经济制度发生了根本性变化。简介面对欧洲政治、经济、军事格局的实质性变化，"经互会"和"华约"失去了其存在的意义而相继解散。对照相关历史地图，从地缘政治上了解东欧剧变使苏联失去了其传统的势力范围，构成东西方对抗与冷战的两个国家集团中的"东方集团"由此消亡。

内政方面聚焦戈尔巴乔夫主导的全面改革。简述苏联不仅实行"新思维外交"，而且在内政方面进行了以"新思维"为理论基础的改革。提问：苏联为何要改革？出示数据资料和文字史料组合（资料附录19），了解苏共高层老龄化状况、苏联政府机构膨胀问题，认识苏联模式造成了积重难返的政治经济困境，美苏争霸、军备竞赛更是加剧了困局的程度。由此了解苏联改革的原因。解释指导改革的"新思维"的核心内容：将苏联建成"人道的、民主的社会主义"。补充相关史料，解释戈尔巴乔夫的改革过于激进，苏联社会并没有做好切实可行的准备，以致改革进退失据，取消了马克思主义的指导地位，动摇了苏联共产党在国家政治体制中的执政党地位，动摇了公有制的经济体制。了解由于戈尔巴乔夫改革的激进和政策失误，造成苏联党和国家思想上、政治上的混乱和国家经济的持续恶化，社会矛盾进一步激化。尤其是政治体制的变化使苏联国家体制（苏维埃社会主义共和国联盟）失去了维系各民族加盟共和国的核心，民族分离主义势力随之兴起，政局动荡不安。亦需指出政治、经济、民族和信仰的全面危机为西方国家宣传资本主义、攻击社会主义提供了可乘之机。了解在此背景下，一些激进民主派政治势力在以美国为首的西方国家支持下，利用改革后形成的混乱局面将苏联引向对自己有利的方向，他们和民族分离主义势力的活动使苏联的政治经济形势进一步恶化。简述 1991 年八一九事件后，在俄罗斯、乌克兰、白俄罗斯等加盟共和国领导人主导下，以《别洛韦日协定》和《阿拉木图宣言》为标志，1991 年 12 月苏联解体。补充相关图文史料，梳理超级大国苏联以自行坍塌的方式而走向解体的过程。启发学生认识东欧剧变、德国统一、"经互会"与"华约"解散、苏联解体对国际格局的影响：一方面，两极格局消解，持续近半个世纪的冷战随之结束。在国际力量分化重组的同时，世界多极化趋势进一步发展；另一方面，后冷战时期的世界格局处于重新构建的进程中，全球治理的新机制尚待形成，大国关系和地区问题面临许多新的矛盾。

设计意图：立足苏联的内政外交，分角度解释两极格局瓦解、冷战结束的原因，习得抓住问题的主导面解释复杂历史现象的方法；加深对经济影响政治、历史合力论等唯物史观主要观点的认识，提升历史思维层次。

环节 6：小结

以结构板书呈现知识体系，揭示知识的逻辑关联。启发学生认识霸权主义、强权政治危及世界和平与发展，国际格局多极化发展趋势不可逆转。提问：两极格局瓦解和冷战结束以及国际格局多极化发展趋势是否就意味着和平与安全的降临，意味着国际环境走向有序？当今世界存在哪些问题？以此衔接后续相关知识的学习。

设计意图：梳理冷战和国际格局发展脉络，提出新问题引发学生存疑和思考，发展深度思维。

【板书设计】

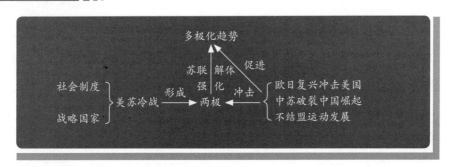

【资料附录】

1. 一方面，华盛顿需要一个开放的欧洲。正如一位高级别官员后来所说明的，国务院希望所有"俄国边界以西的欧洲……建立一个合作的大陆体系，其主要的大国在经济上联合起来"。另一方面，斯大林一直在不断地要求罗斯福和丘吉尔承认苏联有权控制东欧的大部分。对于斯大林来说，这个俄国的"地盘"将会作为抵御西方的战略缓冲地带，也可以在经济上对其加以利用，来帮助苏联快速重建经济。

这样，早在1942年，罗斯福就面临抉择：要么为一个开放的战后世界（至少要在俄罗斯边界周围）而战，要么同意盟友在东欧问题上的要求。如果他选择前者，俄美关系将很有可能严重受损，以至于针对轴心国的团结努力会化为泡影。至少，美国人和俄国人会作为敌人进入战后世界……。如果罗斯福选择后者，则美国对大西洋宪章原则得到贯彻的希望就会破灭，从而毁掉战后和平与美国繁荣的机会。

——（美）沃尔特·拉费伯尔著，牛可等译.美国、俄国和冷战（1945—2006）[M].北京：世界图书出版公司，2011：11—12.

2. （斯大林语）这场战争与以往不同，无论是谁占领一块领土，他都会在所掌握的范围里把自己的社会制度带到那里强制推行。

　　—— （美）沃尔特·拉费伯尔著，牛可等译. 美国、俄国和冷战（1945—2006）[M]. 北京：世界图书出版公司，2011：12.

3. 到了 1946 年，战争似乎如此地迫近，比巴顿预料的还早。在中国东北、伊朗、土耳其和欧洲，美国和俄国的军队都已经面对面地对峙上了。两国间几次达到战争一触即发的地步。

　　—— （美）沃尔特·拉费伯尔著，牛可等译. 美国、俄国和冷战（1945—2006）[M]. 北京：世界图书出版公司，2011：28.

4. 我们不能无视一个事实，就是美国和大英帝国的个别公民到处都能享受的自由，在相当多的国家里是不存在的，其中一些是十分强大的国家。……在这多难的岁月，我们的责任不是用武力去干预那些我们不曾征服的国家的内部事务。但是，我们绝不能放弃以大无畏的声调宣扬自由的伟大原则和基本人权。这些英语世界的共同遗产，继大宪章、人权法案、人身保护法、陪审团审讯制，以及英国习惯法之后，它们又在美国独立宣言中得到举世闻名的表现。

　　—— 张宏毅主编. 当代世界史资料选辑（第一分册）[M]. 北京：北京师范学院出版社，1990：64—65.

5. （美国驻苏联大使馆代办乔治·凯南致国务院电报第 511 号）总结起来说，我们面对着一个政治力量，它狂热地坚信，它和美国之间不可能有永久性的妥协办法。它坚信，如果苏维埃政权要得到巩固，那么，搞乱我国社会的内部和谐，破坏我国传统的生活方式，以及损害我国在国际上的权威，这种做法是可取的和必要的。……此外，它还有一个精巧的、涉及面广的组织机构，用以在外国发挥它的影响，这个机构具有惊人的灵活性和多种技能，管理它的人对于地下工作方法的经验和技巧大概是史无前例的。……这个问题是我们有能力解决的，而且不必通过一场全面的军事冲突来解决。

（1）……它对理智的逻辑性无动于衷，但对武力的逻辑十分敏感。因为这个缘故，当它在任何地方遇到强大的阻力时，它可以轻易地退却，而且它经常这样做。

（2）同整个西方世界相比，苏联人还有一个软弱得多的力量。因此，他们的成功与否实际将取决于西方世界所能达到的团结、坚定和强盛的程度，而这是一个我们有能力加以影响的因素。

……

根据以上这些理由，我想我们可以冷静而勇敢地处理如何对付俄国这个问题。

……

2. ……即使在大肆宣扬我们对俄国人民的友谊之后，我们同他们的利害关系是微乎其微的。在那里我们没有投资要去捍卫，没有确实存在的贸易会丧失，也几乎没有公民要去保护，更几乎没有文化交流要维持。

3. ……这是国内政策和外交政策会合的地方。凡是解决我们自己社会的内部问题，加强我们人民的自信、纪律、士气和集体精神的每一项果断有力的措施，都是对莫斯科的一次外交胜利，其价值可以抵得上1千份外交照会和联合公报。

4. 我们必须为其他国家规划并提出比过去我们提出的更为积极，更具有建设性，也是我们希望看到的那样一种世界图景。仅仅敦促别国人民发展类似我国的政治程序是不够的。……我们应该比俄国人更能为他们提供指导。如果我们不给予指导，俄国人肯定会给的。

—— 张宏毅主编. 当代世界史资料选辑（第一分册）[M]. 北京：北京师范学院出版社，1990：60—63.

6.（杜鲁门在美国国会特别联席会议上关于援助希腊和土耳其的演说1947年3月12日）在目前世界历史中，几乎所有国家必在两种生活方式中挑选一种。此种选择，往往不能十分自由。一种方式基于多数人之愿望，表现于自由制度、代议式政府、自由选举、个人自由之保障、言论自由、宗教自由以及免于政治压迫之自由。另一种方式乃基于少数人之愿望，以强制加诸多数人。此全赖于恐怖、压迫、报纸统制、无线电统制、圈定式选举以及个人自由之压制。

余相信美国之政策端在支持自由之民族以抵抗少数武装分子或外来压力之征服企图。余相信吾人必须协助自由民族依照其自己之方式，造成其本身之命运。

……

世界各地自由民族均期望吾人之支持，以维持彼等之自由。吾人若畏缩不前，则吾人可能危害世界之和平而必然将危及吾人本身之福利。

    ——张宏毅主编.当代世界史资料选辑（第一分册）[M].北京：北京师范学院出版社，1990：92—94.

我相信，这是美国外交的转捩点……不论什么地方，不论直接或间接侵略威胁了和平，都与美国的安全有关。

    ——（美）哈里·杜鲁门著.杜鲁门回忆录（第二卷：考验和希望的年代 1946—1953）[M].北京：世界知识出版社，1965：119.

7. （马歇尔在哈佛大学的演说 1947 年 6 月 5 日）……我们的任务是唤起合理经济的再生，促使政治社会的结构容纳自由制度存在。我相信这种援助，在危机深重的时候，决不能根据零碎解决的办法。美国政府未来的援助，应该不仅是缓和物，而是彻底的治疗。我们相信任何政府诚意协助复兴工作的，必会得到美国政府的全部合作。任何政府勾心斗角阻挠他国复兴工作的，必不能享用我们的援助。更有进者，任何政府、党派，为政治私图或其他打算，不惜延续人类痛苦的，必会遭到美国的反对。

    ——张宏毅主编.当代世界史资料选辑（第一分册）[M].北京：北京师范学院出版社，1990：132.

8. （关于成立经济互助委员会的公报 1949 年 1 月 25 日于莫斯科）……会议并且指明由于人民民主国家和苏联认为不能屈服于马歇尔计划的操纵，因为这一计划破坏国家主权和它们国民经济的利益，美利坚合众国、英国、和某些其他西欧国家的政府事实上就断绝与人民民主国家和苏联间的贸易关系。

注意到这一情况，会议讨论了人民民主国家和苏联组织更广泛的经济合作的可能性问题。

—— 世界知识出版社编译．国际条约集（1948—1949）[M]．北京：世界知识出版社，1959：166.

9.

西柏林居民等待空运物资

—— 余伟民主编．高中历史·第六分册（实验本）[M]．上海：华东师范大学出版社，2009：38.

我们生活在两个世界的分界线上，这里我们正经历着遍及全世界的斗争。

—— 吴友法著．德国现当代史 [M]．武汉：武汉大学出版社，2007：294.

10. (《北大西洋公约》1949年4月4日)

愿意促进北大西洋区域之安全与幸福，决定联合一切力量，进行集体防御及维持和平与安全……

……

第三条

为更有效地达成本条约之目标起见，缔约国得个别或集体以不断的而有效的自助及互助方法，维持并发展其单独及集体抵抗武装攻击之能力。

第四条

无论何时任何一缔约国认为缔约国中任何一国领土之完整、政治独立或安全遭受威胁，各缔约国应共同协商。

第五条

各缔约国同意对于欧洲或北美之一个或数个缔约国之武装攻击，应视为对缔约国全体之攻击。因此，缔约国同意如此种武装攻击发生，每一缔约国……应单独并会同其他缔约国采取视为必要之行动，包括武力之使用，协助被攻击之一国或数国以恢复并维持北大西洋区域之安全。

—— 世界知识出版社编译 . 国际条约集（1948—1949）[M]. 北京：世界知识出版社，1959：191、193.

11. 去年（1958）经由西柏林逃亡的人数占逃亡总人数的 90% 以上……民主德国的人口从 1950 年至 1958 年减少了 99.75 万人。

——（俄）奥尔洛夫著，朱志顺译 . 超级大国的秘密决战 [M]. 上海：上海译文出版社，2003：350.

12.

1961 年的施特雷泽曼大街一景

——（英）埃弗瑞著，杨俊峰等译 . 德国 [M]. 沈阳：辽宁教育出版社，2008：71.

13.

让我们为这东西加把锁（漫画）

—— Cuban Missile Crisis［EB/OL］.：Wikipedia，2018-3-31.（1962 年 11 月美国漫画家 Herblock
发表于华盛顿邮报）

14.

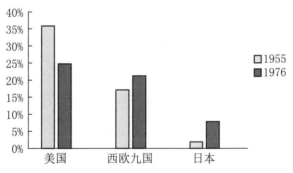

美欧日国民生产总值在世界中所占比例的变化

—— 余伟民主编 . 高中历史·第六分册（实验本）［M］. 上海：华东师范大学出版社，2009：45.

15. 德意志联邦共和国总统、比利时亲王殿下、法兰西共和国总统、意大利共和国总
统、卢森堡女大公殿下、荷兰女王陛下，

鉴于世界和平只有用作足够应付威胁着和平的危险的创造性努力才得予以维护；

深信有组织和有生气的欧洲对于文明所能带来的贡献是为维持和平关系所不可缺

少的；

意识到欧洲只有通过首先在于创立事实上团结的具体成就以及建立经济发展的共同基础才能建设起来；

亟盼通过各缔约国基本生产的扩展，为生活水平的提高与和平事业的进步而协作；

坚决要求以根本利益的融合来代替世世代代的对立竞争，通过一项经济集团的成立，为久在流血分裂下互相矛盾的人民之间建立更广泛和更深刻的团结的基础并且为具有足够能力以掌握从今以后共同命运的组织打下奠基石；

……

—— 世界知识出版社编译. 国际条约集（1950—1952）[M]. 北京：世界知识出版社，1959：193—194.

16. （不结盟国家的国家或政府首脑会议宣言 1961 年 9 月 6 日）

二

当前世界的特征是存在着不同的社会制度。与会国并不认为这种不同构成对稳定和平的不可克服的障碍，只要排除掉对其他国家人民的统治和对他们的内部发展进行干涉的尝试。……与会国家认为，在这种情况下，和平共处的原则，是代替"冷战"和可能发生的全面核灾祸的唯一的办法。因此，这些原则——包括人民享有自决、独立和自由决定经济、社会和文化发展的方式和方法的权利——必须成为国际关系的唯一的基础。

三

……参加这次会议的不结盟国家无意组成一个新的集团而且也不能成为一个集团。他们诚挚地希望同谋求有助于加强世界的信心与和平的任何政府进行合作。

—— 张宏毅主编. 当代世界史资料选辑（第一分册）[M]. 北京：北京师范学院出版社，1990：200.

17.

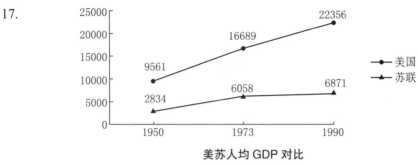

美苏人均GDP对比

（根据《世界经济千年史》相关内容绘制）

——（英）安格斯·麦迪森著，武晓鹰等译．世界经济千年史［M］．北京：北京大学出版社，

2003：179.

苏联在军事和空间方面的支出大约占其GDP的15%，从比率上看，接近美国的

3倍，高达欧洲的5倍。

——（英）安格斯·麦迪森著，武晓鹰等译．世界经济千年史［M］．北京：北京大学出版社，

2003：148.

18.

柏林人民登上柏林墙

——《亲历者》编辑部编著．畅游德国［M］．北京：中国铁道出版社，2015：123.

19. **干部队伍从稳定走向老化。** 由于废除了赫鲁晓夫时期的干部定期更新制度，勃列日涅夫时期各级领导班子的更新幅度很小，越到高层越是如此，形成一种超稳定结构。苏共二十三大连选连任的中央委员达 79.4%，大大高于二十二大的 49.6%。到二十五大，连选连任者比例更上升到 83.4%，除掉去世者，实际达到 90%。而二十六大选出的中央政治局和书记处竟然是二十五大的原班人马。

    ——余伟民、郑寅达著.世界通史（第三版）第三编·现代文明的发展与选择——20世纪世界史［M］.上海：华东师范大学出版社，2020：214—215.

各级管理部门中，正副首长占总人数的 31%，有些部门首长与下属的比例达到 1:1。通常，各个部的副部长设置 10 人以上，如黑色冶金部，设部长 1 人，第一副部长 3 人，副部长 15 人，正副部长共计 19 人。

——余伟民、郑寅达著.世界通史（第三版）第三编·现代文明的发展与选择——20世纪世界史［M］.上海：华东师范大学出版社，2020：215.

第19课
资本主义国家的新变化

教学立意

    基于历史的镜鉴与现实的需要，第二次世界大战后的资本主义国家在国内治理方面加强国家宏观调控，建设福利国家，在市场主导和政府调节之间寻求平衡，促进了生产力发展和社会稳定。第三次科学技术革命推动资本主义国家经济结构和社会结构发生新变化，也带来诸如滞胀危机、金融危机等新问题，社会运动频现。战后资本主义国家通过渐进改良、自我调节巩固和发展了资本主义体制，但社会化大生产与资本主义生产关系之间的基本矛盾和资本主义制度的固有弊端依然存在。

教学目标

    基于史料信息，解读专业术语及概念，知道第二次世界大战后资本主义国家加强国家宏观调控、推行福利制度的基本史事，习得多角度解释历史复杂性、辩证分析历史多面相的方法；基于历史与现实的关联，运用分析、综合、归纳等方法，了解第二次世界大战后科学技术的新发展和资本主义国家社会结构的新变化；梳理国家宏观调控、福利国家、科技革命、社会结构及社会问题变化等史实的逻辑，习得把握历史脉络的方法，提升历史叙事能力；基于资本主义社会的"变"与"不变"，客观认识和评价资本主义国家新变化的实质。

重点难点

    重点：第二次世界大战后资本主义国家新变化的主要表现。

    难点：战后资本主义国家新变化的实质、新问题与资本主义基本矛盾的关系。

教学过程 ▌▌▌

环节1：导入

讲述小故事"罗斯福咖啡"：第二次世界大战期间，美国实行配给制度，每人每天只能喝一杯咖啡。一天，罗斯福在招待会上对记者说，他早上喝过一杯咖啡，晚上又喝了一杯咖啡。记者质问：我们每天只有一杯咖啡，你哪里来的两杯？面对记者的诘难，罗斯福答道：我确实早晚各一杯咖啡，不过，我晚上是把早上煮过的咖啡渣再煮一次。了解此后美国民众把煮过后再煮的咖啡叫做"罗斯福咖啡"。阅读课文导语，提问：二战时期的美国为何要实行配给制度？结合课文所示"美国民众欢庆结束定量配给制度"的图片再问：民众为何欢庆结束定量配给制度？基于学生所答续问：这一制度是权宜之计还是长久之策？在师生互动中，了解美国施行配给制度的背景，理解该制度是奉行资本主义自由制度的美国在战争期间对经济和社会生活进行调控的一部分，兼顾军需和民用，以保证战争的胜利。讲解战争结束后美国就取消了配给制度，但是国家对经济和社会进行宏观调控的手段和方式依然在美国等资本主义国家沿用。又问：和平时期的资本主义国家为何还要继续宏观调控？又是如何施行宏观调控的？由此导入新课。

> **设计意图：**以历史故事创设情境、提出问题、引发思考，由此导入新课。

环节2：国家宏观调控

提问：如何理解资本主义国家的宏观调控？阅读课文"学习聚焦"栏目的表述，初步了解资本主义国家宏观调控中"市场主导"与"政府调节"、"国家调控"与"国际协调"的关系。联系1929年世界经济危机的背景知识，指出资本主义国家宏观调控的实质是对资本主义基本矛盾的调节，是为了解决自由放任的资本主义所造成的问题。

提问：第二次世界大战后西方国家推行国家宏观调控政策的原因是什么？

其一，从历史的角度即1929—1933年世界经济危机的爆发，解析资本主义自由放任经济制度的弊端。首先解释美国等资本主义国家奉行的自由放任政策。提问：资本主义自由放任政策的原则是什么？出示文字史料（资料附录1），理解传统的自由主义经济制度中"市场"与"政府"的关系，主张国家充当"守夜人"的角色，国家不干预经济，不干预市场供求，对生产采取自由放任、无为而治的政策。了解由于第一次世界大战后美国民众收入的增速普遍跟不上生产的增速，社会购买力相对下降，贫富差距加大。由此，自由放任政策导致供求关系失衡，产品相对过剩。指出这种生产能力和消费能力的不平衡又被分期付款和赊销方法所掩盖，出现了虚假的泡沫经济，最终金融领域首先崩盘，随后波及经济各领域。其次简释世界经济组织与国际贸易规则的缺失导致世界经济运行机制存在重大缺陷。简述由于第一次世界大战后世界市场对于美国的依赖性增强，美元成为世界经济运转的主要货币，因此，1929年在美国爆发的经济危机迅速蔓延至整个资本主义世界，形成了世界性的经济危机。指出此次危机亦导致国际政治发生重大变化，资本主义世界被撕裂。虽然美、英、法等资本主义国家通过"新政"和新政式的改革缓解了经济危机和社会矛盾，稳定了资本主义民主制度。但是德日两国却通过建立法西斯体制、对内独裁对外扩张的方式以寻求摆脱危机，最终爆发了第二次世界大战。由此，理解战后资本主义国家宏观调控政策是针对传统体制弊端作出的调整。

其二，从生产力和生产关系矛盾运动的角度解析根本原因。出示文字史料（资料附录2），基于解析，了解资本主义生产关系的新形式，理解国家宏观调控适应了社会化大生产发展的需要，是生产力发展推动生产关系变化的结果。

其三，从20世纪三四十年代苏联社会主义经济体制的作用的角度解析原因。解释计划经济体制使苏联规避了世界经济危机的影响，一些生产指标甚至超过西方国家。特别是第二次世界大战期间，苏联计划经济体制在集中全国人力物力抗击法西斯、实现战争目标方面，表现出较高的效率。了解这些对资本主义国家有一定的借鉴作用。

其四，从第三次科学技术革命引发产业升级和结构调整的角度解析原因。出示文字史料（资料附录3），通过阅读，了解新形势下发展经济和保证社会必需的公共产品的生产，需要大量回收期长且具风险的投资，私人资本承担的资本数量相对不足，而国家资本相比私人资本具有更强的承载力、保障力和执行力。

其五，从罗斯福新政取得成功经验的角度解析原因。联系第17课所学，了解罗斯福新政一方面调整自由放任的传统经济政策（"看不见的手"），配合运用国家权力干预经济（"看得见的手"）的方式，市场经济与国家宏观调控相结合，扩大了社会的有效需求，刺激了经济，重新激发了资本主义经济体制的活力；另一方面，国家通过制定社会福利保障制度，承担起了一定的社会责任。提问：如何理解罗斯福新政的实质和影响？联系第17课所学，理解罗斯福新政以不触动资本主义基本制度、保持资本主义自由企业制度为前提，局部调整传统资本主义生产关系，由过去片面强调"看不见的手"，变为"看不见的手"和"看得见的手"两手并举，为资本主义生产力的进一步发展开拓了空间，缓解了社会矛盾，为第二次世界大战后资本主义世界的经济起飞奠定了基础。了解罗斯福新政推行的国家宏观调控政策成为战后资本主义各国经济改革的范式。

其六，从第二次世界大战后资本主义国家尤其是欧洲面临的社会现实的角度解释原因。一是了解其内部状况：出示文字史料（资料附录4），了解第二次世界大战对欧洲造成的巨大破坏，产生了经济凋敝、民生艰难、政局动荡等诸多问题，理解如何实现战后重建成为各主要资本主义国家的重大课题。二是简介其外部环境：结合所学，了解第二次世界大战后社会主义阵营的壮大给资本主义国家造成了巨大压力；战后亚非拉民族民主运动高涨，殖民体系崩溃大大压缩了资本主义的发展空间，也迫使资本主义国家调整其发展策略。理解战后重建是头等大事，稳定政治、发展经济、缓和社会矛盾成为促使资本主义国家政策调整的因素之一，在一定程度上也推动了国家宏观调控政策的实施。

提问：第二次世界大战后资本主义国家采取了哪些措施来推行宏观调控政策？从宏观财政金融政策、社会管理和调节体系、国有企业三方面加以解释。关于宏观财政金融政策。出示文字史料（资料附录5），了解宏观财政金融政策的基本面，以第二次世界大战后美国财政政策和货币政策的调整为例，帮助学生理解政府在战后美国资本主义发展中的宏观指导作用。关于国家垄断的社会管理和调节体系。出示文字史料（资料附录6），基于解析，理解第二次世界大战后国家在制定经济发展计划，促进经济协调发展方面的作用。关于国有企业。出示文字史料（资料附录7），了解第二次世界大战后西方各国提高国有化比重的必要性，以及由于国情不同而导致的差异性。明确第二次世界大战后部分资本主义国家的经济国有化不能与社会主义公有制等同视之，理解其提升关键经济部门的国有化程度实则是通过自我调节以巩固资本主义体制，缓解社会化大生产与资本主义生产资料私人占有之间的矛盾。再问：第二次世界大战后资本主义国家推行宏观调控取得怎样的成效？出示文字史料（资料附录8），了解各国国民生产总值都获得较大增长，迎来了战后经济发展的"黄金时期"。基于解释，认识第二次世界大战后资本主义国家的职能在宏观调控经济方面有了较大提升，基本确立了市场与国家干预相结合的机制。

　　简述第二次世界大战后资本主义国家在国内推行干预政策的同时，有鉴于第一次世界大战后在构建世界经济秩序方面的缺失加剧1929—1933年世界经济危机的广度和深度，以及世界贸易保护主义盛行和国际贸易相互限制，冲击和动摇国际秩序的后果，第二次世界大战后资本主义国家致力于推进国际协调与干预，重建战后世界经济体系的运行机制，以巩固战后世界政治秩序和国际格局。了解第二次世界大战后美国的工业生产在资本主义世界工业生产中的比重为56.4%（1948年），是英国的4.8倍；美国拥有的外汇黄金储备达到资本主义世界总储备的74.6%，因此，美国制定的经济方案最终成为建构世界经济秩序的指导。提问：第二次世界大战后美国主导的国际干预措施有哪些？结合课文所示"国际货币基金组织、世界银行、关税及贸易总协定的徽标""世界贸易组织的徽标"图片，阅读"历史纵横"栏目的简介，补充相关资料，了解国际货币基金组织和世界银行的运行机制即"双挂钩—固定"制度以及基于认缴份额的权重原则，形成了以美元为中心的世界货币体系。简介关税及贸易总协定的宗旨是通过削减关税和贸易壁垒，以充分利用世界资源，扩大商品生产与流通，促进国际贸易自由化。了解关税及贸易总协定是世界贸易组织的前身。再问：如何看待国际货币基金组织、世界银行、关税及贸易总协定的作用？启发学生认识：其一，三大国际经济组织是第二次世界大战后世界经济体系的三大支柱，虽然它是由西方国家主导建立的、体现西方国家意志的国际经济协调机制，但起到了促进战后世界经济恢复和发展的作用，直至今日仍然是维护世界和平与安全、促进合作与发展的有效机制。其二，三大国际经济组织既是第二次世界大战后经济全球化的产物，也促进了经济全球化的深入发展。还需指出：面对全球化的新样态和新问题，这一由资本主义国家建立并主导的国际经济协调机制需要改革与完善。

> **设计意图**：结合史料信息与相关史事，解释"自由放任"资本主义和"国家调控"资本主义的异同及其历史作用，提升历史深度思维能力；通过对第二次世界大战后西方国家在国内治理方面加强国家宏观调控的原因和实质的解析，以及在国际上推进国际协调与干预的原因的分析，习得多角度解释历史复杂性的方法；运用历史合力论，认识第二次世界大战后资本主义进行自我调适的必要性和迫切性。

环节3：福利国家

出示文字史料（资料附录9），结合课文表述，了解"福利国家"的内涵，理解福利国家是资本主义生产力发展到一定高度时产生的一种经济安全和社会保障制度，社会保障立法是福利制度的基础。了解第二次世界大战后，通过立法推行福利制度的资本主义国家被称为"福利国家"。补充相关史事，梳理资本主义国家福利制度的源流：始于19世纪末德国俾斯麦政府颁布的3项劳工社会保险法，即《疾病保险法》《工伤事故保险法》《老年残疾保险法》；第一次世界大战期间福利制度有所发展，英国政府担负军工雇员和参战士兵的社会保障责任，但由于缺乏统筹仍然处于初期阶段；20世纪30年代，美国扩大了国家承担的社会职能，制定《社会保障法》《公平劳动标准法》等，推进了社会福利的法制化进程。以此为基础，提问：为何第二次世界大战后的英国、北欧五国比如瑞典等资本主义国家致力于建立"福利国家"？补充相关史料解释：一是经过两次世界大战的打击，英国为国民经济提供原料、动力和劳务的部门极度衰弱，不能为其他工业部门提供必要的产品和服务。比如，电力方面，电站分布不合理，技术紊乱，设备陈旧；运输方面，铁路机车的平均年龄超过32年，有1000万根枕木和32.8万吨钢轨亟须替补，运河系统业已瘫痪，致使英国的平均货运费用比美国高4倍，比法国高70%。由此理解对部分提供社会公共产品的企业实行国有化，才能加强国家投资以解决上述难题。这一客观趋势促使第二次世界大战后的英国超越党派纷争，工党和保守党皆推行国有化和社会福利政策。二是民众要求继续推行第二次世界大战期间的战时定量分配方法。简介战时定量分配方法：战争期间，英国政府为了增强国家的战斗力，合理安排经济生活，以全民"公平分享"为原则，对全体民众实施生活必需品的定量分配，增加财富总额中的劳动工资部分和工人分享部分。了解其效果，基本实现了每位儿童都有牛奶喝，婴儿死亡率降到历史最低点，各阶层的生活水平趋向接近。简介 1942 年自由党人贝弗里奇奉政府之命发表了"贝弗里奇报告"，提出国家应负担的社会义务，建立确保每个英国人"从出生到死亡"享受福利的福利国家。了解由于民众要求政府在战后继续扩大这种进步的社会政策，影响到第二次世界大战结束之时英国的选情和政党政治。工党在"贝弗里奇报告"的基础上制定了题为《正视未来》的纲领，提出了更为广泛的实施社会福利政策和国有化的主张。这一纲领吸引了广大选民，使工党赢得了议会多数席位，战争结束时工党上台执政，并大规模开展国有化运动。基于解释，了解福利国家的建立体现了民众对社会福利和保障的呼声。明确福利国家的建立不仅是战后资本主义国家的经济新变化，也是社会制度体系和国家治理方面的新变化。

提问：资本主义福利国家的福利制度涉及哪些方面？出示结构图和文字史料（资料附录 10—11），指导学生阅读史料，以典型的资本主义福利国家英国为例，了解英国社会保障制度规模庞大，结构复杂，覆盖人群广泛的特点。简述 1946 年通过的《国家保险法》提供了"从摇篮到坟墓"，或者说"从出生到死亡"的社会保险项目，投保人在怀孕、疾病、工伤、失业、妇女丧偶、退休、死亡时都可以申请得到补助。1946 年通过的《国家医疗法》规定给予每个英国公民免费享受医疗、药品、住院和护理等福利。1948 年通过的《国家援助法》取代了原有的《济贫法》。此外，政府还发放食品津贴，以降低食品价格。综合英国与瑞典的福利制度，归纳资本主义福利国家的福利制度主要包括劳动就业政策、社会保障体系（社会保险、社会补贴和社会救济）和社会服务类公民普遍受惠的公益性事业（包括教育、科学、文化、体育、卫生和环境保护等）。可与现实生活中的保障制度相结合进行阐释，以加深学生的理解。再问：如何认识资本主义国家的福利制度？引导学生关注对瑞典模式的评价："利用资本主义这台发动机，使产量得到最大限度的增长，再利用公共部门对财富进行再分配"，理解福利国家的实质就是以市场为基础，以国家宏观调控来为资本主义输入新的动力，并通过再分配重新调整社会财富，缓解分配两极化及其造成的不稳定性，说明资本主义国家的福利制度是以不触及资本主义私有制为前提的。了解福利制度的确立及运行有其积极作用，在一定条件下有助于实现社会保障、社会和谐和政治稳定，有助于普遍提高公民的生活水平和质量，减缓两极分化，避免社会分裂。续问：福利制度会产生怎样的消极影响？结合课文"学思之窗"栏目所示史料，组织学生展开讨论，从增加财政开支、增加税收；人们依赖福利而滋生慵懒文化，出现穷人堕落和纳税人受骗的现象；人们丧失工作积极性，社会运行低效甚或无效，缺乏竞争力等方面思考其弊端。又问：福利制度对资本主义国家经济发展有何影响？出示文字史料（资料附录12），基于信息关注当时资本主义国家出现了低经济增长率与高失业率、高通货膨胀率并存的新现象，西方经济出现了"停滞膨胀"，谓之"滞胀"。解释其原因主要是源自长期过度使用凯恩斯主义。了解凯恩斯主义主张国家对经济的干预，主张适当的通货膨胀和赤字财政，是为刺激消费、扩大就业而开的"药方"。解释国家对经济的干预一方面的确起到了推动第二次世界大战后西方经济快速平稳发展的作用，另一方面也由于国有经济比重增大，社会福利开支增多，导致政府财政负担沉重，出现财政赤字并引发日益严重的通货膨胀。了解高利率、高税收和高赤字造成严重后患，已遏制不了生产下降和失业增加的趋势。因此资本主义国家对资本主义经济进行了理论上的再探索和实践上的再调整，比如20世纪80年代美国实行"里根经济学"、英国施行"撒切尔主义"等，通过适当减少政府对经济的干预，在提高社会效率和维护社会公平之间寻求新的平衡，由此，逐渐走出"滞胀"，实现了低通货膨胀条件下经济持续增长的目标。

> **设计意图**：聚焦典型福利国家英国和瑞典，基于对文献史料和数据资料的解析，建立历史与现实的关联，理解第二次世界大战后资本主义国家推行福利制度的原因、内涵、实质；基于对福利制度的评价，认识"滞胀"这一复杂经济现象的表现及原因，习得辩证看待福利制度利弊的方法，培养历史思辨能力。

环节4：科学技术的新发展和社会结构的新变化

简述第二次世界大战后科学技术有了令人瞩目的新发展，被称为第三次科学技术革命或战后科技革命。提问：战后促进科学技术新发展的原因有哪些？可于课前布置主题学习活动，指导学生自主收集、整理史料，开展课堂交流讨论。以此为基础简释其原因：其一，科学原理的突破和系统性重组等，引发科学技术的突破性进展。第二次科学技术革命中提出的相对论和量子力学改变了牛顿力学体系，为第三次科学技术革命做了理论准备；系统论、信息论和控制论更成为第三次科学技术革命的主要理论依据；大批精密仪器问世，为科学技术研究提供了超高压、超低压、超纯度、高真空等实验手段。其二，社会条件起着推动科学技术革命的重要作用。第二次世界大战期间，各参战国为了打赢战争，在军事科学技术上投入大量的人力物力，使科技潜力获得最大限度的发挥，为战后新的科学技术发明提供了必要条件。简介作为战后科学技术革命重大发明的电子计算机，就是为了满足武器计算、密码和军事后勤的需要，在战争期间研制、于1945年底诞生的。了解战争期间还涌现出一批卓有成就的科学家和科技人才，这些都为第三次科学技术革命准备了技术力量。了解战后美、苏等国的军备竞赛也刺激了科学技术革命的发展。同时，军事科技向民用辐射，许多军事技术转为民用，如原子能发电站、民用计算机、喷气式客机等。其三，战后国家干预的加强也对科技发展有较大促进作用。解释大规模研究活动需要投入巨额资本，需要多方面专业人才协同甚至开展国际合作才能完成，其所需人力物力财力非单个或数个私人资本所能胜任，政府干预或投资，甚至成立国家科研机构主持庞大的科研项目，成为保障尖端科技发展的重要条件。出示文字史料和数据资料（资料附录13—14），了解战后美国、法国激励科技发展的措施，了解资本主义国家对科研的投入和开支在战后大为增加的概况。其四，讲解新形势下垄断资本依靠战争、殖民来掠夺市场、资源的外延性发展手段，随着殖民体系的瓦解已经过时；依靠延长劳动时间、降低工资、加强剥削来提高竞争力的方式也日益失效。资本主义国家将发展尖端技术、加速产品更新换代、降低生产成本作为提升竞争力的主要手段。由此，理解第三次科学技术革命是各方面因素合力作用的结果。再问：战后科学技术取得哪些突破性进展？指导学生阅读课文并结合所学，自主归纳第三次科学技术革命的主要成就：原子能的开发利用、电子计算机的发明和互联网的应用，空间技术、海洋技术、新材料的出现，生物工程技术的突破等。续问：第三次科学技术革命有哪些新特点？基于讲解总结：一是规模大。地域上，不仅席卷发达资本主义国家，而且拓展至社会主义国家和发展中国家；广度上，各科技领域和生产部门都取得重大突破，而且各学科相互渗透，在关联点上产生新生长点，形成新的边缘学科。二是社会化与加速化。大量科研成果涌现，并迅速转化为直接生产力，更新换代的速度加快，自动化生产方式日益普及。三是开辟了用电子计算机部分代替人类脑力劳动的时代，人类从直接参加生产过程向控制生产过程转变，直至当代出现人工智能等新科学技术。

简述第三次科学技术革命对人类社会产生了广泛而深刻的影响，比如，推动了社会生产力的发展和经济结构的变化；生产的社会化程度进一步提高，资本积聚程度越来越高；民众的劳动方式和消费结构发生了较大变化；跨国公司广泛发展，世界经济越来越成为一个整体，"南北问题"也日益突出；国际竞争更为激烈，科技领域成为重要的竞争场域；生态环境恶化、能源危机等全球性问题日益突出等。聚焦第三次科学技术革命使资本主义国家社会结构出现新变化这一问题，出示文字史料（资料附录15），了解资本主义国家经济结构和产业结构的新变化。提问：资本主义国家经济结构的新变化如何影响社会阶层结构的变化？结合课文所示表格，基于数据信息了解：一是农业和工业的就业人口比重减少，从事服务业的人口比重增加；二是"中间阶层"人数的增长。简介"中间阶层"主要包括企业技术管理人员、商务财务、行政人员及教师、科技人员等，是介乎资产阶级和工人阶级之间、处于中间状态的社会阶层，以管理和技术见长。再问："中间阶层"人数的增加对资本主义国家的发展有何影响？启发学生依据所学回答：有利于缩小贫富分化，缓和社会矛盾，促进社会稳定和文化发展，推动社会和文明的整体进步。补充说明资产阶级内部出现了层次化的现象，工人阶级中"白领工人"与"蓝领工人"的比重此消彼长。综而观之，理解课文"学习聚焦"栏目提及的"社会结构多层次化"的特征。续问：如何看待战后资本主义国家社会结构的新变化？解释这种新变化是生产力的发展在资本主义生产关系方面的反映，并非资本主义制度本质的改变。

设计意图：解释第三次科学技术革命的原因，习得围绕核心问题梳理历史脉络的方法；归纳第三次科学技术革命的特点，了解第三次科学技术革命新发展和资本主义国家社会结构新变化的逻辑关联，体会科技与经济之间的互动关系；认识"中间阶层"壮大对于推进社会文明的意义，感受科技革命对于促进人类文明发展的巨大作用。

环节5：新变化带来的新问题

指出第二次世界大战后资本主义国家的新变化也产生了新问题。提问：表现在哪些方面？简介一是滞胀问题。了解资本主义国家干预经济和社会福利制度引发经济领域"滞胀"现象，以及国内不同党派之间对"国家干预"的争议，进而导致政策的摇摆与多变，影响到社会秩序的稳定。二是贫困问题。讲解国家宏观调控政策可以缓解资本主义经济危机、缓和社会矛盾，但不可能解决社会化大生产与生产资料私人占有之间的资本主义基本矛盾，贫困问题始终存在。出示文字史料（资料附录16），了解当代美国社会的贫困现象，大量相对贫困人口的存在制约了经济的持续发展，造成新的社会秩序的动乱。此外，简介美国社会存在深刻的种族歧视问题，与贫困问题相纠结，对社会稳定产生了一定的影响。基于此，阅读课文正文、课文所示图像史料和注释，分析"史料阅读"栏目所示信息，了解20世纪60年代美国黑人民权运动的大致史事。三是基于性别的不平等问题。课前布置相关主题学习，组织学生课堂交流，了解妇女在现代工业社会中作用和地位的变化，以及战后妇女运动的概况和进展。补充相关资料，简述20世纪六七十年代资本主义国家的学生运动以及美国学生的反战运动，了解其为资本主义国家内外问题的反映。

设计意图： 分析新变化引发的新问题，习得从不同视角剖析历史问题和社会现实的方法，以及辩证认识历史与现实关系的方法。

环节6：变与不变——新变化的实质

提问：20世纪下半叶以来，资本主义国家发生了哪些变化？这些变化能否解决资本主义国家的固有矛盾？为何不能？引导学生依据所学总结资本主义国家的新变化，包括新政策（宏观调控、福利国家、科技创新）和新发展（经济复兴、科技发展、社会结构）。认识局部调整不能解决资本主义国家的固有矛盾，由此产生了新问题，包括滞胀危机、财政赤字、政策多变、贫困问题等。以此为基础认识新变化的实质：以2008年暴发的国际金融危机为切入点，了解第二次世界大战后资本主义国家的改革主要是手段和方法的调适，通过渐进改良、自我调节固然巩固和发展了资本主义体制，但社会化大生产与资本主义生产关系之间的基本矛盾依然存在并不断呈现的新问题。

设计意图：基于"变"与"不变"的归纳与总结，客观评价20世纪下半叶资本主义国家新变化的实质，深化对资本主义基本矛盾的认识，提升历史思维。同时，彰显教学立意。

【板书设计】

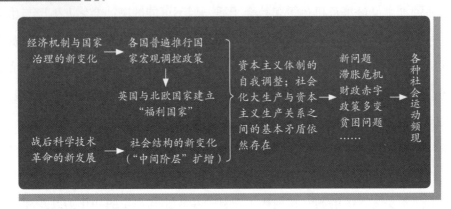

【资料附录】

1. 在对资本主义进行讨论时，人们通常将国家和市场视为对立面，这种观点有着充分的根据。实际上，尤其是在民主时代，市场行为和国家—政治行为遵循不同的逻辑，具有不同的合法性基础；市场行为的基础是分配不均的产权，国家行为的基础是平等的国家公民权。它们的运行方式也不同：市场需要交换，国家需要在争议中谋求一致、少数服从多数。在市场行为中，金钱是最重要的手段；在国家行为中，权力是最重要的手段。市场行为的唯一目标是实现个人利益……跟市场行为相反，政治活动的目的是让大众获得幸福，但我们必须明白，只有在追求个人利益的行为经民主程序获得合法性之后，实现大众福祉的政治目标才得到了确立和认可。……宪法秩序使得政治权力的运用与法治和民主基础结合，而不是跟经济资源结合。宪法秩序也将产权和由此派生出来的权利确立为基本权利，这样一来，不论市场和国家的关系在宪法允许的范围内如何变化，政治—国家力量都难以干预产权。在立宪国家，政治权力和以产权为基础的经济资源界限分明：这是分权制度中的一项重要内容，有利于保障自由。

————（德）于尔根·科卡著，徐庆译.资本主义简史［M］.上海：文汇出版社，2017：148—149.

2. ……诸如电力、通讯、铁路等公共基础设施和基础工业是整个社会经济和生活运转的基础，关系到国计民生，对社会扩大再生产具有重要意义，但它们一般都是投资大、收益小，而且本身具有社会性、全国性和整体性的特点，不适合私人经营。发展国有经济，一方面有助于西方国家实现政府的宏观经济政策目标，另一方面也能保证居民对公共产品和服务方面的需求能得到满足。……

……在人类现代化运动的推动下，生产社会化的程度越来越高，有些生产过程甚至已经超出国家的范畴，在国际间完成。为了适应和保护高度社会化的生产力，资本主义生产关系在经历了资本家个体所有制和资本家集体所有制（股份公司）后，又出现了资本家全体所有制（国有企业和公私共有企业中的国有部分）的表现形式。……战后，不少国家都增添了建立公私共有企业和国有企业等高级形式的内容……

———— 王斯德主编，余伟民、郑寅达著.世界通史（第三版）第三编·现代文明的发展与选择——20 世纪世界史［M］.上海：华东师范大学出版社，2020：174—175.

3. ……科学技术革命对整个社会生产的发展提出了一系列迫切需要解决的问题。例如：（1）国民经济的部门结构和地区结构需要迅速调整与改变；（2）老的基础工业部门需要大规模地进行技术改造；（3）许多新兴工业部门和现代化公共设施需要建立与扩展；（4）许多重大科学技术研究需要投入巨额经费；（5）空前增多的社会生产各部门之间的联系需要社会规模的调节；（6）劳动力的再生产需要在质量上不断提高；（7）受到严重污染和破坏的自然环境需要得到恢复与改善等。这些问题单纯依靠市场的力量是难以解决的。

———— 高德步、王珏著.世界经济史［M］.北京：中国人民大学出版社，2016：318.

4. 1945 年的欧洲就像 1918 年一样成为了一片废墟。大规模的空袭破坏了德国和其他欧洲国家的城市，交通被严重破坏，经济全面瘫痪。

————（美）威廉·麦克尼尔著，施诚、赵婧译.世界简史［M］.北京：中信出版社，2019：523.

5. 宏观财政金融政策是指国家用政策手段来实现诸如充分就业、价格稳定、持续增长、国际收支平衡等宏观经济目标。……其中财政政策是根据社会的总需求和失业状况，通过改变政府购买水平、改变税率、改变社会福利费用、运用国内公债等手段，影响国内总经济水平。货币政策是通过中央银行在公开市场上买卖政府债券、改变贴现率、改变银行储备率等手段，来刺激或抑制总需求，影响宏观经济变量。战前，西方国家通过财政预算掌握的国民生产总值的份额，一般在10%—20%之间，战后发展到30%—50%之间，少数国家达到60%以上。

> ——王斯德主编，余伟民、郑寅达著. 世界通史（第三版）第三编·现代文明的发展与选择——20世纪世界史［M］.上海：华东师范大学出版社，2020：174.

……杜鲁门政府推行"公平施政"的社会经济政策，其主要内容是：

1. 制定充分就业的立法。1946年2月，国会通过了《1946年就业法》。法案规定：联邦政府必须负责协调和利用自己的一切计划、职能和资源，为找工作的人提供有益的就业机会。授权总统设立经济顾问委员会，制定旨在防止经济衰退、保持充分就业的财政金融政策。《就业法》把促进最大限度就业置于联邦政府的肩上，这是美国历史上的首创，因而是一项重要的立法。

2. 实行廉价民用住宅建造计划。……1949年国会通过《全国住宅法》，授权总统在6年内为低收入家庭建造81万套廉价住房，并为城市清理贫民窟和改善农村住宅提供大笔贷款和援助。

……

4. 扶植农业。1949年10月国会通过《农业法》，规定到1950年底，农产品价格维持在平价的90%的水平。

> ——张建华主编. 世界现代史（1900—2000）［M］.北京：北京师范大学出版社，2008：288—289.

……1954年和1956年，艾森豪威尔政府两度扩大社会保险范围；1958年又提高救济金额，放宽退休年龄。到1960年，得到《社会保险法》保护的人数达到5800万人。社会福利开支由1955年的326亿美元上升到1960年的522.9亿美元，占政府全部开支的 38.4%。

—— 张建华主编 . 世界现代史（1900—2000）[M].北京：北京师范大学出版社，2008：289—290.

……在约翰逊任内，国会通过了 435 项法案，取得了前所未有的立法成就。

这些法案的主要内容有：

1. 调整征收所得税的幅度。1964 年通过的《税收法》规定：将最低收入阶层的所得税从 20% 降为 14%，最高收入阶层所得税从 90% 降为 77%。

……

4. 提出了一系列反贫困计划。内容包括：对失学、失业的城市青年进行职业培训；组织 "街道青年服务队"，为失学、失业青年提供工作机会……此外，约翰逊政府还把改善贫困地区的状况作为向贫困宣战的重要内容。1965 年通过的《阿巴拉契亚地区发展法》与《公共工程和经济发展法》，是田纳西河流域管理局成立以来最大的开发落后地区的计划，大大加强了联邦政府协调和发展地方经济的作用。

—— 张建华主编 . 世界现代史（1900—2000）[M].北京：北京师范大学出版社，2008：291—292.

6. 国家垄断的社会管理和调节体系是指国家制定和执行社会经济发展计划，协调地区间平衡发展，调整经济部门结构，制定和执行社会收入和保障政策。其中调整经济部门结构，战后至 50 年代，主要是推动发展港口、铁路、公路、煤炭和钢铁等部门；60 年代，重点在加强专业化调整，扩大公司规模，提高产品竞争能力；70 年代中期以后，主要是推动传统工业结构向新科技产业结构方面转移和发展。经济计划化是战后许多西方国家用来调节和干预经济运行过程的一种手段。私有制经济能够取得较高的局部效率，但是不能确保整个制度结构出现高效率，这就在客观上提出了在整个社会范围内实行经济计划化的要求，以适应日益发展的社会化大生产的需要。

—— 王斯德主编，余伟民、郑寅达著 . 世界通史（第三版）第三编·现代文明的发展与选择——20 世纪世界史 [M].上海：华东师范大学出版社，2020：174.

7. ……战后，大部分西方国家的国有经济所占的比例并不大，但是大多集中在基础经济部门和国民经济的关键部门，如交通运输、能源动力、城市基础设施、邮电通讯、金融保险以及科技开发、基础研究部门和领域，因而地位极为重要。……法国的国有经济一直呈上升趋势，成为当今西方国家中国有经济成分最高的国家；联邦德国实施"社会市场经济"模式，国有化程度不高，政府遵循有限干预的原则，总体计划调节和对企业的生产性干预程度较低；意大利继续实施"国家参与制"，通过国家持股集团参与私人企业活动来实现国家对经济的干预和调节作用；而英国从私有化到国有化，保守党上台后又有所后退，工党再次执政后继续前进，波动较大。

——王斯德主编，余伟民、郑寅达著. 世界通史（第三版）第三编·现代文明的发展与选择——20 世纪世界史［M］.上海：华东师范大学出版社，2020：175.

8. ……20 世纪 50 年代，美国国内生产总值的年均增长率为 3.3%，英国为 2.8%，法国为 4.5%，联邦德国为 7.9%，意大利为 5.6%，加拿大为 3.9%，日本为 9.1%；20 世纪 60 年代这一数字为：美国 4.3%，英国 2.9%，法国 5.7%，联邦德国 4.4%，意大利 5.3%，加拿大 5.6%，日本 10.5%。经济增长也大大提高了劳动者的收入水平。美国在 1948—1970 年每小时实际工资每年递增 2.5%，英国在 1949—1971 年每年递增 2.8%，法国在 1949—1973 年每周平均工资年均增长 4%，日本在 1955—1975 年人均每小时工资每年递增 7.9%，联邦德国在 20 世纪 50 年代每年递增 6%。

——高德步、王珏著. 世界经济史［M］.北京：中国人民大学出版社，2016：317—318.

9. 国家垄断的社会管理和调节体系是指国家制定和执行社会经济发展计划，协调地区间平衡发展，调整经济部门结构，制定和执行社会收入和保障政策。……在制定和执行社会收入和保障政策方面，涉及面较广，包括确定最低工资限额、超额累进税制、低收入补贴、失业救济等，它和福利政策互为补充，构成"福利国家"体制的基本内容。

——王斯德主编，余伟民、郑寅达著. 世界通史（第三版）第三编·现代文明的发展与选择——20 世纪世界史［M］.上海：华东师范大学出版社，2020：174.

10.

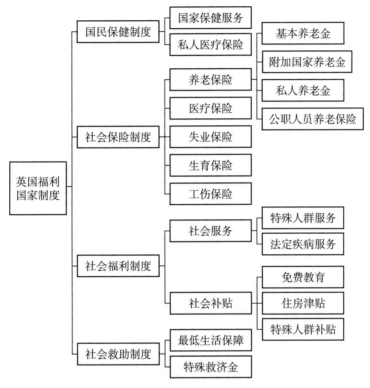

英国福利国家制度涉及内容

—— 庄越. 英国政党政治对福利国家制度的影响研究 [D]. 2021 (07): 23.

11. 1946年议会通过《基本退休金法》，规定凡67岁（后改为65岁）以上公民均可按月领取退休金，数额为退休前15个最高收入年份平均数的60%。1955年开始推行全民医疗保险，内容有医药保证和病休津贴，以及婴孩和病孩的家长津贴。高等学校实现免费教育，并提供奖学金和无息学生贷款。同时政府还大规模兴建住宅，用津贴方式提供给居民。

......

......为解决就业问题，政府设立了一系列的机构，包括中央一级的劳工市场委员会、24个地区劳工市场委员会和300多个职业介绍所。在80年代，政府每年花在劳工市场上的费用约占国家预算的6%—7%和年国民生产总值的2%—3%，其中70%用于职业培训，30%用于事业津贴。

"瑞典模式"曾被非常形象地概述为"利用资本主义这台发动机，使产量得到最大限度的增长，再利用公共部门对财富进行再分配"。（注：引号内容参见金重远《战后西欧社会党》，上海人民出版社 1997 年版，第 144—173 页。）

—— 王斯德主编，余伟民、郑寅达著. 世界通史（第三版）第三编·现代文明的发展与选择——20 世纪世界史［M］.上海：华东师范大学出版社，2020：201—202.

12. ……石油价格的突然上涨，严重冲击了发达市场经济国家的经济。由于能源价格上涨，导致生产资料和生活资料价格猛涨，发达市场经济国家陷入第二次世界大战后最严重的一次经济危机——1974—1975 年危机。

……

……1975 年下半年以后，这些国家的经济相继渡过了危机阶段，生产开始回升。但是生产增长缓慢，失业队伍庞大，物价上涨严重。危机之后，这些国家都没有出现生产、投资高潮。……这场危机之后，发达国家的经济增长速度比以前特别是比 20 世纪五六十年代明显地降低了。

……据官方估计的数字，欧洲共同体市场国家的全部失业人数，1976 年为 467.4 万，1977 年增加到 576.9 万，1978 年达 588.9 万；1976 年日本全部失业人数为 108 万，1977 年增加到 110 万，1978 年进一步增加到 124.1 万。美国的失业人数和失业率，1975 年达到了 780 万和 8.5% 的高峰以后，虽然逐年有所减少，但到 1978 年，即在生产已回升了两年之后，全部失业人数和失业率仍保持在 600 万以上和 6% 的高水平，与危机前的 1973 年全部失业人数 430 万和失业率 4.9% 相比，显然失业的规模在增大。

……20 世纪 50 年代发达国家的消费物价上涨率约为 2%，其中法国为 3.4%，联邦德国为 1.1%。20 世纪 60 年代这些国家的消费物价总平均上涨率提高到 3.4%。但是到 70 年代，物价上涨如脱缰的野马，不少国家的消费物价总水平上涨率达到两位数。例如，1975 年，英国和日本分别为 24.2% 和 23.2%；1977 年、1978 年和 1979 年，发达国家消费物价总平均上涨率分别为 9%、8.3% 和 8.5%。

—— 高德步、王珏著. 世界经济史［M］.北京：中国人民大学出版社，2016：327—328.

13. 鼓励和积极推进科技进步和全民教育事业，不惜投入巨额资金发展高科技产业和支持科学研究活动，国家投资开办职工职业培训工作，有力促进了劳动生产效率的提高。（注：法国戴高乐政府实施的经济刺激措施）

　　——吴于廑、齐世荣主编.世界史·现代史编（下卷）[M].北京：高等教育出版社，1994：141—142.

14.

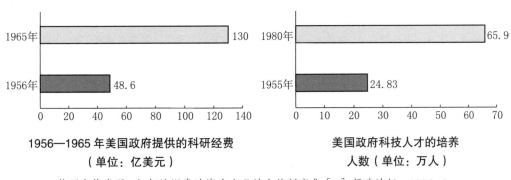

1956—1965 年美国政府提供的科研经费
（单位：亿美元）

美国政府科技人才的培养
人数（单位：万人）

　　——整理自徐崇温.如何认识发达资本主义社会的新变化[J].行政论坛，2006：6.

15. ……战后 25 年里，西方世界社会生产增长了 4 倍，平均每年增长 6% 左右，其中科技进步所起的作用，70 年代为 50%—70%，80 年代上升到 80%，产业结构出现非物质化的趋势，各国第一、第二产业在国民生产总值和就业总人数中的比重进一步下降，其中农业的比重大降，第三产业比重不断上升，逐渐超过工矿业和建筑业。第三产业已不仅仅是传统意义上的服务业、商业、运输业、通讯业和文化教育等，还包括大部分与信息工业联系在一起的部门，如软件工程和数据库等。在工业结构中，新旧工业发生分化，劳动和资本密集型的"大烟囱工业"，如钢铁、采矿、纺织等，被称为"夕阳工业"，比重逐渐下降，技术密集型的专业化和小型化新兴工业，如电子、核能、宇航、激光、人工合成原料等，被称为"朝阳工业"，获得迅猛发展。以此相适应，"重、厚、长、大"的工业产品逐渐让位给"轻、薄、短、小"的产品。各国经济布局也随之发生变化，新兴工业区不需要建立在煤铁资源丰富的地方，而是要综合考虑人才、交通、环境等条件，如美国旧金山以南的"硅谷"和俄罗斯新西伯利亚的科学公园等。在战后科学技

术革命的推动下，西方发达国家已逐步从工业经济时代跨入知识经济时代。

——王斯德主编，余伟民、郑寅达著．世界通史（第三版）第三编·现代文明的发展与选择——20世纪世界史［M］．上海：华东师范大学出版社，2020：172.

16. 作为世界最富有国家之一的美国，其贫困问题却名列工业国的榜首。80年代美国贫困率是英、法、西德、瑞士、荷兰等国的2倍。1983年生活在贫困线以下的美国人为3530万。90年代靠施舍过活的人已达4300万（占美国人口17.2%），此外，还有300—400万露宿街头的无家可归者。

——吴于廑、齐世荣主编．世界史·现代史编（下卷）［M］．北京：高等教育出版社，1994：334.

第20课
社会主义国家的发展与变化

教学立意

    20世纪下半叶，社会主义从一国发展至多国。在苏联模式的影响下，社会主义国家的建设取得一定成就，也经历了艰难曲折。苏联模式的弊端以及为克服弊端而进行体制改革引发的矛盾、苏联的霸权主义与东欧各国要求民族独立自主而形成的矛盾，最终导致东欧剧变、苏联解体。但其并非是这一时期社会主义运动的全部，中国的改革开放和中国特色社会主义建设取得举世瞩目的成就，发展了世界社会主义理论和实践，证明了社会主义的强大生机与活力。

教学目标

    知道20世纪下半叶苏联的发展、改革与解体，东欧的社会主义建设、改革和剧变以及中国特色社会主义发展的重大史事；基于多元史料分析苏联各时期社会主义发展、建设与改革存在的问题以及苏联与东欧社会主义国家的矛盾，理解历史的复杂性，习得全面、客观地解释历史问题与现象的方法；对比中国特色社会主义道路与成就，认识探索社会主义建设道路和进行社会主义改革，都必须以促进生产力发展、满足人民物质文化生活所需、顺应历史发展趋势、有利于世界和平与发展等为宗旨；认同唯物史观关于生产力是社会发展的决定性因素的原理；辩证看待社会主义发展进程中的曲折，坚定社会主义信念。

重点难点

    重点：苏联和东欧的社会主义发展、建设与改革。

    难点：东欧剧变、苏联解体的原因；辩证认识社会主义发展进程的曲折。

教学过程 ▌▌▌

环节1：导入

观察课文所示"第二次世界大战后社会主义阵营示意图"，提问：第二次世界大战后的社会主义国家有哪些？简述第二次世界大战后，苏联成为具有世界影响力的大国，并通过雅尔塔体系在东欧和亚洲建立了势力范围，社会主义也由苏联一国发展到东欧、亚洲十多个国家，形成社会主义阵营。再问：苏联和其他社会主义国家在20世纪下半叶经历了怎样的发展和变化？由此导入新课。

> **设计意图：** 基于时空维度，架构20世纪下半叶社会主义国家发展与变化的总体框架，提出问题启发思考，导入新课。

环节2：战后初期苏联的发展与问题

出示表格"苏联和美国经济发展水平比较"（资料附录1），出示图像史料"苏联第一颗原子弹的研制者之一希尔通在原子弹模型前"与"卡拉什尼科夫自动步枪的设计者米·卡拉什尼科夫"（资料附录2），提问：第二次世界大战后苏联社会主义建设取得了怎样的发展成就？讲述苏联在战后的发展概况：总体而言苏联在第二次世界大战后国民经济的恢复和发展取得了巨大成就，虽然不及美国，但增长速度超过美国，两国经济实力的差距在缩小，苏联人民生活水平有了显著的改善；原子弹和氢弹试爆成功也大大提升了苏联与美国抗衡的军事实力。出示图像史料"片面的经济（漫画）"（资料附录3），再问：漫画为何以"跛足的巨人"讽喻苏联，反映了什么问题？提取漫画信息，如粗腿喻指重工业、细腿代表农业和轻工业等，由此说明苏联经济建设中农业与工业、重工业与轻工业比例严重失衡的状况，启发学生联系所学了解其原因是苏联模式的弊端。出示"片面发展的经济（漫画）"（资料附录3），说明该漫画是原作，第一幅漫画由第二幅漫画改造得来。原画由苏联漫画家库克雷尼克赛根据马林科夫在苏共十九大上的报告而作，意在讽刺资本主义国家经济的发展具有片面的军事性质，而时人加工或"误读"漫画原作，反映了他们对苏联经济的看法。出示数据资料（资料附录4）和文字史料（资料附录5—6），基于对史料信息的解读，续问：从档案中可以读到哪些历史信息？启发学生联系第二次世界大战后苏联的经济生活和经济政策，了解尽管第四个五年计划规定了国民经济要转向和平轨道，要生产更多的日用生活必需品，但是斯大林始终认为战前确立的社会主义体制模式是正确的，"战争证明，苏维埃的社会制度是比任何非苏维埃的社会制度更好的社会组织形式"。因此，继续将重工业作为国民经济优先发展的重点，农业、轻工业落后的局面始终没有改观。指出如何改革斯大林模式的弊端始终是困扰苏联和东欧社会主义发展的关键问题。又问：如何辩证地看待战后初期苏联的发展成就和体制弊端？解决体制弊端问题的途径是什么？由此过渡至后续环节。

设计意图：基于数据、照片、漫画及文字等多元史料的分析，帮助学生全面了解苏联斯大林时期社会主义建设的成效和问题，认识苏联实施改革的原因，习得分析历史档案等史料价值的基本方法。

环节3：赫鲁晓夫、勃列日涅夫时期的改革与问题

结合课文"史料阅读"栏目提问：斯大林之后的苏联高层是如何认识苏联存在的问题的？了解促使苏联领导人改革旧体制的背景。再问：怎么改革？改革效果如何？组织学生分组整理并交流20世纪50年代至80年代中期，即赫鲁晓夫、勃列日涅夫时期改革的内容及结果等，进而针对赫鲁晓夫、勃列日涅夫时期的改革和问题展开解释。

其一，赫鲁晓夫改革。经济体制方面：简述苏联农业落后的实际状况。出示数据，1953年人均粮食和肉类的产量只有432公斤和30公斤，比革命前1913年的540公斤和31.4公斤还要低。由此了解改革的必要性和紧迫性。出示文字史料（资料附录7），解释1953年9月通过的一系列有关农业问题的决议，强调农业的基本问题在于违背物质刺激原则、忽视农业与轻工业的发展，说明赫鲁晓夫经济改革的着眼点在于调整农业和轻工业在国民经济中的比重，减轻农民税负。补充"种植玉米运动""农庄改革"等史事，出示数据资料（资料附录8），基于数据对比，了解由于经济改革加大了对农业的投入，扩大了耕地面积，提高了农民生产积极性，因而取得了一定的成效。政治体制方面：简述平反冤假错案，为在"大清洗"中遭到迫害的人恢复名誉，反对个人迷信，强调集体领导原则等史事。补充历史细节，概述 1956 年赫鲁晓夫在苏共二十大上所作《关于个人迷信及其后果》秘密报告的出台过程。指出赫鲁晓夫的报告着重批判对斯大林的个人崇拜及其严重后果，认为造成"大清洗"中大量冤假错案的根本原因在于斯大林个人的品质及其对个人崇拜的赞赏和迷恋。解释秘密报告对于破除对斯大林的个人崇拜、摆脱教条思想有一定的积极意义。但是报告没有全面科学分析斯大林的功过，也没有做好充分的舆论宣传，因此造成整个社会主义阵营和苏联人民的思想混乱，乃至被西方国家宣传利用以攻击社会主义的消极后果。启发学生认识秘密报告在于苏共没有做好充分的思想准备和组织准备便抛出斯大林问题，其提出方式具有草率性，对斯大林功过评价存在片面性，其传达的步骤之乱、范围之广和速度之快脱离了人们的接受能力，事后又缺乏周全的解释和教育工作。说明这种处理党政问题的方式实则依然没有跳出苏联模式的痼疾。由此了解赫鲁晓夫改革存在的问题：并未从根本上触及苏联高度集权、高度集中的政治经济体制；急速推进、全线出击，调查研究不够，准备不足，改革带有浓厚的领导者个人色彩，以致有些措施前进一步又走回头路，有些措施适得其反；赫鲁晓夫在反对斯大林个人迷信的同时，又实行了他自己的个人迷信和个人专断。

其二，勃列日涅夫时期的改革和"停滞"。补充勃列日涅夫时期苏共中央全会文件等相关史料，简释勃列日涅夫执政初期由部长会议主席柯西金主持的各项改革措施：一是工业上实行"新经济体制"，在国家集中统一管理的前提下，给予企业较多的经营自主权，实行物质刺激的办法，把企业的经济利益同企业的经营状况联系起来，以提高经济效益。了解这些改革措施初期取得了一些成效，1966—1970 年苏联工业总产值年增长率高达 8.5%，一些工业部门的指数一度位居世界首位。二是农业方面提高农产品收购价格，加大对农业的投资，农业总产值年增长率相较以往有较大幅度的提高。亦须让学生了解勃列日涅夫是一个保守型的领导，他反对经济体制改革走市场化的道路，并在柯西金离任后中止了"新经济体制"试点。勃列日涅夫继续以军事工业为国民经济的优先发展方向，热衷于同美国进行军备竞赛。了解其在任期间，苏联的军事力量大大增强，核武器的数量超过美国，航天技术可与美国相抗衡，苏联成为军事上的超级强国。简介勃列日涅夫于 1967 年十月社会主义革命五十周年之际，提出"发达社会主义"的概念，宣称苏联已"建成发达的社会主义社会"，但实际上苏联的国民经济比例再次严重失调，经济效率也因改革的中止而逐年下降，70年代后半期苏联进入了"停滞"时期。突出勃列日涅夫执政后期个人集权倾向进一步发展，官场腐败成风，领导人老龄化现象严重，整个体制缺乏进取精神，苏联进入老人政治时代。讲解勃列日涅夫执政时期在对外政策方面的举措。70年代苏联霸权主义随着军事力量的强大而膨胀，苏联不惜动用军事手段干涉别国内政，对东欧国家的独立倾向和体制改革实施"有限主权论"予以阻止，比如1968年入侵捷克斯洛伐克镇压"布拉格之春"。简述苏联还陈兵百万于中苏边境，并于1979年入侵阿富汗的史事。指出苏联实施全球扩张的进攻战略，最终耗尽自己的发展动力，国内经济状况也随之恶化。了解勃列日涅夫执政后期的苏联，消费品长期短缺，经济效益差，劳动生产率低；农轻重比例失调，苏联拥有当时世界最多的耕地，粮食却连年歉收，不得不花大笔外汇进口粮食，出示数据资料（资料附录9），以用储备黄金去购买粮食的史事来加深对这个"强大国家"的"落后社会"的认识。了解苏联民用产品质量低劣，日用消费品严重短缺的状况。20世纪80年代的苏联社会矛盾丛生，民众不满情绪高涨，处于体制危机状态。由此理解戈尔巴乔夫改革的背景。

> **设计意图：**基于叙事，梳理赫鲁晓夫、勃列日涅夫时期的改革以及存在的问题，习得运用原因与结果、联系与区别的范畴，立足多角度全面认识复杂历史现象和复杂历史问题的方法，加深对苏联模式弊端的认识，培育和提升历史解释能力；客观认识历史人物对社会历史的作用与影响。

环节4：戈尔巴乔夫改革与苏联解体

承接上一环节，结合第18课所学相关内容，提问：戈尔巴乔夫上台时苏联处于什么状态？戈尔巴乔夫是如何推行改革的？概述戈尔巴乔夫改革的举棋不定：初期集中于经济领域，提出向市场经济过渡的策略；而在经济改革收效甚微的情况下，又迅速将改革重心转向政治体制，试图松动高度集中的权力体制，为经济改革创造条件。了解他提出的"人道的民主的社会主义"纲领，倡导"公开性、民主化和意识形态多元化"，动摇了苏联社会主义制度的核心——共产党的领导。解释政治上的"多元化"就是实行多党制，并试图通过修改宪法取消苏共的领导地位。再问：戈尔巴乔夫的政治体制改革产生了怎样的后果？解释：其一，由于苏共领导地位的动摇和中央政府的控制能力弱化，地方势力和民族分离主义势力随之兴起（补充说明：历史上传袭下来的民族问题的严重性和民族关系的复杂性，加之处理民族问题的一系列理论和实践的失误，使民族问题长期未能得到根本解决）。地方势力与民族分离主义势力结合，从而导致各加盟共和国纷纷宣布"主权独立"。了解这成为解构联盟体制的重要因素。结合课文所示"苏联境内宣告独立的国家（1990年3月11日—1991年12月16日）"形势图，简述波罗的海沿岸三国最早表现出分离倾向，爱沙尼亚首先开启加盟国家法律高于联盟法律的先例，随后三国共产党宣布脱离苏联共产党成为独立政党。1990年3月立陶宛率先自行宣告独立，将民族分离运动推向新阶段。俄罗斯联邦也于1990年6月发表了"主权宣言"。其二，由于政治改革过于激进，苏联还未及建立能够实现权力平稳过渡的替代机制，造成苏联党和国家思想上、政治上的混乱和国民经济的持续恶化。简述1990年后苏联陷入了严重的财政危机，国民收入出现了负增长，人民生活水平急剧下降，社会矛盾进一步激化。由此，启发学生从整体上认识戈尔巴乔夫政治体制改革使苏联陷入了全面危机，了解戈尔巴乔夫改革最严重的消极后果是社会矛盾和民族矛盾交织导致局势逐渐失控，最后走向苏联解体。基于重大史事串联苏联解体的过程：一是1991年"八一九事件"（又称"八月政变"），部分苏联领导人试图挽救苏联体制，发动政变，成立"紧急状态委员会"代行总统权力，但其结果与发动者的意愿相反，由于叶利钦领导的俄罗斯联邦政府的对抗，"紧急状态委员会"未能掌控局面，政变失败加速了苏联解体。二是"八一九事件"后苏共宣布解散，由此执政70余年的苏联共产党先行解体，苏共解体是苏联解体的前奏。三是由于失去中央集权的政治核心，苏联中央政府无力阻止各加盟共和国的独立，联盟体制无可挽回走向终结。出示文字史料（资料附录11），了解在俄罗斯、乌克兰、白俄罗斯等加盟共和国领导人的主导下，以《别洛韦日协定》和《阿拉木图宣言》为标志，1991年12月，作为联盟国家存在69年的苏联完成了解体的法律程序。12月25日，戈尔巴乔夫向叶利钦移交最后的总统权力——核按钮，并在电视讲话中宣布辞职，同时克里姆林宫上空的苏联国旗降下，俄罗斯联邦的三色国旗升起。明确苏联正式解体。了解俄罗斯联邦作为苏联国际法地位的继承者，成为联合国安理会常任理事国。解释独立国家联合体简称"独联体"，其既非"联邦"国家也非"邦联"国家，而是由原苏联大多数共和国组成的进行多边合作的协调联合组织，是一种松散的国家之间的联合形式。

　　基于所学，组织学生就课文"思考点"栏目所提问题"苏联的改革给我们怎样的启示"展开讨论，形成基本认识：赫鲁晓夫、勃列日涅夫时期的改革始终没有突破高度集权、高度集中的政治经济体制，戈尔巴乔夫改革又发生了根本的方向性错误。苏联改革的教训告诉我们：社会主义国家的改革要从国情出发，要促进生产力的发展、满足人民群众的需求，要坚持社会主义方向。最后呈述：苏联解体是20世纪最重大的历史事件之一，其与1917年十月革命一样对世界格局的影响甚为深远。一个具有世界影响的大国最终解体，给当代世界留下了需要深入探讨的重大历史课题。

> **设计意图**：贯通课与课之间知识的联系，分析戈尔巴乔夫改革进退失据、方向失误的表现及原因，突出主要矛盾解释其对苏联体制造成的消极影响，以突破教学难点；聚焦"苏联的改革给我们怎样的启示"，通过布置主题研究型学习，提升学生研究复杂历史现象的能力，提升历史思维力度，培养史识自觉意识。

　　环节5：东欧的社会主义建设、改革和剧变

　　基于"历史纵横"栏目的阅读，识读相关历史地图并结合第18课所学，了解东欧社会主义国家建立以及移植苏联模式的背景，了解苏联模式的局限性和消极面同样给东欧社会主义国家的建设带来了负面影响，东欧国家的体制存在与苏联同样的弊端，同时还表现为苏联体制与本国国情的"水土不服"。因此，东欧社会主义国家在20世纪50—70年代曾多次发起改革，以摆脱苏联的控制，探索独立自主的发展道路。提问：东欧各国改革呈现怎样的态势？以表格整理南斯拉夫、波兰、匈牙利和捷克斯洛伐克四个东欧国家的改革简况，补充相关资料及细节，叙述东欧社会主义建设与改革的重点史事。

表 20-1　20 世纪 50—70 年代东欧若干国家改革简况

国家	改革背景	领导者	改革内容	改革结果
南斯拉夫	苏南冲突、苏南关系破裂，迫使南斯拉夫冲破苏联模式束缚，于 1948 年率先走上改革道路	铁托	实行社会主义自治制度和市场取向的改革	调动了劳动者的生产积极性，经济有所发展，形成了独具特色的、与苏联模式不尽相同的社会主义政治经济体制；没有解决好公有制与市场经济、中央调控与地方分权的关系，改革不彻底，诱发了地方民族主义；70 年代中期改革停顿，80 年代消极因素危及国家的存在，成为国家分裂的隐患
波兰	历史上屡遭沙俄及苏联瓜分而深潜于波兰人民心中的民族主义情绪；以 1956 年"波兹南事件"为契机调整政策、推行改革，提出走"波兰道路"的口号，但未能摆脱苏联控制，此后多次发生经济和社会危机	哥穆尔卡（50、60 年代）、盖莱克（70 年代）、雅鲁泽尔斯基等（80 年代）	（哥穆尔卡）经济：权力下放，企业实行自主、自治和自负盈亏，削减国家指令性指标等；政治：健全法制、平反冤假错案等（盖莱克）高速度、高积累、高福利的"三高政策"（80 年代）应对经济危机，局部政策调整	50、60 年代：改革初期推动了经济发展，但受内外阻力影响，改革放缓，重回传统模式；70 年代：财政赤字大幅度上升，出现社会危机；80 年代：改革难以突破原有体制，未能解决长期积累而生的社会危机，团结工会成为与政府对立的反对派政治组织，双方矛盾一触即发，波兰政府施行长达一年的军事管制，隐伏的矛盾继续深化，新的社会危机随时可能发生
匈牙利	深受苏共二十大影响，1956 年政局动荡最为剧烈。当年爆发的匈牙利事件成为民族悲剧，数万人伤亡，20 余万人外逃，经济损失约占全年国民收入的 1/4	卡达尔	经济：先实行宽松政策，允许农民退出强制组织的合作社，取消农产品的义务收购，增加对农业投资等；后推行渐进的经济体制改革，将计划调节与市场调节相结合，扩大企业自主权等。政治：减轻十月事件后遗症，平反冤假错案，实行宽容政策	70 年代匈牙利经济表现出活力，农业产量较大幅度提升，人民生活水平进入"经互会"国家前列。但渐进式改革仍然没有突破计划经济条框，70 年代中后期由于计划和市场两种经济体制的矛盾日益尖锐，以致政治决策产生分歧。卡达尔执政后期匈牙利平静的表象下，酝酿一场更加激进的改革

国家	改革背景	领导者	改革内容	改革结果
捷克斯洛伐克	受苏联模式影响，原本具有优势的工业基础衰退，社会不满情绪滋长；1967至1968年改革派逐渐占据党政领导层主流	杜布切克	政治：主张发扬社会主义民主，改革党的领导体制，改革政治体制；经济：按市场原则使企业成为独立的经营单位，工厂自治，取消外贸垄断，让企业直接进入世界市场	1968年春的改革掀起的新气象被舆论称为"布拉格之春"；但受到苏联的猜忌、指责，并于1968年出兵武装占领捷全境（出示资料附录12，简述捷克斯洛伐克人民对苏联的警觉与反抗，结合课文所示"苏联坦克开进捷克斯洛伐克首都布拉格"图片讲述苏联的武装入侵），改革被迫中断

视学情可补充民主德国、罗马尼亚、阿尔巴尼亚等国的概况。提问：东欧各国改革具有怎样的相似之处？组织学生基于上述知识整理展开讨论，出示文字史料（资料附录13），通过阅读观点型史料，了解东欧各国改革都致力于摆脱苏联的控制与影响、探索适合本国国情的社会主义建设模式，加深认识东欧各国改革难以持续的原因以及因改革中断而积聚的社会矛盾会产生更大的风暴。提示这也是酿成20世纪八九十年代之交东欧剧变的历史根源与深层原因。

结合第18课所学，了解东欧各国改革受阻，经济发展难以为继，人民不满情绪日益增长，70年代后期东欧各国再次出现了要求改革的潮流。简述至80年代中期，苏联奉行"新思维外交"，即各国有权自由选择发展道路的不干涉内政原则，为东欧国家脱离苏联控制提供了机遇。加之以美国为首的西方国家对东欧各国长期的"和平演变"，支持这些国家的"持不同政见者"，逐渐形成这些国家的反对派政治势力（如波兰的"团结工会"、捷克斯洛伐克的"七七宪章运动"等），以致1989年下半年至1990年发生了酝酿已久的政治变革风暴即东欧剧变。列举东欧剧变的典型史事，认识东欧剧变的实质即东欧国家的社会制度发生了根本性的变化。了解其世界影响：改变了东欧的政治格局，世界地缘政治发生了深刻的变化。结合课文"学思之窗"栏目所提出的问题，引导学生正确看待东欧剧变和苏联解体，指出要从人类社会的发展规律和趋势出发，辩证认识社会主义发展进程中的曲折，认识从曲折中汲取教训可以促使社会主义健康持续发展，由此过渡至"中国社会主义的发展"的学习环节。

设计意图：基于历史时空，了解东欧国家改革的概况，习得运用比较、综合的方法以提炼历史共性；认识两种矛盾即苏联模式弊端与要求体制改革所构成的矛盾、苏联的霸权主义与东欧各国要求民族独立自主所构成的矛盾，最终导致了东欧剧变，由此发展历史思维能力；感悟社会主义发展的艰难、曲折与复杂；深化认识唯物史观关于生产力是社会发展的决定性因素的原理。

环节6：中国社会主义的发展

结合所学《中外历史纲要（上）》有关中国社会主义建设道路探索与改革开放的知识，提问：新中国成立后是如何探索中国特色社会主义道路的？引导学生以时间轴呈现中国在探索社会主义道路中曲折前行，到党的十一届三中全会后中国走上改革开放、建设有中国特色社会主义道路，再到中国特色社会主义进入新时代的发展历程。启发学生综合运用知识，全方位体会中国特色社会主义建设的巨大成就，诸如社会主义制度更加完善，国家治理体系和治理能力水平明显提高，社会发展活力和创新活力显著提升，重大科技成果相继问世，经济建设取得重大成就，人民生活水平不断提高，国际影响力与日俱增等。在体会中国特色社会主义道路正确性和生命力的同时，通过课文阅读加深认同中国特色社会主义的实践成就与理论体系对人类社会发展与进步的重大贡献。

设计意图：历史与现实相联系，中外历史相比照，认识社会主义改革必须要以促进生产力发展、满足人民物质文化生活所需、顺应历史发展趋势、有利于世界和平与发展等为宗旨，才能焕发强大的生机与活力；认同中国特色社会主义实践成就及理论建设的世界意义，增强道路自信。

环节7：小结

以课后"学习拓展"栏目所示史料与问题作为本课教学的结尾，启发学生结合历史与现实，比照中国特色社会主义与苏联东欧的社会主义，谈谈对什么是社会主义的理解。

设计意图： 以问题总结全课，启发对什么是社会主义的思考，由此坚定社会主义的信念，尤其是坚定对发展中国特色社会主义、走中国特色社会主义道路的信念。

【板书设计】

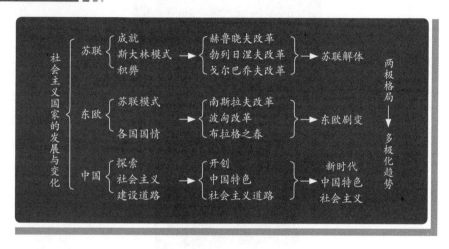

【资料附录】

1.

苏联和美国经济发展水平比较（苏联为美国的百分比，单位：%）

指　　标	1950	1960
国民收入	31	约60
工业生产	30	约60
发电量	22	33
农业生产	55（1950—1955年平均数）	75—80（1958—1960年平均数）
谷物产量	56	68
棉花产量	54	46
棉织品	32	57
砂　糖	84	149

注：国民收入，将美国国民收入按苏联的计算方法（不包括非物质生产部门的收入）进行折算后，按可比价格进行比较。

—— 齐世荣总主编，张宏毅分册主编. 当代世界史资料选辑（第一分册）[M].北京：北京师范学院出版社，1990：669.

2.

苏联第一颗原子弹的研制者之一希尔通在原子弹模型前

—— 闻一著．俄罗斯通史［M］.上海：上海社会科学院出版社，2013：279.

卡拉什尼科夫自动步枪的设计者米·卡拉什尼科夫

—— 闻一著．俄罗斯通史［M］.上海：上海社会科学院出版社，2013：282.

3.

片面发展的经济（漫画）

—— 马巧高．解读漫画史料的旨意［J］.历史教学，2015（11）：47.

片面发展的经济（漫画）

—— 漫画月刊编辑室.苏联漫画［M］.上海：华东人民美术出版社，1954：7.

4. 苏联部长会议关于《批准食品和工业品国营零售价目表》的决议（1947年12月14日）

……下列商品的统一零售价格（对各类地区）以卢布、戈比计算			
一级炒天然咖啡豆	1公斤	75.00	
瓶装日古利啤酒	0.5公斤	7.00	
100克装奶制冰激凌	1公斤	20.00	
……工业商品的统一零售价（以卢布、戈比计算）：			
	度量单位	城市	农村
混纺连衣裙	件	77.00	86.00
女式绉绸毛料连衣裙	件	510.00	560.00
波士顿呢里西服	件	1400.00	1500.00
短腰男式黑羊皮鞋	双	260.00	288.00
女式便鞋	双	260.00	288.00
火柴	盒	0.20	0.20
（家用）香皂	块（100克）	4.00	4.00

—— 沈志华总主编.苏联历史档案选编（第23卷）［M］.北京：社会科学文献出版社，2002：656—658.

5. 档案文件目录

NO.07753 斯维特兰娜·阿利卢耶娃致斯大林（1952 年 10 月 28 日） 1—627

NO.06961 巴甫洛夫娜关于农村生活状况给斯大林的信（1952 年 11 月 3 日） 23—681

NO.06964 米哈伊洛维奇关于集体农庄状况给斯大林的信（1952 年 11 月 20 日） 23—684

NO.06962 斯捷潘诺维奇关于农村生产生活状况给斯大林的信（1952 年 11 月 22 日） 23—687

NO.06963 瓦西里耶维奇关于集体农庄状况给斯大林的信（1952 年 12 月 23 日） 23—690

—— 沈志华总主编 . 苏联历史档案选编（第 34 卷）[M]. 北京：社会科学文献出版社，2002：401.

6. 戈格利泽上将的关于哈巴罗夫斯克农业状况给阿巴库莫夫的报告（摘录）（1948 年 2 月 14 日）

集体农庄主席穆拉夫瑟柯 1948 年 2 月 14 日在区执委会会议上谈及集体农庄的状况时声称："我看不出我们集体农庄的生活条件同监狱里犯人的生活条件有什么区别。"坦波夫区"古比雪夫"集体农庄庄员 B. C. 萨亚平说："没有粮食，那还干活做什么？集体农庄欠我 20 公担粮食，但一点儿也不给我，全部上交国家。因此人们不愿在集体农庄里干活。"

—— 沈志华总主编 . 苏联历史档案选编（第 23 卷）[M]. 北京：社会科学文献出版社，2002：661.

克济尔灯塔集体农庄管委会关于收获情况给安德列耶夫的信（摘录）（1948 年 9 月 13 日）

我们请您解释清楚为什么在我们这里要年复一年地把所有的收获都上缴，而且每个劳动日连一克粮食也分不到，是什么导致集体农庄的经济遭到破坏，导致集体农庄庄员不愿意干活。……我们一年到头不分昼夜地干活，但是到头来一个劳动日却一无所获，见不到面包，只靠土豆生活，土豆在春天吃光了，只好从靠土豆转为靠青草……

—— 沈志华总主编 . 苏联历史档案选编（第 23 卷）[M]. 北京：社会科学文献出版社，2002：662—663.

巴甫洛夫娜关于农村生活状况给斯大林的信（1952 年 11 月 3 日）

斯大林同志，这到底该怎么办？干了一整年的活却挣不到一块面包。

这些天来我忍不住了，我去了一家商店买烤面包，但售货员说什么也不卖给我面包，他说，面包只供应教师。这太让我伤心了：我们生产面包却吃不到面包。

—— 沈志华总主编.苏联历史档案选编（第23卷）[M].北京：社会科学文献出版社，2002：682.

7. 苏共中央关于进一步发展苏联农业的措施的决议（节录）（1953年9月7日）

共产党过去一贯执行的方针是尽心扩大作为国民经济各个部门顺利发展的必要条件的重工业，并已在这方面获得了极其巨大的成就。……我们当时没有可能保证重工业、农业和轻工业同时都高速度地发展。

……鉴于许多重要农业部门的情况不佳，苏共中央全会认为必须刻不容缓地采取一系列重大的措施，把落后的农业部门、集体农庄、国营农场和区提高到先进的水平，以保证整个社会主义农业的蓬勃发展。我们的任务是在最近两三年内充分地满足我国居民对各种食品的日益增长的需要，并保证轻工业和食品工业的原料供应。……

—— 齐世荣总主编，张宏毅分册主编.当代世界史资料选辑（第一分册）[M].北京：北京师范学院出版社，1990：460—462.

8. 赫鲁晓夫代表苏联共产党中央委员会向党的第二十次代表大会所作的总结报告（节录）（1956年2月14日）

苏联谷物和技术作物的总产量（以1950年为100）						
	1950年	1951年	1952年	1953年	1954年	1955年
谷 物	100	97	113	101	105	129
向日葵	100	97	123	146	106	207
甜 菜	100	114	107	111	95	147
原 棉	100	105	106	108	118	109
纤维亚麻（纤维）	100	76	83	64	85	149
……						

—— 齐世荣总主编，张宏毅分册主编.当代世界史资料选辑（第一分册）[M].北京：北京师范学院出版社，1990：472.

9. 1967—1980 年苏联动用黄金储备购买粮食

	1967	1972	1973	1975	1976	1977	1979	1980
黄金储备总量（吨）	864.4	1243.7	1032	1221	1001	774.4	—	—
用于购买粮食动用的黄金储备（吨）	—	458.6	382.5	—	362.8	390	158	156
占库存量（%）	—	37	37	—	36	50	31	31

（据《俄罗斯通史》绘制）

—— 闻一著.俄罗斯通史［M］.上海：上海社会科学院出版社，2013：414—415.

10. 苏联人民代表关于政治改革的声明（摘录）（1989 年 12 月）

简而言之，现阶段的实质是改革停滞，毫无疑问是耗尽了改革前不久的手段和形式，是所有制和权力关系方面的真正的机构改革的中止。

—— 沈志华总主编.苏联历史档案选编（第 30 卷）［M］.北京：社会科学文献出版社，2002：528.

11. 别洛韦日协定（节选）

我们白俄罗斯共和国、俄罗斯联邦和乌克兰是苏联的创始国，签署了 1922 年的联盟条约（下称缔约各方），因此我们指出，苏联作为国际法的主体和地缘政治现实，将要停止其存在。

……

就下列各项达成协议：

第 1 条　缔约各方组成独立国家联合体。

……

第 5 条　缔约各方相互承认并尊重领土完整和联合体范围内现有边界不可侵犯性。

……

第 11 条　本协定自签订之时起，在签署协议国家境内不许使用第三国，包括前苏联的准则。

……

第 13 条　本协议敞开供前苏联所有成员国以及赞同文件的宗旨和原则的其他国

家加入。

……

第14条　前苏联各机构在联合体成员国境内的活动将停止。

　　—— 赵长峰主编 . 苏联解体与东欧剧变［M］.济南：山东社会科学院苏联东欧研究课题组，

　　　1992：258—261.

阿拉木图宣言（节选）

……

兹声明：

联合体参加国将通过以均等原则建立的，按联合体（它不是任何国家组成）成员国协议规定的程序行使职能的协调机构实行平等协作。

……

独立国家联合体在其所有成员国都同意的情况下，可供前联盟成员国或同意联合体宗旨与原则的其他国家加入。

……

随着独立国家联合体的成立，苏维埃社会主义共和国联盟将停止存在。

……

　　—— 宋文荣编著 . 前苏联与俄罗斯——历史与现实［M］.北京：旅游教育出版社，1994：264—265.

12. 卢·瓦楚利克执笔：《两千字宣言》（节录）（1968 年 6 月 27 日）

今年春天像战后一样，重新给我们带来了大好时机。我们又有可能把名曰社会主义的我们的共同事业掌握在自己手中，使它的形态更能符合于我们过去的良好声誉和我们原来对自己相当好的估价。这个春天刚刚结束，已一去不复返了。到了冬天，一切便可见分晓。

　　—— 齐世荣总主编，张宏毅分册主编 . 当代世界史资料选辑（第一分册）［M］.北京：北京师范学院出版社，1990：652.

13. 尤其是在冷战条件下，东欧国家被束缚在苏联主导的集团体系中，难以突破苏联模式的框框，不得不随着苏联发展态势的起伏而曲折前进，所以，东欧国家的发

展与改革在很大程度上受制于苏联这一外部因素，缺乏自主选择的条件。尽管如此，在战后东欧各国的发展进程中，争取民族自主权利和要求突破苏联模式始终是并行、交织的两股潮流，而在此潮流冲击下，体制的变革与苏、东关系引发的矛盾成为战后东欧地区历史进程中一系列重大事件的动因和内在根源。

——王斯德主编，余伟民、郑寅达著. 世界通史（第三版）第三编·现代文明的发展与选择——20世纪世界史［M］.上海：华东师范大学出版社，2020：217.

第21课
世界殖民体系的瓦解与新兴国家的发展

教学立意

　　第二次世界大战和战后民族独立运动，瓦解了西方殖民体系，曾经沦为西方殖民地和半殖民地的亚非拉地区涌现出一大批新兴国家，它们在实现了非殖民化后走上了各具特色的现代化道路。但囿于不平等的国际经济旧秩序及自身存在的问题，新兴国家在各自的发展道路上面临诸多的挑战，也影响着人类整体命运的走向。

教学目标

　　基于地图信息，习得梳理和提炼第二次世界大战后亚非拉地区民族独立运动的概况、特征的方法，培育历史时空观念；认识战后亚非拉地区民族独立运动以及新兴国家的发展对促进全球现代文明发展的重要意义；习得将历史事件置于世界大势中考察、厘清复杂史事间因果逻辑的方法，树立格局观和国际意识；分析亚非拉国家在发展中面临的机遇与挑战，认识影响人类整体命运的关键因素，启发对如何构建人类命运共同体的思考。

重点难点

　　重点：第二次世界大战后亚非拉地区民族独立运动的概况、特征及意义。

　　难点：民族独立与地区冲突之间的关系、发展中国家面临的机遇与挑战。

教学过程

　　环节1：导入

　　提问：第二次世界大战对世界殖民体系产生了怎样的影响？出示并阅读文字史料（资料附录1），基于史料所示观点再问：第二次世界大战后随着世界殖民体系土崩瓦解，民族独立运动呈现怎样的发展态势？新兴民族独立国家如何选择发展道路？其独立和发展与世界格局、人类整体命运有何关联？由此导入新课。

> **设计意图**：破题溯源，贯通历史，为教学做好知识铺垫与思维衔接。

环节 2：世界殖民体系崩溃概况

基于相关历史地图，以时间轴呈现第二次世界大战后亚非拉地区民族独立运动的三个发展阶段及概况：第一阶段从 20 世纪 40 年代中期至 50 年代末，亚洲和北非是这一阶段民族独立运动的中心区域。第二阶段从 20 世纪 60 年代至 70 年代中期，中心区域在非洲，并扩展至拉丁美洲的加勒比海地区和亚太地区。了解 1960 年因独立的非洲国家众多而被称为"非洲年"。这一时期，第三世界崛起，逐渐成为重要的新兴国际力量。第三阶段从 20 世纪 70 年代中期至 90 年代，民族独立运动向纵深发展，世界殖民体系崩溃，但新兴国家在不断演变的世界格局中亦面临诸多挑战。提问：第二次世界大战后亚非拉民族独立运动高涨的原因是什么？启发学生从殖民地宗主国实力下降、世界经济发展层次提升（从经济全球化和科学技术发展的角度解释以"占领""奴役"为主要手段的殖民主义方式不再适应生产方式变革的需要）、第二次世界大战启迪和增强了殖民地半殖民地人民的民族意识、美苏冷战的国际格局和社会主义阵营支持民族解放运动（联系第 16 课）等角度简释其原因。说明在此背景下，亚非拉地区的民族独立运动呈现不同的进程、特征及意义。

> **设计意图**：基于时空梳理世界殖民体系瓦解的概况；通过解析亚非拉民族独立运动的原因，为后续环节的学习做铺垫。

环节 3：亚洲民族独立运动

基于相关历史地图，标注印度、印度尼西亚、老挝、菲律宾、缅甸、锡兰、柬埔寨、马来亚、新加坡等国家的地理方位及独立时间，从宏观上了解亚洲民族独立运动的概况。一是印度尼西亚。简述第二次世界大战期间，印尼为日军占领，战后荷兰企图重占印尼。1949 年印尼与荷兰签订《圆桌会议协定》，成立印度尼西亚联邦共和国。1950年取消联邦制，成立统一的印度尼西亚共和国。二是菲律宾。近代以来，菲律宾先后为西班牙、美国占领，太平洋战争爆发后又被日本占领。1946年菲律宾宣布独立并成立共和国。三是马来亚和新加坡。太平洋战争爆发后，马来亚为日军占领，战后英国恢复对马来半岛各邦的殖民统治，并成立了马来亚联盟，由英国委派总督治理。1946年英国将新加坡分出，新加坡成为英国直属殖民地。1948年成立马来亚联合邦，联合邦由英王委派高级专员掌控。1957年马来亚联合邦在英联邦内独立。1963年，新加坡脱离英国的统治正式加入马来西亚（此后，马来亚称马来西亚）。1965年，新加坡脱离马来西亚联邦而独立。四是缅甸。1937年英国采取"印缅分治"，缅甸成为英国的殖民地。1948年缅甸脱离英联邦并成立缅甸联邦。五是以色列。以色列建国和阿以冲突是当代中东的主要问题。1948年犹太民族在巴勒斯坦地区的特拉维夫宣布成立以色列国，从此，巴以冲突和战争不断，巴以问题成为世界的焦点问题。六是锡兰。中国史书称之为狮子国、师子国、僧伽罗，近代史上先后被葡萄牙、荷兰和英国入侵。1948年成为英联邦的自治领，定国名为锡兰。1972年成立斯里兰卡共和国。七是柬埔寨。旧称高棉，1863年后沦为法国的"保护国"，1940年被日本占领，1945年日本投降后再次被法国占领，1953年柬埔寨王国宣布独立。基于概述了解帝国主义在亚洲的殖民体系于第二次世界大战后基本瓦解。说明亚洲民族独立运动主要集中在战后民族独立运动的第一阶段。

重点讲述印度民族独立运动的史事。结合第二次世界大战后英属印度形势图，在回顾印度数次民族独立运动的基础上，了解第二次世界大战后印度反英斗争持续高涨的概况。提问：印度为何会在这一时刻呈现这样的发展态势？结合课文"学思之窗"栏目，关注伊斯梅亲历者的身份以及"1947年3月"即英属印度末任总督蒙巴顿到任的历史时刻。针对伊斯梅"印度是一艘舱中满载弹药而在大洋中着火的船"的说法，再问：第二次世界大战后印度局势之所以紧张，除了印度反英斗争的压力外，是否还有其他因素？一是简述在印度形成的印度教与伊斯兰教既共存又矛盾冲突的局面，简介穆斯林联盟（简称"穆盟"）及其领导人真纳，并简释由于理念不同，加之英印当局挑拨离间，"穆盟"与国大党的矛盾日益激化。二是联系当时的亚洲形势讲述英国在印度民族独立运动中的态度及对策。中国、越南、印尼等国家和殖民地相继爆发了社会主义革命或反对西方的民族独立运动，受其影响，印度也爆发了海军士兵起义。加之二战后英国遭到严重削弱，无法维持对殖民地的统治，不得不调整其殖民统治政策。基于上述铺陈，了解伊斯梅说法的背景。

简介末代英印总督蒙巴顿到任后，先是致力于在维持印度统一的前提下移交政权并使其留在英联邦内，但为避免印度爆发内战伤及英国自身利益，蒙巴顿放弃了统一印度计划。简述1947年《印度独立法案》（即《蒙巴顿方案》）出台的过程。出示文字史料（资料附录2），明确《印度独立法案》实质是依据多数居民的宗教归属原则来实施印巴分治的方案。结合课文注解了解"自治领"的含义，指出《印度独立法案》还规定独立后的政治框架暂时按照英国制定的1935年印度统治法实施。基于相关历史地图信息，讲述1947年8月14日巴基斯坦宣告独立，成为英联邦的自治领；8月15日印度自治领成立，印、巴正式分治。了解从宣布分治到实际分治只有两个月多的时间。简述1950年1月印度共和国宣告成立，6年后巴基斯坦共和国也宣告成立，印巴从分治走向了最终的独立，结束了英国对南亚次大陆长达近200年的殖民统治。对照地图补充相关史料简述分治过程中出现的问题和历史隐患，由此了解这一时段的亚洲民族独立运动与地区冲突相伴随的特征。

提问：如何看待印度和巴基斯坦独立的历史意义？引导学生理解：虽然印巴分治，但印巴独立仍然是西方在亚洲实行殖民统治的重要转折，它鼓舞了亚洲和非洲的反帝运动。需指出英国依靠其所谓的"非殖民化"方式，使独立后的印度和巴基斯坦仍然保持了与英国的密切联系，是英联邦的成员国。指导学生解答课后"问题探究"栏目，结合第二次世界大战后民族独立运动高涨的原因，多角度解释时任英国首相艾德礼所述观点的理由。再问：第二次世界大战后亚洲各国的民族独立运动有何相似性？启发学生基于所学认识：第二次世界大战进一步启迪了亚洲国家人民的民族意识，壮大了人民的力量；以武装斗争为主要形式，反帝与反封建相结合；争取建立独立的民族国家成为一种趋势。

设计意图：基于地图信息，梳理和提炼第二次世界大战后亚洲地区民族独立运动的概况、特征，习得按图索骥、归纳整理知识的方法，培育历史时空观念；聚焦印度独立运动，习得将历史事件置于世界大势中考察、厘清复杂史事间因果逻辑的方法，感受历史的复杂性；通过对历史观点的探究与解析，提升历史思维能力。

环节4：非洲大陆民族独立风暴

回顾所学，了解共同的苦难经历促使非洲各种民族主义思潮在第二次世界大战后汇成了一股巨大的反殖民统治浪潮。结合课文所示"非洲独立进程示意图（截至1990年）"，基于叙事从宏观上了解非洲大陆民族独立风暴的概况：第二次世界大战前，非洲仅有埃及、埃塞俄比亚和利比里亚3个独立国家；第二次世界大战后到20世纪90年代末，非洲国家相继赢得独立。分阶段梳理战后非洲独立进程：战后到20世纪50年代中期为非洲独立运动的第一阶段，集中在北非，摩洛哥、突尼斯、利比亚和苏丹等获得独立；20世纪50年代中期到60年代末为第二阶段，独立运动的中心位于南部非洲地区，32个国家在此期间获得独立；20世纪70年代为第三阶段，莫桑比克、安哥拉等国获得独立；20世纪80年代到90年代为第四阶段，津巴布韦和纳米比亚独立，标志着帝国主义在非洲的殖民体系最终瓦解。基于概括，分区域具体讲解非洲民族独立风暴中的重大史事：

其一，聚焦中东地区（指地中海东部与南部区域，包括除阿富汗外的西亚与北非的埃及，约23个国家）以及该地区的重要国家埃及，识读地图，了解中东地区"五海三洲"的地缘政治和战略地位，了解自20世纪30年代起由于阿拉伯半岛发现大量储藏的石油而被誉为世界石油宝库，石油利益亦驱使第二次世界大战后西方世界对中东地区横加干涉。说明在中东地区发现丰富的石油资源后，苏伊士运河的重要性更为凸显。标识埃及的地理位置，了解埃及地处欧亚非三大洲的交通要冲，疆域横跨亚、非两洲，大部分位于非洲东北部，只有苏伊士运河以东的西奈半岛位于亚洲，苏伊士运河沟通了大西洋与印度洋。提问：埃及曾于两次世界大战期间发生过民族独立运动——华夫脱运动，其结果如何？基于所学了解1922年英国政府虽然被迫有条件、有保留地承认埃及独立，但仍然保留在埃及的某些特权，如继续控制苏伊士运河（当时英法两国拥有运河公司96%的股份）、英军继续驻扎埃及以及外交处置权等。了解埃及人民为取消英国在埃特权、争取国家彻底独立和废除君主制而坚持斗争，直至第二次世界大战结束后，埃及又掀起了群众性的反英浪潮。明确战后纳赛尔领导的埃及民族解放运动围绕着收回苏伊士运河展开。讲述1952年埃及爆发了由纳赛尔领导的七月革命，七月革命推翻了英国扶植的法鲁克王朝，成立了埃及共和国。总统纳赛尔领导新政府为收回苏伊士运河主权而展开斗争，迫使英军于

1956 年 6 月撤出运河区，并与同年收回苏伊士运河的全部主权。

其二，了解非洲北部国家阿尔及利亚的民族独立运动。结合地中海的地图，了解阿尔及利亚的地理位置，介绍从法国南部的马赛港向南直线航行即可抵达阿尔及利亚海岸。说明阿尔及利亚的近代史与法国息息相关。简述 1830 年法国入侵阿尔及利亚海岸地区（当时该地区属于奥斯曼帝国但实际上处于独立状态），其后南侵，直至 1905 年法国才完成对整个阿尔及利亚的占领。法国将阿尔及利亚设为"行省"并以各种方式、提供各种条件向阿尔及利亚大量移民，实行直接的殖民统治。了解阿尔及利亚人民很早就开展了争取民族独立的运动，但都以失败告终。第二次世界大战结束后，阿尔及利亚摆脱法国殖民统治的独立运动高涨。简述战后阿尔及利亚民族独立运动的进程：1954 年阿尔及利亚成立民族解放阵线，开始了长达数年的艰苦的民族独立战争。了解阿尔及利亚的游击战使法国付出了沉重代价，法国投入绝大部分陆军、60% 的空军和 90% 的空军，伤亡 10 多万人，耗费数十亿法郎，引发国内反战运动高涨和政局动荡，产生的体制危机以致法兰西第四共和国倒台。讲述 1959 年成立的以戴高乐为首的法兰西第五共和国不得不调整对阿尔及利亚的政策，于 1962 年双方签署《埃维昂协议》，阿尔及利亚赢得独立。阅读课文所示"史料阅读"栏目中《埃维昂协议》的具体内容，加深对阿尔及利亚民族独立运动的认识。再问：阿尔及利亚民族独立运动有何影响？讲解阿尔及利亚民族独立运动支持了非洲人民尤其是法属殖民地人民的民族独立运动，打击了帝国主义在非洲的殖民统治。

其三，梳理撒哈拉沙漠以南国家和地区的独立运动。阅读课文，了解沙哈拉沙漠以南非洲独立运动概况。简介该地区在 20 世纪 50 年代末还被称为"沉默地带"，西非加纳拉开了该地区独立运动的序幕。结合第 5 课所学并补充相关内容，了解加纳在殖民时代被称为英属黄金海岸，在泛非主义倡导者恩克鲁玛的领导下，以非暴力手段开展长达 10 年的斗争，迫使英国殖民当局于 1957 年承认加纳独立，成为二战后撒哈拉沙漠以南第一个独立的非洲国家。介绍课文所示"加纳独立纪念拱门"以加深对加纳独立运动的了解。

基于课文所示"非洲独立进程示意图（截至 1990 年）"展开叙史：20 世纪 60 年代非洲逐渐成为民族独立运动的主战场。1960 年有 17 个非洲国家独立，因此被称为"非洲年"。了解至 80 年代，整个非洲只剩下南部非洲个别地区仍处在殖民主义的统治下。讲解 1990 年纳米比亚结束南非委任统治宣告独立，标志着欧洲殖民者入侵和奴役非洲长达五个世纪的历史结束，帝国主义在非洲的殖民体系最终崩溃。结合课文所示图片和"历史纵横"栏目，了解南非虽于 1961 年宣布独立，但南非当局继续奉行种族隔离政策，这是殖民主义的延续和变形。简述随着"非殖民化"运动在非洲大陆的推进，1994 年南非终止了种族隔离制度并通过保障黑人权利的法案，曼德拉当选为南非历史上首位黑人总统，南非人民获得了民族解放。

在了解非洲独立运动概况的基础上，依据学情展开讨论：非洲独立运动呈现出怎样的趋势与特征？引导学生从非洲独立运动由北向南推进的态势、广泛的群众基础、斗争方式的多样等方面进行归纳。

设计意图：开展讲、读、议为形式的学习活动，基于历史地图信息，以点带面认识第二次世界大战后非洲民族独立运动的概况、特征及影响；理解第二次世界大战后民族独立与地区冲突交织的特征，丰富历史时空的内涵，树立格局观；认识非洲民族独立运动是瓦解世界殖民体系和推动战后国际格局演变的重要力量。

环节 5：拉丁美洲捍卫国家主权的斗争

结合相关历史地图，识读拉丁美洲临近美国的区位特征。了解长期以来美国将拉丁美洲视为其称霸全球的"后院"，补充第二次世界大战后美国加强对拉丁美洲控制的史事，尤其是战后美国长期的经济渗透，使拉丁美洲出现了"美国人伤风，拉丁美洲人就害肺炎"的现象。简述拉丁美洲人民不甘心被美国控制，他们相互声援，展开了捍卫国家主权、争取经济发展的斗争。指出第二次世界大战后，拉丁美洲各国民族独立运动的主要任务是摆脱受控于美国的局面。梳理古巴的殖民地历史：新航路开辟以来，古巴先后沦为西班牙、英国的殖民地；1898 年美西战争后，美国独占古巴；第二次世界大战后，美国加强了对包括古巴在内的拉丁美洲的经济、政治及军事等方面的控制。简述卡斯特罗领导的 1953—1959 年古巴革命战争。1959 年古巴革命推翻美国扶植的傀儡政权，走上了社会主义道路。联系第 18 课所学，了解美苏冷战时期，古巴一度成为冷战的前沿。指出古巴导弹危机虽然没有达到局部热战的程度，但它所带来的核战争风险是空前严重的。

出示中美洲政区地图，了解巴拿马的地理位置和地形地势特征，概述巴拿马历史沿革：1501年，巴拿马沦为西班牙的殖民地；1903年1月，美国取得修建和经营运河的垄断权，后在巴拿马中部的蜂腰地区开凿巴拿马运河，运河区成为巴拿马的"国中之国"。简述巴拿马受古巴革命影响，从1959年起就开始了要求收回巴拿马运河区的反美斗争，直至1999年12月31日，巴拿马收回运河管辖权和主权。

就课文"思考点"栏目所问"二战后亚非拉人民的民族独立运动主要采取了哪些斗争方式？"，引导学生归纳武装斗争、民族自决、非暴力不合作等方式。提问：第二次世界大战后民族独立运动对世界历史发展产生了怎样的影响？出示文字史料（资料附录3—4），解读联合国大会的宣言，了解第二次世界大战后民族独立浪潮在广度、深度上的发展概况，理解它实则体现了世界现代化进程所提出的"非殖民化"、构建全球现代文明的现实诉求。关注资料附录4中提及的"这些国家的发展进程及其产生的问题也成为人类社会整体发展过程中必须面对和解决的新课题"。再问：第二次世界大战后的独立国家在实现了政治意义上的"非殖民化"后，其发展进程如何？又产生了哪些新问题？由此过渡到后续环节的学习。

> **设计意图**：讲解古巴革命与独立、巴拿马收回运河管辖权和主权的斗争等第二次世界大战后拉丁美洲独立运动的典型史事，认识地缘政治对战后国际格局、地区态势的影响，从而开阔视野，提升历史思维能力。

环节6：发展中国家的成就

阅读课文对"发展中国家的定义"，了解美苏冷战时期，一些处于资本主义和社会主义两大阵营之间的国家为表示不靠拢"北约"或"华约"任何一方，以"第三世界"来给自己定位。1973年9月不结盟国家通过的《政治宣言》正式使用"第三世界"这个概念。说明"第三世界"和"发展中国家"的概念具有重合性。目前，国际上也称"第三世界"国家为南部国家、发展中国家和欠发达国家。出示文字史料（资料附录5），基于解析，了解发展中国家即"第三世界"国家在获得政治独立、实现非殖民化后，如何找到一条发展国民经济的现代化道路，是其面临的重大使命（视学情指导学生利用课余时间开展主题为"战后发展中国家的现代化道路"的研究型学习，深入探究第二次世界大战后独立各国的现代化模式与道路）。

　　讲述20世纪60—80年代，有些国家或地区抓住世界经济体系调整、升级的机遇，取得了现代化建设的突破性进展，实现了经济高速增长，推动了社会结构的全面转型，在经济、社会发展指标上已达到或接近比较发达国家的水平，因此被称为"新兴工业国（或地区）"。了解被联合国等国际组织列入这种类型的国家和地区有十多个，比如东亚的新加坡、韩国等及中国的香港地区等。了解这些国家和地区的发展成就，尤其是韩国虽然政局动荡，但其用30年时间走完了西方发达国家历经100多年的工业化进程，国民生产总值从1960年至1991年增长了132倍多。结合课文表述提炼亚非拉部分发展中国家和地区的经济发展特色与成就：一是东亚模式，初期以发展劳动密集型产业和出口导向为主，后来重化工及一些高新技术领域进入世界先进行列，并在国际贸易和国际金融中占据重要地位。二是中东形成了独特的石油输出国发展模式，在石油工业的推动下，产油国的经济发展迅速。了解20世纪70年代，沙特阿拉伯已成为世界上人均国民收入最高的国家之一，1982年人均国民生产总值为15310美元，相当于发达国家水平。三是非洲经济发展一波三折且地区发展不平衡，但也建立起现代工业体系。四是拉丁美洲国家几经发展模式的调整，通过贸易保护措施和国家干预经济的方式，减少本国经济对世界市场和发达国家的依赖，建立起独立的工业体系，并且进入中等收入国家行列。提问：第二次世界大战后发展中国家经济发展的原因有哪些？指导学生归纳：国家独立是亚非拉地区民族经济得以发展的前提；独立后很多国家都能抓住战后经济全球化的机遇，积极吸引外国资本和技术，因地制宜发展特色经济，一跃成为新兴工业化国家等。进而了解由于历史文化背景、国际环境、社会制度、国家战略和经济政策等不同，各区域、各国家的发展战略和模式也呈现出基于本国国情的多样性。再问：发展中国家的发展成就具有怎样的世界意义？启发学生认识第二次世界大战后持续推进的民族独立浪潮与全球的现代化浪潮相呼应，重构了世界政治地图，促进了全球现代文明的发展。发展中国家成为国际政治领域不可忽视的重要力量，在构建新的国际秩序中发挥着越来越重要的作用。亦需指出，这些国家的发展进程及其产生的问题也成为人类社会整体发展过程中必须面对和解决的新课题（此部分内容可设计为主题学习或项目化学习，指导学生收集资料、阅读书籍、确定研究主题、撰写研究报告，以加深学生的理解和认识，进一步拓宽视野，提升理性认知）。

> **设计意图：** 通过解读概念，提升历史理解力；开展以阅读、观察、讨论为主要形式的学习活动，了解发展中国家或地区取得的巨大成就及其原因，认识基于国情或地区特征的现代化道路的多元性；认同政治独立是实现现代化不可或缺的前提。

环节 7：发展中国家或新兴工业国（或地区）面临的挑战

补充相关资料简述 1997 年亚洲金融危机、2008 年全球金融危机对发展中国家的冲击：货币贬值，企业倒闭，工人失业，经济萧条，引发政局动荡。解释其暴露了发展中国家或新兴工业国（或地区）经济发展背后的深层次问题，即过分依赖国际资本和国际市场，抗风险能力不足等。还可结合以美国为首的西方国家推行贸易霸凌和科技垄断等事例，反思发展中国家或新兴工业国（或地区）如果科技不能实现自主，也会面临诸多困难和瓶颈。提问：这些问题是如何形成的？影响发展中国家或新兴工业国（或地区）实现可持续性发展的主要障碍有哪些？出示文字史料（资料附录 6），结合课文，从殖民体系的后遗症和不平等的国际秩序等角度解释原因。出示文字史料（资料附录 7），结合课文表述，从国内因素即自身存在的问题，了解影响和制约其进一步发展的原因。一是东亚模式。了解以出口为导向的外向型经济使本国（本地区）经济极易受到全球经济形势波动的负面影响，金融体系抗风险能力薄弱。讲述在 1997 年突如其来的金融危机中，除了港币外，其他国家和地区的货币均不同程度地贬值，东南亚各国随之出现了严重的经济衰退，韩国和新加坡一度陷入负增长。二是中东模式。解释中东石油输出国的工业生产并不取决于内需，国际市场石油价格的变动直接影响产油国的经济发展，削弱了国家经济的独立性和稳定性。此外，石油是不可再生资源，石油经济发展模式不具备可持续性。三是拉美模式。讲解由于体制和政策的惯性，大部分拉丁美洲国家并未真正抛弃"进口替代"战略，在世界经济全球化的背景下，经济发展环境持续性恶化，投资萎缩，生产停滞。了解 1990 年拉丁美洲的人均国内生产总值比 1980 年下降了 10%，一半拉美国家出现了负增长。

简介一些国家或地区应对困境与挑战的做法：1997 年亚洲金融危机迫使亚洲一

些国家和地区突破原有经验的条框，调整和改革自己的体制结构，健全对金融体系的宏观管理；非洲国家则通过成立各种合作组织谋求共同解困与发展等。说明这些举措取得了一定的成效。

> **设计意图**：基于文字史料信息，了解发展中国家或新兴工业国（或地区）在现代化道路上面临的问题与挑战，理解这些问题与挑战既来自世界殖民体系的后遗症和不平等国际秩序的影响，也源自发展中国家或新兴工业国（或地区）自身机制的束缚，习得全面认识历史与现实之间关系的方法，发展历史思维。

环节8：小结

基于地图，结合结构板书建构知识体系，进而总结：第二次世界大战后，亚非拉国家实现了民族解放和国家独立，瓦解了世界殖民体系，成为影响世界发展的一支重要力量；通过探索和实践走出了各具特色的现代化道路，取得了令人瞩目的成绩和经验，也留下了诸多可供反思的教训与问题，进而影响着人类整体命运的走向。提问：构建人类命运共同体的关键因素是什么？如何解决影响人类整体命运与发展的问题？为后续内容的学习作铺垫。

> **设计意图**：在师生互动中整理知识、贯通逻辑；从人类整体命运发展的视角提出问题，引发思考，彰显教学立意。

【板书设计】

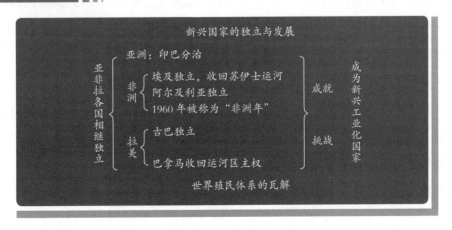

【资料附录】 ▮▮▮

1. 第二次世界大战是资本主义世界体系由解构走向重构的转折点，二战不仅摧毁了阻碍现代文明发展的反动势力——法西斯，而且重创了早期资本主义体系的支柱——英、法等殖民帝国，与资本主义体系中心转移和结构重组相同步，原来的殖民体系土崩瓦解，殖民地半殖民地的民族解放运动在二战后蓬勃兴起，持续推进的民族独立浪潮与遍及全球的现代化浪潮相呼应，改画了世界政治地图，构建了全球现代文明。

> ——王斯德主编，余伟民、郑寅达著．世界通史（第三版）第三编·现代文明的发展与选择——20世纪世界史［M］.上海：华东师范大学出版社，2020：246.

2.《印度独立法案》（节选）

……

第一条，第一款：自1947年8月15日起，应在印度境内成立两个独立自治领，分别称为印度和巴基斯坦。

……

第二条，第一款：……印度领土将包括指定日期前英王陛下所辖英领印度领土，但根据本条第二款将成为巴基斯坦领土的部分除外。

第二款：……巴基斯坦的领土应包括：（a）在指定日期按下述两条规定包括在东旁遮普与西旁遮普两省中的领土；（b）本法案通过时包括在信德省以及英领俾路支首席专员所属省份中的领土；（c）在本法案通过之日包括在西北联合省内的土地——条件是：在本法案通过以前或以后，但在指定日期以前，由总督宣布，在西北联合省内，在他的权力支配之下特为此事举行过一次公民投票、其结果，表明大多数有效投票系赞成该省代表参加巴基斯坦制宪会议者。

第三款：本条中任何规定均不妨碍任何领土在任何时候划入或划出任一新自治领，因此（a）上述第一条或第二条各项情形所规定的领土以外的地区，或在指定日期后划归任一新自治领的领土，未经该自治领同意，不得划出。

第四款：在不妨碍本条第三款普遍应用的条件下，本条中任何规定均不得解释为阻止印度土邦加入任一新自治领。

……

第二十条：本法案得称为 1947 年印度独立法。

……

—— 王斯德、钱洪 . 世界当代史参考资料（1945—1988）[M]. 北京：高等教育出版社，1989：
241—244.

3. 联合国大会于 1960 年 12 月 14 日通过了《给殖民地国家和人民独立的宣言》，"承
认世界各国人民迫切希望消除一切形式的殖民主义，认为殖民主义的继续存在阻
碍了国际经济合作的发展，阻碍了附属国人民的社会、文化和经济发展并妨碍了
联合国的世界和平理想的实现……确信所有国家的人民都有不可剥夺的权利来取
得完全自由、行使主权和保持国家领土的完整，庄严宣布需要迅速和无条件地结
束一切形式和表现的殖民主义"。

—— 王斯德主编 . 大学世界史 [M]. 北京：高等教育出版社，2011：380.

4. 经过战后民族独立浪潮的冲击，欧洲殖民帝国在世界范围建构的殖民体系最终土
崩瓦解，政治意义上的"非殖民化"历史使命宣告完成。随着一大批新独立国家
登上世界政治舞台，世界政治格局发生了重大变化，到 90 年代，185 个联合国成
员中，战后独立的国家占了多数，以这些国家为主体形成的"第三世界"成为国
际政治领域不可忽视的重要力量，同时，这些国家的发展进程及其产生的问题也
成为人类社会整体发展过程中必须面对和解决的新课题。

—— 王斯德主编，余伟民、郑寅达著 . 世界通史（第三版）第三编·现代文明的发展与选
择——20 世纪世界史 [M]. 上海：华东师范大学出版社，2020：248.

5. 战后独立的新兴国家在开始它们的自主现代化进程时首先遇到的问题是：选择怎
样的发展道路？当时，摆在这些国家面前的有三种可能性：第一，按西方资本主
义国家的样板走西方式的现代化道路；第二，按苏联的样板走苏联模式的社会主
义现代化道路；第三，以民族主义为旗帜，走一条既非西方式的又非苏联式的中
间道路，这种选择亦被称为"第三世界的非资本主义发展道路"或"第三世界的

社会主义道路"。……从战后世界历史的实际情况看，大部分新独立国家或者沿着殖民地时期的发展惯性继续走西方式的资本主义道路，或者走上了中间类型的"非资本主义发展道路"……

  ——王斯德主编，余伟民、郑寅达著.世界通史（第三版）第三编·现代文明的发展与选择——20世纪世界史［M］.上海：华东师范大学出版社，2020：253.

6. 战后，发展中国家现代化道路的选择有各种类型和不同的取向，有些试图摆脱资本主义世界体系，有些在既有的世界体系内谋求突破，在不同的时段和不同的地区，各种选择有成功，也有失败。成功的经验和失败的教训都揭示了历史运动的客观规律，这就是：现代世界的整体性和相互依存性制约着每一个国家的发展，殖民体系的瓦解结束了宗主国对殖民地的超经济强制，但并没有从根本上解决世界经济体系中因区位差而形成的"中心（发达地区）"与"边缘（不发达地区）"的结构性矛盾，一大批新独立国家走上自主现代化道路无疑是历史的进步，这个浪潮大大推动了现代文明的全球普及，但同时，在既有的世界经济格局中突进的"全球化"，势必进一步凸显世界体系所内涵的不平等，这种因结构性因素而导致的世界范围的贫富差异也就是人们通常所说的"南北矛盾"（"北方"指发达国家，"南方"指发展中国家）。

  ——王斯德主编，余伟民、郑寅达著.世界通史（第三版）第三编·现代文明的发展与选择——20世纪世界史［M］.上海：华东师范大学出版社，2020：258.

7. ……这些国家的一个基本共同点是：它们或者由于传统社会经济结构的制约，或者受到过于低下的社会生产力水平的制约，都无法从其传统社会体系内部生长出强劲的、突破性的现代化的推动力量，无法自发完成由传统社会向现代社会的转型和过渡。这些国家由传统社会向现代社会转型的过程是由外部力量的突入开启的。……城市工业不发达，民族资本软弱，市场经济体制不健全，没有出现完善的现代工业经济体系和成熟的民营企业家群体，这些都是民族独立国家的经济发展难以克服的制度性障碍。

  ——张建华主编.世界现代史（1900—2000）［M］.北京：北京师范大学出版社，2008：493.

第22课
世界多极化与经济全球化

教学立意 ▮▮▮

　　冷战后的世界体系处于全面重构阶段，国家或区域利益以及世界市场的运行规律促进了世界多极化与经济全球化。科学技术的日新月异促进社会信息化，助推多极化和全球化的快速发展。经济全球化、世界多极化以及社会信息化既挑战了地域文化的特殊性，也丰富了文化多样性的内涵与形式。这既为构建人类命运共同体提供了条件、奠定了基础，也是构建人类命运共同体需要面对的问题。

教学目标 ▮▮▮

　　立足地缘政治的变化，梳理冷战后世界格局多极化发展态势；提取文字资料信息，结合时代特征及生活事例，解释经济全球化进程加快的原因，认识经济全球化与社会信息化的关联，提升逻辑思维能力；辩证看待经济全球化与社会信息化的影响，理解文化多样性与经济全球化、世界多极化、社会信息化的辩证关系，习得运用唯物史观分析历史与现实关系的方法，提升思辨能力；认同构建人类命运共同体的必要性。

重点难点 ▮▮▮

　　重点：冷战结束后世界多极化、经济全球化的特点和原因。
　　难点：文化多样性与经济全球化、世界多极化、社会信息化的辩证关系。

教学过程 ▮▮▮

环节1：导入
识读地图，演示东欧剧变和苏联解体的过程，叙述以冷战为基本特征的两极格局瓦解、以美苏对抗为基本内容的雅尔塔体系结束的史事。说明国际格局的剧变对各国和世界的未来走向都是全新的挑战，各国必须重新找准自己的利益攸关点并调整国家战略，以适应变化的国际形势。提问：冷战后的世界呈现怎样的发展态势？各国如何在新秩序中从本国实际情况和最大利益出发调整国家战略？由此导入新课。

> **设计意图：**以问题激发学生探究冷战后世界体系发展趋势的兴趣，培养历史时空观念。

环节2：世界多极化发展趋势

指出面对世界的变革与调整，大国相继提出各自的构想，并付诸外交实践。立足地缘政治变化，图文互证叙述冷战后美国、俄罗斯、中国、欧盟和日本等关于世界新秩序的设想、实施步骤以及矛盾。出示文字资料（资料附录1—2），补充地图、图片等图像史料，以大事年表整理冷战后，尤其是2001年"9·11事件"后美国关于世界新秩序的战略设想和步骤，明确美国作为冷战后世界唯一超级大国谋求建立受其操控的单极世界的目标。

简述2003—2011年美国等国家发动伊拉克战争的始末，了解伊拉克战争实质是美国打着反恐的旗号，以伊拉克拥有大规模杀伤性武器为借口，趁机清除反美政权的一场战争。出示文字史料（资料附录3），简介俄罗斯、中国和欧盟对美国发动伊拉克战争的态度：俄罗斯倾向于通过和平的手段解决伊拉克问题，认为任何其他手段都是错误的，都会造成人员伤亡和整个国际局势的动荡；中国认为只有发挥联合国的作用，维护安理会的团结和权威，在联合国框架内政治解决伊拉克问题才是正确方向；德国不同意任何使战争合法化的决议；法国表示将对授权对伊拉克动武的决议草案投反对票，如果绕开联合国对伊动武，法国将不会参战。由此，了解冷战后各种力量的分化组合。出示文字资料（资料附录4），补充相关资料，了解继承苏联解体后大部分国家资源的俄罗斯联邦（The Russian Federation）的实力。以乌克兰危机为例解释俄国在抵制北约和欧盟东扩、捍卫自身安全战略利益的作为，以军事介入叙利亚战争为例说明俄国在中东等地缘政治格局中仍然发挥着强国的作用和影响力。由此，帮助学生理解冷战后的俄罗斯虽然处于全方位的社会转型中，但仍然是国际社会不容小觑的政治力量。

出示数据资料（资料附录5），以国内生产总值从2010年始连续10年排名世界第2位为切入点，结合中国特色社会主义事业的历程，概述改革开放后的中国取得了非凡成就，国家综合实力和国际地位显著提升；基于地图演示新时代中国拓展全方位外交的布局；出示数据资料（资料附录6）并结合"一带一路"轮廓图，互证中国推进"一带一路"建设的行动力和实效性；出示文字资料（资料附录7），列举典型事件说明中国参与和推进全球治理，为充满不确定性的国际社会注入来自中国的强大活力。由此，结合课文"史料阅读"栏目，多角度理解新时代的中国在世界多极化发展趋势中，日益壮大为具有显著影响力的大国。

识读课文所示"欧洲成员国示意图"，综合数据资料和文字史料信息（资料附录8—9），立足欧洲联合之路，聚焦1950—2016年（说明2016年英国举行了脱欧公投，2020年1月31日正式脱欧）这一历史时段，梳理从欧共体发展成欧盟、从经济一体化发展到政治联盟、从西欧联合发展至东西欧联合的过程，理解欧盟正努力争取在国际关系、国际事务中发挥更为积极的作用。简介日本的经济情况，了解日本随着经济实力的增强力图谋求政治大国地位，强调日本基于地缘更关注亚太事务，力求在亚太格局重构过程中发挥主导作用，为成为世界政治大国奠定基础。

基于上述内容，解答课文"思考点"栏目的问题。以此为基础提问：如何认识世界多极化发展趋势的影响？启发学生理解：冷战后世界局势一度趋于缓和，多方力量为建设更具合理、力量分布更为平衡的世界新格局而努力，有利于推进世界的和平与发展。再问：世界多极化发展趋势是否也遭遇阻力与困境？所谓"美国治下的和平"能否解决这些问题？启发学生认识：一方面，冷战后的美国作为世界唯一的超级大国仍具有超强实力，美国为保持其超级大国的霸权地位，运用各种手段打击现实或潜在的挑战者。了解冷战思维和强权政治依然存在。另一方面，世界绝大多数国家，包括美国的西方盟国都不希望美国成为世界唯一的支配力量，不支持甚至抵制美国的单边主义。讲述地区冲突此起彼伏、兵戎相见时有发生，恐怖主义、难民危机等非传统安全威胁持续蔓延，加之各种全球性问题，美国根本无法以一国之力来处理、解决所有问题。由此引导学生总结：在世界体系重构的过程中，各种力量的组合和世界主要矛盾的转化，使冲突与竞争更趋激烈并呈现不同以往的新特征。理解世界的不稳定性和不确定性致使全球治理面临种种挑战。

> **设计意图**：基于史料提炼有效信息，整理知识、归纳史事，培养叙事能力，形成缘于地缘政治的格局观；体悟多元史料互证的过程和历史解释的基本方法以提升历史思维，树立实证意识；了解世界多极化发展趋势与现行既有的国际秩序的矛盾关系。

环节3：经济全球化进程加快与社会信息化

提问：什么是经济全球化？简释经济全球化是指世界经济活动超越国界，通过对外贸易、资本流动、技术转移、提供服务、相互依存、相互联系而形成的全球范围的有机经济整体的过程，简言之就是世界经济日益成为一个紧密联系的整体的过程。指导学生阅读课文，立足"新航路的开辟和资本主义的兴起""工业革命后世界市场与贸易投资的扩大""二战后世界货币体系与贸易体系的构建"三个历史阶段的典型史事与阶段性特征，勾勒经济全球化的发展轨迹。再问：经济全球化的原因有哪些？指出学界对于经济全球化的原因有不同解释，但总体而言认为经济全球化是多种因素共同驱动的结果。出示文字资料（资料附录10），引导学生从"世界体系的发展""科技革命的因素""世界市场的全球性""市场经济的运作与管理机制"等方面解释20世纪70年代以后尤其是冷战结束后经济全球化迅猛发展的原因。

其一，世界体系的发展。提问：世界体系的发展如何影响经济全球化？补充相关史料，结合冷战史事简释"第二次世界大战后初期的全球化亦是半球化"说法的缘由，了解20世纪40年代中期至90年代初期西方资本主义世界市场与社会主义世界市场的并行与对立，进而理解冷战后世界多极化发展趋势以及"和平与发展"的时代主题，为经济全球化的推进创造了有利的国际环境。

其二，科技革命的因素。提问：第三次科学技术革命如何推动经济全球化的发展？梳理"农业时代—工业时代—信息时代"的发展进程。播放影像资料，直观了解第三次科学技术革命以原子能、电子计算机、空间技术和生物工程的发明和应用为主要标志，涉及信息技术、新能源技术、新材料技术、生物技术、空间技术和海洋技术等诸多领域。说明以互联网产业化、工业智能化为代表，以人工智能、清洁能源、无人控制技术、量子信息技术、虚拟现实以及生物技术为主的全新技术革命就发生在当代。启发学生感受第三次科学技术革命日益成为经济活动的核心内容和手段，进而推动了社会信息化。再问：社会信息化的特征与影响是什么？基于此问，组织学生结合生活体验、兴趣爱好等开展讨论，比如，智能手机和手机 App、PAD 等移动终端、4G 技术的普及以及正处于推广应用阶段的 5G 技术、线上购物、在线学习、共享经济、增强现实技术（简称 AR）等。进而解释信息化时代的特征：一是计算机和网络的普及引发了汹涌澎湃的信息化浪潮。在互联网普及的同时，云计算、大数据、移动通信、机器学习等纷纷取得突破，这些成果又促进了互联网功能更趋强大。了解世界各地的人们都能借助互联网运用光速传递并分享信息，以至人类在历史进程中积累的知识、即时的新闻资讯、社会百态，乃至个人生活均可转化为数据，数据成为最重要的资源，信息总量由此呈几何倍数增长。二是在信息化时代，一切皆可联系。讲述在法律许可的范畴内，每个人都能通过网络与世界分享信息、传递信息与实时获取信息，并与全球范围内的其他人建立横向联系，权力部门和社会精英对信息的绝对垄断就此被打破。基于此，启发学生感悟正在全球展开的信息技术革命，以前所未有的方式影响着社会变革的方向和人类社会的面貌，科技发展带给世界无限的可能，进而认识持续发展的第三次科学技术革命、社会信息化与经济全球化之间相辅相成、互动发展的关系。

其三，世界市场的全球性。提问：如何认识跨国公司与经济全球化的关系？课前组织学生收集、整理有关跨国公司发展及经营的资料，课堂交流信息并发表其对跨国公司与经济全球化之间关系的看法或观点。

结合学生的发言，讲解跨国公司的特征：跨国公司以追求利润为导向，其资金和技术流向能使之获利的地区，并以其雄厚的经济实力和品牌效应影响世界各国的生产和人们的生活；跨国公司需要发展中国家的资源、廉价劳动力和广阔市场，发展中国家则需要跨国公司雄厚的资金、先进技术和管理经验。两者相互补充，各取所需。由此认识跨国公司增大了国际投资规模，增强了各国经济的依存度并带动了发展中国家的经济增长，进而了解跨国公司是促进经济全球化的重要动力，是经济全球化的主要表现和主要载体。再问：跨国公司的全球扩张又会带来怎样的负面影响？指出西方主导跨国公司，其全球扩张遵循自由经济原则，发展中国家如果应对不当，就会成为西方国家的资源、劳动力和市场的供应地，不合理的国际分工会导致民族经济受到巨大冲击，加大世界范围内的贫富差异。加之以美元为中心的西方货币体系，更会助长国际经济秩序的不平衡。续问：如何应对以缓解或消除国际经济秩序的不合理和不平衡？联系第二次世界大战后欧洲为摆脱美国操控、迈向一体化的原因与条件，简述战后一些新兴国家为避免在全球化过程中被西方化与边缘化，在探寻各具特色的发展道路的同时，也效仿西欧采取集体行动。比如，石油输出国组织与东南亚国家联盟等区域经济集团相继成立。结合相关地图，标识重要区域经济集团，简释区域经济集团化的现象。了解初期是一些地理相近的国家或地区通过加强经济合作，谋求成本的最小化和利益的最大化，形成了一体化程度较高的区域经济合作组织或国家集团。说明当今区域经济集团化打破了狭义的地域相邻概念，区域经济集团的范围及规模不断扩大，跨区域经济合作日益频繁，出现了跨洲、跨洋的区域合作组织。比如，北美自由贸易区和欧盟形成跨大西洋的泛自由贸易区，亚太经合组织更是地跨亚洲、北美洲、南美洲和大洋洲，呈现包括发达国家与发展中国家在内多层次经济体、区域集团成员身份交错重叠的特征。还须分析目前自由贸易区的发展尤其突出，了解当今世界，自由贸易区已达数十个，范围遍及各大洲，而北美自由贸易区和东盟自由贸易区最具典型性，折射出区域一体化的程度在加深，水准在提高。由此理解区域经济集团化是在经济全球化的压力下产生的，同时又是经济全球化的重要途径和组成部分。

其四，市场经济的运作与管理机制。提问：市场经济的运作与管理机制在经济全球化中起到怎样的作用？联系第二次世界大战后殖民体系崩溃、新兴国家与经济体纷纷建立的史事，联系20世纪90年代中国建设社会主义市场经济的经济体制改革，简要说明适应客观的现实需要，市场经济成为世界各国、各经济体普遍的生产模式。了解市场经济体制在世界范围内的扩展与深化，促使各国和各地区的经济联系日益密切，市场经济全球化是促成全球化迅速发展的最基本的驱动因素。解释当今世界市场由发达资本主义国家、发展中国家和社会主义国家等各种经济类型国家的市场体系组成，这就需要规范市场经济原则，建立和完善国际贸易管理与仲裁机制。由此，全球性经济组织——世界贸易组织（WTO）应运而生。补充相关史料简释世贸组织的功能、原则及属性，明确其承担着推动国际贸易自由化及全球经济治理的使命。亦可补充第二次世界大战后成立的国际货币基金组织（IMF）与世界银行（WB），说明其在客观上也有规范国际经济秩序、协调各成员国之间分歧与矛盾、促进经济全球化发展的积极作用。

提问：经济全球化与社会信息化是否会产生负面影响？基于课前预习，引导学生结合案例就全球化引发的全球性问题各抒己见。比如，世界经济体系固有的不平衡性凸显，不确定性增加；为保护本国经济安全和利益，贸易保护主义抬头；世界经济增长乏力，局部地区的经济震荡可能引发全球范围内的金融危机；粮食安全、资源短缺、气候变化、人口爆炸、环境污染、疾病流行、跨国犯罪等全球非传统安全问题层出不穷，对人类生存构成了严峻挑战。再结合课文"历史纵横"栏目了解社会信息化的弊端，启发学生认识不同地区、不同群体、不同民族、不同国家之间只有加强合作，充分利用机遇，共同应对挑战，才能缓解或消除经济全球化与社会信息化的负面影响，引导好经济全球化的走向。基于此，再问：经济全球化与社会信息化对世界格局的演变产生了怎样的影响？从四个方面加以简释：一是影响大国之间斗争的内容和形式。由于利益交织，用战争手段打击对方亦将伤及自身，大国竞争逐渐从势力范围的争夺转向对科学技术的掌控和世界市场的争夺。同时，通过谈判、协商、妥协等方式解决分歧与争端已成为处理国际问题的基本手段。二是逐渐形成多极、西方与非西方共同主导的新的国际治理机制（如 G20），有利于国际关系民主化的发展。三是国际组织的作用不断增强，国际组织和国际规则进一步充实、完善和强化。四是全球性问题增多将促进国际治理模式的多样化，如国家治理与全球治理、地区性国际组织治理与全球性国际组织治理等相互作用与补充。指出这些现象都利于推动世界多极化的发展趋势。

设计意图： 立足"世界体系的发展""科技革命的因素""世界市场的全球性""市场经济的运作与管理机制"等角度，运用分析、综合和归纳的方法解释20世纪70年代以后尤其是冷战结束以后经济全球化迅猛发展的原因，习得收集整理信息、运用典型案例说理论证的方法，将抽象的术语和概念具象化，在丰富学史体验的同时感受社会信息化的特征；加深对唯物史观基本原理的认识。

环节4：文化多样性

提问：什么是文化的多样性？文化的多样性是如何形成的？出示文字史料（资料附录11），结合课文"学思之窗"栏目，基于阅读了解文化作为特定社会经济结构与历史传统的产物，是在长期的积累中形成并延续下来的；人类的遗产既可以通过丰富多彩的文化形式来传承与弘扬，也能够以各种方式和技术进行艺术创造、生产、传播、销售和消费。理解文化多样性是人类社会的基本特征，也是人类文明进步的重要动力。再问：促成文化多样性的基本原因有哪些？启发学生认识自然环境、人类的生产活动以及语言文字、思想行为的地域性特征等是文化多样性的基本原因。续问：经济全球化、社会信息化及世界多极化对世界文化的发展产生了怎样的影响？帮助学生了解经济全球化使整个世界处于一个庞大的、结构性的经济网络中；信息革命为全球范围的交往提供了方便快捷的途径，增进了各种文明之间的沟通与联系；各具形态的文化观念逐渐相互了解、相互借鉴、相互影响，形成文化交流的趋势。世界多极化亦为文化多样性营造了良好的国际环境。同时，各种文化形态也都不可避免地受到外来文化的影响，会在一定程度上改变自身原有的形态。又问：这是否会对文化的多样性造成负面影响？呈现观点：在经济全球化背景下，愈是发达国家，愈有能力维护其传统文化，文化主体的自觉有助于文化自信的增强；反之，缺乏经济主权的国家则会弱化传统文化资源乃至丧失文化的主体性。组织学生基于上述观点进行讨论交流，进而认识：其一，经济全球化在对文化多样性形成冲击的同时，也会激发人们对于守护传统文化和保持民族文化特色的需要，所以，经济全球化的过程也是文化发展和创新的过程，经济全球化是文化多样性在新的历史条件下继续发展的动力。其二，受到世界多极化的影响，以及对不平等国际政治、经济关系的反弹，特定地域的文化一定程度上也会呈现出传统性因素的强化抑或对外来文化的防御性拒斥，由此形成了当代文化多样性的另一种趋向。由此理解：经济全球化、社会信息化、世界多极化为文化的多样性创造了新的历史条件，也带来了现代与传统因素在文化层面的多维度互动，因此，对各种文化的特征和趋向要做具体的分析，不宜一概而论。其三，16世纪以来西方文化确立了强势地位，现代的"世界文化"很大程度上体现了西方文化的发展成果。但当今世界非西方地域的各国文化并非西方文化的简单复制，而是通过批判地吸收西方文化成果实现其文化的自我革新，从而完成传统文化的现代转型。比如，历史上的中华文化就具有顺势而变的特征，作为西方文化成果的马克思主义的"中国化"进程，正体现了中华文化变与不变的辩证关系，进而理解中华民族的文化基因只有与当代文化相适应、与现代社会相协调，既立足国情又面向世界，才能实现"文化自信"。再如，西方文化产品要想在世界不同地区得到推行，也必须依据多元化、多族群、多语言文化市场进行多样化的文化设计。理解文化多样性并非是相互隔绝的、简单的多样性，而是在文化交流交融交汇基础上的更为丰富的多样性，并为新文化样态的产生提供土壤。

> **设计意图**：创设开放式学习环境，融学习、体验、感悟为一体，认识文化多样性与经济全球化、社会信息化、世界多极化的辩证关系，提升历史思辨能力以及人文素养。

环节5：小结

运用结构板书指导学生梳理世界多极化、经济全球化、社会信息化以及文化多样性之间的逻辑关联。认识冷战后世界多极化发展的表现以及全球治理的矛盾冲突，认识全球范围的通力合作以解决世界格局的不稳定性和不确定性，在一定程度上为构建人类命运共同体提供了前景；认识经济全球化、社会信息化对于改变当代人类社会面貌的重要作用，体会只有加强不同地区、不同群体、不同民族、不同国家之间的合作才能缓解或消除经济全球化与社会信息化的负面影响，这为构建人类命运共同体提供了可能；认识世界整体化与文化多样性之间并非对立，而是相辅相成的关系，为构建人类命运共同体奠定了文化认同的基础和文化交融的途径。

设计意图：贯通教学内容，概述世界多极化、经济全球化、社会信息化以及文化多样性与构建人类命运共同体的关系，彰显教学立意。

【板书设计】

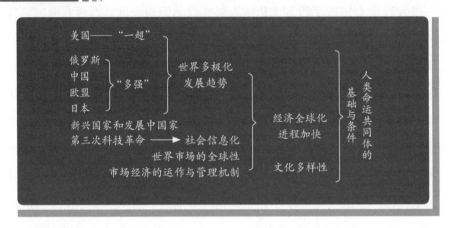

【资料附录】

1. 美国总统乔治·布什在 1991 年 1 月 29 日的《国情咨文》中强调："在世界各国中，只有美国同时具有道义上的声望，也具有维持这一声望的手段，我们是世界上唯一能够聚集维护和平力量的国家。正是这一领导的重任以及实力，使美国在一个寻求自由的世界中成为自由的灯塔。""美国已从西方的领袖变成世界的领袖。"

   1991 年 8 月 13 日，布什在向国会提交的《1991 年国家安全战略报告》中声称：要按照美国"自己的价值观和理想建立一种新的国际体系"，以建立一个"政治自由、经济自由、人权与民主制度盛行的稳定的世界"。"美国的责任不仅是保护我们的公民和我们的利益，而且还要帮助创造一个新世界，使我们的理想不但能生根，而且能开花结果，这正是我们的国家安全战略的根本所在"。

   —— 张建华主编.世界现代史 1900—2000［M］.北京：北京师范大学，2006：539.

2. 1995 年："参与与扩展战略"。

   1997 年："塑造—反应—准备"新战略构想。

1990—2004 年：美国支持北约改造和东扩。

1995—1999 年：强化美日同盟。1995 年，美国发表《美国对东亚太平洋地区的安全战略》，强调美日安全关系的重要性；1996 年，美日共同发表《日美安全保障联合宣言》；1997 年，美日公布新的《日美防卫合作指针》；1999 年，日本国会先后通过《周边事态法案》《自卫队法修正案》《日美相互提供物资和劳务协定修正案》，为美日共同干预地区危机奠定了法律基础；1999 年，美日以朝鲜导弹威胁为借口，签署联合研发战区导弹防御系统（TMD）的协议。

1996 年：美澳发表《面向 21 世纪联合宣言》强化与澳大利亚的同盟关系；与菲律宾达成《美军地位协定》，就美军重返菲律宾等达成协议；与新加坡就美军使用新加坡军事基地达成协议。美国力图维护其在亚太地区的霸权利益。

2001 年"9·11"事件以后的美国对外政策：建立以美国为主导的"反恐联盟"；采取先发制人的主动进攻战略；全面发展包括核武在内的快速打击能力；大力推行单边主义政策。

2011 年：正式提出"亚太再平衡"战略（重返亚太战略）。

—— 整理自张建华主编.世界现代史 1900—2000［M］.北京：北京师范大学，2006：542—548.

3. ……实际上，美国对伊拉克进行军事打击的决心已定，它根本不取决于核查，美国何必浪费时间？ 2 月 24 日，美、英、西提出新决议草案，要求安理会授权对伊拉克进行军事打击。从 2 月下旬到 3 月 20 日美国对伊拉克开战，安理会就新决议草案进行了激烈的辩论。按照安理会的规定，决议通过需 15 个安理会成员国的 9 票赞成，而且 5 个常任理事国不能有否决票。从当时的情况看，美国对拿到 9 票颇有信心的。在当时的 15 个理事国中分成三派："主战"的有美、英、西、保加利亚 4 国，"主查"的有法、德、俄、中、叙利亚 5 国，其余 6 国一开始态度不很明朗，它们是巴基斯坦、墨西哥、智利、几内亚、喀麦隆、安哥拉。在美国看来，两个美洲国家与美国关系密切，争取它们的支持应该没有问题；巴基斯坦是美国对阿富汗战争的前线国家，对于 3 个非洲小国，美国也是可以软硬兼施，施加影响的。但结果却大出意料。法、德、俄的反对越来越强烈，中间的 6 国也没有明显转变态度。到 3 月中旬，美国对新决议草案的通过已经绝望，于是在没有得到联合国授权的情况下发动了战争。美国没有想到它拿不到 9 票，没有想到它长期的盟国法、德以及加拿大的反对会如此强烈。

————陶文钊.从伊拉克战争看美国的单边主义［J］.国际观察，2004（01）: 3.

4. ……独立之后，俄罗斯的对外政策经历了很大变化，从亲西方的一边倒到全方位外交，到"9·11"事件后普京在对外政策方面的再次调整，这一切都是围绕着重振俄罗斯的大国地位而进行的。作为一个极具政治、经济、军事发展潜力的大国，俄罗斯在对外政策方面的转变，对国际关系的发展带来了相当大的影响。

————张建华主编.世界现代史 1900—2000［M］.北京：北京师范大学，2006: 554.

5. 2017 年全年国内生产总值 832035.5 亿元（人民币）

2018 年全年国内生产总值 919281.1 亿元（人民币）

2019 年全年国内生产总值 990865.0 亿元（人民币）

————中华人民共和国国家统计局（National data）［EB/OL］. http: //www.gov.cn.

6. 2013 年提出倡议。

2013—2017 年：100 多个国家和国际组织积极支持参与；一大批有影响力的标志性项目顺利落地；同沿线国家贸易总额超过 3 万亿美元；对沿线国家投资累计超过 500 亿美元；中企在 20 多个国家设立了 56 个经贸合作区。

2017 年 5 月：我国成功举办"一带一路"国际合作高峰论坛，达成 5 大类、76 大项、270 项合作成果。

————中华人民共和国外交部.中国特色大国外交开拓进取的五年［EB/OL］. http: //theory.people. com.cn/n1/2017/0930/html.

7. 2014 年亚太经合组织领导人北京第二十二次非正式会议，启动亚太自贸区进程并确定相关路线图，对亚太区域合作发挥了重要推动作用。

2016 年二十国集团（G20）领导人杭州峰会，推动 G20 从危机应对向长效治理机制转型，扩大中国新发展理念的国际影响，提升中国改革开放的世界意义。

习近平出席2017年世界经济论坛年会并在联合国日内瓦总部发表讲话，宣示中国推动共建人类命运共同体的承诺，受到国际社会高度评价。

其他成就：推动成立亚洲基础设施投资银行、丝路基金、金砖国家新开发银行，参与制定海洋、极地、网络、外空、核安全、反腐败、气候变化等新兴领域治理规则。我国在国际货币基金组织中的份额从第六位跃居第三位，人民币被纳入国际货币基金组织特别提款权货币篮子。

—— 中华人民共和国外交部. 中国特色大国外交开拓进取的五年［EB/OL］. http: //theory.people.

com.cn/n1/2017/0930/ html.

8. 人口5.1亿（2016年），GDP16.398万亿美元（2016年国际汇率），世界第一大经济实体。

—— 世界银行［EB/OL］. https: //data.worldbank.org.cn/region/europe-and-central-asiat.

9. 1991年12月，在荷兰马斯特里赫特举行的欧共体第四十六次首脑会议上通过的《马斯特里赫特条约》为欧盟的发展确立了新的目标："尤其通过实施将来包括共同防务政策在内的并最终导致共同防务行动的共同外交和安全政策，在国际舞台上显示欧洲联盟身份。"该条约包括3方面的内容：一是对欧共体条约进行修改，建立经济与货币联盟；二是将成员国之间在外交事务上的政治合作机制提升为共同外交与安全政策；三是建立成员国之间在司法与民政事务方面的合作机制。《马斯特里赫特条约》的签署，使欧共体的发展进入一个新的阶段，它逐渐由一个经济实体向经济、政治、防务实体的方向发展。其中，共同外交与安全政策成为欧盟的三大支柱之一。

—— 张建华主编. 世界现代史1900—2000［M］. 北京：北京师范大学，2006: 548、549.

10. 作为世界体系基础的世界市场的本质是由经济运动的客观趋向决定的……。冷战后，世界市场的全球性得到了充分展示，市场经济的运作机制也得到了普遍认同。世界体系的发展所提供的结构性要素与科技革命所提供的技术性要素相结合，成为世界经济全球化趋势不可逆转的深刻根源。

　　　——王斯德主编，余伟民、郑寅达著.世界通史（第三版）第三编·现代文明的发展与选
　　择——20世纪的世界史［M］.上海：华东师范大学出版社，2020：前言：3—4.

11. 文化在不同的时代和不同的地方具有各种不同的表现形式。这种多样性的具体表
　　现是构成人类的各群体和各社会的特性所具有的独特性和多样化。文化多样性是
　　交流、革新和创作的源泉，对人类来讲就像生物多样性对维持生物平衡那样必不
　　可少。从这个意义上讲，文化多样性是人类的共同遗产，应当从当代人和子孙后
　　代的利益考虑予以承认和肯定。

　　　——联合国教科文组织.世界文化多样性宣言.联合国教科文组织大会第31届会议（2001年
　　11月2日）通过.民族学通讯（138）：12—13.

第23课
和平发展合作共赢的时代潮流

教学立意 ▌▌▌

　　和平与发展是当今时代的主题，但人类发展亦面临一系列阻碍和平与发展的全球性问题的挑战。应对挑战需要改革和完善全球治理机制，中国作为负责任的大国积极参与全球有效治理并贡献中国智慧，"构建人类命运共同体"是新时代中国引领全球治理的现实可行的方案，助推人类社会在和平与发展中谋求合作共赢，实现共同进步与繁荣。

教学目标 ▌▌▌

　　理解和平与发展是当今时代的主题，习得贯通所学、多角度分析问题的方法；基于归纳了解阻碍和平与发展的全球性问题，提升自主研习的能力；通过解释了解全球治理体系和机制的作用及存在的问题，培养宏观把握格局的意识；基于对人类命运共同体理念的价值观内涵与中国传统文化精华和新中国外交理念关系的解释，认同中国"构建人类命运共同体"方案对于促进全球治理、解决全球性问题所具有的创新性和现实可行性，培养人文关怀并树立促进人类和平与发展的历史使命感。

重点难点 ▌▌▌

　　重点：和平与发展是当今时代的主题。
　　难点："人类命运共同体"的时代价值与意义。

教学过程 ▌▌▌

　　环节1：导入
　　提问：何谓"时代主题"？简介一般认为"时代主题"是人类社会某一发展阶段

带有全球性、战略性和关乎全局的核心问题，是国际社会在一个较长时段里所面临的主要任务和主要课题。再问：什么是当今时代的主题？结合相关图片，描述矗立于联合国总部的雕塑"打结的手枪"和"铸剑的犁"的含义，续问：画面表达了第二次世界大战后世界人民怎样的诉求？了解"和平与发展"是战后世界人民的共同心声。又问：为什么说和平与发展既是当今世界的两大主题，也是当今世界的两大问题？如何顺应时代主题解决人类社会发展中存在问题？中国可以有哪些作为？由此导入新课。

> **设计意图：** 以"时代主题"的含义破题，以为什么说和平与发展既是主题也是问题、面对难题如何治理、中国可以有何作为等设问建构问题链，激发学生思考和学习的兴趣，顺势导入新课。

环节2：和平与发展的时代主题

提问："和平与发展是当今时代的主题"这一命题是如何提出的？出示文字史料（资料附录1），结合课文所示"学思之窗"栏目，了解邓小平依据世界基本矛盾的变化，通过对纷繁复杂的国际形势的长期观察和冷静分析，提出了和平与发展是当今世界两大主题。以此为基础，再问：什么是和平？什么是发展？解释所谓和平问题，是指争取在较长时间内维持世界和平，它包含两个层面的含义，一是防止新的世界大战的爆发，二是反对局部战争和常规战争，这两者关系到世界的总体和平。所谓发展问题，是指第二次世界大战后世界各国共同面临的具有战略意义的核心问题，即世界的繁荣与发展，而发展问题的核心是要解决好发展中国家的发展问题。明确和平问题与发展问题是关系当今世界"全局"、具有"全球性""战略性"的两大问题。续问：和平与发展两者的关系如何？了解和平是发展的前提，没有和平就不会有发展；发展是和平的保障，没有发展，和平便不会持久与稳定。两者相辅相成。明确这是被历史与现实所证实的历史大趋势。

结合改革开放以来中国共产党历次重大会议梳理这一论断的发展源流：1987年，党的十三大第一次提出了"和平与发展是当代世界的主题"的论断；1992年党的十四大把"和平与发展"称为当今"时代的主题"。了解从1997年党的十五大直至 2017 年党的十九大，世界形势经历了"从复杂多变"的"大变动历史时期"（党的十五大）到"国际形势总体趋于缓和"（党的十六大）；从"大变革大调整"（党的十七大）到发生"深刻复杂变化"（党的十八大）再到"大发展大变革大调整"（党的十九大），虽然世界形势风云变幻，但是，对于和平与发展是时代主题论断的理解与解释未发生根本改变。由此，了解和平与发展是当今时代两大主题的科学论断，成为中国制定对内对外战略、方针、政策的理论依据和前提。

提问："和平与发展是当今时代的主题"这一科学论断有何历史与现实依据？

其一，从 20 世纪上半叶两次世界大战给人类社会造成灾难性影响的角度分析其原因。出示文字史料（资料附录 2），了解两次世界大战给世界人民带来了深重灾难，反对战争、渴望和平成为世界人民的共同心声。出示文字史料（资料附录 3），讲述邓小平曾指出："世界很大、复杂得很，但一分析，真正支持战争的没有多少，人民是要求和平、反对战争的。"补充第二次世界大战以来的局部战争和地区冲突的资料，或以时间轴呈现朝鲜战争、越南战争、中东战争、波黑战争与科索沃战争、阿富汗战争、海湾战争与伊拉克战争等史事，了解这些战争都没有发展为世界性战争，大都最终得到政治解决。以此为基础，理解民心所向是世界大势。

其二，从第二次世界大战结束后确立的国际治理体系的角度分析其原因。一是结合第 17 课所学，了解雅尔塔体系是第二次世界大战后国际社会的治理体系，是在资本主义西方和社会主义苏联力量相对平衡的基础上形成的，其初衷是探索不同社会制度国家的共处与合作。美苏双方经历了大战的浩劫，都意识到和平的重要性，意识到核战争的毁灭性，进而都主张以和平、协商的方式解决分歧和争端，比如建立危机控制机制以防止核战争；建立领导人之间的热线对话，避免误判而导致事态失控等。出示文字史料（资料附录 4），基于对丘吉尔观点的解读，理解即便在矛盾激化的情况下，美苏冷战也没有发展成为热战的重要原因。了解由于和平力量和因素大大超过了战争力量和因素，因此，爆发世界大战的可能性大大减少，和平成为主旋律。二是讲述作为雅尔塔体系的重要组成部分、履行国际治理职责的重要组织联合国的作用。出示文字史料（资料附录 5），解释联合国"和平、友好、合作、协调"的宗旨将和平与经济、社会、文化和福利等发展问题关联起来；联合国维护世界和平与国际安全的机制即"大国一致"的集体安全机制，对大国自身的行为具有一定的约束力，使和平解决争端和制裁侵略在相当程度上能落在实处，具有可操作性。播放视频或补充相关资料，了解联合国维和机制确立 70 余来的维和行动，加深对联合国维护国际秩序稳定及世界和平的积极作用的直观认识。三是雅尔塔体系提倡和平、民主和独立的原则，承认被压迫民族的民族自决权利，给予被压迫民族寻求国家独立的支持，推动了第二次世界大战后民族独立运动发展。由此，引导学生综而观之，认识作为战后国际社会治理体系的雅尔塔体系为世界和平与发展创造了条件。

其三，从世界格局多极化发展趋势的角度分析其原因。联系第 22 课所学，认识世界多极化发展趋势，多方力量为建设更具合理性、力量分布更为平衡的世界新格局而不懈努力，有利于推进世界的和平与发展。联系第 21 课所学，重点强调第二次世界大战后民族独立浪潮重构了世界政治地图，涌现出一大批新兴国家，他们急需发展与建设的和平环境，尤其是发展经济以摆脱经济文化相对落后的面貌，由此了解发展问题便成为当务之急。了解在探索适合本国国情的现代化道路和模式的过程中，发展中国家是国际政治领域不可忽视的重要力量，在构建新的国际秩序中发挥着越来越重要的作用，推动了世界和平、民主和进步。

其四，从经济全球化快速发展的角度分析其原因。经济全球化是现代科学技术和社会生产力迅猛发展以及国际分工不断深化的产物，世界各国的经济，从生产、流通到消费等各个领域更加紧密地联系在一起，形成你中有我、我中有你的局面，世界经济日益成为一个紧密联系的整体，在此形势下，国际合作成为必然。理解这种相互依存的国际经济关系成为促进和平与发展的基础。

其五，从第三次科学技术革命对各国经济发展的影响分析其原因。第二次世界大战后，国与国之间的竞争由过去的军事竞争为主逐步转变为综合国力的竞争。在综合国力竞争中，又以科技和经济的竞争最为重要，发达国家和发展中国家、资本主义国家和社会主义国家都不能不认真对待。尤其是进入 21 世纪以来，以互联网、信息技术、新材料、人工智能为主要标志的科技浪潮汹涌澎湃，对人类的生产方式、生活方式、交往方式产生深刻而又重大的影响。进而理解谁能迎头赶上这股浪潮，谁就能获得大发展；反之，则会被时代所淘汰，认识对于各个国家来说，发展是具有战略意义的大事。综合上述多方面因素，启发学生认识：和平与发展成为当今时代主题的论断有着充分的、客观的事实依据，为第二次世界大战以来世界形势发展变化的时势所证实，是科学的论断，因而成为世界的共识和期盼。

> **设计意图**：解释核心概念"和平""发展"的含义及关系，梳理"和平与发展是
> 当今时代的主题"论断和中国改革开放以来战略、方针、政策制定之间的关系，
> 厘清史实逻辑；基于解释，理解该论断的历史和现实依据，认识其科学性，习得
> 贯通所学、多角度分析问题的方法，提升历史解释能力和格局观。

环节3：和平与发展面临的问题

简述和平与发展既是当今世界的两大主题，也是当今世界的两大问题。阅读课文"史料阅读"栏目，联系习近平总书记对当今世界处于百年未有之大变局的局势判断，说明和平与发展遭遇严重的挑战。课前布置学生以"全球性问题对和平与发展的影响"为主题开展研究型学习，收集整理资料，联系现实，提炼观点，开展课堂交流。以此为基础，归纳和平与发展遭遇的挑战。和平遭遇的威胁有：霸权主义与强权政治、地区冲突与局部战争、恐怖主义与网络安全、核威胁与核扩散、跨国刑事犯罪与毒品泛滥、重大传染性疾病、环境污染与生态失衡、资源枯竭与能源危机、全球气候变暖、难民问题等，说明传统安全因素和非传统安全因素相互交织，使和平问题更显复杂性。发展遭遇的障碍有：经济萎缩与复苏乏力、南北差距与贫富分化、全球气候变化与全球变暖、环境污染与生态失衡、资源枯竭与能源危机等。了解全球性问题层出不穷，对国际秩序和人类生存构成了严峻挑战。指出有些现象既关乎和平，又关乎发展。提问：人类社会应该如何化解这些问题或矛盾？由此，过渡到后续学习环节。

> **设计意图**：关联历史与现实、历史与生活，基于归纳了解阻碍和平与发展的全球
> 性问题，提升自主研习能力。

环节4：全球性问题的治理

基于上述学习，引导学生从改革和完善全球治理机制、中国积极贡献智慧并承担大国责任等角度了解全球性问题的治理。

首先，从改革和完善全球治理机制的角度了解全球性问题的治理。其一，发挥原有主要国际组织的作用。一是出示主要国际组织比如联合国、世界贸易组织、世界银行、国际货币基金组织等的徽标，引导学生辨识并解读主要国际组织的功能。以气候谈判为例，出示材料（资料附录6—8），提问：气候谈判一波三折，世界和平与发展问题的解决遇到了哪些障碍？启发学生认识：气候谈判僵局集中反映了全球治理中的一些主要矛盾，如经济发展与环境治理的矛盾、主权国家的利益与全球共同利益的冲突、发展中国家与发达国家近几十年实力对比剧烈变化的矛盾。结合课文"历史纵横"栏目，了解联合国在环境与发展、应对气候变化等方面为化解矛盾所做的努力。认识第二次世界大战后成立的上述国际组织应对全球性问题的努力，在相当程度上起到了维护战后国际政治和经济秩序的作用，发挥着全球治理的功能。二是简述上述国际组织顺应世界多极化和经济全球化的发展，正在进行相应的改革，以适应新形势的需要。比如，联合国精简机构、国际货币基金组织和世界银行提高中国和其他发展中国家的资金份额和权重、机制和功能更为完善的世界贸易组织取代关贸总协定等。但需说明这些改革举措主要由发达国家主导，因而全球治理的效果相对有限，不足以从根本上解决全球性问题。其二，作为整体国际治理体系和机制的延展，不同层次的国际治理组织和相应治理机制相继出现。补充相关文字史料或图像史料，举例说明全球层面有二十国峰会，地区层面有上海合作组织、金砖国家领导人定期会晤机制等。指导学生阅读课文，了解这些国际组织和会晤机制的作用。须说明全球治理并非一帆风顺。

其次，从中国积极贡献智慧、承担大国责任的角度了解全球性问题的治理。简述中国不仅积极参与上述国际组织的各项协调、合作、治理活动，承担大国应尽的责任和义务，而且中国作为世界和平的建设者、全球发展的贡献者和国际秩序的维护者，为解决人类面临的共同问题，也提供了自己的方案。播放习近平总书记在党的十九大所作的关于"构建人类命运共同体"报告的相关视频片段，结合课文所示"史料阅读"栏目，了解中国在国际舞台上为全球治理奔走呼吁的历程与努力。

其一，结合所学，梳理中国提出"构建人类命运共同体"的时代背景：当今世界面临百年未有之大变局，世界多极化、经济全球化、社会信息化和文化多样性潮流不可逆转，各国的联系和依存日益加深，传统安全问题未及解决，非传统安全问题又层出不穷。不论人们身处何国、信仰如何、是否愿意，实际上已经处在一个命运共同体中。因此，中国努力寻求人类的共同利益和共同价值，逐渐形成以应对人类共同挑战为目的的价值观——人类命运共同体，并逐步获得国际共识。

其二，提问：人类命运共同体理念的内涵是什么？基于解释从以下 4 个方面帮助学生理解：一是从当今国际关系和国际机制的角度分析其内涵。随着经济全球化深入发展，各国处于相互依存的状态，一国经济目标能否实现，与别国的经济波动有重大关联，由此形成利益纽带，要实现自身利益就必须维护这种纽带即现存的国际秩序。了解国家利益未必要像过去那样通过战争等极端手段来实现，国家之间的相互依存有助于国际形势的缓和，各国可以通过国际体系和机制来维护共同利益。举例说明 1997 年亚洲金融危机、2008 年国际金融危机等事件，可知，一国发生的危机通过全球化机制的传导，迅速波及全球，危及国际社会整体。据此讲解 2008 年国际金融危机后二十国集团机制的出现，是相互依存的国家通过国际机制构建应对国际危机的例证。由此理解和谐的国际关系、有效的国际机制是人类命运共同体的价值观基础之一。二是从人类共同利益的角度分析其内涵。经济全球化促使人们对传统的国家利益观进行反思，各国利益高度交融使各国成为共同利益链条上的一环。任何一环出现问题，都有可能导致全球利益链中断。比如，一国出现粮食安全，饥民则大规模涌向另一国，人道主义理念使拒难民于国门之外面临道义压力。互联网使各国联系空前紧密，网络攻击看似无声无息，但给对象国经济社会带来的损失可能不亚于一场战争。气候变化、冰川融化、降水失调、海平面上升等问题，不仅给岛国带来灭顶之灾，也会给世界数十个沿海发达城市造成极大危害。资源能源短缺和环境污染危及人类文明的延续，疫病多发并跨境流行。认识面对越来越多的全球性问题，任何国家都不可能独善其身，任何国家要想自己发展，必须让别人发展；要想自己安全，必须让别人安全。由此理解共同利益是人类命运共同体的价值观基础之一。三是从人类社会可持续发展的角度分析其内涵。工业革命以来，人类开发和利用自然资源的能力得到了极大提高，但接踵而至的环境污染和极端事故也给人类造成巨大灾难。诸多环境事故引发人们的思考。讲解联合国世界环境与发展委员会于 1987 年发表《我们共同的未来》报告，正式将可持续发展定义为"既能满足当代人需要，又不对后代人满足其需要的能力构成危害的发展"，可持续发展成为国际社会的共识。联系以上所学"气候谈判"进程，阅读课文"历史纵横"栏目，了解中国政府在历次环境峰会及谈判和气候峰会及谈判中的诚意与作为，补充近年来中国致力于改善全球环境和气候的实践与成果。了解可持续发展不仅从理念变成了中国政府的行动纲领和具体计划，而且取得了巨大的成就。由此理解可持续发展是人类命运共同体的价值观基础之一。四是从全球治理的角度分析其内涵。当今全球性问题的解决是一个由政府、政府间组织、非政府组织、跨国公司等共同参与和互动的过程，这就需要构建一个具有机制约束力和道德规范力的、能够解决全球问题的"全球机制"。国际上各种协调磋商机制非常活跃，推动国际社会朝着更加制度化和规范化的方向前进。了解中国参与全球治理，可以利用全球治理形成的倒逼机制促进国内改革，也可以从全球治理中获得更多的和平发展机遇，中国的和平发展还能促进世界的发展。由此理解有效的全球治理是人类命运共同体的价值观基础之一。基于解释，引导学生认识人类命运共同体理念实则是一种内涵丰富的价值观。同时，加深对中国方案"构建人类命运共同体"理念的理解，体会中国方案是新时代中国引领全球治理的现实可行的方案，在国际社会中日益受到重视、赢得广泛共识。

其三，简述人类命运共同体理念还融合了深厚的中国传统文化精华。出示文字史料（资料附录9—10），提出系列问题："人类命运共同体"蕴含了怎样的传统文化精华？组织学生开展讨论，启发认识："人类命运共同体"体现了中国自古以来的"大同世界""和而不同""协和万邦"的传统智慧和博大胸怀，是对长期以来西方霸权主义所主导的冷战思维、丛林法则、弱肉强食等观念的挑战，为全球治理提供了新的发展模式和道路选择。

其四，说明人类命运共同体理念也是中国奉行独立自主和平外交政策的体现与发展。提问：和平共处五项基本原则与"人类命运共同体"理念分别是在怎样的时代背景下提出的？有何共通之处？结合所学《中外历史纲要》（上）相关课文，了解新中国成立初期，为打破美国的孤立和封锁，创造经济发展的和平国际环境，中国政府提出了和平共处五项基本原则。解释与之不同的是当今世界处于大发展、大变革与大调整的时期，虽然全球治理体系与国际秩序变革正加速推进，世界各国相互联系与依存也日益加深，但是，世界面临的不稳定性与不确定性非常突出，全球增长动力不足，贫富分化严重，恐怖主义问题、网络安全问题、传染性疾病问题等威胁蔓延，当今人类面临着许多共同的挑战。理解全球性问题需要人类共同应对，为此中国政府提出了"构建人类命运共同体"的理念和方案。解析和平共处五项基本原则与"人类命运共同体"理念的相通之处在于：以和平外交为核心；倡导互惠共赢；超越社会制度与意识形态；体现新型国际关系是相互联系、相互依存、不可分割的统一体。再问：中国是如何示范构建人类命运共同体的？联系《中外历史纲要》（上）第29课所学，结合课文表述，梳理"一带一路"倡议的含义及"一带一路"倡议实施的具体步骤和成果，了解亚洲基础设施投资银行的功能和亚洲文明对话的意义。续问："人类命运共同体"对当今世界的发展有何意义？启发学生认识：对世界发展而言，"人类命运共同体"是中国为推动世界和平与可持续发展，给出的一个可供选择的、现实可行的行动方案，推动了国际秩序和国际体系朝着更加公正合理的方向发展。以此为基础，再次出示文字史料（资料附录10），加深对"构建人类命运共同体"方案的感悟和理解。

> **设计意图**：解释全球治理体系和机制的作用及存在的问题，培养宏观把握格局的意识；通过解析人类命运共同体理念的价值观实质、与中国"和而不同"传统思想文化的关系，以及与和平共处五项基本原则进行联系比较，认识中国"构建人类命运共同体"方案对于促进全球治理、解决全球性问题所具有的现实可行意义，培养人文关怀，树立促进人类和平与发展的历史使命感。

环节5：小结

出示结构板书并陈述：和平与发展是当今时代的主题。面临一系列全球性问题的挑战，需要改革和完善全球治理机制。中国提出"构建人类命运共同体"，在合作共赢中促进人类社会共同发展，是切实可行的方案。但全球治理是一个长期而复杂的过程，需要人类的理性与智慧去化解种种矛盾。

> **设计意图**：综合所学，以课堂陈述的方式呼应教学立意，加深对"构建人类命运共同体"方案的理解与认同。

【板书设计】 ▌▌▌

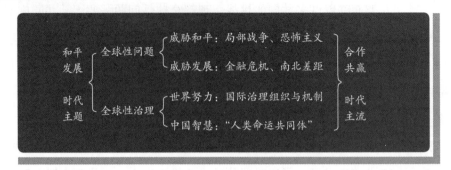

【资料附录】 ▌▌▌

1. 以前总是担心打仗，每年总要说一次。现在看，担心得过分了。我看至少十年打不起来。（注：1983年2月邓小平同中央几位负责同志的谈话）

   虽然战争的危险还存在，但是制约战争的力量有了可喜的发展。（注：1985年3月邓小平会见日本客人时的谈话）

   对于总的国际局势，我的看法是，争取比较长期的和平是可能的，战争是可以避免的。（注：1987年5月邓小平会见荷兰客人时的谈话）

   —— 邓小平.邓小平文选（第3卷）[M].北京：人民出版社，1993：25、105、233.

2. 第一次世界大战历时4年零3个月，有30个国家、15亿人口卷入战争，人员死亡达1850万，其中1000万为非战斗人员，直接经济损失1805亿美元，间接经济损失1516亿美元。

   —— 王斯德主编，余伟民、郑寅达著.世界通史（第三版）第三编·现代文明的发展与选择——20世纪世界史[M].上海：华东师范大学出版社，2020：11.

   二战是历史上死伤人数最多的战争，因战争而死亡的人约6000万左右。

   —— 朱成山、卢彦名.二战中的国际大屠杀与民众受难[J].东北亚论坛，2014，115（5）：3.

3. 我们感到，虽然战争的危险还存在，但是制约战争的力量有了可喜的发展。日本人民不希望有战争。欧洲人民也不希望有战争。第三世界，包括中国，希望自己发展起来，而战争对他们毫无好处。

—— 邓小平. 邓小平文选（第 3 卷）[M]. 北京：人民出版社，1993: 105.

第三世界的人口占世界人口的四分之三，是不希望战争的。这个和平力量还应该包括美苏以外的发达国家，真要打仗，他们是不干的呀！美国人民、苏联人民也是不支持战争的。

—— 邓小平. 邓小平文选（第 3 卷）[M]. 北京：人民出版社，1993: 127.

4. ……凭借一种高雅的讽刺方法，我们可以在这一故事中达到一个高度，在这一高度上，安全是一个恐怖健壮的孩子，而幸存则是毁灭的孪生兄弟。

——（英）大卫·加拿丁著，陈钦武译. 苦难与血泪——丘吉尔演说集 [M]. 南京：江苏人民出版社，2000: 298.

5. 我联合国人民

同兹决心

欲免后世再遭今代人类两度身历惨不堪言之战祸，

重申基本人权，人格尊严与价值，以及男女与大小各国平等权利之信念，

创造适当环境，俾克维持正义，尊重由条约与国际法其他渊源而起之义务，久而弗懈，

促成大自由中之社会进步及较善之民生，

……

—— 世界知识出版社编辑. 国际条约集（1945—1947）[M]. 北京：世界知识出版社，1959: 35—36.

6. ……在哥本哈根气候变化大会上，欧盟主张两个轨道的谈判进程应该产生一个单一的、全新的和具有法律约束力的条约，该条约应包含《京都议定书》的基本要素和包括美国在内的所有发达国家进一步减排的承诺以及发展中国家的减排行动等。中国则坚持谈判应采取"双轨制"。美国既主张达成单一的具有约束力的协

定，又指出该协定应与2012年后的《京都议定书》共存。其次，在减排承诺方面，中国主张发达国家作为整体到2020年应在其1990年水平上至少减排40%，发展中国家国内适当的减缓行动由发展中国家提出，有别于发达国家强制性的条约义务，且该减缓行动要以发达国家提供"可测量、可报告和可核实"的技术、资金和能力建设支持为条件。由此可见，在减排问题上，中国对发达国家和发展中国家的减排要求与欧盟截然不同。

—— 刘宏松、解单. 再论欧盟在全球气候治理中的领导力［J］. 国际关系研究，2019（4）：104—105.

7. 2016年《巴黎气候变化协定》第二条

1. 本协定在加强《公约》，包括其目标的执行方面，旨在联系可持续发展和消除贫困的努力，加强对气候变化威胁的全球应对，包括：

（a）把全球平均气温升幅控制在工业化前水平以上低于2℃之内，并努力将气温升幅限制在工业化前水平以上1.5℃之内，同时认识到这将大大减少气候变化的风险和影响；

（b）提高适应气候变化不利影响的能力并以不威胁粮食生产的方式增强气候抗御力和温室气体低排放发展；

（c）使资金流动符合温室气体低排放和气候适应型发展的路径。

2. 本协定的执行将按照不同的国情体现平等以及共同但有区别的责任和各自的原则。

—— 李海棠. 新形势下国际气候治理体系的构建——以《巴黎协定》为视角［J］. 中国政法大学学报（社会科学），2016（03）：101—114.

8. 人类控制碳排放，其实并不是为了保护地球，因为地球并不需要人类保护。人类是在保护自己。

—— 丁仲礼. 面对面访谈言录［EB/OL］. 搜狐网（https://www.sohu.com/a/146188018_166433）. 2021-8-19.

9. 大道之行也，天下为公。选贤与能，讲信修睦，故人不独亲其亲，不独子其子，使老有所终，壮有所用，幼有所长，鳏寡孤独废疾者皆有所养。男有分，女有归。货恶其弃于地也，不必藏于己；力恶其不出于身也，不必为己。是故谋闭而不兴，盗窃乱贼而不作，故外户而不闭。是谓大同。

　　—— 胡平生、张萌译注.礼记（上）[M].北京：中华书局，2017：419—420.

10. 我们呼吁，各国人民同心协力，构建人类命运共同体，建设持久和平、普遍安全、共同繁荣、开放包容、清洁美丽的世界。要相互尊重、平等协商，坚决摒弃冷战思维和强权政治，走对话而不对抗、结伴而不结盟的国与国交往新路。要坚持以对话解决争端、以协商化解分歧，统筹应对传统和非传统安全威胁，反对一切形式的恐怖主义。要同舟共济，促进贸易和投资自由化便利化，推动经济全球化朝着更加开放、包容、普惠、平衡、共赢的方向发展。要尊重世界文明多样性，以文明交流超越文明隔阂、文明互鉴超越文明冲突、文明共存超越文明优越。要坚持环境友好，合作应对气候变化，保护好人类赖以生存的地球家园。

　　—— 决胜全面建成小康社会　夺取新时代中国特色社会主义伟大胜利 [M].北京：人民出版社，2017：58—59.

后记

高中历史怎样教？这是一个常谈常新的话题。如何建设新课程，解读新课标，贯通新教材，探索新教学，研究新考试，达成素养培育目标，进而落实历史教育立德树人的根本任务是当今中学历史教学的应有之义。为此，上海市高中历史学科德育实训基地组织18位教师（按姓氏笔画）：朱幸福、朱琳、许思远、李慧、吴广伦、吴斯琴、沈清波、陈夏凡、杨国纬、杨霞蓉、范江、林镇国、罗明、周庆彰、周靖、胡新勇、俞仙芳、姚军共同编写了《高中历史怎样教》一书，遵循课程架构、课标要求、历史逻辑以及学生心理特征与认知水平，以教学设计的形式呈现对《中外历史纲要》教与学的理解，亦作为对《中外历史纲要》的解读和教学补充，供高中历史教师参考。

基于新课程的属性和新课标的基本理念，即历史课程要切实落实立德树人的根本任务，坚持正确的思想导向和价值判断，以培养和提高学生历史学科核心素养，在此基础上结合新教材的特点，编写组教师明确了教学设计的编撰宗旨——重历史哲学、重历史逻辑、重历史思维。"重历史哲学"关乎"为何学习历史"，这是因为历史哲学关注人类社会的发展命运，是对人的存在的思考。学习历史是不断发现、理解、解释、评判真实过去的过程。就学生个体而言，是为了更好地促进其全面而有个性的发展；就社会整体而言，是为了探寻规律以警示当下并垂训后世。这一宗旨在教学立意的撰写、教学目标的拟定、关键问题的凝练、对唯物史观的理解和家国情怀的体认中得以充分展现。"重历史逻辑、重历史思维"关乎"怎样学习历史"，它指向培养学生的时空观念、史料实证和历史解释等素养。教学设计要注重启发学生在历史时空坐标中考察历史，运用典型、有效的史料信息，基于分析、综合和比较，形成对历史的感知与认识，进而遵循历史本相、契合历史逻辑地解释历史，以提升历史思维能力与品质。

基于上述宗旨，就《中外历史纲要》的教与学问题，总结18位教师撰写思路如下：

从教学立意的拟定来说，要经历一个"从厚到薄"的过程。即以理解新课标、疏通新教材、明了新学情为前提，通过基于阅读视角的分析、选择、咀嚼、消化，提炼和确立符合历史逻辑和史学本质的教学立意。教学立意（主要指向单课）由单课的核心概念、核心知识、核心观点有机构成，即常言所及"一课一中心""一课一灵魂"。制定教学立意是为避免历史教学流于知识堆砌而庞杂无序，防止历史教学陷入程式化演绎而枯燥乏味，进而以核心概念、核心知识、核心观点统领历史教学，明确教学目标、教学重点难点，通过一定的"过程与方法"，让学生厘清史事逻辑、树立证据意识、发展历史思维、感悟史是道理。这对教师的专业素养和自身学养提出了很高的要求，它需要教师具备丰厚的专业素养，掌握更多的专业知识。为此，应注重夯实自身的学术积淀，通过对各类教学资源，尤其是专业书籍的研读与积累，以提升史识能力。同时，要处理好历史学与历史教学的关系，以克服因"纲""要"的特性而有可能出现的浅尝辄止、罗织概念，甚至以论代史的现象。

从教学逻辑的建构来说，要经历一个"从薄到厚"的过程。具体方法：一是将核心知识定位于时空坐标轴。即以单元或单课为主题，以子目为关键节点，选择若干核心知识，在"时空轴图"（时间轴和地理轮廓图）上建构知识框架和历史发展脉络，使历史"纲要"直观化和立体化。二是对重点和难点知识展开深度解构。即依据学科核心素养要求，挖掘重点和难点中的素养要素和育人因子，厘清知识的关联与逻辑，落实示范、模仿与迁移的学习方法。三是在历史解释的基础上建构历史叙事。即依据教学目标，创设新情境，设计新问题，循迹史实逻辑，探索历史本相。以此为基础，择取与解读典型史料或有选择地引入学术前沿成果、增强信息密度，创设培育学生学科素养的情境基础，引导学生基于所学多向度、多视角地解释历史，客观、全面和理性地陈述对历史的认识、辨析和评价，以达成提升学科核心素养的目标。

从单元与单课教学的整合来说，要从破题入手洞悉教材的编写意图。一是解读单元标题。单元标题是教材的基本模块，它从时空维度出发，突出某一时期某一地区历史发展的阶段性特征。单元教学是单课教学的挈领，更是深度教学的指南。实施单元教学有助于统筹单课教学，更好地开展深度教学。因此单元设计既要基于基础知识又要高于基础知识，构建以核心概念为统筹的知识逻辑体系。同时，单元标题还隐含着学术前沿和价值取向，解读并深挖其本义与引申义，有助于学生从宏观层面把握历史发展的大趋势，树立正确的情感、态度与价值观。二是通读单课标题。单课标题可谓单元标题的延伸，是某一时期某一地区历史发展阶段性特征的具体表现。通读单课标题，可以确定统摄单课的核心概念，进而建构单课的内容坐标，使教与学一目了然、有的放矢。三是研读子目标题。子目标题可谓单课标题的补充和细化。研读子目标题，有助于建构结构化的知识体系、科学的思维方式与合理的探究模式，进而深刻理解单课标题的中观背景和单元标题的宏观背景，在此基础上建立重要历史人物、历史事件和历史现象之间的内在关联，从纵向与横向的视角贯通历史。为此，建构教材单元、单课、子目之间的知识与理论架构，有助于学生把握历史发展的整体脉络，形成历史的通贯意识。

从用好教材资源来说，要立足博观约取，兼顾专精与通贯的原则。一是要关注教材栏目设置与图像资源。《中外历史纲要》的每一课都设计了诸如学习聚焦、历史纵横、学思之窗、史料阅读、问题探究、学习拓展等栏目，要用好这些栏目以服务教学。"学习聚焦"能引导教师准确把握核心概念；"历史纵横"是对教材内容的有益补充；"学思之窗"为重点问题的解决提供基础史料；"史料阅读"为难点问题内涵的剖析提供拓展史料；"问题探究"和"学习拓展"适合学有余力的学生开展深度学习。综而观之，需要因时制宜、因学制宜、因人制宜地用好教材各栏目，以提升新教材的效益。二是要区别《中外历史纲要》与义务教育教材的异同，要在了解学生既有历史知识和历史观念的基础上进行教学设计。《中外历史纲要》与义务教育教材都是通史体例，因此，要了解初中历史教了什么，学生学到了什么，要关注初高中教学的分合与衔接，尤其要注意高中历史教学不必简单重复基础知识，而应以进一步提升学生的历史思维为着力点，引导其展开基于史事的史料实证与历史解释，通过深度学习，强化全面的、辩证的、批判性的历史思维，由此提升课堂教学的有效性。

总之，《高中历史怎样教》呈现了《中外历史纲要》相关课程的教学设计，希望能助力教师从史学本体的理解、史料的选择、教材的梳理与重组、教学方法与技能的运用等方面，引领学生从有限的课堂时空出发，进而知史事、辨史实、识史是、得解释、悟情怀，为《中外历史纲要》的教与学提供一些参考与思路。囿于学识的不足，本书内容或存在罅漏、错误等，恳请并欢迎同行批评、指正。

《高中历史怎样教》编写组

图书在版编目(CIP)数据

高中历史怎样教. 下/罗明,周靖主编. —上海：
上海人民出版社,2022
ISBN 978 - 7 - 208 - 17591 - 4

Ⅰ.①高… Ⅱ.①罗… ②周… Ⅲ.①中学历史课-
教学研究-高中 Ⅳ.①G633.512

中国版本图书馆 CIP 数据核字(2022)第 010603 号

责任编辑　刘　宇
装帧设计　谢定莹

高中历史怎样教(下)
罗　明　周　靖　主编

出　　版　上海人&出版社
　　　　　 (201101　上海市闵行区号景路 159 弄 C 座)
发　　行　上海人民出版社发行中心
印　　刷　上海商务联西印刷有限公司
开　　本　787×1092　1/16
印　　张　25
插　　页　2
字　　数　396,000
版　　次　2022 年 7 月第 1 版
印　　次　2022 年 7 月第 1 次印刷
ISBN 978 - 7 - 208 - 17591 - 4/G·2105
定　　价　88.00 元